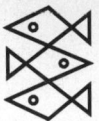

Mütter, die freiwillig ihre minderjährigen Kinder verlassen, werden von der Gesellschaft als unmoralisch oder zumindest herzlos angesehen. Rosie Jackson untersucht, was Frauen dazu bringt, ihre Kinder aufzugeben, und wie sie später mit dieser Entscheidung leben. Sie enttarnt die Verunglimpfungen, denen diese Frauen ausgesetzt sind, und beschreibt deren Beweggründe mit außergewöhnlicher Differenziertheit und Sensibilität. Berühmte Geschichten aus Literatur und Film über Mütter, die ihre Kinder verlassen haben – von »Anna Karenina« bis »Kramer gegen Kramer« –, stehen in krassem Gegensatz zum wirklichen Leben. Rosie Jackson erzählt von prominenten Frauen – Ingrid Bergman, Yoko Ono, Doris Lessing – ebenso wie von überaus bewegenden und faszinierenden Lebensschicksalen unbekannter Mütter. Sie macht deutlich, wer auf der Strecke bleibt in einer Gesellschaft, die bei der Zuständigkeit für die Versorgung der Kinder nach wie vor mit zweierlei Maß mißt. Damit Frauen wirklich als Gleichberechtigte leben können, muß Elternschaft deshalb neu überdacht werden. Eine einfühlsame Annäherung an ein umstrittenes Thema.

Rosie Jackson, geboren im englischen Yorkshire und Mutter eines Sohnes, der nach der Trennung der Eltern beim Vater aufwuchs, studierte Literatur und unterrichtete an verschiedenen Universitäten. Nach einem längeren Indienaufenthalt Ausbildung zur Psychotherapeutin. Die Autorin lebt heute in Somerset, wo sie malt, schreibt und Creative Writing unterrichtet.

Rosie Jackson

Mütter, die ihre Kinder verlassen – alles Rabenmütter?

Aus dem Englischen
von Barbara Steckhan
und Sonja Schuhmacher

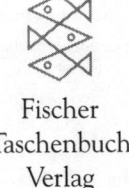

Fischer
Taschenbuch
Verlag

Die Frau in der Gesellschaft
Herausgegeben von Ingeborg Mues

Veröffentlicht im Fischer Taschenbuch Verlag GmbH,
Frankfurt am Main, Mai 1998

Der Epilog ist von der Autorin
für die Taschenbuchausgabe leicht überarbeitet worden
Lizenzausgabe mit freundlicher Genehmigung
des Europaverlags, Wien, München
Die Originalausgabe erschien 1994
unter dem Titel ›Mothers who Leave‹ bei Pandora, London
© Rosie Jackson 1994
Für die deutschsprachige Ausgabe:
© Europa Verlag GmbH, Wien, München 1995
Druck und Bindung: Clausen & Bosse, Leck
Printed in Germany
ISBN 3-596-13474-9

Für alle Frauen, die – aus welchem Grund
auch immer – von ihren Kindern getrennt sind

Inhalt

Teil 1

Das Kultbild von der guten Mutter – und was Frauen passiert, die sich dagegen versündigen

Teil 2

Der Weg aus dem Puppenheim – die Politik des Verlassens

Teil 3

Aus der Sicht der Mutter

Teil 4

Seelendrama – das Unbewußte bewußt machen

Danksagung

Dieses Buch ist im Verlauf der letzten Jahre organisch gewachsen, und in dieser Zeit gab es viele Menschen, die mich unterstützten und denen ich zu Dank verpflichtet bin. Meine Vorstellungen waren noch nicht weit gediehen, als im April 1990 die ausgezeichnete Fernsehdokumentation *How Could She?* ausgestrahlt wurde. Diese Produktion von Sally George ermutigte mich, mein Projekt weiter voranzutreiben, und ich danke Sylvia Paskin, die als Mitarbeiterin an dieser Sendung dazu beitrug, daß das Thema auf sensible Weise einem breiteren Publikum nahegebracht werden konnte, und die mich großzügig mit Ideen und Anregungen für die vorliegende Studie versorgte.

Am meisten verpflichtet bin ich all jenen Frauen, die bereit waren, mich mit ihrer Geschichte bekanntzumachen. Weil sie anonym bleiben möchten, ist es mir unmöglich, ihnen namentlich meinen Dank auszusprechen, doch ich bin ihnen allen dankbar für die Stunden, in denen sie mir von ihren Erfahrungen berichteten, obwohl es für sie oft schmerzlich war, darauf einzugehen. Es waren diese Frauen, die mich immer wieder an die Bedeutung des Persönlichen erinnerten und so dafür sorgten, daß ich mich nicht zu weit auf Abstraktionen einließ. Ihnen allen gilt mein herzliches Dankeschön, desgleichen den zahlreichen selbstlosen früheren und jetzigen Mitarbeiterinnen des britischen Netzwerks MATCH (Mothers Apart from Their Children), die vielen dieser Frauen wertvolle Hilfe gewährt haben. Besondere Unterstützung erhielt ich von Carol Findon und Kate Sayer, die mich mit Informationen versorgten.

Ich danke Anna Christy, die mich an den Erinnerungen an ihre Mutter Elizabeth Fowles teilhaben ließ, und John Fowles für seine Kommentare und die Erlaubnis, Material aus dem Nachlaß zu verwenden. Shirley Glubka gestattete mir freundlicherweise, ihren Artikel über die Ersatzmutterschaft nachzudrucken, Maggie Mountford und Sarah Hopkin steuerten großzügig bisher unveröffentlichte Gedichte bei.

Von Susan O'Brien kam eine zufällige Bemerkung, die mich in meinem Entschluß bestärkte, dieses Buch zu schreiben; Sarah Le Fanu lieferte zu Beginn der Arbeit wertvolle Anregungen, und Mary-Jayne Rust und Frances Howard Gordon versorgten mich mit aufschlußreichen Kommentaren zu einem Manuskriptentwurf. Ich danke Micky McCartney für die geduldige Einführung in die rechtlichen Einzelheiten des *Children's Act*; meiner Agentin Susan Mears und Karen Holden, meiner Lektorin bei Pandora, die mir beide hilfreich zur Seite standen.

Von all den vielen Freundinnen und Freunden, die mich beim Schreiben des Buches ermutigten und die mich inspirierten, danke ich vor allem Karen Cohen, Deirdre Burton, Diane Furlong, Nicole Ward-Jouve, Charles Harvey, Phoebe Clare und Lindsay Clarke. Mein ganz besonderer Dank gilt Jan Relf für ihre fachkundige Hilfe und die selbstlose Vermittlung von Kontakten. Außerdem danke ich meinem Sohn, der noch immer da ist und dafür sorgt, daß ich einige schwierige Lektionen lerne.

Zutiefst verpflichtet bin ich John Harlow für seinen genialen Umgang mit dem Computer und mit praktischen Dingen sowie für seine überwältigenden Liebe, seine Geduld und sein Vertrauen. Ich werde immer in seiner Schuld stehen.

Verzeih mir, sage ich,
daß ich dich zurückgelassen habe.
Er blickt in die Ferne.
In jeder Hinsicht ein Mann,
doch für mich immer noch das Kind,

das heimkam und vor der Tür stand,
die ich vor einer halben Stunde
geschlossen hatte, und mir blieb nur,
was ich mit beiden Händen tragen konnte.

Zehn Jahre sind es jetzt,
wir picknicken im Auto,
und plötzlich hab ich es
zum erstenmal gesagt.

Dir verzeihen? meint er
und zaust mir das Haar –
eine Geste der Zuneigung,
die ich am liebsten zurück-

schleudern will und schreien: Nein!
Du verstehst mich nicht!
Niemand hat es je verstanden!

Schweigend
fangen wir an zu essen –
jeder sein kleines Paket,
das beinah hinlänglich scheint.

Maggie Mountford, *Understanding* …

Vorwort

Leider scheint es zur menschlichen Natur zu gehören, daß wir einander kritisieren und verurteilen. Dabei sind es nicht nur Männer, die Frauen das Leben schwer machen: Auch Frauen haben ein großes Talent dazu, im großen wie im kleinen – ob wir nun die Ehebrecherin zu Tode steinigen oder an der Bushaltestelle nicht mehr mit der Nachbarin sprechen, weil sie ihre Kinder zu spät ins Bett bringt. Es scheint, als würden jene, die vom »normalen« Verhalten abweichen, in uns Angst auslösen, so daß wir unmenschlich reagieren, also mit einem Verhalten, das ebenso selbstgerecht wie grausam ist. Und obwohl wir uns neuerdings in Mitgefühl üben und in dieser unserer familienzentrierten Gesellschaft innerhalb des letzten Jahrhunderts auch eine Anzahl von Randgruppen tolerieren – unverheiratete Mütter, berufstätige Mütter, geschiedene oder alleinstehende Frauen und bewußt kinderlose Frauen –, haben wir immer noch keinen Begriff von dem Phänomen der »Mütter, die gehen«. Dieser Tatsache ist Rosie Jacksons interessantes und originelles Buch gewidmet – ihm sowie den überflüssigen Schmerzen und Schuldgefühlen, unter denen Frauen leiden, die ein sensibles Gespür für das Urteil der Öffentlichkeit haben. »Mütter, die gehen« stehen nicht nur vor der Schwierigkeit, sich selbst eine nicht begangene Sünde zu verzeihen, sondern sie müssen sich auch einer Gesellschaft stellen, die ihnen nicht vergibt, was immer sie auch tun.

Unsere Gesellschaft unterscheidet nicht zwischen Kinderkriegen und Kinderaufziehen, heute weniger denn je. Einst wurde von wohlhabenden Frauen in England erwartet, daß sie ihre Babys in die Obhut von Kindermädchen gaben; das Kinderzimmer lag weitab vom Rest des Hauses; und nicht die Mutter machte aus einem gesunden kleinen Jungen einen Mann, sondern das Internat. Nun wird der Druck in entgegengesetzter Richtung ausgeübt: »Warum kriegt sie überhaupt ein Kind, wenn sie es doch gleich in die Krippe abschiebt?« – »Nehmen Sie Ihr Baby mit zu sich ins Bett!« Und das Kind ins Internat zu schicken wird schon fast mit Kindesmißhandlung gleichgesetzt. Den Fallgeschichten in diesem Buch nach zu urteilen haben es »Frauen, die gehen« – in unserer Gesellschaft, die stillschweigend annimmt, daß ein jeder glücklich und zufrieden geboren wird und nur eine schlechte Mutter etwas anderes aus einem macht – heute keineswegs leichter, sondern schwerer als früher. Mutterliebe muß aufrichtig sein, lautet der gängige Slogan, makellos und durch und durch zuverlässig; »Mutterliebe« muß zu allen Opfern fähig sein; »Mutterliebe« läßt einfach keine letzten/schlimmsten Lösungen zu; man sagt »Mutter« und meint »Liebe«. Natürlich ist es im wirklichen Leben ganz anders. Das Wohlergehen einer Mutter und das Wohlergehen ihres Kindes hängen zusammen, doch sie müssen sich nicht zwangsläufig auch decken.

Wenn wir eine liebevolle, tolerante Gesellschaft aufbauen wollen, in der Barmherzigkeit, Großzügigkeit und Verständnis herrschen, müssen wir unablässig vor unserem schlechteren, gemeinen, verleumderischen, selbstgerechten und verängstigten Ich auf der Hut sein. Und wir brauchen ein Buch wie *dieses*, um uns klarzumachen, wie weit wir von dieser Toleranz noch entfernt sind. Mütter, die versagen, sich verweigern, aufgeben oder einfach nicht in der Lage sind, sich um ihre Kinder zu kümmern, werden nach wie vor mit unserem strengsten und höchst irrationalen Tadel belegt. Männer dürfen mit einem Achselzucken und einem Seufzer »ausziehen«, doch eine Frau, die geht, »läßt ihre Familie im Stich« und hat es verdient, daß man ihr die Tür vor der Nase zuschlägt.

Wenn eine Frau dem nahezu universell vorhandenen Fortpflanzungstrieb nachgibt und dies unter ungünstigen Bedingungen geschieht oder sie vergeblich darauf wartet, daß sich die mütterlichen Gefühle einstellen; wenn sich die magische »Bindung« nicht aufbauen will oder sie ihrem Kind kein sicheres Zuhause bieten kann; wenn keine zuverlässige Vaterfigur vorhanden ist oder sie Schwierigkeiten hat, angesichts der ständigen Forderungen des Kindes oder seines Vaters sich selbst treu zu bleiben; wenn sie sich verliebt oder entliebt oder zu dem Ergebnis kommt, angesichts ungünstiger Umstände sei das Kind besser dran ohne sie, weil es bei ihr Gefahr liefe, emotional oder materiell zu verarmen, warum wird sie mit diesem Schritt zur Außenseiterin? Eine Mutter, die »ihr Kind im Stich« läßt, ist eine Ausgestoßene, und daß sie über das Geschehene Kummer empfindet, kann sie in den Augen der Öffentlichkeit nicht entschuldigen.

Für mich ist es ein Wunder, daß Frauen überhaupt noch Kinder bekommen; es ist ein Wunder, daß Frauen so oft bleiben und nicht gehen. Wir müssen es ihnen hoch anrechnen, daß sie dies tun, und dürfen es ihnen nicht vorwerfen, wenn sie sich anders entscheiden. Und all jenen, die leiden, weil sie – aus einem der unzähligen Gründe, die Rosie Jackson hier aufzählt – von ihren Kindern getrennt sind, möchte ich eines sagen: Kinder bleiben nicht für immer klein, sie wachsen heran, entwickeln ihre eigene Entscheidungsfähigkeit; und dann kommen sie wahrscheinlich aus eigenem Entschluß zu dir zurück, ganz gleich, was in der Zwischenzeit gesagt oder getan wurde; ganz gleich, ob jemand versucht hat, die Kinder gegen den einen oder anderen einzunehmen. Ein paar versäumte Jahre sind nicht das ganze Leben. Und je zufriedener du dann bist, umso zufriedener sind auch sie. So wird sich alles lösen.

Fay Weldon, August 1993

Einführung

Die Handlungen von und die Reaktionen auf Mütter, die ihre Kinder verlassen, sagen viel über das Muttersein und unsere Vorstellung davon aus.

Anne Karpf, *Guardian*, 3. April 1990

Könnten *Sie* Ihre Kinder im Stich lassen?

Honey

Tschüß, Kinder, Mutter zieht aus.

Atlantic

Eine Mutter, die ihre Kinder verläßt: Die bloße Vorstellung beschwört Bilder von Frauen herauf, die ihr Baby auf den Müll werfen oder es in einer braunen Papiertüte vor einem Hauseingang deponieren. Wir hören von ihnen in den Sensationsberichten der Medien, angefangen mit dem hysterischen Geschwätz der Boulevardpresse – »Frauen, die ihre Kinder loswerden wollen« – bis hin zur gedämpften Neugier seriöserer Blätter – »Wie konnte sie nur?« titelt beispielsweise der britische *Guardian*. In melodramatischen Schlagzeilen wird der Abschied als hart und endgültig hingestellt: »Wenn Mütter Kinder im Stich lassen«, liest man in *Life Times*. Und ein amerikanischer Familientherapeut bezeichnete das Verlassen der Kinder als »eines der letzten Schwerverbrechen«.[1]

Die abwesende Mutter wird mit einer Rabenmutter gleichgesetzt, und obendrein ist sie wahrscheinlich noch eine Frau mit lockerer Moral. Sie handelt unverantwortlich, ihr Weggehen richtet großen Schaden an und ist schwer zu rechtfertigen. Wer »die Kinder im Stich läßt«, handelt leichtsinnig und grausam, und die Tat hat etwas Endgültiges an sich, so als wäre die Beziehung zwischen Mutter und

Kind damit abrupt beendet. Sie hat ihren Kindern ein für allemal den Rücken gekehrt, und wenn sie jetzt darunter leidet – denn angeblich ist sie auch noch zutiefst unglücklich – dann geschieht ihr das in ihrem Egoismus ganz recht.

Der Mythos von der Mutter, die geht, hat schon immer eine negative Reaktion herausgefordert, doch heute unterstellt man dieser Mutter auch noch vermeintlich feministische Motive, und damit sind die Vorurteile gegen sie zementiert. Sie will ihren Spaß haben und hat nur ihre eigenen Ziele im Sinn, sie ist eine hartherzige, vergnügungssüchtige Schlampe – »Wie fühlt man sich als Wochenendmutter, die der Familie den Rücken kehrt?« fragt die Zeitschrift *Glamour*. Die Zeitungs- und Zeitschriftenartikel von heute verbreiten immer noch Angst und Schrecken und warnen eindringlich davor, einen ähnlichen Weg zu beschreiten. »Sechs Fragen, die Sie sich stellen sollten, wenn Sie an Scheidung denken ... Vielleicht überlegen Sie es sich noch einmal«, gibt das Magazin *Living* zu bedenken. »Würden Sie jemals Ihre Kinder im Stich lassen?« fragt *Woman's World*.

Dennoch ist das Phänomen der Mutter, die geht und von ihren Kindern getrennt lebt, weder so selten – noch so skandalös – wie uns die Massenmedien glauben lassen. Es handelt sich vielmehr um eine Erfahrung, die das Leben ganz unterschiedlicher Frauen geprägt hat. Bedeutende Schriftstellerinnen wie George Sand und Charlotte Perkins Gilman im vergangenen oder Doris Lessing in diesem Jahrhundert sind ebenso betroffen wie etwa die Partnerinnen von Schriftstellern – die Romanautoren D. H. Lawrence und John Fowles heirateten beide Frauen, die ihre Kinder zurücklassen mußten, um die neue Ehe einzugehen. Betroffen sind so unterschiedliche Persönlichkeiten wie Ingrid Bergman, Shirley MacLaine, Diana Dors, Yoko Ono, Margaret Trudeau und Karen Silkwood. Und neben diesen Berühmtheiten gibt es Tausende von unbekannten Frauen, die ihre Kinder vorübergehend oder auf Dauer verlassen haben. Das Phänomen ist viel verbreiteter, weitreichender und komplexer, als man uns glauben gemacht hat.

Tatsache ist, daß der Lebensstil von Eltern und die Gestaltung ihrer Rolle in der westlichen Gesellschaft viel stärker im Wandel begriffen sind als je zuvor. Seit Ende der sechziger Jahre haben sich die Verhaltensmuster der Kinderbetreuung in weiten Bereichen verändert, wobei die Kernfamilie und das Monopol der Mutter auf die Versorgung des Kleinkindes an Bedeutung verloren haben. In den Vereinigten Staaten stieg die Zahl der Kinder unter achtzehn, die beim geschiedenen Vater leben, zwischen 1970 und 1978 um 136 Prozent an: 1980 sorgten eine halbe Million geschiedene Männer für Kinder, nachdem die Mutter aus der ehelichen Wohnung ausgezogen war. Ende der achtziger und Anfang der neunziger Jahre lebte in den Vereinigten Staaten fast ein Viertel aller Kinder bei alleinerziehenden Eltern; und ihre Zahl wird voraussichtlich in der nächsten Generation auf 50 Prozent anwachsen.[2]

In Großbritannien bestand Ende der achtziger Jahre eine von acht Familien aus einem alleinerziehenden Elternteil mit Kind oder Kindern, und 20 Prozent der Kinder, die in den achtziger Jahren in Großbritannien zur Welt kamen, müssen damit rechnen, daß die Ehe ihrer Eltern geschieden wird. Vor der Verabschiedung des *Children's Act* im Jahre 1991 erhielten 10 bis 15 Prozent der Väter bei der Scheidung das Sorgerecht. Neuere Zahlen belegen für Großbritannien, daß 1993 2,2 Millionen Kinder in 1,3 Millionen Haushalten mit einem alleinerziehenden Elternteil aufwuchsen, einer von zehn wurde vom Vater geführt.[3] Immerhin 15 Prozent der geschiedenen Mütter haben sich von ihren Kindern getrennt.

Aus diesen vorsichtigen Schätzungen läßt sich ableiten, daß in den Vereinigten Staaten heute etwa 500.000 und in Großbritannien 100.000 bis 200.000 Frauen ohne ihre Kinder leben. Es dürfte sich zwar nicht in allen diesen Fällen um Mütter handeln, die »gegangen« sind, doch auch wenn Frauen das Sorgerecht verloren haben oder aus anderen Gründen allein leben, sind sie wahrscheinlich derselben Stigmatisierung ausgesetzt wie Mütter, die ihre Kinder verlassen haben. »Mutter bleibt man ein Leben lang.« Wer mit dieser Regel bricht, aus welchen Gründen auch immer, fällt unter die Kategorie unnatürlich und unangepaßt.

Dieses Buch beschäftigt sich mit einigen Widersprüchen, vor denen solche Mütter stehen. Wie kommt es, daß eine Frau, die ihre Kinder verläßt, wie eh und je verdammt oder zumindest schief angesehen wird, während ein Mann, der dasselbe tut, relativ ungeschoren davonkommt? (Eine Untersuchung über »böswilliges Verlassen« in den Vereinigten Staaten aus dem Jahre 1904 zeigt, daß von 591 betroffenen Familien nur 17 von der Mutter verlassen worden waren.[4])

Ist das unterschwellige Vorurteil nur Bestandteil des gegenwärtigen Trends gegen die Frauenbewegung, oder ist es tiefer in der Psyche verwurzelt? Wenn, wie die oben genannten Zahlen belegen, die Kleinfamilie im Zerfall begriffen ist, warum bleibt dennoch der Wunsch bestehen, an ihren Formen und Strukturen festzuhalten?

Die vorliegende Studie sucht Antworten auf diese Fragen. Teil 1, »Das Kultbild der guten Mutter«, befaßt sich mit gängigen Vorstellungen von der Mutterrolle und wirft die Frage auf, was geschieht, wenn sie ins Wanken geraten; besondere Beachtung findet dabei die Darstellung von Müttern, die gehen. Denn unsere Sicht solcher Frauen, das, was wir von »guten« oder »schlechten« Müttern halten, ist nicht angeboren – sondern basiert vielmehr auf einem bestimmten Moralkodex, der festlegt, welche Attribute zur Mutterrolle gehören. Das hat mit einer besonderen Ideologie der Mutterschaft zu tun, die sich in der westlichen Industriegesellschaft im Laufe der letzten beiden Jahrhunderte herausgebildet hat und untrennbar mit sozialen und wirtschaftlichen Umwälzungen verbunden ist. In Teil 2, »Der Weg aus dem Puppenhaus«, untersuche ich diese Umwälzungen im einzelnen und komme zu dem Schluß, daß eben gerade diese historische Transformation unser Bild von jenen Frauen beeinflußt hat, die mit dem mütterlichen Ideal gebrochen haben. Des weiteren bespreche ich einige der äußeren Faktoren, die die Lebenswirklichkeit dieser Mütter prägen.

Dabei zeigt sich, daß zwischen der Rhetorik der Mutterschaft – der kulturellen Konstruktion der Mutterfigur in Romanen, Theaterstücken, Filmen und den Massenmedien – und den Forderungen der traditionellen Ideologie eine enge Verbindung besteht. Mit anderen Worten, die Darstellung der Mutterschaft spiegelt nicht die Werte und Regeln hinsichtlich der Rolle der Frau wider, sondern sie reproduziert oder erzeugt diese Werte. Die gesamte Ikonographie der guten und der schlechten Mutter ist nicht einfach nur eine passive Spiegelung der gesellschaftlichen Wirklichkeit, sondern eine aktiv gestal-

20

tende Kraft, die ständig mit bestimmten Annahmen und Definitionen jene Komponenten neu benennt und bestätigt, die zur Mutterrolle gehören.

Im Laufe der letzten zweihundert Jahre wurden immer wieder Mütter dargestellt, die Kinder aussetzen und sich heimlich davonmachen. Diese Darstellungen sind nicht notwendigerweise ein Spiegel der gesellschaftlichen Wirklichkeit, sondern Erfindungen, Konstruktionen, die unseren Realitätssinn geprägt und unser Selbstgefühl geformt oder deformiert haben. Wie ich zeigen werde, hat sich in der westlichen Gesellschaft seit der industriellen Revolution eine Sprache der Mutterschaft herausgebildet, die ständig modifiziert und den sozialen Veränderungen angepaßt wird. Gleichzeitig entstand als dunkles Gegenstück dazu eine ebenso spezifische Sprache und Ikonographie zum Thema der Mutter, die geht. Der erste Abschnitt dieses Buches ist der kulturellen Darstellung von Müttern, die gehen, gewidmet, denn diese Darstellung ist weitgehend dafür verantwortlich, was wir über solche Frauen und die weibliche Identität allgemein denken.[5]

In Teil 1 wird demnach untersucht, wie wir Mütter und insbesondere Mütter, die gehen, betrachten und was wir von ihnen halten. Ich erörtere einige unbewußte Ansichten über Mütter, die ohne ihre Kinder leben, und die nach wie vor gängigen Vorstellungen von ihrem Charakter, ihrer verwickelten Existenz, und dem Ende, das sie voraussichtlich nehmen werden. Diese Vorstellungen werde ich zu den Erzählungen über Mutterschaft in Beziehung setzen, die uns eine moralisierende literarische Tradition überliefert hat. Denn es sind die Melodramen und Romane des neunzehnten Jahrhunderts, wie etwa *East Lynne* und *Anna Karenina*, die nach wie vor unsere Reaktion auf abwesende Mütter prägen und deren Wirkung deshalb im einzelnen durchschaubar gemacht werden muß.

Dann wende ich mich neueren Texten aus dem zwanzigsten Jahrhundert zu – Romanen, Hollywood-Filmen, zeitgenössischen Fernsehdramen –, die eine ähnlich feindselige Tradition fortführen. In der Unterhaltungskultur, von *Hauptmann Sorrell und sein Sohn*, einem Bestseller der Dreißiger, über neuere Fernsehproduktionen wie die amerikanische Serie *Raising Miranda* bis hin zu Danielle Steel's *Väter*, einem aktuellen Bestseller, wird die abwesende Mutter bewußt verleumdet, bestraft, lächerlich gemacht oder ausgegrenzt. Ganz gleich, aus welchen Gründen sie gegangen ist, einer rationalen Bewertung ihres Verhaltens steht nach wie vor eine geistige Blockade im Weg. Ende der siebziger Jahre zum Beispiel zeichnet sowohl der Roman als auch der Film *Kramer gegen Kramer* das alte Bild der Schlampe, diesmal in neuen (Designer-)Kleidern: Wieder einmal eine Frau, die ihre Familie aus einer Laune heraus im Stich läßt, um ihr eigenes Leben und ihre Karriere an erste Stelle zu setzen; ein Werk, das die beklagenswerten Auswirkungen des Feminismus anprangert – hier eine Mutter, die ihr Kind sitzenläßt, um ihrem Vergnügen nachzugehen.

Die bisher erschienenen Untersuchungen zu dem Thema, ob von »Fachleuten« oder Laien, haben eines gemeinsam: Sie stellen fast ausschließlich das Kind in den Mittelpunkt. Unabhängig vom Medium – ob Presse, Hollywood-Film, Rechts- und Sozialwissenschaften oder Psychologie – wird beharrlich die Perspektive des Kindes gewählt. Die Titel von Illustriertenartikeln, Forschungsbeiträgen und Büchern machen rasch deutlich, worum es geht: »Wo ist Mami?«, *Under Five;* »Wenn Mama auszieht«, *Family Circle;* »Wenn Mama ihre Koffer packt«, *New York;* »Einsam und Verlassen«, *Options;* »Die Auswirkungen fehlender mütterlicher Zuwendung«, eine Veröffentlichung der Weltgesundheitsorganisation; »Folgen psychischer Deprivation in der frühen Kindheit«, in Fachzeitschriften für Kinderheilkunde und Psychiatrie; *Mami wohnt nicht mehr hier.** In all diesen Publikationen wird der Leser aufgefordert, sich mit dem (mutmaßlich verlassenen) Kind zu identifizieren und nicht mit der Mutter (die es mutmaßlich verlassen hat). Unbewußt konzentriert sich unsere Aufmerksamkeit auf das Leben des Kindes, während das der erwachsenen Frau keine Beachtung findet: Die emotionale und psychische Realität der Mutter, ihre inneren Bedürfnisse bleiben außen vor.

Dies hat teilweise mit der überaus großen Aufmerksamkeit zu tun, die dem Kind und der kindlichen Entwicklung in der modernen Psychologie zuteil wird. Seit Rousseaus Romantisierung des unschuldi-

---

* Zum besseren Verständnis habe ich die Titel der Beiträge übersetzt, die allerdings nicht in deutscher Sprache erschienen sind (A. d. Ü.).

gen Kindes und Freuds Konzentration auf die frühkindliche Entwicklung steht das Kind im Mittelpunkt des Interesses der modernen Psychologie. Und im Falle der Trennung von Mutter und Kind ist dieselbe Einseitigkeit zu beobachten. Unzählige kinderpsychologische Untersuchungen und Veröffentlichungen beschäftigen sich mit den Auswirkungen der Abwesenheit der Mutter auf das Kind – über kurze und lange Zeiträume, in verschiedenen Altersstufen, in unterschiedlichen Zusammenhängen –, doch über die Auswirkungen dieser Trennung auf die Mutter ist wenig Nennenswertes erschienen. Ihre emotionale und psychologische Entwicklung wird ausgeblendet.

Das vorliegende Buch zielt darauf ab, dieses Ungleichgewicht zu korrigieren, indem es sich schamlos auf die Lage der Frau konzentriert und nicht auf die des Kindes oder der Kinder, des Ehemanns oder Partners, die sie verläßt. Ich interessiere mich genauso für ihr Seelenleben und ihre Lebensumstände wie für die des Kindes oder der Kinder. Und obwohl ich mich, vor allem im letzten Kapitel von Teil 2, »Folgen«, auch mit einigen Auswirkungen auf das Kind beschäftige, richte ich mein Hauptaugenmerk auf die Mutter selbst – und auf die seelischen, sozialen und rechtlichen Folgen, die die Trennung für sie hat. Ich habe mich bewußt für diesen Schwerpunkt entschieden, was nicht heißen soll, daß ich die Auswirkungen der Trennung auf die Zurückgelassenen unterschätze oder die Gesamtsituation grob vereinfachen möchte.

Um einen Eindruck davon zu vermitteln, wie es ist, von den eigenen Kindern getrennt zu sein, und wie das Leben der Mutter – positiv oder negativ – dadurch beeinflußt wird, ist Teil 3 dieses Buches, »Die Sicht der Mutter«, persönlichen Erfahrungsberichten gewidmet. In den ersten Kapiteln dieses Teils bespreche ich Auszüge aus Romanen und Autobiographien, unter anderem von Charlotte Perkins Gilman, einer Feministin des neunzehnten Jahrhunderts, der Schauspielerin Ingrid Bergman, der Schriftstellerin Doris Lessing und von Frieda Lawrence, der Frau von D. H. Lawrence. Diese Frauen haben zum erstenmal einigen jener komplexen Gefühle Ausdruck gegeben, die mit der (scheinbar freiwilligen und bewußt gewählten) Trennung von Kindern einhergehen. Die übrigen Berichte in Teil 3 beruhen auf ausführlichen Interviews.

Kontakt zu diesen Frauen habe ich über verschiedene Wege gefunden. Einige lernte ich durch persönliche Beziehungen kennen (wenn man erst einmal anfängt zu suchen, trifft man auf Schritt und Tritt Frauen, die ihre Kinder verlassen haben); andere haben aufgrund von Veröffentlichungen Kontakt zu mir aufgenommen. Eine wichtige Rolle spielten dabei verschiedene Mitteilungsblätter, vor allem jene der Selbsthilfegruppe MATCH (ein Akronym für »Mothers Apart from Their Children«, Adressen siehe Anhang).

MATCH entstand 1979, nachdem Peg English, eine in Großbritannien lebende Amerikanerin, in einem Brief an die Tageszeitung *Guardian* ihrer Verzweiflung über die Trennung von ihren Kindern Ausdruck gegeben hatte. Die große Resonanz auf den in der Zeitung abgedruckten Brief führte zur Gründung der Organisation MATCH. Der Verband finanziert sich heute aus Spenden, vermittelt persönliche Kontakte zwischen Frauen in den verschiedenen Regionen und verschickt zu diesem Zweck auch ein vierteljährliches Rundschreiben. Außerdem bietet MATCH Informationen über die rechtlichen Aspekte der Trennung, über Scheidung, das Wohl des Kindes, Besuchsregelungen, Rechte und Pflichten sowie Beratung zu Fragen der Existenzsicherung, Sozialhilfe und psychologischer Betreuung. Wie andere Selbsthilfegruppen hat diese Organisation unschätzbare Dienste geleistet, indem sie dazu beitrug, daß die Frauen ihre oft quälende Isolation überwinden konnten. Viele MATCH-Mitglieder berichten, wie erleichtert sie waren, als sie feststellten, daß nicht nur sie von ihren Kindern getrennt lebten; in den Selbsthilfegruppen konnten sie endlich über ihre gemischten Gefühle – auch im Hinblick auf Reaktionen im sozialen Umfeld – sprechen. In den Vereinigten Staaten erfüllt die Organisation »Mothers Without Custody« eine ähnliche Funktion.

Insgesamt habe ich mit über sechzig Frauen gesprochen oder korrespondiert. Aus der Vielzahl der mir mitgeteilten Geschichten habe ich diejenigen ausgewählt, die mir am interessantesten oder repräsentativsten erschienen; außerdem habe ich Fälle aufgenommen, die im Widerspruch zu den gängigen Klischeevorstellungen über von ihren Kindern getrennte Mütter stehen. Aus der Zusammenstellung der Berichte wird auch deutlich, welche Prioritäten ich gesetzt habe.

Ich habe bewußt Frauen gewählt, die im Hinblick auf Klassenzugehörigkeit, wirtschaftliche Situation und Bildung große Unterschiede aufweisen: Die Tochter eines Fernfahrers ist ebenso vertreten wie die Tochter eines Bischofs, eine arbeitslose ledige Mutter ebenso wie eine Millionärin, eine Frau, die von ihrem Mann geschlagen wurde, ebenso wie die Gattin eines wohlhabenden Landarztes. Obwohl die Lebensumstände der einzelnen Frauen grundverschieden waren, fühlte sich jede von ihnen genötigt oder wurde geradezu gezwungen, ihre Kinder zurückzulassen – Kinder unterschiedlichen Alters, vom Säugling bis zum fast erwachsenen Teenager. In allen Fällen handelte es sich um Kinder, zu denen die Mutter eine Bindung aufgebaut hatte, bevor sie ging.

Sämtliche zeitgenössischen Berichte in Teil 3 sind Niederschriften persönlicher Interviews, mit Ausnahme von Siobhans Geschichte in Kapitel 11, die mir brieflich mitgeteilt wurde, und Shirley Glubkas Bericht in Kapitel 15, der bereits vor einigen Jahren in den Vereinigten Staaten erschienen ist. In allen Fällen fertigte ich eine getreue Abschrift des Interviews oder Briefes an, kürzte sie auf die passende Länge und gab der betroffenen Frau Gelegenheit, die bearbeitete Schilderung zu lesen und zu korrigieren. Alle Berichte sind mit Zustimmung der Frauen abgedruckt. Man darf jedoch nicht vergessen, daß die Frauen ihre Geschichte in den Kapiteln 11 bis 20 mit eigenen Worten erzählen, so daß sich diese mündlichen Berichte spürbar vom Rest des Buches unterscheiden. Meine einführenden Bemerkungen habe ich auf ein Minimum reduziert, ich wollte lediglich deutlich machen, daß es Bezüge zu und Überschneidungen mit Themen gibt, die an anderer Stelle angeschnitten werden.

Ich habe bewußt darauf verzichtet, auf die Erfahrungen von Frauen einzugehen, deren Lebensgeschichte ich nicht nachvollziehen konnte. Ebenfalls nicht aufgenommen habe ich Fälle, in denen Kinder zu Pflegeeltern gegeben wurden oder die Trennung durch Rassenunterschiede, Inhaftierung oder körperliche oder geistige Behinderung bei Mutter oder Kind zustande kam. Ich habe diese Fälle nicht beseite gelassen, weil ich sie für weniger wichtig halte, sondern weil es sich um ganz eigenständige Bereiche handelt, auf die angemessen und aus der Sicht der Betroffenen eingegangen werden muß.

Als Außenstehende mußte ich jedoch befürchten, diesen Fällen durch eine zu allgemeine oder sachlich unzureichende Behandlung nicht gerecht zu werden.

Die Adoption ist ebenfalls ein solches Spezialgebiet. Uneheliche Kinder unmittelbar nach der Geburt fortzugeben war schon von jeher gängige Praxis, und den betroffenen Frauen begegnet man eher mit Nachsicht; sie werden nicht in dem Maße stigmatisiert wie jene, die ältere Kinder zurücklassen. Die legendäre »Calamity Jane«, Martha Jane Cannary Hickok, gab ihre Tochter im Säuglingsalter zu Pflegeeltern und hielt nur sporadisch Kontakt mit ihr, wobei sie sich nie als Mutter zu erkennen gab.[6] Selbst eine so fromme Christin wie die Schriftstellerin Dorothy Sayers, eine der ersten Frauen, die in Oxford studierten, brachte 1924 einen unehelichen Sohn zur Welt, den sie eine Woche später ihrer Cousine überließ, die ihn aufzog. Die Mutter lebte nie mit ihrem Sohn zusammen.[7] Doch während die Adoption bei der Geburt gesellschaftlich eher akzeptiert wird, stößt die Trennung von den Kindern zu einem späteren Zeitpunkt immer noch auf Unverständnis.

Ich möchte betonen, daß die persönlichen Berichte in Teil 3 keine Fallstudien im klinischen Sinne darstellen. Auch richtet sich dieses Buch nicht an eine Leserschaft, die an soziologischen Studien, gespickt mit Statistiken und Prozentzahlen, interessiert ist. Ich habe nicht mit konventionellen Fragebögen gearbeitet, sondern die Frauen gebeten, sich auf die Punkte zu konzentrieren, die ihnen am wichtigsten waren. Sozialwissenschaftler mögen nach »Beweisen« verlangen, daß diese persönlichen Berichte repräsentativ sind, oder ihren »Wahrheitsgehalt« in Frage stellen. Die eigene Geschichte so zu erzählen, wie sie war, ist offensichtlich ein komplizierter Prozeß, und in der Erinnerung erscheinen Ereignisse zwangsläufig verzerrt und gebrochen. Doch alle Frauen berichten ihre Erfahrungen aus ihrer Sicht, und ich sehe keinen Grund, die Darstellung ihrer Version der Ereignisse zu rechtfertigen. Ich habe absichtlich darauf verzichtet, den unbeteiligten Ton akademischer Verallgemeinerung anzuschlagen, und bewußt versucht, einen Eindruck davon zu vermitteln, wie die Sache für die Beteiligten selbst, für die Mütter, die gehen, aussieht. Leserinnen und Leser, die mit diesem subjektiven

Ansatz nichts anfangen können, seien auf Werke aus der Bibliographie verwiesen.

Die Stigmatisierung von Müttern, die nicht mit ihren Kindern zusammenleben, ist immer noch so stark, daß fast alle betroffenen Frauen – selbst die emanzipiertesten und erfolgreichsten – darum gebeten haben, anonym zu bleiben – sei es, weil sie befürchteten, erneut angeprangert zu werden, oder weil sie Kinder und Angehörige vor Mißverständnissen und Angriffen der Öffentlichkeit schützen wollten. Daher änderte ich die Namen der Frauen, ihrer Angehörigen und Kinder und in manchen Fällen auch die Ortsnamen. Aus ähnlichen Gründen habe ich auch meine eigene Geschichte nicht in allen Einzelheiten in Teil 3 aufgenommen, wenn auch einzelne Aspekte in den verschiedenen Berichten Ähnlichkeiten und Parallelen zu meinen eigenen Erlebnissen aufweisen und ich nicht verbergen will, daß ich von der Thematik selbst betroffen bin.

Als meine erste Ehe Anfang der siebziger Jahre in die Brüche ging, blieb mein Sohn (unser einziges Kind) in unserer gemeinsamen Wohnung bei seinem Vater. Mein Sohn war damals dreieinhalb. Die Gründe für diese Entscheidung sind nicht leicht auf einen Nenner zu bringen. Bei unserer Heirat war ich erst neunzehn und auf die Mutterrolle überhaupt nicht vorbereitet. Ich war den unablässigen Forderungen an mich als Mutter und der durch unsere Lebensumstände bedingten Isolation nicht gewachsen. Als ich schwanger wurde, steckte ich mitten im Studium an der Universität von Warwick. Die nächsten zwei Jahre verliefen höchst chaotisch, und ich war ständig übermüdet. Es war ein einziges Hin und Her zwischen der mitternächtlichen Arbeit an Aufsätzen über Lear und Wahnsinn und übelriechenden Windeleimern, einem eiligen Besuch in der ausgezeichneten Kinderkrippe der Universität (für Studentinnen kostenlos), um mittags das Baby zu füttern, und weiter in Germaine Greers Seminare über Ibsen und das europäische Theater, in denen ich versuchte, meinen Ehering zu verstecken. Obwohl sich mein Mann vorbildlich verhielt, während ich mich auf meinen Abschluß vorbereitete, und sich angemessen an Hausarbeit und Kinderbetreuung beteiligte, wurde alles noch problematischer, als ich mein Studium fortsetzen wollte. Zwischen uns wuchsen die Spannungen.

Außerdem zogen wir um, im Rückblick ein höchst unkluger Schritt. Wir ließen unser Heim und unsere Freunde in Leamington Spa zurück und bezogen ein Haus in einem heruntergekommenen Vorort von Leeds, mehrere Kilometer vom Stadtzentrum entfernt. Während mein Mann eine Vollzeitstelle als Lehrer an einer staatlichen Schule antrat, hockte ich völlig isoliert, ohne Geld, ohne Auto in unserem Reihenhaus und hatte rund um die Uhr neben meiner Forschungsarbeit ein Kind zu betreuen. Im näheren Umkreis hatten wir beide keine Verwandten, die mal ausgeholfen hätten, und für bezahlte Kinderbetreuung war kein Geld da. In einem staatlichen Kindergarten bekam ich nicht einmal einen Halbtagsplatz für meinen Sohn, da hier nur Kinder aus kaputten Familien aufgenommen wurden.

Gelegentliche Ausflüge an die Universität von York, wo ich eine Doktorarbeit schreiben sollte, lösten in mir nur Schuldgefühle aus. Ich machte mir ständig Sorgen, wenn ich meinen Sohn bei Nachbarinnen ließ, mit denen mich nichts verband, außer daß sie nebenan wohnten, und die meinen Mann und mich für Spinner oder Radikale hielten. Aus dem Oberseminar bei meinem Doktorvater stürmte ich davon, um einen frühen Zug zurück nach Leeds zu erreichen, während mir bei dem Gedanken daran, was meinem Kind unterdessen alles zugestoßen sein mochte, der Angstschweiß auf der Stirn stand.

Nachdem ich zwei Jahre lang diese schreckliche Isolation ertragen hatte, die durch Schwierigkeiten in meiner Ehe noch verschärft wurde – obwohl diese, wie ich zugeben muß, nicht zuletzt durch meine Depressionen verursacht wurden –, ging ich die Wände hoch. Das Valium, das mir der Hausarzt verschrieb, half auch nichts, und ich sah keinen Ausweg mehr. Uns war klar, daß wir eine Lösung finden mußten, also suchten mein Mann und ich einen Anwalt in Leeds auf, um uns zu informieren, wie wir die Trennung möglichst freundschaftlich durchziehen konnten, ohne daß unser Sohn und wir selbst Schaden nahmen. Der Anwalt lachte uns ins Gesicht. »Sie können wiederkommen«, meinte er, »wenn Sie sich ernsthaft trennen wollen. Dann kommt der Ärger von ganz allein. Das läßt sich nicht vermeiden. Streit gehört dazu.« Nachdem wir uns eine Weile im Kreis gedreht und verschiedene Möglichkeiten geprüft hatten, die sich schließlich als unrealistisch erwiesen, faßten wir schließlich den Entschluß, daß ich nach York ziehen und Vater und Sohn in Leeds bleiben sollten, wo ich sie jede Woche besuchen oder meinen Sohn übers Wochenende abholen würde.

Leider sollte der Anwalt mit seiner düsteren Prophezeiung recht behalten. Von den höflichen Umgangsformen, die wir beide hatten wahren wollen, war nach der tatsächlichen Trennung bald nichts mehr zu spüren. Da ich aus dem gemeinsamen Haushalt ausgezogen war, wurde die Situation zu meinen Ungunsten interpretiert: Ich hatte »mein Kind verlassen«. Obwohl wir den Schritt im gegenseitigen Einverständnis geplant hatten, hatte ich meinen Mann rechtlich gesehen »böswillig verlassen« und trug daher die Hauptschuld an der Trennung. Schließlich ließen wir uns scheiden, und obwohl wir gemeinsam das Sorgerecht übernahmen, blieb mein Sohn in der Obhut meines Mannes.

Unsere Angehörigen machten mir schwere Vorwürfe, und für Außenstehende muß es wirklich wie ein eigenwilliger, eigennütziger Schritt ausgesehen haben, durch den ich meine eigenen Bedürfnisse vor die von Mann und Kind stellte. Ich bezog ein Zimmer in einem Yorker Studentenheim an einer lauten Ringstraße, wo ich meine Verwirrung und meinen Kummer – im Grunde sogar jedes echte Gefühl – unter meiner akademischen Forschungsarbeit begrub. Nachdem ich gegangen war, mußte ich einfach intellektuelle Erfolge und Spitzenleistungen vorweisen – mein bereits vorhandener Ehrgeiz war durch den Drang, mein Weggehen zu rechtfertigen, noch gewachsen – und im Laufe der nächsten Jahre wurde ich regelrecht arbeitssüchtig (von dieser Sucht konnte ich mich glücklicherweise später befreien). Angriffe und Vorwürfe, mir sei »meine Bildung wichtiger, als eine gute Ehefrau und Mutter zu sein«, trafen mich mit ihrem bitteren Beigeschmack von Wahrheit – denn von außen betrachtet muß es wirklich so ausgesehen haben, als seien meine Muttergefühle praktisch verkümmert.

Die Lage wurde noch schwieriger, als mein Exmann im folgenden Jahr zu seiner Mutter zog – die so weit entfernt lebte, daß ich ohne Geld und Auto kaum die Möglichkeit hatte hinzufahren. Ziemlich rasch waren meine Illusionen verflogen, ich könnte zu meinem Sohn regelmäßig Kontakt halten. Von da an stellte die räumliche Entfernung eine schwere Belastung für unsere Beziehung dar, und gelegentlich gab es auch Streit um das Besuchsrecht.

Ich möchte die Sache nicht falsch darstellen. Die Probleme waren teilweise auf meine Verwirrung und auf meine Unfähigkeit zurückzuführen, mit der Situation und den negativen Projektionen umzugehen, die von verschiedenen Seiten auf mich einströmten. Und weitere Umzüge auf beiden Seiten machten die Sache nicht leichter: 1976 ging ich als Dozentin für englische Literatur an die Universität von East Anglia in Norwich, während mein Exmann nach Birmingham zog, wo er wieder eine Anstellung als Lehrer hatte. Er ging eine neue Ehe ein und sollte noch zwei Kinder bekommen. Auch ich habe inzwischen wieder geheiratet, aber irgend etwas hielt mich (weitgehend unbewußt) davon ab, weitere Kinder zu bekommen. Ich schien zu ahnen, daß diese Erfahrung für mich noch mit zu vielen Problemen behaftet war, die zuerst gelöst werden mußten.

Auch beim besten Willen sind Beziehungen unter solchen Voraussetzungen mit Spannungen und Schwierigkeiten belastet. Da ich meinen Sohn natürlich nur sporadisch sehen konnte, wurde unsere Bindung brüchig und konnte nur mit großer Mühe aufrechterhalten werden. Im Lauf der Jahre hat dies zwangsläufig auf beiden Seiten seelische Narben hinterlassen, die oft verleugnet wurden. Inzwischen scheinen sich die feindseligen Regungen jedoch gelegt zu haben, und meine Beziehung zu meinem Sohn ist viel gefestiger, auch wenn wir uns immer noch nicht regelmäßig sehen. Doch wir neigen beide dazu, unsere Beziehung eher als gute Freundschaft denn als Mutter-Kind-Bindung zu betrachten, die wir, jeder auf seine Weise, immer noch für das Normale halten.

Im Rückblick ist leicht zu erkennen, wie es dazu kam, daß die Trennung in dieser Weise mißdeutet werden konnte, aber wenn man mittendrin steckt, sieht alles anders und viel verworrener aus. Es waren weder Berechnung noch Ehrgeiz im Spiel, ja ich habe nicht einmal besonders bewußt gehandelt. Mein Weggehen war einfach ein blinder, verzweifelter Schritt, ein stümperhafter Versuch, einer unerträglichen Lebenssituation und tiefen Hoffnungslosigkeit zu entfliehen. Angesichts meiner seelischen Not und meiner damaligen Depression, die den Blick auf die zukünftige Lebenswirklichkeit verstellte, war mein Weggehen einfach ein unsicherer Schritt im Dunkeln, bei dem ich absolut keine Vorstellungen von den langfristigen Nachwirkungen und Konsequenzen hatte, die dies für mich und meinen Sohn haben würde. Ich zog die Zukunft nicht in Betracht und war mir nicht darüber im klaren, daß sich die Schwierigkeiten, die ich durch mein Weggehen lösen wollte, durch den zusätzlichen Schmerz über die Trennung von meinem Sohn während seiner gesamten Kindheit und Jugend so verschärfen würden, daß ich danach weitaus größere Anstrengungen unternehmen mußte, um damit fertig zu werden.

Die Ironie an der Sache ist, daß im Grunde keine Frau ihre Kinder je verläßt: so leicht läßt sich die Nabelschnur nicht durchtrennen. Paradoxerweise können die abwesenden Kinder eine Frau sogar noch mehr beschäftigen als die anwesenden. Bei manchen Müttern, die von ihren Kindern getrennt wurden, geht die Wunde so tief, daß sie von den Kindern, die sie verloren oder zurückgelassen haben, geradezu besessen sind – die Bindung geht so tief, daß man sich keinen Augenblick, auch nicht in Gedanken, davon freimachen kann.

Es hat zwei Jahrzehnte gedauert, bis ich meine eigene Erfahrung des »Weggehens« mit all ihren Implikationen und Konsequenzen bewältigen konnte. Nur durch eine langwierige Psychotherapie, den Beistand vieler Freundinnen und einige wertvolle neue Beziehungen ist es mir schließlich gelungen, mit den emotionalen und psychologischen Folgen der Trennung von meinem Sohn fertigzuwerden oder zumindest halbwegs gleichmütig damit leben zu können – und mich auch mit den Ursachen auseinanderzusetzen, die zu diesem Ereignis geführt hatten.

Dabei waren die Recherchen für und die Arbeit an diesem Buch von großer Bedeutung, denn die Beschäftigung mit dem Thema gab mir die Möglichkeit, über meine begrenzte individuelle Perspektive hinauszugehen. Als ich versuchte, die Situation einer Mutter, die geht, auf persönlicher, sozialer und politischer Ebene zu begreifen, wurde mir klar, daß mein Schmerz nicht allein auf die physische Trennung zurückzuführen war, sondern teilweise auch auf die gesellschaftliche Interpretation dieser Trennung, auf die Isolation, in die man in der Folge gerät, und die problematischen Gefühle, die damit einhergehen.

Auf jenen seltsamen, unorthodoxen Wegen, die so oft zum tieferen Verständnis eines Themas führen, begriff ich mit der Zeit, daß das Phänomen der Mutter, die ihre Kinder verläßt, eine eigentümliche Bedeutung und Geschichte hat und dennoch fast vollkommen unsichtbar ist. Es fehlt nicht nur in der traditionellen Kultur (was nicht weiter verwunderlich ist), sondern findet auch in der Frauenliteratur und Feminismustheorie kaum Beachtung. Entweder hatte bisher keine andere Frau diese Erfahrung gemacht (was ich bezweifelte), oder keine hatte es gewagt, sich damit zu exponieren.

Dieser Verdacht bestätigte sich, als ich Literatur zu dem Thema suchte. Ich stieß nur auf sehr wenige Frauen, die zugaben, daß sie – freiwillig oder unfreiwillig – ihre Kinder verlassen hatten: zu diesen wenigen gehören Charlotte Perkins Gilman, Doris Lessing (wenn auch nur sehr indirekt) und Ingrid Bergman. Die ebenso geringe Zahl von Büchern, die sich mit dem Thema befassen, liefern entweder einen Wust von Statistiken und Tabellen oder stammen von Akademikern oder Liberalen, die die Erfahrung nicht am eigenen Leib gemacht haben und deshalb die verheerenden seelischen und sozialen Folgen nicht voll ermessen können. Keines der Werke hatte das feministische Rüstzeug, um das Ereignis gleichermaßen individuell wie politisch zu interpretieren.

Dennoch findet diese Art von Erfahrung, wie viele andere auch, weder auf einer rein persönlichen noch auf einer rein gesellschaftlichen Ebene statt: Sie existiert an der Schnittstelle beider Bereiche, wo individuelle und kulturelle Zwänge sich berühren und überlappen. Weder in der Frau selbst noch in der Gesellschaft gibt es jemals einen einzelnen Grund, der eine Mutter veranlaßt zu gehen, es handelt sich stets um das komplexe Ineinandergreifen von inneren und äußeren Faktoren. Und wenn wir die Faktoren einer solchen Erfahrung fassen wollen, sind innere und äußere nicht mehr zu unterscheiden: Eine der wichtigsten Lektionen des Feminismus lautet, daß das Persönliche und das Gesellschaftliche, das Individuelle und das Politische zutiefst miteinander verzahnt und verwoben sind.

Als ich daraufhin nochmals prüfte, welche Gründe mich zu der Trennung von meinem Sohn veranlaßt hatten, wurde mir klar, daß sowohl äußere wie innere Ursachen dafür verantwortlich waren. Einige waren offensichtlich und unmittelbar sozialer und praktischer Natur – Armut, Unreife, eine ungeplante Schwangerschaft mitten im Studium, eine ungefestigte frühe Ehe, fehlende emotionale Rückendeckung durch die Familie, ein isoliertes Hausfrauendasein, unzureichende Kinderbetreuung. Andere aber waren in meiner besonderen Lebens- und Familiengeschichte verwurzelt; sie reichten nicht nur in meine eigene Kindheit und die Beziehung zu meiner Mutter zurück, sondern wurzelten darüber hinaus im Verhältnis meiner Mutter zu ihrer Mutter (das gleichfalls durch soziale und wirtschaftliche Faktoren beeinflußt worden war).

Dies führte mich zu der Frage, ob nicht eine bestimmte Konstellation innerer Faktoren feststellbar ist, die bei der Entscheidung, ob eine Frau geht oder bleibt, den Ausschlag gibt. Denn im Vergleich zu der begrenzten Zahl von Müttern, die tatsächlich gehen, gibt es Millionen von Frauen, deren Lebensumstände sich nicht wesentlich von denen unterscheiden, die in den persönlichen Berichten von Teil 3 geschildert werden – nur daß die Betroffenen einen anderen Ausweg aus ihrem Dilemma finden. Was ist es, so überlegte ich, das schließlich den Ausschlag gibt? Natürlich hat jeder Fall und die dazugehörigen Lebensumstände seine eigene Ätiologie, aber konnte nicht trotzdem ein bestimmter emotionaler oder psychologischer Faktor im Spiel sein, so daß sich bei den Frauen, die die Mutterrolle aufgeben, ein gemeinsames unbewußtes Element herauskristallisiert? Viele Frauen haben irgendwann einmal die Phantasie, ihren Mann und die Kinder zu verlassen, aber relativ wenige setzen diesen Gedanken in die Tat um: Wodurch unterscheiden sie sich von den anderen?

Einige dieser Fragen werden in Teil 4 dieses Buches, »Seelendrama – das Unbewußte bewußt machen«, untersucht. Hier beschäftige ich mich mit den unbewußt wirksamen Kräften in der Lebenswirklichkeit der Mutter, die gegangen ist, und dem Bild, das man sich von ihr macht. Es geht mir darum, die Vorurteile gegen sie zu durchleuchten, damit wir anfangen können, diese Projektionen aufzulösen – oder zu bekämpfen – und unsere Situation realistischer einzuschätzen. Außerdem untersuche ich einige unbewußte Faktoren, die mit der Mutter-Kind-Bindung zusammenhängen und von der Mutter an die Tochter weitergegeben werden. Ich befasse mich mit den Elementen im Unbewußten und in der Vorgeschichte einer Frau, die sie veranlassen könnten zu gehen, sowie mit den Gefühlen, die in ihr entstehen, nachdem sie gegangen ist.

Und ich werfe die Frage auf, welche Möglichkeiten der Mutter zukünftig für ihre Beziehungen – zu ihren Kindern, zu anderen, zu sich selbst – offenstehen, und bringe Beispiele für Wiedergutmachung und Versöhnung, durch die die Mutter-Kind-Bindung geheilt wird. In Kapitel 22 zeichnet John Fowles' Stieftochter Anna Christy mit ihrem ergreifenden Bericht ein wunderbares Porträt ihrer Mutter Elizabeth Fowles und zeigt, wie der fortdauernde Kontakt zwischen beiden, trotz der schmerzlichen Trennung Anfang der fünfziger Jahre, die Wunde mehr als heilte und sogar zu einer ungewöhnlich innigen Beziehung führte.

Viele der Berichte gegen Ende von Teil 3 sind als Anregung zu einer positiveren Sicht der Mütter, die gehen, aufzufassen. Sie stammen von Frauen, die, so wie ich selbst, Glück hatten und Mittel und Wege fanden – sei es durch Bildung, Psychotherapie, beruflichen Erfolg, Kreativität oder neue Beziehungen –, den Sinn ihrer Trennung von den Kindern zu überdenken und eine wahrscheinlich schmerzliche Erfahrung in etwas Positives umzuwandeln. Diese Berichte mit ihrem bejahenden und relativ glücklichen Ausgang habe ich ganz bewußt aufgenommen, weil es so wenige Darstellungen unkonventioneller Mutterschaft gibt, die nicht als Schuß nach hinten losgehen. Unsere Kultur vermittelt uns nur selten den Eindruck, daß eine Mutterschaft *in absentia* funktionieren kann, und gewährt fast nie Einblick in das Leben von Frauen, die ungeschoren davonkommen, obwohl sie sich um sich selbst und ihre eigene Kreativität und nicht ausschließlich um ihre Kinder gekümmert haben. Deshalb habe ich mich bewußt entschieden, einige versöhnliche, hoffnungsvolle Berichte ans Ende zu stellen.

Doch auch wenn ich jenen Erzählungen mit relativ glücklichem Ende vielleicht ungerechtfertigt viel Raum gebe, so bin ich mir trotz-

34

dem jener ebenso realistischen Geschichten bewußt, in denen die Kluft zwischen Mutter und Kind nicht mehr zu überbrücken ist. Viele Mütter haben nicht die nötigen Mittel für eine Wiedergutmachung – im Hinblick auf sich selbst und auf ihre Kinder. Sie wurden vom Vater der Kinder bestraft und daran gehindert, die Kinder zu sehen, so daß einige sich sogar in ihrer Verzweiflung das Leben nahmen. Die populären Mythen wollen uns glauben machen, daß ein solch tragisches Ende das gerechte und unvermeidliche Schicksal der Mütter sei, die sich nicht an die Spielregeln halten, doch wie ich bereits betont habe, ist das nicht richtig. Auch Frauen, die tief verwurzelte Werte unserer Kultur verletzt haben, können ein reiches, erfülltes Leben führen und nachträglich eine bessere Beziehung zu ihren Kindern aufbauen.

Hoffentlich kann ich aber auch deutlich machen, daß ich keineswegs dafür eintrete, daß Frauen ihre Kinder verlassen. Das wäre genauso lächerlich wie die Behauptung, jemand, der in der Frage des Schwangerschaftsabbruchs das Selbstbestimmungsrecht der Frau verteidigt, wolle Abtreibung als wünschenswert darstellen. Kinder zu verlassen ist keine empfehlenswerte Alternative, sondern vielmehr eine Entscheidung zwischen zwei gleichermaßen unerträglichen Lebenslagen. Obwohl meine Argumente und meine Haltung zutiefst vom feministischen Denken geprägt sind, möchte ich von Anfang an klarstellen, daß ich Feminismus und die Trennung von den Kindern in keiner Weise gleichsetze.

Zu Beginn der zweiten Welle der Frauenbewegung trat Germaine Greer in ihrem Buch *Der weibliche Eunuch* leidenschaftlich dafür ein, vorurteilsfrei über die Frage der Mutter, die geht, nachzudenken:

> Die meisten Frauen, die eine bestimmte Vorstellung von ihrer Rolle als Gebärerin und Erzieherin verinnerlicht haben, schrecken vor dem Gedanken zurück, Mann und Kinder zu verlassen, doch gerade hier muß die Lage klar und brutal neu überdacht werden.[8]

Dieses Buch soll dazu beitragen, einen solchen Klärungsprozeß in Gang zu setzen, aber es zielt keineswegs darauf ab, aus einer Mutter, die ihre Kinder verlassen hat, eine feministische Heldin zu machen. Germaine Greer hat vielleicht gut daran getan, im Hinblick auf Frauen, die die Kleinfamilie verlassen, den *advocatus diaboli* zu spielen – sie schreibt weiter:

> Wenn eine Frau sich darüber im klaren ist, daß sie nach der Trennung von ihrem Mann ihr Kinder nur in Armut großziehen kann, während sie sich alleine ernähren könnte, muß sie eine vernünftige Entscheidung treffen, und sie muß auf der Stelle das tiefsitzende Vorurteil gegen die weggelaufene Ehefrau ablegen.

Doch das ist leichter gesagt als getan, und die Autorin übersieht viele Schwierigkeiten – nicht zuletzt die problematische Lage der Mutter selbst und ihre Gefühlsbindung an die Kinder. Die Frauen, mit denen ich gesprochen habe, sahen ihre Tat weder als feministische Geste noch als klarsichtige, »brutal« rationale Entscheidung. Die Ereignisse verliefen wesentlich chaotischer und waren die Folge eines unglücklichen Zusammentreffens von Umständen, denen sich die Betroffene nicht gewachsen fühlte.

Ohne eine feministische Deutung der Situation wäre es sicherlich schwierig, das Phänomen der Mutter, die geht, zu verstehen – und meine Untersuchung stützt sich durchweg auf feministische Theorie und Geschichtswissenschaft sowie auf die Analyse kultureller Aspekte und der Herrschaftsverhältnisse zwischen Mann und Frau. Andererseits darf man jedoch nicht vergessen, daß diese Interpretationen retrospektiv sind. Sie können dem bereits eingetretenen Ereignis nachträglich einen Sinn geben, aber sie sind ausschlaggebend für die Motivation.

Ein britischer Frauenverlag, der erwog, dieses Buch herauszubringen, erbat sich eine eindeutigere Bearbeitung des Themas – der Verlag wollte die Geschichte von Frauen, die sich ganz bewußt entschieden hatten zu gehen. Damit wurde unterstellt, es sei Bestandteil eines feministischen Programms, daß Mütter in einer inszenierten Rebellion auf ihre Kinder verzichten – womit bewiesen wäre, daß Freiheit und Kinderkriegen unvereinbar sind. Doch jegliche Gleichsetzung, die die Trennung von den Kindern in ein feministisches

Abenteuer verkehrt, ist irreführend und gefährlich, und ich lehne dergleichen mit Entschiedenheit ab. Das zu verwechseln hieße, die Frauenbewegung lächerlich zu machen (und sie zur Freude der anti-feministischen Presse auf das derbe Niveau des militanten Feminis-mus und der Kindsaussetzung zu reduzieren). Gleichzeitig würden da-mit die realen gesellschaftlichen Vorurteile gegen Mütter, die von ihren Kindern getrennt leben, bestärkt und ihre Handlungen mit nüchternen politischen Entscheidungen gleichgesetzt, so als wären keine Gefühle im Spiel.

Kinder zu verlassen ist kein Programmpunkt der Frauenbewegung, und ist es meines Wissens auch nie gewesen. Die Umstände, die eine Trennung erzwingen, sind immer komplex und von großer Tragweite und haben in der Regel mehr mit Versäumnissen als mit freier Ent-scheidung oder Planung zu tun. Im Gegensatz zu der gängigen Sicht-weise habe ich festgestellt, daß keine Mutter ihr Kind leichtfertig, unbekümmert, völlig freiwillig oder kaltblütig verläßt. Viele Mütter trennen sich von ihren Kindern gegen ihren Willen oder aufgrund einer selbstlosen Entscheidung, die das Wohl des Kindes im Auge hat. Aus diesem Grund lehnen einige Frauen, besonders unter den MATCH-Mitgliedern, selbst die Formulierung »Mütter, die gehen«, ab, weil sie eine Initiative seitens der Mutter impliziert, die Vorstel-lung von der Kindsaussetzung heraufbeschwört und der Sensations-mache Vorschub leistet. Ich bin mir dieser Befürchtungen bewußt und gebe zu, daß Mißverständnisse nicht auszuschließen sind, halte es aber für wichtig, das Thema direkt anzusprechen, und weigere mich, es mit einer beschönigenden Formulierung zuzudecken. In dem Bericht von Charlotte in Kapitel 17, »Trennung wider Willen«, wird deutlich, was ich meine. Sie betont, wie wichtig es ist, daß wir die Verantwortung für unsere Geschichte und unsere Handlungen über-nehmen, wie negativ diese auch scheinen und wie sehr wir Opfer sein mögen. Aus diesem Grund habe ich die Formulierung beibe-halten.

Denn wenn einerseits die Gefahr besteht, die Mutter, die geht, als herzlose feministische Heldin hinzustellen, so besteht andererseits auch die Tendenz, sie als ewig Leidende zu sehen, die für ihr »Ver-brechen« mit lebenslanger Hoffnungslosigkeit bezahlt. Das war die

Reaktion eines nichtfeministischen Verlags auf mein Angebot – er wollte ein sensationelles, schockierendes Buch, in dem gezeigt wird, wie sehr Frauen die Trennung von ihren Kindern bereuen und wie sehr sie darunter leiden. Einige Mütter, mit denen ich sprach, lebten sowohl wirtschaftlich als auch emotional unter schwierigen Bedingungen, und ich will das reale Elend und Leid, das sie erfahren, nicht unterschätzen. Es ist jedoch nicht nötig, in dieser Situation zu verharren. Auch unter noch so schwierigen Bedingungen ist es möglich, die Trennung zu bewältigen und uns den schicksalsschweren Projektionen zu entziehen, die man uns zumutet.

Die einzige britische Veröffentlichung zu dem Thema ist bis dato Helen Franks' *Mummy Doesn't Live Here Any More* (1990). Dieses Buch war ein wichtiger Beitrag, denn es hat eine sachliche öffentliche Debatte eingeleitet und ist für eine nachsichtigere Haltung gegenüber den Müttern eingetreten, die sich dem traditionellen Rollenverständnis entziehen. Allerdings weist Helen Franks' Ansatz auch beträchtliche Lücken und Defizite auf. Nicht zuletzt ist es als Nachteil zu werten, daß sie insgesamt ein konventionelles, durchweg negatives Bild von den Betroffenen zeichnet. Mütter, die nicht mit ihren Kindern zusammenleben, werden in erster Linie als unglückliche Opfer der Gesellschaft gesehen, die politisch und privat in der Wüste leben. Sie sind nicht fähig, ihr Leben in den Griff zu kriegen (oder selbst ein Buch zu schreiben, wie man meinen könnte), und schon die Kategorien, in die Helen Franks die Betroffenen einteilt – sie verlassen ihre Kinder aufgrund von Liebesaffären, Ehrgeiz, lesbischen Neigungen, Inhaftierung –, implizieren ein Abweichen von der Norm, Mißerfolg oder Kriminalität. Den meisten wird bescheinigt, sie hätten entsetzlich gelitten und fühlten sich permanent schuldig und unglücklich.

Eine positive Sicht des Phänomens wird nicht vermittelt. Frauen, die ihre Erfahrung kreativ oder selbständig bewältigt haben und gestärkt daraus hervorgehen, kommen nicht vor. Fay Weldon hat in ihrer Besprechung zu Recht auf die Hoffnungslosigkeit hingewiesen, die Helen Franks' Buch ausstrahlt, und angemerkt, daß die Mütter alle verschiedenen »Kategorien des Unglücks« angehörten, und wenn sie zu Wort kämen, seien »Stimmen [hörbar], die den traurigen, melancholischen Beigeschmack eines hoffnungslosen, aber voll Hoffnung gelebten Lebens haben: Stimmen der Unterdrückten, der Ungebildeten, der Mißverstandenen, die leise wehklagend auf Rettung warten«.[9] Wie die folgenden Kapitel zeigen, ist es möglich, diesen Frauenchor um die Stimmen jener zu bereichern, die nicht so passiv und weniger pessimistisch sind – und sich nicht so leicht in die Opferrolle drängen lassen.

Helen Franks' Arbeit weist noch weitere Schwächen auf. So ist sie sich des Einflusses und der Bedeutung nicht bewußt, die der Darstellung von Müttern, die gehen, zukommt – und dabei wird gerade dadurch unser Denken über sie und über uns geprägt. Diese Darstellung muß in Frage gestellt werden, wenn sich die Beurteilung der Betroffenen ändern soll. Auch auf den historischen Hintergrund der Mutterrolle, wie wir sie heute kennen, wird nicht eingegangen: Die stichhaltigen Argumente, mit denen Helen Franks größeres Mitgefühl und mehr Toleranz gegenüber Frauen fordert, die die Spielregeln verletzen, wären noch zwingender, wenn wir genau erführen, woher diese Regeln kommen und wie relativ (und relativ neu) sie sind.

Doch am wichtigsten ist, daß die Autorin Mütter, die gehen, fast nur von außen sieht. Sie betont mit spürbarer Erleichterung, sie selbst sei keine Mutter, die gegangen ist. Ja sie schafft sogar eine starke Polarisierung zwischen »uns« (den Normalbürgern, der moralisch unanfechtbaren Mehrheit, zu der sie selbst gehört) und »ihnen« (den anderen, der von der Norm abweichenden – unmoralischen? – Minderheit abwesender Mütter). Die traurige Folge dieser Polarisierung ist, daß sie gerade jenes Mitgefühl schmälert, für das sie vordergründig wirbt. Denn was zwischen den Zeilen steht, bewirkt eine Entfremdung der Frauen von sich selbst, so daß sich die betroffene Leserin als Angehörige einer merkwürdigen Subspezies fühlt. Die Autorin hat auch einige MATCH-Mitglieder interviewt und Auszüge aus den Gesprächen zitiert, die sie allerdings durch freundlich erklärende Kommentare verbindet. Viele der befragten Frauen und andere MATCH-Mitglieder haben ihr Unbehagen über die Methoden und die Haltung der Autorin zum Ausdruck gebracht, da sie sich mißverstanden und bevormundet fühlen.

Dessen ungeachtet war *Mummy Doesn't Live Here Any More* ein willkommener Auftakt, und ich bin Helen Franks – ebenso wie den drei anderen, in den USA erschienenen Publikationen zu dem Thema – für einige ihrer Erkenntnisse Dank schuldig. Die erste einfühlsame Untersuchung, *Absentee Mothers* (1982), stammt von Patricia Paskowicz, einer Amerikanerin, die selbst ihre Kinder verlassen hat; sie bringt kurze Auszüge aus Erfahrungsberichten, zeigt aber insgesamt eine Tendenz zu verallgemeinernden soziologischen Aussagen. *Mothers Without Custody* (1988) von Geoffrey Greif und Mary Pabst ist eine hochwissenschaftliche, mit statistischen Daten gespickte Arbeit, die unter diesem Aspekt nützlich ist, den subjektiven Standpunkt der Frauen aber nicht berücksichtigt. Harriet Edwards' Buch *How Could You? Mothers Without Custody of Their Children* (1989) ist in Kalifornien erschienen und leichter zugänglich; es handelt sich zum Teil um ein Selbsthilfehandbuch für Frauen, die Mittel und Wege suchen, ihren Lebensunterhalt zu bestreiten. Das Werk bietet außerdem eine hervorragende Bibliographie, die sowohl Sachbücher als auch literarische Werke zum Thema umfaßt und die mir als Quelle unschätzbare Dienste geleistet hat.

Ich hoffe, dieses Buch hilft den Tausenden von Frauen, die ihre Kinder »verlassen« haben, ihre Handlungsweise nicht mehr isoliert zu betrachten, denn es ist mir wichtig, daß der Zusammenhang zwischen persönlichen, sozialen und politischen Aspekten deutlich wird und die aus der Trennung resultierenden Schuldgefühle gemindert werden. Außerdem hoffe ich, daß es jenen Millionen von Müttern (und Vätern), die nicht gegangen sind, mehr Einblick in das Leben der anderen gewährt und daher Mitgefühl weckt und eine flexiblere Haltung zur Elternschaft fördert. Und wenn auch jene, die einst – als Kinder – von ihrer Mutter verlassen wurden, heute als Erwachsene diese Untersuchung lesen und dadurch mehr Mitgefühl und ein besseres Verständnis der Situation entwickeln, wäre dies das beste Ergebnis, das ich mir wünschen kann.

Teil 1

Das Kultbild von der guten Mutter –
und was Frauen passiert,
die sich dagegen versündigen

1

Die Mutter, die ihre Kinder im Stich läßt: Populäre Mythen und Bilder

In einer lebendigen Kultur wandelt sich die soziale Rolle der »Mutter« und des »Vaters« ständig, doch dieser Wandel wird ideologisch verzerrt dargestellt ... Seit jeher ist gerade das vorherrschende Mutter-Bild dafür verantwortlich, daß wir erwarten, ja sogar verlangen, eine Mutter müsse freundlich und aufopfernd sein. Um so verwerflicher erscheint es dann, wenn sie aus ihrer Rolle ausbricht.

E. Ann Kaplan, *Motherhood and Representation*

Mit seinem Buch über Prinzessin Diana landete Andrew Morton einen großen Coup – nicht nur, weil es rasch zum internationalen Bestseller avancierte, sondern auch weil er seine Leserschaft dazu brachte, sich ausschließlich mit Diana zu solidarisieren. Dies ist an sich eine beachtliche Leistung, doch für die vorliegende Studie ist die Art und Weise, wie er das erreichte, von besonderem Interesse. Dianas eigentliche Lebensgeschichte beginnt mit folgenden Worten:

Ein Ereignis hat sich unauslöschlich in ihre Erinnerung eingegraben. Diana Spencer saß schweigend auf den kalten Steinstufen ihres Elternhauses in Norfolk, und ihre Finger umklammerten das schmiedeeiserne Geländer, während um sie herum geschäftiges Treiben herrschte. Sie hörte, wie ihr Vater Koffer in das Heck eines Wagens lud und wie Frances, ihre Mutter, mit knirschenden Schritten die kiesbestreute Auffahrt überquerte. Die Autotür fiel ins Schloß, der Motor heulte auf, und langsam rollte der Wagen mit ihrer Mutter durch das Tor von Park House und aus Dianas Leben. Diana war sechs Jahre alt.[1]

Der Wirkung eines solchen Ergusses kann sich kaum jemand erwehren, denn er zieht alle Register der Sentimentalität. Unweigerlich ergreift die Leserin Partei für das kleine Mädchen, dessen Mutter, so scheint es, plötzlich und auf unerklärliche Weise verschwindet. Mit keinem Schachzug ließe sich eindeutiger sicherstellen, daß Sympathie und Mitgefühl geweckt werden, Gefühle, auf die sich der Rest von Mortons Darstellung stützt – wir geraten auf der Stelle in einen Sog, der dazu führt, daß wir uns mit Diana als einem Kind identifizieren, das »im Stich gelassen wurde«.

Dieser Kunstgriff zu Beginn von *Diana: Her True Story* ist typisch, ja geradezu symptomatisch für die Art und Weise, wie Geschichten von Müttern, die gehen, erzählt werden. Wir als Außenstehende werden auf die Seite des Kindes gezogen; die Erzähltechnik erzeugt melodramatische Stimmung und gefühlsmäßige Spannung, und es wird suggeriert, daß die Erfahrung ein anhaltendes und unauslöschliches Trauma hervorruft – ein Vierteljahrhundert später ist diese Erinnerung laut Morton für Diana noch immer prägend und von zentraler Bedeutung.

In seinem Text werden alle Mythen angesprochen, die sich um Mütter, die gehen, gemeinhin ranken, als ob schon ein Hinweis auf das archetypische Bild ausreichte, um eine solche Frau zu verurteilen. Die Mutter selbst bleibt eine schemenhafte, unzugängliche Figur, die nur aus der Ferne wahrgenommen wird. Bewußt schließt sie (im wörtlichen und im symbolischen Sinne) vor ihren Kindern die Tür, als würde sie den Kontakt zu ihnen für immer abbrechen. Sie verschwindet aus dem Leben ihrer Tochter, und die Assoziation drängt sich auf, daß jede Mutter, die geht, ihre Kinder völlig im Stich läßt. Wenn wir uns jedoch den späteren Kapiteln der Biographie zuwenden, entsteht plötzlich ein völlig anderes Bild.

Morton zeigt für die Situation der Mutter viel mehr Verständnis, als die Einleitung seines Buches vermuten läßt. Obwohl wir nur wenig über Frances Shand Kydd erfahren, erscheint sie uns als Persönlichkeit mit komplexen Beweggründen und emotionalen Konflikten. Morton beschreibt sie als »lebhaft, von unbeugsamen Stolz, kampfbereit und entschlossen«, eine Frau, die in den darauffolgenden Jahren in Dianas Interesse verschiedentlich ins Leben ihrer Tochter eingriff. Wir erfahren, daß sie sich erst nach einer mehrjährigen unglücklichen Ehe zur Trennung entschloß und daß sie an der Entwicklung der Kinder, die sie zurückließ, lebhaft Anteil nahm. 1968, im Jahre ihrer Scheidung, unternahm sie alles in ihrer Macht Stehende, um das Sorgerecht für ihre vier Kinder zu erhalten, die sie nach ihrem Umzug zu sich nach London holen wollte.[2] Doch selbst ihre eigene Mutter, Ruth Fermody, eine Hofdame der Königinmutter, sagte vor Gericht aus, ihre Tochter sei den Elternpflichten nicht gewachsen (Dianas Mutter hatte zwei Monate zuvor eine Rolle in Shand Kydds Scheidungsprozeß gespielt). Das Gericht entschied zugunsten des Vaters – und dazu trugen sicherlich sein größerer Reichtum, seine privilegierte Stellung und die konventionellen Moralvorstellungen bei. »Lady Althorp verlor das Sorgerecht für ihre Kinder, obwohl ihre Bemühungen zunächst aussichtsreich erschienen. Die Mutter gewinnt meistens – es sei denn, der Vater ist Adliger. Sein Rang und Titel verliehen seinen Ansprüchen Vorrang.«[3]

Mit anderen Worten: In krassem Gegensatz zum Bild der Rabenmutter, das Morton in seiner melodramatischen Einleitung heraufbeschwört, war Dianas leibliche Mutter liebevoll und am Schicksal ihrer Kinder interessiert. Sie blieb im Verlauf der Jahre mit Diana in Kontakt und war stets bereit, ihr mit Rat und Tat zu helfen. Die Beziehung zu ihren vier Kindern ging mit ihrem Fortgehen keineswegs zu Ende, sondern bestand auch angesichts erheblicher Schwierigkeiten und Anfeindungen weiter. Doch trotz der erwiesenen Tatsachen schwebt über Mortons Saga von Prinzessin Diana der Mythos der Mutter, die ihre Kinder verläßt, und dieser Mythos ist es, der unsere gefühlsmäßige Reaktion bestimmt. Strukturell werden vom ersten Absatz an alle unsere Sympathien auf das verlassene Kind gelenkt.

Dieser Mythos taucht immer dann auf, wenn in der breiten Öffentlichkeit über das Thema der Mutter, die geht, diskutiert wird. Wie im Beispiel Dianas werden Sprache, Aufbau und Stilmittel des Melodrams eingesetzt, um das Interesse von Leser und Betrachter von der Mutter abzulenken und zu erreichen, daß sie für das Kind Partei ergreifen. Der Mutter wird eine falsche Handlungsweise unterstellt, und damit ist sie der Ächtung und Verunglimpfung preisgegeben.

Interessanterweise werden geschiedene Mütter, die nicht mehr bei ihren Kindern leben, negativer beurteilt als die Väter.[4] Eine Untersuchung in den Vereinigten Staaten hat ergeben, daß Mütter ohne Sorgerecht zu einer der beiden Gruppen gehören, die von der Öffentlichkeit am schärfsten verurteilt werden – die andere sind die Homosexuellen. Väter ohne Sorgerecht hingegen werden nicht nur akzeptiert, sondern sie genießen sogar ein höheres Ansehen als alleinstehende Männer und Frauen.[5]

Das wohl spektakulärste Beispiel dieses Jahrhunderts, an dem sich zeigt, wie scharf eine Mutter verurteilt wird, die ihre Kinder verläßt, ist der berühmte Fall der schwedischen Schauspielerin Ingrid Bergman. Als sie den Vereinigten Staaten im Jahre 1950 den Rücken kehrte, um mit dem italienischen Regisseur Rossellini zu arbeiten und zu leben, ließ sie ihre einzige Tochter Pia bei ihrem ersten Ehemann zurück, damit das Kind in dem Land und mit der Sprache aufwachsen konnte, die ihm vertraut waren. Gemessen an der Empörung, mit der die nationale und die internationale Presse reagierte, hätte man meinen können, Ingrid Bergman habe einen Mord begangen. Der Aufruhr erreichte seinen Höhepunkt, als die Schauspielerin vom Zentrum der männlichen Macht, dem Kongreß der Vereinigten Staaten, öffentlich geschmäht wurde.

Den Angriff auf Ingrid Bergman im Senat der Vereinigten Staaten startete Edwin C. Johnson am 14. März 1950. Er bezeichnete sie als eine der mächtigsten Frauen der heutigen Zeit – »doch zu meinem Bedauern muß ich sagen, daß sie einen machtvollen und teuflischen Einfluß ausübt«. Er verdammte ihren »Anschlag auf die Institution der Ehe« und ließ sich sogar zu der Überlegung hinreißen, ob sie vielleicht »von Schizophrenie befallen sei« oder gar unter »hypnotischem Einfluß« stehe. Denn gewiß »deutet ihr unnatürliches Verhalten gegenüber ihrer kleinen Tocher auf geistige Anomalie hin«. Laut Senator Johnson hatte Pia nun »keine Mutter« mehr, und die verworfene Bergman, eine »Ausländerin, die sich schändlich verhalten hat«, wurde aus den USA verbannt, indem man ihr verbot, jemals wieder einen Fuß auf amerikanischen Boden zu setzen.[6]

Man könnte versucht sein, Ingrid Bergmans Ausweisung im Zusammenhang mit dem Zeitgeist der frühen Fünfziger zu sehen, sie einfach als Ausdruck des wachsenden »Weiblichkeitswahns« zu werten, wenn nicht auch in jüngerer Zeit ähnliche Fälle bekannt geworden wären. Diana Dors schildert in ihrer Autobiographie *Dors by Diana* (1981), welch immense Feindseligkeit ihr von der Presse entgegenschlug, als sie zu Beginn der sechziger Jahre – mehr aufgrund der Umstände und ihrer finanziellen Situation – ihre beiden kleinen Söhne bei deren Vater Richard (Dickie) Dawson in Hollywood lassen mußte. (Es wurde eine Kinderfrau eingestellt, die im Haus wohnte, ganztags arbeitete und bis zu ihrem Tode, als die Kinder bereits Jugendliche waren, bei der Familie blieb.) Der Grund, weshalb Diana gezwungen war, ihr hektisches Leben mit weltweiten Auftritten als Schauspielerin und Kabarettistin kurz nach der Geburt ihres ersten Kindes wieder aufzunehmen, lag im wesentlichen in dem luxuriösen Lebensstil, auf den die Familie und enge Freunde nicht mehr verzichten wollten. Doch die ihr (in reichlich übertriebener Form) nachgesagte Untreue lieferte gemeinsam mit dem skandalösen Schritt, ihre Kinder zu verlassen, der amerikanischen Presse genug Material, um eine Rufmordkampagne zu lancieren. Man stellte sie als herzlose, böse Frau dar, die mit einem anderen Mann davongelaufen war und ihren treuen Gatten und die unschuldigen Kinder im Stich gelassen hatte.[7]

Im Jahre 1977 ließ Margaret Trudeau, die Frau des damaligen kanadischen Premierministers Pierre Trudeau, ihre drei kleinen Söhne bei deren Vater, als die Ehe zerbrach. Obwohl sie uneingeschränktes Besuchsrecht hatte und ihre Kinder regelmäßig sah – zunächst im Abstand von fünf Tagen bis zu zwei Wochen – wurde ihr Weggehen und das Streben nach einer »unabhängigen Karriere« von Presse und Öffentlichkeit als reine Selbstsucht gedeutet. Wieviel Sympathie dem »im Stich gelassenen« Vater daraufhin entgegenschlug, drückte sich in einem Popularitätszuwachs um 17 Prozentpunkte aus. Margaret Trudeau hingegen erhielt haßerfüllte Schmähbriefe, in denen ihr Gewalt und tätliche Angriffe angedroht wurden.[8]

Eine Mutter, die geht, bricht aus der selbstlosen, masochistischen und aufopfernden Rolle aus, die ihr unsere Kultur vorschreibt. Also bekommt sie von dem System, das von ihr bedroht wird, zwangsläufig Mißbilligung zu spüren. Karen Silkwood, deren Leben in dem

Film *Silkwood* (mit Meryl Streep in der Titelrolle) dramatisiert wurde, mußte, nur weil sie ihre Kinder verlassen hatte, böswillige Verdächtigungen hinnehmen. Dabei hatten ihr die Umstände keine andere Wahl gelassen. Ihr Mann war Alkoholiker, untreu und überließ ihr die Sorge für die Kinder ganz allein. Als sein Verhalten schließlich zum finanziellen Bankrott führte, versuchte Karen, sich von ihm scheiden zu lassen, doch er bestand darauf, daß die Kinder ihm zugesprochen wurden. Karen wollte sich nicht darauf einlassen, zog die Scheidung zurück und verließ ihn – zu seinen Bedingungen – erst, nachdem sie noch einige Jahre in der unglücklichen Ehe ausgeharrt hatte.

Trotz der großen Entfernung zwischen Oklahoma und dem Wohnort der Kinder in Texas hielt sie zu ihnen regelmäßigen Kontakt und besuchte sie so oft wie möglich. Zwischenzeitlich entdeckte sie an ihrem Arbeitsplatz in einem Atomreaktor der Kerr-McGee Nuclear Corporation, daß ihr Arbeitgeber rechtlich vorgeschriebene Sicherheitsvorkehrungen nicht einhielt, und informierte die Atomenergiekommission über diese Verstöße. Innerhalb weniger Monate erlitt sie durch eine Anzahl von »Lecks« Strahlenschäden, und man bedrohte sie, bis es schließlich zu dem tödlichen »Autounfall« kam. Kerr-McGee wurde angeklagt, doch in dem Verfahren stützte das Unternehmen seine Verteidigung weitgehend auf die vermeintliche Unzuverlässigkeit von Karen Silkwood und ihrer Aussage. Dies, so behauptete man, ließe sich schon an ihrem gestörten, wenn nicht sogar unmoralischen Charakter erkennen – schließlich hatte sie ihrer Familie den Rücken gekehrt, Ehemann und Kinder einfach »sitzenlassen«. Gab es einen besseren Beweis für geistige und emotionale Labilität?

Der Aspekt des gesellschaftlichen Komplotts gegen Karen Silkwood wurde aus der Filmversion ihrer Geschichte ausgeklammert, doch im Vorspann wird sie gemeinsam mit den Kindern gezeigt, die sie »im Stich gelassen« hat. Daraus ergibt sich eine durchaus zulässige Schlußfolgerung: Unterschwellig wird der Eindruck erweckt, eine Frau, die aus der »normalen« Familieneinheit ausbricht, muß damit rechnen, daß sie bestraft wird. Denn Karen Silkwood bedrohte nicht nur die Macht einer Gesellschaft für Kernreaktoren, sondern sie bedrohte auch die Macht der Kernfamilie. Sie verließ ihre Kinder. Und da kann Meryl Streep die Hauptfigur auch noch so einfühlsam zeichnen, die Handlung – also Karen Silkwoods Vernichtung – beschwört letztendlich eine altbekannte Moral und Botschaft: Eine Mutter, die ihre Kinder verläßt, darf einfach keinen Erfolg haben, sie darf nicht überleben. Daher lautet eine unausgesprochene, bisher noch nicht zu Kenntnis genommene Aussage des Films: Der Tod der Mutter ist eine unausweichliche, wenn nicht sogar »gerechte« Strafe für ihre Abweichung von der Norm.[9]

In der Geschichte der Neuzeit wurden Mütter, die ihre Kinder verließen, oft schwer bestraft. Im sechzehnten und siebzehnten Jahrhundert gehörten dazu in ganz Europa öffentliche Beschimpfung, Auspeitschung, Folter im Stock, Erziehungshäuser und sogar – wie bei Ingrid Bergman 300 Jahre später – der Landesverweis. Einer der frühesten dokumentierten Fälle aus London im Jahre 1556 führt uns drastisch vor Augen, welches Urteil eine solche Mutter erwarten durfte:

Für das Aussetzen eines Kindes auf den Straßen soll (eine Frau) bei Bridewell ausgepeitscht und im folgenden zur Besserung den Vorstehern des Christus Hospitals unterstellt werden … (dann) stellt man sie an den Pranger, mit einem Zettel um den Hals, wo in großen Lettern geschrieben steht: Ausgepeitscht in Bridewell für das Aussetzen ihres Kindes auf den Straßen, und im folgenden bringt man sie nach Southwark und verbannt sie für ihr Verbrechen aus der Stadt.[10]

Unabhängig von den Gründen, die sie zu ihrer Handlung veranlaßt hatten und die sie – beispielsweise wegen bedrückender Armut – oft einfach nicht ändern konnte, war es immer die Mutter und nicht die Gesellschaft, der man die Schuld gab. Sobald man ihr Vergehen entdeckte, wurde sie bestraft und gezwungen, ihr Kind wieder zu sich zu nehmen.

Mit der Aufklärung im achtzehnten und neunzehnten Jahrhundert wurden die Strafen körperlich weniger brutal, doch die Werte, auf denen die Behandlung der flüchtigen Mutter beruhte, blieben im wesentlichen die gleichen. Wenn sie nicht bereit war, ihre Rolle als Versorgerin zu übernehmen, mußte sie böse oder geistesgestört sein. Im Jahre 1739 hatte man so wenig Verständnis für die ambivalente Haltung einer Mutter zu ihrem Kind, für ihre Unfähigkeit, es zu versorgen, und für die damit gegebene Normverletzung, daß eine Frau in Großbritannien, die behauptete, sie könne ihre Kinder nicht lieben, für verrückt erklärt wurde.

Und daran hat sich nicht viel geändert. Im Jahre 1980 beklagte ein Rechtsanwalt aus Baltimore, der mit einem Sorgerechtsfall zu tun hatte: »Die Gerichte sind gegenüber den Vätern voreingenommen. Solange die Mutter keine Prostituierte, nicht drogenabhängig oder psychisch krank ist, geht man automatisch davon aus, daß sie besser geeignet ist, das Sorgerecht zu übernehmen.«[11] Umgekehrt bedeutet dies, wenn eine Mutter nicht die Alleinverantwortung für die Versorgung der Kinder trägt, muß sie wohl zur Kategorie der moralisch suspekten oder psychisch labilen Frauen gehören. Sowohl Charlie Chaplin als auch Cary Grant hatten Mütter, die nicht mit ihren Söhnen zusammenlebten und als gestört oder krank angesehen wurden.[12]

Dahinter verbirgt sich die Ansicht, eine Frau, die ihre Kinder verlassen hat, könne kein guter Mensch, geschweige denn eine gute Mutter sein. Anfang der achtziger Jahre brachte John Lennon dies auf den Punkt, als er sich mit der Hexenjagd der Medien gegen Yoko Ono auseinandersetzte. Bevor sie ihre Beziehung zu John Lennon einging, war Yoko Ono mit Tony Cox verheiratet gewesen. Sie hatte mit ihm eine Tochter, Kyoko, die fünf Jahre alt war, als sie von Yoko getrennt wurde. Trotz eines verzweifelten Kampfes wurde Kyoko in der Folge Tony Cox zugesprochen – offensichtlich nachdem dieser seine Tochter im wahrsten Sinne des Wortes entführt hatte. Dennoch beschuldigte man Yoko Ono, sie habe es »zugelassen«, daß ihre Tochter von ihr getrennt wurde, und plötzlich diskutierte man öffentlich ihre zweifelhaften Qualitäten als Mutter. John Lennon drückte es so aus: »Yoko wurde mit Vorwürfen und Schuldzuweisungen überschüttet. Nur weil sie dem Vater nicht Detektive, die Polizei und das FBI auf den Hals hetzte, war sie plötzlich keine gute Mutter mehr und kümmerte sich nicht um ihr Kind.«[13]

Eine Frau, die ihre Kinder verläßt, ist nach Einschätzung der Öffentlichkeit nicht nur eine schlechte Mutter, sondern ihr Tun wird außerdem mit dem endgültigen Bruch, dem Durchtrennen aller Bande und daher mit Im-Stich-Lassen gleichgesetzt. Und genau dies ist der Mythos, der in der Einleitung von *Diana* so wirkungsvoll beschworen wird. Wenn eine Mutter geht, heißt das, der Vorhang ist gefallen. Ihre Tat ist endgültig und unwiderruflich.

Doch empirische Studien beweisen, wie falsch diese Verallgemeinerungen und Vorurteile sind. Es zeigte sich, daß von ihren Kindern getrennt lebende Mütter oft gegen massiven Widerstand ankämpfen, um den Kontakt zu ihnen aufrechtzuerhalten. In einer Untersuchung in den Vereinigten Staaten stellte sich heraus, daß 60 Prozent dieser Mütter ihre Kinder nach der Trennung mindestens einmal im Monat, meistens zweimal oder sogar noch öfter besuchten. Nur knapp zehn Prozent hatten gar keinen Kontakt mehr zu den Kindern, eine Rate, die weitaus geringer ist als die der Väter ohne Sorgerecht – in Großbritannien und den Vereinigten Staaten haben 40 bis 50 Prozent der Männer zwei Jahre nach der Scheidung keine Verbindung mehr zu ihren Kindern.[14]

Das Vorurteil der Öffentlichkeit gegenüber Müttern, die gehen, beruht auf einer Vorstellung von der Mutterrolle, die in unserer christlich-patriarchalischen Gesellschaft verwurzelt ist. In der westlichen Kultur ist das Mutterbild ein Konstrukt, durchsetzt von Ansichten und Botschaften, die aus der christlichen Symbolwelt stammen. Mit der »Jungfrau« Maria als Verkörperung der christlichen Nächsten- und Mutterliebe ist die Mutter der Inbegriff weiblicher Reinheit. Alles, was von diesem Ideal abweicht, ist somit unrein, umstürzlerisch und schlecht. Der Kult um die (jungfräuliche) Mutter in unserer Kultur ist so machtvoll, daß Frauen, die nicht in dieses Bild passen, zu weiblichen Antichristen, zu sündigen und anrüchigen Wesen abgestempelt werden. Sie sind schlechte Mütter, Mütter, die nicht mehr existieren, Mütter, die – wie die von Prinzessin Diana – zu Fuß (oder im Auto) aus dem Leben der Kinder völlig verschwunden sind.

Durch die Kunst des Christentums wurde die Madonna mit dem Jesuskind zum zentralen Kultsymbol für die Mutter-Kind-Beziehung.

Da uns dieses Bild von der Mutter mit dem Kind ständig begegnet, verstärkt sich unser Eindruck, daß Mutter und Kind eine untrennbare Einheit darstellen, aus der sich die Mutter schlichtweg nicht lösen kann. Dieses Symbol stellt Mutter und Kind auf romantisch verklärende Weise dar. Der Körper der Mutter wird zum Fetisch, indem das Baby an der Brust trinkt, oder Mutter und Kind blicken sich mit dem Ausdruck inniger Verzückheit in die Augen.

Der entscheidende Faktor nie dieser nie hinterfragten Tradition ist, daß die Figuren von Mutter und Kind praktisch zu einer physischen Einheit verbunden sind. Die Mutter-Kind-Dyade erscheint als eine symbiotische Bindung, die beide voll in Anspruch nimmt und von äußeren Einflüssen nicht angetastet und daher auch nicht gelockert werden kann. So wird in der konkreten und oft auch glorifizieren Darstellung der (entrückten) Madonna mit dem Kind in unserem Kulturerbe – Raffaels *La Madonna del Granduca* und Tizians *Madonna mit dem Kind*, Michelangelos berühmte *Pietà* im Petersdom in Rom – der Blick ausschließlich und einseitig auf die Bindung zwischen Mutter und Kind gerichtet. Die Mutter wird in keiner Weise als Individuum betrachtet, sondern nur als Teil einer (zutiefst körperlichen) Einheit mit dem Kind, gefangen in einem Kokon, der sie vom Rest der Welt und von der Geschichte isoliert.

Zwar wissen wir, daß das Kind aus der Mutter-Kind-Dyade letztendlich herauswachsen und das Nest verlassen wird, doch ebenso gut wissen wir, daß dies für die Mutter nicht gilt. Nur das Kind nabelt sich ab und wird ein anderer Mensch, und dazu gehört auch, daß es die Mutter in seinem Prozeß der Individuation verleugnet – wie Christus, als er sich von seiner Mutter mit den Worten abwendet: »Weib, was habe ich mit dir zu schaffen?« Doch allein schon der Begriff Mutter impliziert, daß sie sich nicht abnabeln und weiterentwickeln kann. Sie ist die Ganzheit, von der sich das Kind loslöst, und von ihr, von dem (immer verfügbaren) Körper der Mutter, hängt es ab, ob die Individuation des Kindes gelingt. Dementsprechend gibt es in der bildenden Kunst keine Darstellung, die eine Mutter außerhalb der Mutter-Kind-Dyade zeigt (außer in der Trauer um ein totes Kind, wo die Mutter als die Umschließende in ihrer ausschließlichen Konzentration auf das Kind erhalten bleibt).

Angesichts dieser in der westlichen Kultur vorherrschenden Sichtweise müssen wir uns fragen, wie eine künstlerische Darstellung einer Mutter, die geht, aussehen könnte. Wenn eine Frau dadurch zur Mutter wird, daß sie ein Kind hat, wie kann sie dann ohne Kind überhaupt Mutter sein? Wie kann man sie darstellen, wenn sie die Mutter-Kind-Dyade verlassen hat? Ist es überhaupt möglich, sie noch Mutter zu nennen, wenn sie nicht mehr in der Beziehung zu ihrem Kind lebt? In dem Augenblick, in dem sie geht, hört sie allem Anschein nach auf, Mutter zu sein – die funktionelle, definierende Beziehung zu ihrem Kind ist angeblich zu Ende.

Wenn die These richtig ist, daß die feministische Ästhetik sich mehr damit beschäftigte, das Konstrukt des Frauenbildes als Objekt (in den Augen der Männer) zu kritisieren, anstatt sich die Frau selbst als ihr rechtmäßiges Thema zu eigen zu machen, dann gilt das in keinem Bereich so stark wie in der kulturellen Darstellung der Mutter.[15] In allen visuellen Künsten, von der klassischen Malerei bis zum zeitgenössischen Kino, finden wir keine einzige Ansicht von der Innenwelt einer Mutter, bekommen wir keinen Eindruck von ihrer komplexen Wahrnehmung. Die Mutter ist nur eine Idealvorstellung – die gute, treusorgende Nahrungsspenderin, ein Phantasieobjekt –, und immer ist sie über die Beziehung zu ihrem Kind definiert. So gesehen ist eine Mutter, die geht, ein Widerspruch in sich.

Es scheint, als gäbe es eine innere Grammatik der Mutterschaft, die vorschreibt, wie sich eine Mutter korrekt zu verhalten hat – und dazu gehört, daß die Frau ihre Kinder bedingungslos liebt. Jede Abweichung von der Norm, jeder Gedanke an Trennung wirft die gesamte Syntax über den Haufen. Eine Mutter, die geht, bringt soviel Unordnung in das gewohnte System der Erwartungen, daß es schwerfällt, ihr Verhalten in Worte oder in Bilder zu fassen. Eine Mutter, die abwesend ist, ist ein Widerspruch in sich, ist eine grammatikalische Unmöglichkeit.

In der bildenden Kunst fällt eine Mutter, die nicht dem Kultbild von der Madonna entspricht, aus dem Rahmen. Wie Vampire, mit denen diese Frauen oft symbolisch assoziiert werden, haben sie kein Spiegelbild – sie werden in der Welt der populären Kultur nicht sichtbar. Doch auch in der Literatur glänzen Mütter, die gehen, durch Abwesenheit. Entweder sie sind überhaupt nicht vertreten und fallen nur auf, weil sie nicht da sind, oder sie werden in einen erzählerischen Rahmen gezwängt, der sie negativ darstellt und sie ihrer Strafe und Vernichtung zuführt.

Ein einschlägiges Beispiel ist die folgende Geschichte einer Mutter, die geht. 1989 strahlte die BBC *The Ginger Tree* aus, ein bekanntes Drama über eine Frau, die von ihrem Kind getrennt wird. Zu Beginn unseres Jahrhunderts reist das schottische Mädchen Mary Mackenzie in den Nahen Osten, um den dortigen britischen Militärattaché zu heiraten. Die Ehe ist in jeder Hinsicht eine Enttäuschung, und Mary lebt in einer stumpfsinnigen Unzufriedenheit dahin, bis sie eine Liebesbeziehung mit dem japanischen Adligen Kentaro Kurihama eingeht. Als Mary entdeckt, daß sie von ihm schwanger ist, trennt sie sich von ihrem Mann und geht – mit Kurihamas finanzieller Unterstützung und praktisch als seine Konkubine – nach Japan, wo sie ihren Sohn zur Welt bringt. Das Baby ist erst wenige Monate alt, als Kurihama es entführen läßt und japanischen Eltern als Yoshi, das heißt als Adoptivkind, übergibt. Mary ist entsetzt, als ihr das Kind gestohlen wird, doch nach japanischem Recht hat sie keinerlei Handhabe, ihren Sohn zurückzufordern.

In der Fernsehfassung des Dramas wirken Marys Verlust, ihre Trauer und Wut, als sie ihren Sohn sucht, äußerst bewegend, besonders auf Mütter, die von ihren kleinen Kindern getrennt wurden. Es dauert viele Jahre, bis Mary ihren Sohn wiedersieht – sie begegnet ihm erst bei Ausbruch des Zweiten Weltkrieges, im Zuge ihrer zwangsweisen Repatriierung als britische Staatsbürgerin. Ihr inzwischen erwachsener Sohn ist ein japanischer Bomberpilot, der sich auf einen Selbstmordeinsatz zur Rettung seines Vaterlandes vorbereitet. Mary – die Mutter, die keine ist – muß damit fertigwerden, daß ihr Kind auf allen Ebenen, kulturell wie persönlich, ein Fremder für sie ist. Die komplexen Gefühle, die mit einer solchen Situation einhergehen, werden mit ungewohnter Sensibilität dargestellt.

Wenn man allerdings den Fernsehfilm mit dem zugrundeliegenden Roman vergleicht, stößt man auf eine auffällige Änderung, die viel über die Einstellung der Unterhaltungsmedien zu Müttern, die gehen, aussagt. In der Vorlage, Oswald Wynds Roman *The Ginger*

Tree (1977), hat Mary (deren Name offensichtlich auf den traditionellen Mythos von der Mutter hinweist) vor ihrer Affäre mit Kurihama eine eheliche Tochter, Jane. Als der Ehemann Marys Untreue entdeckt, zwingt er sie nicht nur zu gehen, sondern verhindert auch, daß sie die kleine Jane mitnimmt. Zudem verbietet er Mary jeden weiteren Kontakt zu ihrem Kind. Jane wird nach England zurückgeschickt und dort von Marys Schwiegermutter aufgezogen. Diese Episode – und mehr noch die Tatsache, daß sie in der Fernsehfassung des Stoffs weggelassen wurde – ist von höchster Aussagekraft.

Zunächst zeigt die Episode selbst, daß eine Frau, die aus der Ehe ausbricht und ihr Kind zurückläßt, entsprechend bestraft werden muß. Mary verläßt Ehemann und Tochter, um daraufhin ihren Geliebten und ihren Sohn zu verlieren: Der Aufbau der Handlung enthält eine tiefe, saubere Symmetrie, so daß dem Vergehen die angemessene Strafe gegenübersteht. Die Trennung von dem einen Baby wird mit dem Verlust des anderen vergolten. Weil sie ihre Mutterpflichten gegenüber dem ersten Kind nicht erfüllt hat, darf sie beim zweiten das Mutterglück nicht genießen – und darunter leidet sie schwer. »In dem Augenblick, wo Müdigkeit mich übermannt, wünsche ich mir nichts sehnlicher, als mein Kind zurückzuhaben, ganz gleich, was es kostet … Ich kann nicht beobachten, wie Tomo heranwächst, ich kann nicht sehen, wie aus dem Gesicht des Kindes allmählich das eines Mannes wird. Schon jetzt hält er eine andere für seine Mutter.«[17]

Zweitens ist die bewußte Streichung ein Indiz dafür, daß die BBC durch das einfühlsame Porträt einer Mutter, die ihr Kind verläßt, keinen Rückgang der Zuschauerzahlen riskieren wollte. Um aus Mary (gespielt von Samantha Bond) eine Figur zu machen, die die Zuschauer schätzen, wurde das umstrittene Thema einer Mutter, die geht, ausgeklammert. Der Ehebruch einer Frau mochte 1989 ein Thema sein, das nicht mehr gegen die gängigen Moralvorstellungen verstieß, doch für eine Mutter, die ihr Kind verläßt, galt das noch lange nicht.

In den letzten zehn Jahren wuchs sowohl in Hollywood als auch in den Massenmedien der Widerstand, ernsthaft und mitfühlend Mütter zu schildern, die ihre Kinder verlassen. In der gegenwärtigen

Offensive gegen den Feminismus wird die Mutterrolle wieder einmal mit einem Glorienschein umgeben, und regressive Phantasien über die Erfüllung, die sie verspricht, stehen im Mittelpunkt der öffentlichen Aufmerksamkeit. Filme und Seifenopern im Fernsehen bemühen sich, die Mutterrolle so attraktiv wie möglich darzustellen. Als Reaktion auf den gegenwärtigen Zerfall der Familie und das drohende Gespenst flexiblerer Formen der Mutterschaft machte die Unterhaltungsindustrie aus der Familie wieder einmal ein notwendiges Bollwerk gegen gesellschaftliche Umwälzungen und verlieh der Mutterrolle (beziehungsweise ihrer verkitschten Version) einen heroischen Anstrich von Edelmut.

In diesem Klima werden Frauen, die aus der konventionellen Rolle ausbrechen und neue Positionen erobern, verspottet. Lesbische Frauen sind zum Gegenstand von Witzsendungen geworden; starke Frauen sind von der Leinwand praktisch verschwunden. Frauen, die eine Mutterrolle von vornherein ablehnen, werden gedemütigt und als exzentrische Versagerinnen dargestellt, und jenen, die sich von ihren Kindern trennen, wird jedes Verantwortungsgefühl abgesprochen. Wenn tatsächlich einmal der Feminismus zu Sprache kommt, wird er als überholt und lächerlich hingestellt. Angesichts dieses Rückfalls überrascht es nicht, daß Frauen, die gehen, nicht nur nicht ernst genommen werden, sondern inzwischen auch zur Grundausstattung von Fernsehkomödien gehören.

Die neuesten Produkte der Unterhaltungsindustrie wie *Shirley Valentine* lassen eine Mutter, die ihr Heim verläßt, entweder kurz gewähren – um sie gleich darauf zu bekehren –, oder man macht sie (wenn sie auf ihrer Wahnsinnstat besteht) lächerlich, indem man sie als gleichgültig und pflichtvergessen darstellt. In der amerikanischen Fernsehserie *Raising Miranda* wird der Mutter, die geht, Zügellosigkeit und Unzulänglichkeit unterstellt – ein Urteil, das nicht nur von Männern stammt, sondern noch viel nachdrücklicher von der Tochter ausgesprochen wird, die die Mutter ersetzt und die Rolle des Hausmütterchens übernimmt.

Die Ziele der emanzipierten Frau, die in *Raising Miranda* ihre Familie verläßt, werden auf einen kläglichen Witz reduziert. Mutti ist weggelaufen, nachdem sie einen »Selbstverwirklichungs-Workshop« besucht habe, kichert Miranda, die älteste Tochter – ein junges Mädchen, das für seinen Arbeiter-Macho-Vater die Rolle der pflichtbewußten Ersatzmutti übernimmt. Mirandas fundierte Haushaltskenntnisse sind ein ziemlich direkter Vorwurf an die pflichtvergessene Mutti, die, wie Miranda uns verächtlich mitteilt, »nicht einmal eine Ladung Wäsche waschen konnte«. In *Blossom* empfindet eine verlassene Tochter ähnlichen Abscheu vor ihrer die Aufsichtspflicht verletzenden Mutter. »Sie sollte in der Küche sein, wenn ich aus der Schule komme«, bestimmt sie, und nicht »unterwegs, um ihre eigenen Bedürfnisse zu befriedigen«.[18]

Als Deirdre Barlow, eine Figur in der britischen Fernsehseifenoper *Coronation Street*, sich mit Lokalpolitik und anderen außerhäuslichen Tätigkeiten zu beschäftigen beginnt, kriselt es in ihrer Ehe. Auf der Stelle werden die Sympathien der Zuschauer von dem harten, zänkischen Charakter einer Frau abgezogen, die nichts weiter will als aus ihrem Puppenheim ausbrechen. In dieser hoffnungslos postfeministischen Kultur muß eine Frau, die sich von ihrem Mann trennt oder die Kinder verläßt, als »schlechte« Mutter gezeichnet werden, die eigene Interessen an die erste Stelle setzt – eine plumpe Karikatur eines »feministischen Machismo«.

Die zeitgenössische Unterhaltungskultur ist weit davon entfernt, sich mit dem gegenwärtigen gesellschaftlichen Wandel auseinanderzusetzen. Sie geht nicht auf die komplexen Veränderungen im Rollenverhalten von Müttern und Eltern ein, die Verantwortung für Kinder tragen. Die Rolle der Frau wird wieder auf die des Hausmütterchens reduziert, während Mütter, die gehen, – und überhaupt alle Frauen, die eine ungewohnte, abweichende Haltung zeigen – durch Wort und Bild herabgesetzt werden. Wie sich an der Geschichte Dianas ablesen läßt, neigt die Charakterisierung dieser Frauen unter Mißachtung der tatsächlichen Verhältnisse zur Mythenbildung – ihre Beweggründe müssen von Selbstsucht und Ehrgeiz oder von Rücksichtslosigkeit geprägt sein – und es wird so getan, als würden sie sich einfach aus dem Staub machen und ihre Kinder im Stich lassen.

Allem Anschein nach reagiert die derzeit herrschende Ideologie auf die Herausforderung der zweiten Welle des Feminismus der sechziger und siebziger Jahre und versucht alles in ihrer Macht Stehende, um ihr Einhalt zu gebieten. Die Furcht wächst, der Feminismus wolle (angeblich) die Familie zerstören oder zumindest die Stellung der Mutter unterminieren, und Unterhaltungsindustrie und Massenmedien sind bereits zur Stelle, um ein Loblied auf die belagerte Institution der Mutterschaft zu singen. Hinter ihren Witzsendungen und moralischen Parabeln verbirgt sich panische Angst – erkennbar an der Verzweiflung, mit der sie »das neu geweckte Bedürfnis, die Mutterrolle auszufüllen« propagieren.[19]

Demzufolge waren die in jüngster Zeit entstandenen Darstellungen von Müttern, die gehen, entweder von raffinierter Feindseligkeit oder von defensivem Witz geprägt. Und wieder einmal wurden den Müttern die Kultsymbole der Mutterschaft wie die heilige Madonna mit dem Kind vorgehalten wie Kruzifix oder Knoblauchknolle einem Vampir.

Doch die Verherrlichung in christlicher Kunst und Religion ist nicht die einzige Quelle, aus der sich populäre Mythen über gute und schlechte Mütter speisen. Ebenso machtvoll und einflußreich wie die klerikale bildende Kunst ist das säkulare Erbe unserer modernen Kultur – und zwar insbesondere die Literatur, die in der Zeit seit der industriellen Revolution entstanden ist. In diesen Werken stoßen wir auf die ersten Darstellungen von Müttern, die ihre Familie verließen, Darstellungen, die viele populäre Mythen geprägt und auf diese Weise mehr als alles andere die Geschichten beeinflußt haben, die wir heute über solche Frauen zu hören bekommen – und uns gegenseitig erzählen.

Obwohl häufig angenommen wird, eine feindselige Darstellung der Mutter, die mit ihrer konventionellen Rolle bricht, sei nichts Neues, finden wir erst in der späten Neuzeit, besonders im achtzehnten und neunzehnten Jahrhundert, moralische Erzählungen, die konkret aufzeigen, wie sich eine Mutter zu verhalten hat und wie nicht. Und es herrscht auch kein Mangel an abschreckenden Warnungen, was jenen blüht, die gegen die Regeln verstoßen. Später werde ich aufzeigen, daß diese kulturelle Entwicklung mit dem Auftauchen einer neuen Ideologie der Mutterschaft in der postindustriellen Zeit verknüpft ist. Doch in den folgenden drei Kapiteln möchte ich zunächst auf einige dieser Erzählungen aus Europa und Amerika eingehen, die unser moralisches Urteil über Mütter, die gehen, geformt und unsere Vorurteile gegen sie genährt haben. Denn hier, in der populären westlichen Kultur der letzten zwei Jahrhunderte – erst im Roman und später im Film – haben die bekanntesten Mythen über diese Frauen ihren Ursprung.

2

Moral und Melodrama: *East Lynne*

In der Stunde ihrer Flucht empfand sie schon ihre Tat – die Schuld,
deren Erkenntnis sie gern vermieden hätte, nahm gleich die wahre,
schreckensvolle Gestalt an, die schwärzeste Farbe der Finsternis, und
das Gewissen war von da an nicht mehr zu beruhigen. Eine Frau, die so
ihr Haus verläßt, wird immer so erwachen.

Ellen Price, *East Lynne*

Die Weigerung der Öffentlichkeit, Vernunft oder Mitgefühl wal-
ten zu lassen, wenn über das Leben von Müttern, die gehen, nachge-
dacht wird, beruht nicht zuletzt auf Erzählungen, die ihren Platz in
der Literaturgeschichte gefunden haben. Als einer der ersten Vertreter der neueren Literatur befaßt sich Daniel Defoe in seinem Roman
Roxana (1724) mit diesem Thema. Seine Heldin verläßt ihre Kinder,
um als Tänzerin und Prostituierte ihren Lebensunterhalt zu verdienen. Hier wird der Anschein erweckt, nur eine Frau von lockerer
Moral wäre zu einem solchen Schritt imstande, denn sie opfert ihre
Kinder ebenso bereitwillig wie ihre Tugend. Die Unterstellung, nur
eine ohnehin schon unmoralische Frau käme auf die Idee, ihre Kinder zu verlassen, durchzieht die Belletristik wie ein roter Faden.

Im Roman des neunzehnten Jahrhunderts sind Mütter gezwungen,
Kinder aufzugeben, wenn ihnen der Makel der unehelichen Geburt
anhaftet. In Dickens' *Bleak House* (1852) muß Lady Dedlock ihre –
in einer außerehelichen Liebschaft gezeugte – Tochter Esther fortgeben und wird als Folge ihrer bittersüßen Leidenschaft in den
frühen Tod getrieben. Elizabeth Gaskell kehrt immer wieder zu dem
Thema zurück; sie schildert Kinder, die von ihrer Mutter, und Mütter, die von ihren Kindern getrennt sind: »Und wenn die ganze

Welt«, schreibt sie, »voll guter Seelen wäre, so bliebe sie doch für eine Mutter, die ihr einziges Kind missen muß, immer ein trostloser, verödeter Ort.« In den Romanen von Thomas Hardy finden sich einfühlsame Porträts von Frauen, die uneheliche Kinder bekommen und mit den Folgen nicht fertig werden, aber auch diese Mütter erwartet letztendlich ein frühes Grab oder die Verbannung.

Unabhängig davon, ob der Autor Sympathie für seine Heldin empfindet oder nicht, der Roman als Gattung und die ihm zugrundeliegende Gesellschafts- und Sexualmoral machen einen tragischen Ausgang der Erzählung unabdingbar; Müttern, die ihre Kinder verlassen, droht der Tod oder gar ein noch schlimmeres Schicksal. In Flauberts *Madame Bovary* (1856–1857) erwartet die ehebrecherische Mutter als Strafe ein extrem sadistischer Tod. Kate Chopin schildert in *Das Erwachen* (1899) eine Frau, die Mann und Kinder verläßt, um einem romantischen Traum zu folgen, doch die Heldin findet ihre Freiheit nur symbolisch – durch Ertrinken im Meer. Laurence Housman beschreibt in seinem Stück *Pains and Penalties* (1911) das Leben Königin Carolines, der Frau von George IV., die in die Verbannung geschickt und von ihren Kindern getrennt wurde. Vom Tod ihrer Tochter erfährt sie aus der Zeitung. Sie sollte leiden, weil sie keine gute Mutter war – die Aufführung des Stückes wurde sogar von Lord Chamberlain verboten.[1]

Die implizite Warnung, daß Mütter, die gehen, ein schreckliches Schicksal erwarte, wurde in der Literatur von Frauen ebenso nachdrücklich und beredt formuliert wie von Männern. Ja, von allen literarischen Werken, die die Einstellung zu Frauen, die ihre eigenen Kinder verlassen, geprägt haben, droht gerade eines aus der Feder einer Frau mit den entsetzlichsten Konsequenzen – der in Großbritannien mit großem Beifall aufgenommene Roman *East Lynne* (1861). Hier wird das Weggehen der Mutter nicht nur als abscheuliches Verbrechen gegen Ehe und Familie dargestellt, sondern als ein Akt, mit dem eine Frau zwangsläufig sich selbst zerstört.

East Lynne war der zweite Roman von Ellen Price, besser bekannt unter ihrem Ehenamen Mrs. Henry Wood. Sie wurde 1814 geboren und erlitt als junges Mädchen eine Schädigung der Wirbelsäule, die zu einer Rückgratverkrümmung führte, so daß sie ihr Leben lang behindert war. Das wißbegierige Mädchen erhielt eine gute Erziehung, heiratete 1836 den reichen Bankier Henry Wood, zog mit ihm nach Frankreich und bekam einen Sohn. Gemessen an den Wertvorstellungen der viktorianischen Mittelklasse führte sie ein vorbildliches Leben, sie war geradezu der Inbegriff weiblicher Rechtschaffenheit. Selbstverständlich verließ sie weder Mann noch Kind und war ihrem langweiligen Gatten scheinbar ein Leben lang treu. Über den Vater berichtet sogar der Sohn, daß »er keinen Funken Phantasie besaß … Es machte ihm Mühe, einen Roman zu lesen.«[2]

Dennoch stammt aus der Feder dieser moralisch unanfechtbaren viktorianischen Lady eine der merkwürdigsten Erzählungen über eine Mutter, die ihrer Ehe den Rücken kehrt. Der Roman ist eine bemerkenswerte Phantasie über weibliches Verlangen und dessen Kastration. Seine Protagonistin ist erfüllt von (verbotenen) persönlichen und sexuellen Sehnsüchten, die sie mit Gewalt niederzukämpfen sucht, was wiederum zu einem besonders selbstquälerischen, masochistischen Verhalten führt.

Im Mittelpunkt des Romans steht die verwaiste Adlige Isabella Vane. Sie heiratet Archibald Carlyle – einen brillanten Anwalt, der sein teils schwerverdientes, teil ererbtes Vermögen darauf verwendet, East Lynne, den ehemaligen Familiensitz Isabellas, zu erwerben. Das Paar hat zwar drei Kinder – Isabella Lucy, William und Archibald –, aber Isabella kann die Mutterrolle nicht ausleben. Carlyles Schwester führt den Haushalt, Ammen und Dienstboten kümmern sich um die Kinder. Es überrascht kaum, daß Isabella, machtlos wie sie ist – ebenso wie Mrs. Henry Wood selbst –, an verschiedenen psychosomatischen Leiden erkrankt und zur Erholung ins Ausland geschickt wird. In Frankreich lernt sie Francis Levison kennen, einen Schurken Byronscher Prägung, und versucht ihrem Verlangen nach ihm zu entfliehen, indem sie nach Hause zurückkehrt. Doch zufälligerweise lädt Carlyle Levison zu einem längeren Besuch in sein Haus ein. Die Heldin gerät in eine immer ausweglosere Lage. Da sie unter Qualen mitansehen muß, wie Carlyle (vermeintlich) ihrer Jugendfreundin Barbara Hare den Hof macht, ist sie bereit, auf Levisons böses Spiel einzugehen. In einem Anfall heftiger Verzweiflung verläßt sie mit ihm in einer dramatischen mitternächtlichen Flucht ihr Zuhause.

Mehr an Glück wird ihr nicht zugestanden. Von dem Augenblick an, als Isabella »in wilder Hast« durch den prächtigen, üppig belaubten Park von East Lynne davonläuft, bereut sie ihren Schritt. Zu keinem Zeitpunkt gewinnt man den Eindruck, daß ihre Befreiung den Preis wert war. Im nächsten Kapitel finden wir uns ein Jahr später auf dem europäischen Festland wieder, nur um festzustellen, daß Isabella von Schuldgefühlen überwältigt wird. Sie hat nicht die geringste Befriedigung erfahren und war keine Sekunde lang frei von brennenden Selbstvorwürfen.

Wie erging es Lady Isabella? Gerade wie es gehen muß, wenn eine Frau von edlen Grundsätzen fällt. Sie hatte keinen Augenblick Ruhe oder Frieden oder Glück empfunden, seit sie in jener schrecklichen Nacht ihr Haus verlassen hatte. In einem Augenblick wilder Leidenschaft war sie blindlings nicht in einen Rosengarten, wie ihr Verführer versprochen hatte, sondern in einen Schreckensabgrund gesprungen, aus dem man sich gar nicht mehr retten konnte – nie wieder, nie wieder!

Folglich konzentriert sich von dem Augenblick an, in dem Isabella geht, die gesamte Erzählung nur noch auf die qualvolle Strafe, die die Heldin erwartet. Sie wird von Schuldgefühlen über ihr Versagen als Mutter gepeinigt, und es vergeht keine Minute, in der sie nicht voll Trauer an die Kinder denkt, die sie zurückgelassen hat.

Ich weiß nicht, wie ich die vergebliche Sehnsucht, das innere Fieber, das unablässige Herbeisehnen von etwas Unerreichbarem beschreiben soll. Sehnsucht wonach? Nach ihren Kindern. Man trenne eine Mutter, sei es eine Herzogin oder eine Obstverkäuferin am Gemüsestand, eine Zeitlang von ihren kleinen Kindern und frage sie, wie sie sich nach ihnen sehnt. Und wenn sie eine Vergnügungsreise unternähme … die Wochen werden ihr immer länger, das Verlangen, sie wiederzusehen, wird fast unerträglich … Oh! könnte sie ihre Kinder nur für einen Tag, eine Stunde sehen und einen Kuß auf ihre Lippen drücken! Konnte sie ohne sie leben?

Auf den restlichen qualvollen Seiten des umfangreichen Romans wird hart durchgegriffen: nicht nur durch die »Vipernbisse« von Isabellas Gewissen, sondern auch durch eine Handlung, die die Mittel und Gefühle des Melodrams bis zum Exzeß ausreizt – »ihre ganze künftige Existenz … würde eine einzige düstere Abfolge zermürbender Strafen sein«.

Die Bußen, die Isabella auferlegt werden, sind grotesk übertrieben. Francis Levison verläßt sie – als sie bereits schwanger ist, so daß sie ihr Kind in größter Armut zur Welt bringen muß – und nimmt sein früheres Lotterleben wieder auf. Isabella kommt zu der Einsicht, daß sie ihre Sünden nur durch lebenslange Sühne wiedergutmachen kann, und dafür bietet sich ihr reichlich Gelegenheit. Als sie eine Reise unternimmt, um eine Stellung als Hauslehrerin anzutreten, wird sie in ein Zugunglück verwickelt. Ihr neugeborenes Baby kommt ums Leben, sie selbst wird schwer verletzt. Sie ist verkrüppelt, und ihr einst wunderschönes Gesicht bis zur Unkenntlichkeit entstellt.

Der Unfall ist so schwer, daß Augenzeugen Isabella für tot halten. Diese Nachricht gelangt nach East Lynne, so daß ihre Kinder von nun an meinen, sie weile nicht mehr unter den Lebenden. Aber in Wirklichkeit überlebt Isabella – um die schlimmsten Demütigungen zu erfahren, die Mrs. Woods komplexer Sadomasochismus ersinnen kann. Sie kehrt als Erzieherin ihrer eigenen drei Kinder nach East Lynne zurück, ein Schritt, der sie zwingt, aus nächster Nähe zu beobachten, daß ihr vorbildlicher, ihr einst treu ergebener Carlyle inzwischen mit der beneidenswerten Barbara verheiratet ist, was Isabellas Reue und Schmerz neue Nahrung gibt. Es folgen zahllose qualvolle Szenen, in denen Isabella Schreckliches durchmacht. Nicht nur steht sie täglich in engem Kontakt mit ihren Kindern, während diese sie für tot halten, was sie ständig daran erinnert, wie unmütterlich sie sich verhalten hat. Es ist nicht genug, daß sie Szenen trauter Zweisamkeit zwischen Carlyle und der Stiefmutter ihrer Kinder beobachten muß. Es reicht auch nicht, daß sie ihre Kinder über die geliebte verstorbene Mutter reden hört – was wieder Salz in ihre Wunden streut – und daß Barbara ihr verbietet, von ihrem Gehalt Geschenke für ihre Zöglinge zu kaufen. Nein, um das Maß vollzumachen, stellt sich auch noch heraus, daß der Schurke Levison ein

Mörder ist. Und für ihn hat sie Carlyle verlassen! Alles wird auf die Spitze getrieben, um Isabella größtmögliches Leid zuzufügen. Ihre einstige Schönheit ist zerstört, so daß sie formlose Kleider, häßliche Hüte und dicke, getönte Brillengläser tragen muß, um sich zu verbergen.

Isabella ist eine lebende Tote im eigenen Haus, und der Schmerz darüber, nicht mehr dazuzugehören, erreicht seinen Höhepunkt, als ihr Sohn William schwer erkrankt. Selbst an seinem Sterbebett darf sie ihm ihre Identität nicht preisgeben. Sie ist als Mutter ein Phantom, die Frau, deren Name nicht mehr genannt und deren schreckliche Tat nicht enthüllt werden darf. Als Isabella »mit todesschwerem Herzen« gemeinsam mit Carlyle wacht, während ihr Sohn an Schwindsucht stirbt, erduldet sie die bittersten Qualen.

> Lady Isabella kniete, das Gesicht in eine Decke gehüllt, deren Ecke sie sich in den Mund gesteckt, um ihren Ausbruch etwas zu ersticken. Diese Aufregung ging fast über ihre Kräfte. Ihr eigenes Kind – sein Kind, – sie allein am Sterbebette, und sie konnte von ihm kein Wort des Trostes erbitten oder empfangen! … Lady Isabella … fiel schluchzend aufs Bett. Nicht in der letzten Stunde, da die Welt vor ihm verschwand, wagte sie ihm zu sagen, sie sei seine Mutter.[3]

Der traumatische Tod ihres Sohnes gibt der Heldin schließlich den Rest – obwohl die Autorin sich noch die Zeit nimmt, eine weitere peinigende Szene am Sterbebett einzuflechten. Dem Tode nahe legt Isabella vor Carlyle ihre Lebensbeichte ab, und er gewährt ihr Absolution – allerdings höchst widerwillig und erst, als feststeht, daß sie sterben wird.

George Meredith, der Literaturkritiker von Chapman and Hall, fand den Roman »abscheulich« und lehnte ihn zu Recht ab, aber er verkannte den Geschmack der viktorianischen Leserinnen. *East Lynne* erwies sich als einer der größten Publikationserfolge des Jahrhunderts. Bis zum Jahr 1897 wurden 400.000 Exemplare des 500 Seiten starken Epos verkauft, und es entstanden unzählige Bearbeitungen für die Bühne.

Schnulzen waren ohnehin äußerst beliebt, und das Thema der Flucht aus einer repressiven Ehe wurde immer wieder aufgegriffen. Doch die Besonderheit von *East Lynne* besteht darin, daß der Roman auf das übliche Repertoire zurückgreift – Spannung, Geheimnis, übertriebene Gefühle, Schocks, die Schnulzenmotive »Bigamie, Ehebruch, illegitime Geburt, Verkleidung, falsche Namen, Eisenbahnunglücke, Gift, Feuer, Mord, Verheimlichung der wahren Identität, falsche Todesmeldungen, Parallelität von Charakteren und Ereignissen«[4] – und diese Mittel werden so eingesetzt, daß sich gerade diejenigen Frauen angesprochen fühlten, die sich in einer ihnen womöglich verhaßten Ehe und Mutterschaft gefangen fühlten, jedoch keinen Ausweg sahen.

Die Botschaft an diese Leserinnen ist unmißverständlich:

Welche Prüfungen auch im ehelichen Leben vorkommen, und sollten sie so groß erscheinen, daß Frauenkraft sie nicht aushalten zu können meinte, man muß sich vornehmen, sie auszuhalten, niederknien und um Kraft beten, um Geduld beten, um Rettung von dem Teufel beten, der zur Flucht verleiten könnte, lieber bis zum Tode dulden, als den guten Namen einbüßen.[5]

Doch die erstaunliche Kraft, die in *East Lynne* steckt (und ein Grund für die enorme, anhaltende Beliebtheit des Romans ist), beruht darauf, daß es sich keineswegs um ein emotionsloses Moraltraktat handelt, in dem Frauen ermahnt werden, nur ja bei Mann und Kindern zu Hause zu bleiben. Die schmerzlichen körperlichen und seelischen Strafen, die Isabella erduldet, stehen in keinem Verhältnis zu ihrem Vergehen und den Erfordernissen der Handlung. Allem Anschein nach zeigt sich also darin die Ungeheuerlichkeit des Verlangens, das zu ihrem Fehltritt führte. Der Handlungsverlauf zeugt von Sadismus und extremen Rachegefühlen, Isabellas Ausbruchsversuche werden mit äußerster Härte bekämpft. Es scheint, als könnte nur ein Overkill der Phantasie dieses exzessive weibliche Verlangen in die Schranken weisen. Nicht nur in Mrs. Henry Woods Psyche, die von gequälter, unterdrückter Sexualität geprägt ist, sondern auch in der ihrer Leserinnen spielen sich Phantasien nach einem eigenartigen

Muster ab. Es sieht so aus, als wäre die durch Isabella verkörperte Leidenschaft und Bedrohung so gewaltig, daß man ihr nur durch eine Orgie der Gewalt beikommen kann.[6]

Mitte des neunzehnten Jahrhunderts war Scheidung praktisch unmöglich, sowohl das Vermögen als auch die Kinder waren rechtlich als Besitz des Mannes definiert, und nur wenige Frauen fanden außerhalb der Ehe ihr Auskommen. Deshalb mußten Fluchtphantasien unterdrückt werden: Die Konsequenzen waren – wie *East Lynne* in übertriebener Form zeigt – tatsächlich zu grauenhaft. Die Leidenschaft, die Mrs. Woods Werke beseelt, und das Maß an Leid und Strafe, das der flüchtigen Mutter auferlegt wird, zeigen nur, wie wichtig die Botschaft – und wie nötig Unterdrückung – war. *East Lynne* war das wirksame Abschreckungsmittel, das Frauen brauchten, ein Roman, der ihre ausweglose Lage und ihre verzweifelte Leidenschaft und Begierde in Worte faßte.

In diesem Licht betrachtet hat *East Lynne* als extrem sadomasochistische Phantasie die Reaktion der Frauen auf Mütter, die aus der Familie ausbrechen, nachhaltig beeinflußt. Noch heute, mehr als ein Jahrhundert später, sind sich Frauen der bitteren Konsequenzen bewußt, die ihnen drohen, falls sie die Familie verlassen. Wenn eine Frau erst einmal Mutter geworden ist, ist ihr alles, was über die Mutterrolle hinausgeht, untersagt.

Kurz nach *East Lynne* erschien eine weitere berühmte Erzählung über eine Mutter, die geht: Tolstois *Anna Karenina* (1873–76). Weniger melodramatisch als Woods warnende Parabel zeigt Tolstois Bearbeitung des Stoffs die Heuchelei der Gesellschaft und die tragischen Widrigkeiten auf, mit denen eine Frau zu kämpfen hatte, die sich aus einer unerfüllten Ehe befreien wollte. Als sich Anna in Wronski verliebt, wirft Karenin seiner Frau vor, sie habe »keine Ehre, kein Herz, keinen Glauben … eine gefallene Frau! … und aus tiefstem Herzen wünschte er, sie solle bestraft werden.« Das ist leicht zu bewerkstelligen: Als Anna mit Wronski und dem unehelichen Kind, das sie von ihm hat, Rußland verläßt und nach Europa reist, weigert sich Karenin, ihren gemeinsamen Sohn mit der Mutter ziehen zu lassen. Man erzählt dem achtjährigen Serjoscha sogar, seine Mutter sei gestorben. Bei einem Besuch in der Heimat darf Anna den Jungen nicht sehen und ahnt, daß er dazu erzogen wird, sie zu verachten. »Das verletzte Anna bis auf den Grund ihrer Seele.«

Als nicht so stark betroffener Dritter und als Mann kommt Wronski noch relativ glimpflich davon. Es ist Anna, die Frau und Mutter, die gegangen ist, die gesellschaftliche Ächtung erfährt. Verwandte und Freunde schneiden sie, selbst Wronskis Schwägerin möchte nicht in Annas Gesellschaft gesehen werden, als sei diese zur Prostituierten geworden, weil sie ihre Familie verlassen hat: »Wir müssen die Dinge beim rechten Namen nennen. Ich kann sie nicht empfangen.« Die Feindseligkeit ist so stark, daß Anna sie nicht mehr ertragen kann und nach einem Ausweg sucht, um der Schuld und dem Schmerz zu entrinnen. Da sie unter der wachsenden Entfremdung von Wronski leidet und das Gefühl hat, es sei »unmöglich zu kämpfen«, wirft sie sich in ihrer Verzweiflung schließlich vor einen fahrenden Zug. Ihre letzten Gedanken gelten nicht dem Mann, für den sie alles geopfert hat, sondern dem verlorenen Sohn, und sie fragt sich, wie sie ihn für eine Liebe hat aufgeben können, die nicht von Dauer war.

Anna Karenina verzichtet auf das melodramatische Feuerwerk von *East Lynne* und wirkt daher wesentlich realistischer. Doch obwohl Tolstoi Anna so einfühlsam porträtiert, bietet auch dieser Roman genau die Lösungen, die vom Roman des neunzehnten Jahrhunderts erwartet wurden und die unser Moralempfinden nachhaltig geprägt haben. Vielleicht nehmen wir Annas frühzeitigen Tod mit Rührung oder Unbehagen auf, aber gleichzeitig erscheint ihr Ende vom ästhetischen Standpunkt gerechtfertigt und moralisch unvermeidlich. Und obwohl der Roman vielleicht sogar eine authentische Darstellung dessen liefert, was zur damaligen Zeit in einem solchen Fall vermutlich geschehen wäre, müssen wir uns vor Augen halten, daß es sich nicht nur um ein unschuldiges Spiegelbild der Realität handelt, sondern um ein Werk, das unsere Wahrnehmung der Wirklichkeit geprägt hat – denn es ist genau diese Rekonstruktion fiktiver Ereignisse, die unsere Erwartungen beeinflußt und gestaltet.

Die unterschwellige, aber nachhaltige Wirkung von Romanen wie *East Lynne* und *Anna Karenina* besteht darin, daß wir zu der Überzeugung gelangen, für Mütter, die gehen, gäbe es keine Hoffnung.

Entweder trifft uns die Vergeltung von außen – in Form von gesellschaftlicher Ächtung, Feindseligkeit und Unverständnis –, oder wir verinnerlichen diese Verurteilung und verbringen unser restliches Leben mit Schuldgefühlen, Selbstbestrafung und Selbstvorwürfen. Heute, ein Jahrhundert später, werden wir – ungeachtet der veränderten Gesetzgebung und der gewandelten Rolle der Frau in der Gesellschaft – immer noch als oberflächlich und egoistisch dargestellt, und unser Verhalten erscheint nur durch lebenslange Sühne akzeptabel. Wenn eine Frau so herzlos sein kann, ihre Kinder im Stich zu lassen, soll sie wenigstens darunter leiden: Ihre Qual ist die Strafe für ihr Verbrechen.

Eines der wenigen literarischen Werke, die sich dafür einsetzen, daß eine Frau – ob Mutter oder nicht – das Recht hat, sich von einer repressiven Ehe loszusagen, ist Ibsens *Nora oder Ein Puppenheim* (1879). Es ist jedoch aufschlußreich, daß uns das Stück nur bis zu dem Zeitpunkt führt, an dem die Mutter tatsächlich geht. Gezeigt wird lediglich, daß es ihr unmöglich ist zu bleiben, so als sei Ibsen nicht in der Lage gewesen, eine glückliche Fortsetzung zu ersinnen.

Wie wir bei der Besprechung von Romanen (männlicher) Autoren des zwanzigsten Jahrhunderts in den folgenden Kapiteln feststellen werden, ist auch die moderne Literatur noch weitgehend von denselben Moralvorstellungen und Mythen geprägt wie das viktorianische Melodram: Mütter, die gehen, steuern unausweichlich auf die Katastrophe zu. Es steht immer noch zu viel auf dem Spiel, als daß man auf eine Verurteilung verzichten und ein unbeschwerteres, glücklicheres Bild dieser Mütter zeichnen könnte.

Väter als Mütter: Die Helden des zwanzigsten Jahrhunderts

Wenn Männer anfangen sollen, am »Werk der Liebe« mitzuarbeiten, werden wir unsere Art, sie zu lieben, verändern müssen. Unter anderem heißt das, den Vätern unserer Kinder nicht länger Lob und Dank zu spenden, wenn sie irgendeinen kleinen Anteil an der Kinderfürsorge übernehmen. (Keine Frau wird als »besondere« Frau angesehen, weil sie ihren elterlichen Verpflichtungen nachkommt; tut sie es nicht, wird dies als soziales Vergehen betrachtet.) ... Das heißt, daß wir anfangen müssen, von Männern zu erwarten, wie von Frauen auch, daß sie sich als uns gleichrangig verhalten können, ohne daß ihnen dafür applaudiert wird oder sie deshalb als »besonders« hervorgehoben werden. Und es heißt, daß wir ihnen die traditionelle Teilung in »Liebe« und »Arbeit« verweigern.

Adrienne Rich, *Von Frauen geboren*

Die erste und daher prägendste Schilderung einer Mutter, die geht, an die ich mich erinnern kann, fand ich in Warwick Deepings Roman *Hauptmann Sorrell und sein Sohn.* Das 1930 erschienene Buch fand in Großbritannien in der Zeit vor und nach dem Zweiten Weltkrieg großen Anklang. Zeitweise mußten innerhalb eines Monats drei Neuauflagen gedruckt werden, und der Roman wurde zu einem modernen Klassiker. Daß er seine Faszination bis heute nicht verloren hat, zeigt sich an der kürzlich produzierten Fernsehfassung mit Richard Pasco als Sorrell, die ein Millionenpublikum erreichte. Die Geschichte ist der Generation unserer Eltern näher als der unseren. Sie verdient jedoch eine ausführliche Besprechung, da sie symptomatisch dafür ist, wie Mütter, die gehen, (vor und nach dem Feminismus) in unserem Jahrhundert in vielen Literaturproduktionen dargestellt werden.

Mein Vater hatte eine Familienausgabe des Romans als Preis in der Sonntagsschule bekommen, und sie thronte, eingeklemmt zwischen der Bibel und Pears Lexikon, in unserem kleinen Bücherregal. In meiner Kindheit und Jugend verschlang ich das Buch mehrmals, wobei ich unbemerkt die Frauenfeindlichkeit des Autors verinnerlichte. Erst jetzt, nach erneuter Lektüre, wird mir allmählich klar, was für ein entsetzliches Frauenbild ich damals in mich einsog. Hier wird eine schreckliche Frau präsentiert, die ihr Kind im Stich läßt, sie ist nichts Geringeres als ein Vampir und eine Hure: Ja, sie wäre vielleicht sogar zum Inzest fähig!

Hauptmann Sorrell und sein Sohn spielt kurz nach dem Ersten Weltkrieg und konzentriert sich ausschließlich auf die Vater-Sohn-Beziehung. Stephen Sorrell, kürzlich aus dem Militärdienst entlassen, zieht seinen Sohn Christoph, der zu Beginn der Geschichte elf Jahre alt ist, allein groß. Sorrell findet nur Arbeit als Portier in Provinzhotels, bis schließlich ein vermögender Unternehmer, der eine landesweite Kette von Luxushotels aufbaut, seine wahren Werte erkennt. Nach einem sagenhaften Aufstieg ist Sorrell nicht nur Geschäftsführer eines der besten Hotels, des Pelikan, sondern wird auch Teilhaber des Unternehmens. Nebenbei betreibt er in eigener Regie ein lukratives Antiqitätengeschäft.

Sorrells wichtigste Investition ist jedoch sein Sohn. Irgendwie schafft er es, Christoph von seinem Portiersgehalt den Besuch einer Privatschule zu finanzieren, und schickt ihn schließlich zum Medizinstudium aufs Trinity College in Cambridge. Die Geschichte erreicht ihren emotionalen Höhepunkt, als Hauptmann Sorrell an unheilbarem Magenkrebs stirbt. Christoph, inzwischen ein berühmter Chirurg, injiziert ihm eine tödliche Dosis Morphium – eine rührselige Szene, in der der Sohn zugleich als Partnerersatz und Mörder seines Vaters agiert.

Da Christophs Mutter eine ganze Zeitlang nicht erwähnt wird, vermutet der Leser, sie sei gestorben. Doch nach und nach stellt sich heraus, daß sie sich von ihrem Mann getrennt und Sorrell mit der Verantwortung für den Sohn allein gelassen hat – und diese Rolle füllt er mit wahrhaft soldatischem Pflichtgefühl aus. Die abwesende Mutter Dora wird erst eingeführt, nachdem Sorrells höchste moralische Integrität und seine enge liebevolle Beziehung zu seinem Sohn zweifelsfrei feststehen und Mitgefühl der Leser für die Mutter ausgeschlossen ist. Wir erfahren, daß für Dora nur zwei Motive ausschlaggebend waren, als sie Ehemann und Sohn verließ: Geld und Sex. Eine geldgierige Nymphomanin! Könnte es für Sorrell einen besseren Grund geben, ihr den Kontakt zu ihrem Sohn zu verbieten, oder für Deeping, sie aus dem Roman auszuklammern? Wann immer sie erscheint, bricht Sorrell in Panik aus, als sei sie ein männerverschlingendes Monster, ein Vampir, der alle Männer, auch ihren Sohn, aussaugen will:

> Diese aufreizende Sinnlichkeit! Diese dreisten, klaren Augen, das leichte Beben der Nasenflügel, dieser wollüstige, verschlagene Mund! Sie erschien ihm wie eine Verkörperung der Geschlechtlichkeit, und … Gerade dieser starke Eindruck ihres Geschlechts … erregte ihn … diese Mischung von Leidenschaft und Schlauheit, diese Weltklugheit … In seinem geistigen Tagebuch beschrieb er sie als einen Vampir, als eine Frau, die neue Befriedigungen suchte, nachdem sie alle Genüsse, die sie von Männern und Erotik erstrebt, ausgekostet hatte. Ihr roter Mund sehnte sich jetzt nach der jungen Lebenskraft ihres Sohnes … war Christoph jetzt, nachdem sie sich ausgelebt hatte, das einzige Geschöpf, nach welchem sie sich sehnte? Ein junger Mensch, den der Muttertrieb einer alternden Frau zu sich hinüberziehen wollte?

Obwohl der Aufbau der Handlung auf primitive Weise so konstruiert ist, daß eine Identifikation mit Dora ausgeschlossen wird, gibt es Hinweise, daß ihre Tat durch Verzweiflung und das Gefühl, in der Falle zu sitzen, motiviert war. Wenn wir das Puzzle an Fakten zusammensetzen, wird deutlich, daß sie erst mit vierzig – nach zwölfjähriger Ehe mit Sorrell, von denen, wie selbst er zugibt, nur die ersten vier glücklich gewesen waren – die Flucht ergriff. Mit anderen Worten, sie hielt es acht elende Jahre in einer Beziehung mit einem Mann aus, der sich offenkundig zutiefst vom weiblichen Geschlecht abgestoßen fühlte, sich nach dem Vorkriegsengland zurücksehnte und unverhohlen frauenfeindlich war. Daher kann Doras Trennung kaum ein überraschender und ungerechtfertigter Schritt gewesen sein. Eher stellt sich die Frage, wie sie es mit ihrer Energie und Abenteuerlust so lange bei ihrem Mann ausgehalten hatte.

Es fällt auf, wie unbarmherzig Sorrell (und Deeping) sie ausgrenzen und Christoph gegen sie aufhetzen. Vom Augenblick ihres »melodramatischen Verschwindens« an wird Dora jeder Kontakt zu ihrem Sohn verweigert, und sie darf ihm weder emotional noch finanziell unter die Arme greifen. Nicht einmal über seine schulische Entwicklung oder Adressenänderungen wird sie auf dem laufenden gehalten. Sorrells »einziger Wunsch war, mit Christoph als Mensch zum Menschen verbunden zu sein ...«, und aus diesem Grunde muß die Mutter ausgeschlossen werden: »In seinem Bestreben, sie und Christoph einander fernzuhalten, war er wirklich verzweifelt ernst.« Durch die Figur Sorrells fällt Deeping ein selbstgerechtes Urteil über die Mutter, die ihr Kind verließ, und unterstellt ihr sogar, sie würde nicht mehr an den Sohn denken, »sobald sie die Tür hinter sich zugeschlagen hatte«. Wie in vielen zeitgenössischen Zeitungsartikeln wird die Trennung gleichgesetzt mit dem Abbruch jeglicher Beziehung zu den Kindern. Die Gesamtwirkung von alldem ist höchst abschreckend. Auf eine der außergewöhnlichsten Zeilen in diesem sadistischen Roman stoßen wir, als Sorrell über Doras Wiedererscheinen nachdenkt. Er fragt sich: »Ob die Mutter wohl je an ihren Sohn dachte? Hoffentlich nicht.« Die Vorstellung, eine Frau bekommt ein Kind, zieht es elf Jahre lang zu Hause groß, erduldet um seinetwillen acht Jahre unglücklicher und sexuell unbefriedigender Ehe, trennt sich schließlich im Alter von vierzig Jahren in einem letzten Versuch zu leben von dem Mann und wird bestraft, indem man ihr nicht erlaubt, ihren Sohn wiederzusehen – die Vorstellung, diese Frau würde keinen Gedanken an das Kind verschwenden – »Ob die Mutter wohl je an ihren Sohn dachte?« – ist so erstaunlich, daß wir über Deepings mangelndes Einfühlungsvermögen nur den Kopf schütteln können.

Aber natürlich hat Dora gegen die Regeln verstoßen, die vorschreiben, wie sich eine gute Mutter zu verhalten hat, und muß deshalb für ihre »Freiheit« einen hohen Preis zahlen. Man sagt ihr nicht, wo ihr einziger Sohn lebt, man gestattet ihr nicht, ihm Briefe zu schreiben oder ihm Geld und Geschenke zu schicken. Alles, was zu echter, verantwortlicher Sorge um das eigene Kind gehört, alles, was die Verbindung aufrechterhält, würde bedeuten, daß sie den Fuß in der Tür behält, und ist daher tabu. Dora wird vollkommen aus dem Leben ihres Sohnes ausgeschlossen, und Christoph wird mit einem oberflächlichen Bild von ihr abgespeist. Als sie ihn schließlich in der männlich-nüchternen Abgeschiedenheit des Trinity College aufspürt, verpaßt er ihr eine brutale Abfuhr. »So, das ist also die Frau, die meinen Vater im Stich gelassen hat.« Die elf Jahre, die sie für ihn sorgte, sind vergessen, überlagert von Sorrells Heldentum, der allein die Sorge für das Kind übernahm (obwohl ihm Haushälterinnen zur Seite standen). Christophs Bild von seiner Mutter ist so verzerrt, wie sein Vater es gewünscht hatte:

Konnte sie erwarten, daß er ihr mit dem Aufschrei »Mutter!« um den Hals fiel? Natürlich nicht! … Neun Jahre lang war sie nicht mehr als ein Schatten gewesen … zu einer Zeit der Wunden und des Unglücks hatte die Mutter seinen Vater verlassen, war mit einem anderen Mann durchgegangen. Neun Jahre hindurch war Sorrell ihm Mutter und Vater zugleich gewesen … Der Mann in Christoph ergriff Partei, und seine erwachende Mannheit stand auf seiten seines Vaters … Sein Vater war ein großer Mann. Er liebte ihn.

Dora unternimmt einen letzten verzweifelten Versuch, Christoph zu erklären, wie es wirklich war, ihm deutlich zu machen, daß beide Seiten für das Scheitern der Ehe verantwortlich waren, doch ihre Worte treffen auf taube Ohren:

Er erinnerte sich stets … wie sie schluchzend, das Taschentuch vor den Mund gepreßt, im Zimmer hin und her gelaufen war, wie sie ihn wieder und wieder voll leidenschaftlicher Wut angeblickt hatte. »Du willst mich nicht verstehen. Stets – ja, stets habe ich mich nach dir gesehnt. Du bist mein Sohn … Er hat dein Herz vergiftet. Es war doch nicht meine Schuld, daß ich ihn nicht lieben konnte ...«

– und damit verschwindet Dora endgültig von der Bildfläche.

Hauptmann Sorrell und sein Sohn ist ein boshafter Angriff auf Frauen, die gehen. Die Geschichte wird ausschließlich aus männlicher Sicht erzählt, und Christophs letzte Worte an seine Mutter: »Ich gehöre zum Vater« enthüllen das wahre Anliegen des Romans – Männer über Frauen triumphieren zu lassen. In Großbuchstaben prangt in der englischen Ausgabe des Romans über jeder Seite »Sorrell und Sohn«: Vater und Sohn schließen die Verteidigungslinie gegen die machtvolle Mutter, die in ihren exklusiven Männerbund eindringen könnte.[1]

Hauptmann Sorrell und sein Sohn hat großen Einfluß ausgeübt, und das nicht nur auf mich persönlich, weil es erheblich dazu beitrug, mein eigenes Bild von der weiblichen Sexualität und Müttern, die gehen, zu prägen (kein Wunder, daß ich später meinte, kein Recht zu haben, um meinen Sohn zu kämpfen). Das Buch ist auch deshalb so wichtig, weil es in typischer Weise jene Mythen und Bilder von Müttern, die ihre Familie verlassen, präsentiert, von denen das kollektive Bewußtsein unseres Jahrhunderts bestimmt ist.

Ich erwähnte bereits den Fall von Diana Dors, deren zwei Söhne Mark und Gary in den sechziger Jahren bei ihrem Vater (und einem Vollzeit-Kindermädchen) in Hollywood blieben, während Diana Geld für den Lebensunterhalt der Familie verdiente. Dennoch war es der Vater, Richard Dawson, der von den Medien zum Märtyrer und Helden hochstilisiert wurde. Während die Schlagzeilen der Hollywood-Presse Diana als böse (noch dazu sexuell attraktive) Mutter abstempelten, wurde Richard zum edlen Vater (dem Unrecht geschah) erhoben. Als es Richard schließlich gelang, eine eigene Fernsehserie zu bekommen, die sich *Hogan's Heroes*, also Hogans Helden, nannte, tönte die Presse: »Richard Dawson ist im wahren Leben ein Held geworden.«[2]

Obwohl der Roman nicht unbedingt Vorbildfunktion hatte, kann die Konstellation der Charaktere in *Hauptmann Sorrell und sein Sohn* dennoch als repräsentativ gelten für das Bild, das in den letzten Jahren in der Öffentlichkeit immer mehr Fuß faßt – und dieses Bild zeigt Rabenmütter, die gehen, um eigene (selbstsüchtige) Ziele zu verfolgen, und heldenhafte Väter, die edelmütig als Opfer zurückbleiben und retten, was noch zu retten ist (mit ein wenig Hilfe von Freunden, Kindermädchen und Angehörigen).

Darüber hinaus können wir *Hauptmann Sorrell und sein Sohn* als Vorläufer von zwei bekannten modernen Erzählungen ansehen, die das Motiv der Mutter, die geht, und des Vaters, der zurückbleibt, ungeniert ausschlachten: der Roman und dessen Verfilmung *Kramer gegen Kramer* (1978 bzw. 1979) und Danielle Steels Bestseller *Väter* (1989; 1993 wurde in Großbritannien eine Fernsehfassung des Romans produziert). *Kramer gegen Kramer* soll in allen Einzelheiten im folgenden Kapitel untersucht werden. Bei diesen Werken fällt auf, daß sie durchwegs den Standpunkt des Vaters beleuchten, während die Mutter unbeachtet bleibt. Aufbau und Gewichtung der Sympathien sorgen dafür, daß die Mutter ausgeschlossen wird und die männliche Sicht dominiert. Da der Vater im Mittelpunkt des Geschehens bleiben soll, muß die ganze Aufmerksamkeit auf ihn gerichtet werden.

Am meisten erfahren wir über den in *Hauptmann Sorrell und sein Sohn*, *Kramer gegen Kramer* und *Väter* vertretenen Standpunkt im Geschlechterkampf aus der Tatsache, daß sie (wie Hollywoods Version von Diana Dors' Geschichte) den alleinerziehenden Vater zum Helden erheben. In Danielle Steels Roman wird uns zwar ein kurzer Blick auf die Frau und Mutter gewährt – Sarah Watson ist zunehmend frustriert von ihrer Rolle als Hausfrau –, doch im gleichen Augenblick, da sie geht – um ein Studium in Harvard (!) aufzunehmen –, hat sie scheinbar keinen Anspruch mehr auf unsere Aufmerksamkeit und wird im Text nicht mehr erwähnt. Von nun an konzentriert sich der Roman ausschließlich auf ihren Ehemann Oliver Wendell Watson, einen Werbefachmann, und seinen Kampf ums Überleben. Obwohl das Paar drei Kinder hat – eine Tochter und zwei Söhne – genießt Watsons Beziehung zu seinen männlichen Nachkommen sowie seine Beziehung zu seinem Vater Vorrang. Dementsprechend wurde in England mit folgendem Slogan für den Roman geworben: »Drei Generationen. Drei Männer.« Das Leben der Frauen –

Großmutter, Mutter und Tochter – wird völlig ausgeblendet. Isoliert betrachtet könnte dieser Schwerpunkt zufällig oder unabsichtlich gesetzt worden sein, würden wir nicht in anderen modernen Erzählungen über Mütter, die gehen, auf das gleiche düstere, frauenfeindliche, antifeministische Vorurteil stoßen.

In *Väter*, wie zuvor schon in *Kramer gegen Kramer* und *Hauptmann Sorrell und sein Sohn*, wird der Vater in der Mutterrolle zum Märtyrer, ein Supermann, dem wir gar nicht genug Bewunderung und Sympathie schenken können. Dies ist eine der manipulierten Reaktionen auf die veränderte Einstellung zur Elternrolle in unserem Jahrhundert. Während Mütter, ob alleinerziehend oder verheiratet, in unserer Kultur wenig Anerkennung bekommen und nur geringes Ansehen genießen, wird der Vater, sobald er die Versorgung der Kinder übernimmt, zum Helden hochstilisiert. Jetzt ist er die »natürliche« gute Mutter, also das, was die leibliche, pflichtvergessene, schlechte Mutter nicht mehr sein kann.

Selbst der vermeintlich radikale Dichter Bertolt Brecht orientierte sich bei der Darstellung von Frauen an diesen Klischees. In seinem Stück *Der kaukasische Kreidekreis* (1949) griff er das Motiv der Mütter am Hofe König Salomons auf. Er stellt der »schlechten« Mutter, die geht, eine »gute« gegenüber, die zu Hilfe eilt. Der ersten, der boshaften Kaiserin oder Königin, liegt mehr daran, ihre Juwelen und Pelze zu retten als ihr einziges Kind, und die Ersatzmutter ist ein unschuldiges Bauernmädchen. In *Der Augsburger Kreidekreis*, Brechts Kurzgeschichte, die dem Theaterstück zugrundeliegt, finden wir diese Polarität deutlich ausgearbeitet. Die Darstellung ist eindimensional und geht nicht im geringsten auf das Innenleben der leiblichen Mutter ein. Sie wird nicht ernstgenommen und scharf verurteilt:

… wandte sich der Richter wieder an Frau Zingli und wollte von ihr wissen, ob sie nicht einfach bei dem Überfall damals den Kopf verloren und das Kind im Stich gelassen habe.

Frau Zingli … sagte gekränkt, sie habe das Kind nicht im Stich gelassen.

Der Richter Dollinger … fragte sie interessiert, ob sie glaube, daß keine Mutter ihr Kind im Stich lassen könnte.

Ja, das glaube sie, sagte sie fest.

Ob sie dann glaube, fragte der Richter weiter, daß einer Mutter, die es doch tue, der Hintern verhauen werden müßte, gleichgültig, wie viele Röcke sie darüber trage?[3]

Das Kind wird dieser »Schlampe« von einer Mutter fortgenommen. Brecht lebte in Amerika, als er dies schrieb, und es fällt auf, wie sich in seiner Haltung die Ende der vierziger Jahre in den Vereinigten Staaten weitverbreitete Reaktion auf den Feminismus widerspiegelt. Brechts Feindseligkeit gegenüber der reichen Königin/»schlechten« Mutter, die ihr Kind im Stich läßt, und seine Idealisierung des Bauernmädchens/der »guten« Mutter, passen haargenau zu den erbitterten Debatten, die damals zum Thema Unabhängigkeit der Frauen und Kinderversorgung geführt wurden. Wie auch in Großbritannien kollidierte in den Nachkriegsjahren das während des Zweiten Weltkriegs von den Frauen eroberte Recht auf Berufstätigkeit mit einer heftigen konservativen Reaktion, die traditionellen Mythen von der Mutterrolle wurden wieder aus der Mottenkiste hervorgeholt.

Auf diese Weise fügt sich Brechts einseitige Polarisierung zwischen der guten Mutter und der, die ihr Kind im Stich läßt, nahtlos in die Stimmungsmache, die darauf abzielt, die Frau wieder in ihre althergebrachte Rolle als Hausmütterchen zurückzudrängen. Wie Brecht seine reiche, schlechte Königin verunglimpfte man im Amerika und im Großbritannien der vierziger und fünfziger Jahre Frauen, die ihre Kinder in Tagesstätten unterbrachten, als »Rabenmütter«.[4] Wenn es um die Interessen unserer modernen patriarchalischen politischen Ökonomie geht, wieder einmal die Begriffe aus der Welt der Märchen und Romane herhalten, um ein negatives Bild der berufstätigen Mutter zu zeichnen.

4

Mütter, die »sich aus dem Staub machen«: Filmwelt Hollywood

> Die Trennung des Vaters von seinem Kind findet vor den Augen des Zuschauers Gnade, während die Abwesenheit der Mutter ... als unverzeihlich gilt.
>
> Rebecca Bailin über *Kramer gegen Kramer*

Hollywood hat das Motiv der Frau, die ihre Kinder verläßt, gründlich ausgeschlachtet. Zwischen 1913 und 1931 entstanden nicht weniger als sechs Verfilmungen von *East Lynne*, in denen der moralisierende Aspekt des Romans hervorgehoben, die Infragestellung der Institution Ehe hingegen an den Rand gedrängt wurde.[1] *Anna Karenina* wurde mehrmals verfilmt und für das Fernsehen bearbeitet; und auch *East Lynne* und *Hauptmann Sorrell und sein Sohn* liefen im Fernsehen.[2]

Doch während in früheren Melodramen und Kinofilmen Frauen dargestellt wurden, die sich durch Liebesbeziehungen zum Aufgeben der Mutterrolle verleiten ließen, lassen sich die Heldinnen der neueren Hollywood-Dramen durch wirtschaftliche Unabhängigkeit zu diesem Schritt verführen. Es ist nicht mehr so sehr das Verlangen nach einem anderen Mann als vielmehr der Wunsch nach Freiheit, der die Mutter weglockt – und wieder ein böses Ende nach sich zieht. So sieht die Hollywood-Version des Rückschlags gegen den Feminismus aus – zuviel Freiheit, und die Frau wird unglücklich und muß auf die (Freuden der) Mutterschaft verzichten.[3]

Der erfolgreichste moderne Film über eine Mutter, die ihr Kind verläßt, heißt *Kramer gegen Kramer* (1979). Ich werde ihn ausführlich besprechen, um zu zeigen, wie die Traumfabrik Hollywood mit den

Vorstößen der Frauenbewegung seit der sexuellen Revolution der sechziger Jahre umgegangen ist, denn *Kramer gegen Kramer* verkörperte als erster Film die gegenwärtige Reaktion auf den Feminismus und gab für viele weitere, die noch kommen sollten, Stil und Thema vor. Er vermittelt die immer noch vorherrschende Sichtweise, daß Mütter, die ihre Familie verlassen, »sich aus dem Staub machen« – wie es in einer von einem Mann verfaßten Besprechung des Films etwas salopp heißt; damit wird zugleich angedeutet, daß diese Frauen unverantwortlich handeln, die Spielregeln verletzen, auf der Flucht sind, sich herumtreiben.

Die Romanvorlage für *Kramer gegen Kramer* erschien 1978 in New York. Ihr männlicher Autor Avery Corman behauptete, die Erzählung behandle die Erfahrung der Vaterschaft und sei somit der erste »postfeministische« Roman. Tatsächlich handelt es sich um eine Neuauflage von *Hauptmann Sorrell und sein Sohn*: die Geschichte von Vater und Sohn, die von der Mutter verlassen werden und gemeinsam zurückbleiben – und beide Romane setzen genau den gleichen Schwerpunkt. Wieder einmal ist die männliche Sicht unerbittlich, und es ist der Vater, der als Held im Mittelpunkt der Erzählung steht.

Von Joanna Kramer, der Mutter, die geht, werden sämtliche Sympathien abgezogen. Was sie vor der Trennung durchgemacht hat, bleibt im Dunkeln, und für ihre Notlage danach wird keinerlei Verständnis gezeigt. Nur ihre Abwesenheit zählt, sie ist die Frau und Mutter, die nicht mehr da ist, als führte sie neben diesen Rollen kein Leben, das sich zu zeigen lohnte. Cormans Roman ist mehr als nur »postfeministisch«, er ist antifeministisch. Ted verhöhnt seine Frau, als sie ihm erklärt, ihr Weggehen werde den Beifall der Feministinnen finden – »Welche Feministinnen? Ich sehe keine Feministinnen.« – und in der Folge wird die politische Dimension ihres Handelns mit keinem Wort mehr erwähnt.

Der Autor läßt nicht zu, daß Joanna Kramers Weggehen als Protest gegen die allgemein herrschenden Bedingungen der Mutterschaft gewertet wird. Statt dessen wirft man ihr vor, sie sei »ein verzogener Fratz«, eine verwöhnte, hartherzige Schlampe, die mehr Zeit braucht – um Tennis zu spielen. Das ist der triviale, banale Sumpf, in dem Corman den Feminismus untergehen läßt: Eine Frau verläßt ihren vierjährigen Sohn, nicht wegen einer sinnvollen oder gutbezahlten Beschäftigung, nicht wegen einer tieferen Beziehung zwischen Erwachsenen, ja nicht einmal wegen eines unbezwingbaren Strebens nach Selbstverwirklichung, sondern um mehr Zeit zu haben, ein paar Bälle über den Platz zu lobben – eine Karikatur des Anliegens der Feministinnen.

Eine wichtige Rolle spielt hier das Erscheinungsjahr des Romans. *Kramer* kam 1978 heraus, als die zweite Welle der Frauenbewegung Amerika erfaßte, und er zeigt, wie die vorherrschende Kultur auf die Herausforderung reagierte. Der Roman bereitete den Boden für die Reaktion der Öffentlichkeit – wie sie sich in späteren Filmen und Fernsehsendungen darstellt. Als Antwort auf den Feminismus waren diese Filme »besessen von Phantasien über die Mutter, die ihre Rolle als Ehefrau und Mutter aufkündigt, um eigene Ziele zu verfolgen, und dem Vater das häusliche Terrain überläßt, eine Aufgabe, die er zunehmend als lohnend empfindet ... Die achtziger Jahre wurden zum Jahrzehnt der Phantasien über den Vater als fürsorglichen Erzieher.«[4]

Ted Kramer verkörpert den weißen Mittelschichtmann, der verzweifelt versucht, sich den neuen Gegebenheiten anzupassen. Mitten im Chaos sozialer Umwälzungen und sexueller Freizügigkeit findet er einen festen Punkt: die Bindung an seinen Sohn Billy. In Teds defensivem Rückzug in diese Bindung wiederholt sich die unbewußte Dynamik von *Hauptmann Sorrell und sein Sohn*, und wieder ist es kein Zufall, daß auch Kramers Kind ein Sohn ist. Die Männer – Vater und Sohn – ziehen sich in ein geschlossenes Männerbündnis zurück, dem Frauen nichts anhaben können. Mögen die Feministinnen anstellen, was sie wollen, das heroische männliche Paar läßt sich niemals auseinanderbringen.

Die Filmfassung von *Kramer gegen Kramer* repräsentiert denselben »wohlwollenden Gegenschlag« wie das Buch, sie verstärkt jedoch die antifeministische Tendenz des Romans und reiht sich ein in die Front gegen die Frau, die die vorherrschende Gesellschaftsordnung bedroht. »Wieviel Mut braucht man«, fragt Dustin Hoffmans Ted ironisch, »um sein Kind im Stich zu lassen?« Wieder wird das Porträt einer Frau, die ihr Kind verlassen hat, ebenso verständnis- wie mitleidlos gezeichnet. Die Handlung bringt Feindseligkeit gegen die abwesende Mutter zum Ausdruck, die Charakterisierung ist stark vereinfacht und die Komplexität menschlicher Gefühle auf melodramatische Hollywood-Sentimentalität reduziert.

Der Film wurde ausnahmslos von Männern realisiert.[5] Stanley R. Jaffe bei Columbia war von Cormans Roman begeistert und wollte ihn um jeden Preis verfilmen.[6] Der achtunddreißigjährige Vater zweier Kinder identifizierte sich mit Ted Kramer und erklärte, er mache den Film »für unsere Kinder«. Seine Beweggründe, die er öffentlich dargestellt hat, orientierten sich schamlos an den Interessen des Mannes: »Dieser Film handelt von der Liebe von Eltern zu ihrem Kind, wie ich sie noch nie auf der Leinwand gesehen habe: *eine Hommage an die Mutterschaft, die sich des Vaters bedient*« (Hervorhebung von mir).

Die Entscheidung für Robert Benton als Regisseur und Drehbuchautor stimmte mit dieser Orientierung vollkommen überein. In den fünfziger Jahren war Benton Art director bei dem Porno-Magazin *Esquire*, und in jüngerer Zeit schrieb er das Drehbuch für *Superman*. Noch aufschlußreicher ist, daß er gleichzeitig am Drehbuch zu *Stab!*, einem Film für United Artists, arbeitete – über einen weiblichen »Jack the Ripper«. Nach Abschluß von *Kramer gegen Kramer* nahm er diese Arbeit wieder auf. Tatsächlich muß man bei *Kramer* nicht lange suchen, um auf die beiden Aspekte zu stoßen, von denen sich Benton leiten ließ: *Superman*, der Mythos vom Mann als heldenhaftem Superstar, und *Stab!*, die Furcht vor der freien Frau, die eine destruktive, ja sogar tödliche Anziehungskraft ausstrahlt.[7]

Als Vorbild für *Kramer gegen Kramer* studierte Benton alte Hollywood-Klassiker wie *The Awful Truth* (*Die schreckliche Wahrheit*, 1937) und *Mildred Pierce* (*Solange ein Herz schlägt*, 1945). Dieses Genre des Hollywood-Melodrams zeigt ausnahmslos unabhängige Frauen, die ein böses Ende nehmen. Meist wird die Mutter, die es wagt, die traditionelle Familienstruktur zu durchbrechen, mit dem Verlust ihres Kindes bestraft. Wie in den dreißiger und vierziger Jahren werden im Hollywood-Kino auch Ende der siebziger und in den achtziger Jahren als Gegenreaktion auf den Feminismus starke und »unmütterliche« Frauen zum Schweigen gebracht: *Kramer gegen Kramer* ist praktisch eine Neufassung von *Mildred Pierce* für die heutige Zeit.

Jaffe behauptete: »Die Gestalt des Ted ist wirklich eine Art Held. Für einen Mann ist es nicht leicht, die Rolle der berufstätigen Mutter zu übernehmen.« Wieder wird betont, daß es nur natürlich sei, wenn Frauen die Verantwortung für Kinder übernehmen, während es als Heldentat gilt, wenn ein Mann erledigt, was Frauen ständig tun. Die Besetzung des Ted Kramer mit Dustin Hoffman paßt perfekt zu dieser Verklärung, denn schon seine früheren Rollen lagen auf einer Linie, durch die beim Publikum gewisse Erwartungen und Reaktionen geweckt wurden.

Seit *The Graduate* (*Die Reifeprüfung*) verkörperte Hoffman in seinen Starrollen den heroischen Antihelden: den mißverstandenen Märtyrer, der aber letztendlich den Sieg davonträgt. Zu seinem Repertoire gehörten *Midnight Cowboy* (*Wenn es Nacht wird in Manhattan*, 1969), *Little Big Man* (1970), *Straw Dogs* (*Wer Gewalt sät*, 1972), *Papillon* (1973), *Lenny* (1974), *All the President's Men* (*Die Unbestechlichen*) und *Marathon Man* (*Marathon-Mann*, beide 1976). Da er bereits Träger der richtigen Symbolik war, brauchte Hoffman nur auf der Leinwand zu erscheinen, um Sympathie zu erwecken: der getretene Held, kleiner Mann ganz groß, die betrogene Unschuld.

Die Besetzung der Joanna mit Meryl Streep war ebenso gut durchdacht und bereitete den Boden für ihre späteren Rollen als Frau von zweifelhafter Moral: als die sexuell attraktive andere Frau in der Filmfassung von John Fowles' Roman *The French Lieutenant's Woman* (*Die Geliebte des französischen Leutnants*, 1981), als Mutter in *Sophie's Choice* (*Sophies Entscheidung*, 1982), die vor die Wahl gestellt wird, auf welches Kind sie verzichtet, und – noch einmal – als Mutter, die ihre Kinder verläßt, in *Silkwood* (1983). Streep versuchte, Joanna sympathischer darzustellen, als es die eindimensionale Figur in Cormans Roman war, und es gelang ihr, einige der Gefühle, die mit der Trennung von den eigenen Kindern verbunden sind, ergreifend zu dramatisieren. In den Gerichtsszenen tritt sie selbstbewußt auf und spricht (mit eigenen Worten) über ihre Suche nach einer Identität außerhalb der Rolle als »Tochter oder Frau oder Mutter eines anderen«. Aber leider hat Meryl Streeps Darstellung zur Folge, daß die Zuschauer irregeführt werden. Sie verschleiert die grundsätzlich antifeministische Aussage des Films, so daß sich nur noch schwer erkennen läßt, daß den zentralen Konflikten um Geschlechterrollen und Elternschaft ausgewichen wird.

Als Meryl Streeps Joanna Mann und Sohn verläßt, springt Dustin Hoffman als Ted für sie ein. Im Roman stellt Kramer (wie die meisten Männer in seiner Lage) eine andere Frau ein, die die Funktion der Ersatzmutter übernimmt (wenn nicht eine Nachbarin, Freundin, die Mutter oder Schwiegermutter des verlassenen Vaters zur Verfügung steht). Doch um die heroische Rolle des Vaters im Film zu unterstreichen, hat er es hier nicht nötig, jemanden anzustellen. Er leistet das, was Joanna nicht gelang, und übt auch als alleinerziehender Vater seine Vollzeittätigkeit weiter aus. Ganz gleich wie widersprüchlich oder vereinfachend die Charakterisierung sein mag: Der miserable Ehemann und Vater verwandelt sich über Nacht in eine Supermama und erledigt Arbeit und Elternpflichten mit links – und mögen sich alleinerziehende Mütter (die wesentlich zahlreicher sind als Väter in derselben Lage) noch so sehr wundern, warum der alleinerziehende Vater plötzlich so mit Lobhudelei bedacht wird – im Grunde geht es nur darum, aus der Rolle des alleinerziehenden Vaters eine Starnummer zu machen.[8]

Just zu der Zeit, als die zweite Welle des Feminismus die Problematik der Frauenrolle in der Familie aufzeigt, präsentiert *Kramer gegen Kramer* eine neue Lösung – die den Mythos der Mutterschaft aufrechterhält, ohne daß dazu die Anwesenheit der Frau nötig wäre. Wie Jaffe sagte, ist der Film ein Loblied auf die Vaterrolle, »eine Hommage an die Mutterschaft, die sich des Vaters bedient«, eine »Hommage an die Vaterschaft in den emanzipierten siebziger Jahren«.[9] Dabei ist diese Familienstruktur keineswegs neu. Als Joanna geht, wird die Familie Kramer mit Hilfe eines wundersamen Drehs einfach anders organisiert: Der neue (Super-)Mann springt ein und füllt die entstandene Lücke. Das sieht vielleicht fortschrittlich aus, ist in Wahrheit aber das Gegenteil. Der Mythos der Kleinfamilie wird einfach unter umgekehrten Vorzeichen aufrechterhalten, und dabei übernimmt der Mann gleichzeitig die Vater- und die Mutterrolle. Frauen mögen ihre Pflichten vernachlässigen, Männer vergessen die ihren keinesfalls. Feministische Mütter mögen aus der Rolle fallen, die Väter nicht. Wie ein griechischer Held unserer Zeit kämpft

Supermann Hoffman weiter und hält die Fahne des Familienzusammenhalts und der Verantwortung hoch.

Abweichungen der Handlung des Films im Vergleich zum Roman verweisen auf den Einsatz weiterer Wunder. Im Roman endet Joanna als Angestellte der Mietwagenfirma Hertz auf dem Flughafen von Los Angeles, im Film macht sie hingegen als Absolventin des Smith-Instituts und höchst erfolgreiche Designerin für Sportkleidung Karriere. Und sie verdient sogar mehr als Ted. Diese Abänderungen sind unrealistisch: 1977 lag das Durchschnittseinkommen amerikanischer Familien mit weiblichem Familienvorstand bei 7.742 Dollar, während die von Meryl Streep verkörperte Frau bei ihrem Wiedereinstieg ins Berufsleben keine Schwierigkeit hat, mit einem Jahresgehalt von 31.000 Dollar anzufangen. Bei diesem Kunstgriff geht es nun nicht darum, eine Lanze für Frauenpower zu brechen, sondern er zielt darauf ab, die Sympathie des Publikums auf den verlassenen Hoffman zu lenken, dessen eigene Berufsaussichten sich rapide verschlechtern, nachdem er mit dem Kleinkind sitzengelassen wurde.

Der Prozeß, dem der Film *Kramer gegen Kramer* seinen Titel verdankt, wirkt noch unwahrscheinlicher. Joanna, die zunächst nach Kalifornien gezogen ist und Ted das Sorgerecht überlassen hat, kehrt später nach New York zurück und ficht den Gerichtsbeschluß an. Als Begründung macht sie geltend, ihre Entscheidung sei »durch die psychischen Qualen einer unglücklichen Ehe« bedingt gewesen, so daß sie zwischen einer Trennung vom Ehemann und einer Trennung von ihrem Kind keinen Unterschied mehr gemacht habe. Aber sie habe niemals aufgehört, ihren Sohn zu lieben, und da sie nun selbst über ein gesichertes Umfeld und ein ausreichendes Einkommen verfüge, könne sie ihm ein gutes Zuhause bieten. Aufgrund des »natürlichen« Anrechts der Mutter gewinnt sie den Prozeß: Ihr Anspruch auf ihren Sohn ist damit nicht mehr nur biologisch, sondern auch juristisch abgesichert.

So weit, so gut. Aber so weit kann Hollywood in Sachen Geschlechterverhältnis nicht gehen. Eine Mutter, die ihr Kind im Stich läßt und es dann zurückbekommt? Eine Frau, die sich nicht nur auf weiblichem, sondern auch auf männlichem Terrain durchsetzt? Kaum hat Joanna in einem schwierigen und kostspieligen Prozeß den Sieg davongetragen, ändert sie plötzlich – völlig unmotiviert – ihre Meinung. Im Roman telefoniert sie mit Ted und legt dabei einen an Hysterie grenzenden Selbsthaß an den Tag: »›Ich kann es einfach nicht machen ... ich – bringe es nicht auf die Reihe ... Die Verantwortung ... Wahrscheinlich bin ich ein ziemlich labiler Mensch ... ich will nicht mehr um ihn kämpfen ... Weißt du, ich glaube, ich bin ein Versager. Ich bin ein Versager, genau wie dein Anwalt gesagt hat. Du kannst ihn haben, Ted. Er gehört dir.‹ ... und Ted Kramer durfte seinen Sohn behalten.«[10]

Streep zeigt bei diesem Rückzieher etwas mehr Würde. Sie verwandelt ihn in einen Akt der Großzügigkeit gegen den guten *little big man*. Aber in beiden Fällen wird die Unfähigkeit der Frau, Verantwortung im Berufsleben und für das Kind zu übernehmen, unterstrichen. Meryl Streep verzichtet auf Billy, weil sie Hoffman für den besseren Elternteil hält und weil sich die Mutter im Film nur dann Sympathien bewahren kann, wenn sie ihr Kind schließlich aufgibt: Weiblicher Heroismus ist eben gleichbedeutend mit Selbstverleugnung. Auf diese Weise wird die Kastrationsdrohung, die von der unabhängigen Frau ausgeht, im Film gebannt.

Die Moral von der Geschicht' besteht darin, daß eine Frau, die nicht reich genug ist, um sich eine Vollzeitbetreuung für ihr Kind leisten zu können, zwischen Karriere und Mutterschaft wählen muß. Ein solches Entweder-oder-Szenario scheint auch in einigen berühmt gewordenen Fällen von Frauen durch, die ihre Familie verlassen. Die skandalös »männliche« George Sand kehrte im Jahre 1831 dem französischen Landleben sowie Mann und Kindern den Rücken, um als Schriftstellerin in Paris zu leben.[11] Die Schauspielerin Shirley MacLaine, die ihre Tochter Sachi in Japan unter der Obhut von Sachis Vater zurückließ, erklärte: »Zwanzig Jahre lang mit Mann und Kind zu leben würde mich ruinieren. Ich hätte nicht mehr frei atmen können.«[12] Durch diese Beispiele wird der Mythos genährt, eine Frau müsse zwischen Kindern und Karriere wählen: Der Verzicht auf die Kinder ist der Preis, den Frauen für den Erfolg nach männlichen Maßstäben bezahlen sollen.

Doch in *Kramer gegen Kramer* entbehrt diese Lösung jeder Logik – es sei denn, man wertet sie als unbewußten Angriff gegen Frauen.

Die Vorstellung, daß eine Mutter einen traumatischen und kostspieligen Rechtsstreit um das Sorgerecht für ihr geliebtes Kind durchsteht und es dann doch reumütig dem Vater überläßt, ist höchst unrealistisch. Zudem ist die im Film gezeigte Entscheidung des Gerichts anachronistisch. Ende der siebziger Jahre konnte man nicht mehr davon ausgehen, daß der Mutter aufgrund ihres »natürlichen« Rechts automatisch das Sorgerecht zugesprochen wurde. Angesichts des erdrückenden Belastungsmaterials gegen Joanna – sie hat die Wohnung der Familie »verlassen« und sich einer intensiven Psychotherapie unterzogen, was als Beweis für ihre Instabilität gewertet worden wäre – ist es unwahrscheinlich, daß sie den Prozeß gewonnen hätte. »Ein Gericht stellt die Befähigung einer Frau zur Erzieherin in Frage – und zwar aufgrund ihrer Armut, ihrer politischen Einstellung, ihres Lesbianismus, ihrer heterosexuellen Kontakte, ihrer Klassenzugehörigkeit oder ihres ›Geisteszustands‹.«[13] In jenen Jahren konnte sich bei den Gerichtsverfahren sowohl in Amerika wie auch in Großbritannien häufig der Vater durchsetzen, was die Phantasie bestärkt, auf der *Kramer* basiert: daß der Vater nun die Mutter ersetzen kann und ihr überlegen ist. Wie in einer Parodie auf den Streit um das Baby vor König Salomons Gericht wird das Kind der »guten« Ersatzmutter zugesprochen – aber da wir uns mitten in der Reaktion gegen den Feminismus befinden, ist das zufällig der Vater.

Die Trumpfkarte des Films ist nicht das Gericht, das das Kind dem Vater zuspricht, sondern die Mutter selbst, die auf ihren Sohn verzichtet. Für diesen Verlust ist sie ganz allein verantwortlich. Die Schuld trägt nicht die Rechtsprechung und noch weniger der Vater – so ein netter, harmloser Kerl, dem man ein niedriges Motiv wie Rachsucht niemals unterstellen würde. Das Patriarchat (in Gestalt von Rechtsprechung und Ehe) wird ganz klar von jeder Verantwortung freigesprochen, also ist Joanna selbst schuld, wenn sie ihr Kind verliert. Alle mit der Mutterrolle verbundenen Probleme können vor ihrer Tür abgeladen werden, denn sie stammen offenbar aus ihrem verkorksten Seelenleben. Wieder einmal ist die politische Dimension säuberlich ausgeblendet. Die Tatsache, daß eine Mutter weggeht und ihr Kind verliert, wird auf die Ebene einer persönlichen Neurose reduziert: Sie trägt ganz allein die Schuld, sie hat es so gewollt.[14]

Bemerkenswert ist, daß der Film die Reaktion des Publikums so manipuliert, daß selbst die aufmerksamste Zuschauerin dazu verleitet wird, den Ausgang richtig, ja sogar positiv zu finden. Dies wird erreicht, indem das Filmpublikum angehalten wird, sich stärker mit der (männlichen) Welt von Vater und Sohn als mit der verschwundenen Mutter zu identifizieren. Von dem Augenblick an, in dem Joanna geht, erfahren wir nichts mehr über ihre Sicht der Dinge; von ihrer inneren Entwicklung oder ihrem wachsenden Selbstbewußtsein bekommen wir nichts mit. Wir sehen nur, was sie zurückgelassen hat, und werden ständig an die Tatsache erinnert, daß sie nicht da ist und ihre Abwesenheit einem Verbrechen gleichkommt.

Während Vater und Sohn näher zusammenrücken, um die Lücke zu schließen, die die abwesende Mutter hinterlassen hat, wird Joanna um so schärfer verurteilt. Eine Identifikation des Publikums mit der Männerwelt wird nicht nur durch die Handlung erreicht, die Ängste vor dem Verlust der familiären Sicherheit weckt, sondern sogar noch wirkungsvoller durch visuelle Mittel. Die Kameraeinstellungen zeigen vornehmlich den männlichen Standpunkt. Während Kramer und Billy immer wieder in ausführlichen Szenen hoch oben auf imposanten Wolkenkratzern gezeigt werden, taucht Joanna nur in fragmentarischen Bildern, zumeist in Bodennähe, auf. Sie ist von den Zuschauern abgeschnitten, durch getönte Fensterscheiben oder Drahtgitter abgeschirmt, eine bedrohliche, finstere Gestalt, die Unheil heraufbeschwört und wie ein Gespenst auf das Glück starrt, von dem sie durch eigene Schuld ausgeschlossen ist. Die Kameraführung begünstigt Hoffman und benachteiligt Meryl Streep, und zwar insbesondere bei den Gerichtsszenen, in denen »der Blick der Kamera eingesetzt wird, um den Eindruck einer Bestrafung zu erwecken«. Die gesamte visuelle Gestaltung des Films zielt darauf ab, eine Identifikation mit der Frau zu verhindern. Die Vorherrschaft des Mannes wird untermauert, indem sie als naturgegeben und unabwendbar hingestellt wird.[15]

Die Männerwelt, die sich nach Meryl Streeps Abschied herausbildet, entwickelt sich zu einem autarken, hermetisch abgeschlossenen Universum, in dem Hoffman nicht nur der Vater des Jungen, sondern auch seine Mutter, sein Spielkamerad und Partner ist.[16] Die

Beziehung zwischen Vater und Sohn wird zutiefst romantisiert. Wie in *Hauptmann Sorrell und sein Sohn* ist sie stark von männlichem Narzißmus geprägt, der zusätzlich noch durch die langjährige amerikanische Tradition der Verherrlichung von Männerbünden legitimiert wird – Bünden, von denen Frauen ausgeschlossen sind und in denen das Weibliche als etwas Bedrohliches gilt.[17] Selbst einige männliche Kritiker haben darauf hingewiesen, daß die unterschwellige Botschaft des Films frauenfeindlich ist, ja sogar von einer sadistischen Einstellung gegenüber Frauen zeugt.[18]

Im Gegensatz dazu zeigt Gavin Miller in seiner bemerkenswert sexistischen Kritik in *The Listener*, wieviel Feindseligkeit auch heute noch Frauen entgegenschlägt, die ihre Familie verlassen. Zunächst lobt er *Kramer gegen Kramer* als »sehr anständigen Film«, der realistisch (!) sei und sich durch seine »große Zurückhaltung, sorgfältige Besetzung und geduldige Beobachtung« auszeichne, und fällt anschließend über die Mutter her. Miller behauptet, Joanna Kramer müsse noch »einiges aufholen«, um mit dem Rest der Menschheit auf einer Ebene zu stehen, und gibt zu, daß er für »Mütter, die sich aus dem Staub machen« keinerlei Sympathie empfinde. Anscheinend hatten Jaffe und Co. mit ihrem »postfeministischen« Vorstoß einen Treffer gelandet.

Kramer gegen Kramer ist also weit davon entfernt, eine gesunde Einstellung zum elterlichen Rollentausch zu signalisieren oder aufzuzeigen, daß grundsätzlich auch ein Vater die Sorge für das Kind übernehmen kann – ganz im Gegenteil. Im Kontext der Reaktion gegen den Feminismus ist der Film als Auswuchs einer männlichen Phantasie zu werten, als ein Traum von einer utopischen Männerwelt, die von fordernden oder Kastrationsängste schürenden Frauen unbehelligt bleibt. Sie ist im »hypermaskulinen Traumland«, wie Faludi es nennt, anzusiedeln und verstärkt den Ruf nach der »Macht der Männer«, die in der Bewegung der Neuen Rechten während der gesamten achtziger Jahre eine Rolle spielt. Offenbar verbirgt sich hinter der Idee vom Vater als besserer Mutter die Traumvorstellung vom allmächtigen Vater.

Als Gary Bauer Mitte der achtziger Jahre die Position der US-Regierung zur Familienpolitik formulierte, bediente er sich nicht nur eines Vokabulars, das an die Sprache des Films erinnert, sondern bezog sich auch direkt auf *Kramer gegen Kramer*, um die Frauen- und Familienpolitik der Konservativen zu rechtfertigen. In seinem Bericht aus dem Jahre 1986 mit dem Titel »Die Familie: Zur Sicherung von Amerikas Zukunft« gab er den Frauen die Schuld am Zusammenbruch der Gesellschaft – den Frauen, die arbeiten, den Frauen, die sich scheiden lassen, den Frauen, die ihre Kinder in fremde Obhut geben, unverheirateten Müttern, Müttern, die Mann, Kinder und Ehe wegwerfen »wie Papierhandtücher«. Analog zu den Phantasien und Ängsten, die in *Kramer gegen Kramer* auftauchen, fürchtet Bauer offenbar in erster Linie negative Auswirkungen auf die männliche Nachkommenschaft. Wie Faludi schreibt: »Wenn die ›Für die Familie‹-Bewegung ›für‹ irgend etwas war, dann für die Machtstellung des Vaters.«[19]

Bauer zitiert nur einen einzigen Text als Beispiel – und Beweis – für den weiblichen Egoismus, der angeblich für den Niedergang der Familie verantwortlich ist, und der stammt aus *Kramer gegen Kramer*:

Wenn wir so weitermachen, wird das ernste Konsequenzen für eine freie Gesellschaft haben. Nehmen Sie zum Beispiel *Kramer gegen Kramer*. Da ist dieser bittere Brief, den die Mutter ihrem Sohn zurückläßt, in dem es heißt: »Das ist nicht alles, was es im Leben gibt. Mutti muß noch etwas anderes machen.« Ich glaube, das war wirklich ein Symbol für die heutige Zeit. Eine Ausrede für Frauen, die sich aus der Verantwortung stehlen wollen.[20]

Kramer gegen Kramer ist weder isoliert zu betrachten noch als unschuldiges Machwerk, das lediglich die bestehenden gesellschaftlichen Werte reflektiert. Vielmehr hat es zu deren Gestaltung beigetragen. Als Antwort Hollywoods auf die Frauenbewegung hat der Film die Angst vor dem Feminismus geschürt, indem er ihn praktisch mit dem Zerfall der Familie gleichsetzt. Wie Malloy schreibt: »Die Institution Familie wird im Film nur scheinbar kritisiert, in Wirklichkeit wird das Ideal noch im Auseinanderbrechen schützend hochgehalten.«[21] Indem der Film die Aufmerksamkeit von der Frau geschickt ablenkt und sicherstellt, daß der Mann als Held nach wie

vor das Interesse auf sich zieht und Macht ausübt, sollte er sich als typisches Beispiel für den neuen Gegenangriff auf den Feminismus erweisen: Von nun an beeilte man sich in Hollywood, die Frauenbewegung lächerlich zu machen und ihre Bedeutung herunterzuspielen.

In den Filmen der achtziger und neunziger Jahre wird die Problematik von zerrütteten Familien, Müttern, die gehen oder bleiben,
alleinerziehenden Eltern und Kinderbetreuung ausschließlich mit
männlichen Helden oder auf dem Niveau der Komödie abgehandelt.
Auch *Eine Wahnsinnsfamilie* (1989) rückt mit seinem hartnäckig
männlichen Blickwinkel den Vater ins Zentrum der Aufmerksamkeit
und feiert ihn für die Erledigung der Arbeiten, für die Mütter noch
keine Lorbeeren geerntet haben – geschweige denn Hauptrollen im
etablierten Film.[22]

Schon durch den Titel von *Drei Männer und ein Baby* (1987) und
der Folgeproduktion *Drei Männer und eine kleine Lady* (1990) wird
klargestellt, welche Prioritäten diese Filme setzen. Im Mittelpunkt
der Aufmerksamkeit steht, ähnlich wie in *Drei Mann in einem Boot*,
das Bündnis zwischen den drei Freunden und die Frage, wie sie mit
einem Baby zurechtkommen, das die Mutter in ihrer Wohnung
zurückgelassen hat: Das Leben und der Charakter der Frau sind
ebenso wie ihre Empfindungen vollkommen nebensächlich. Wie in
Kramer gegen Kramer werden in *Drei Männer und ein Baby* die männlichen Protagonisten als Helden gefeiert, weil sie auf sich nehmen,
was Frauen ständig tun. Die Komik des Films beruht auf der Voraussetzung, daß von der Norm – die Mutter versorgt das Baby – abge-
wichen wurde, und diese Voraussetzung wird von der Handlung nie
ernsthaft in Frage gestellt.

… der Film will keineswegs anregen, daß Männer echte Verantwortung für die Kindererziehung übernehmen sollten. Vielmehr
bezieht er seinen ganzen Humor aus der Umkehrung der scheinbar natürlichen Ordnung: daß Mutti sich ums Baby kümmert …
der amerikanische Film [betont] dauernd die Maskulinität der
männlichen Figuren. Als hätten sie Angst, ein Baby im Haus
könnte den Testosteronspiegel senken, stemmen die Jungs ständig
Gewichte, keuchen sich auf dem Sportplatz die Lunge aus dem

Leib oder joggen zum Kiosk, um sich die neueste Ausgabe von *Sports Illustrated* oder *Popular Mechanics* zu besorgen.[23]

Als Sylvia, die bezaubernde junge Mutter des Babys, schließlich bekennt, daß sie Hilfe braucht, um die Betreuung des Kindes mit ihrem Beruf zu vereinbaren, eilen ihr die drei Männer zu Hilfe, versprechen einen Teil der Verantwortung zu übernehmen – und wenn sie nicht gestorben sind, so leben sie noch heute. Das ist eine Lösung wie im Märchen: die Jungfrau in Not und ihre drei heldenhaften Retter.

In *Baby Boom* (1987) werden die Mittel der Komödie in ähnlicher Weise eingesetzt, um einer ernsthaften Auseinandersetzung mit der heute real existierenden Krise der Kindererziehung auszuweichen. Und die komplexen Probleme, vor denen Frauen stehen, werden in einem falschen Licht dargestellt. Diane Keaton als alleinerziehende Mutter (die – ohne das Stigma einer unehelichen Geburt – durch eine geheimnisvolle Erbschaft zu ihrem Kind kommt) hat ebenfalls Schwierigkeiten, Berufstätigkeit und Mutterpflichten unter einen Hut zu bringen. Babys und Beruf passen einfach nicht zusammen. Doch hier wird die pure Regression als Lösung angeboten. Die schlummernden mütterlichen Instinkte der Heldin warten nur darauf, geweckt zu werden, so daß sie aus freien Stücken ein lukratives Angebot ausschlägt, um beim Baby zu Hause zu bleiben – während eine heterosexuelle Romanze mit dem Tierarzt aus der Nachbarschaft in Sicht ist. »Im Grunde sind sie alle liebenswert.« Und das heißt wieder einmal: im Grunde sind alle echten Frauen Mütter.

Filme wie *Drei Männer und ein Baby* stellen einerseits eine willkommene Abwechslung dar, weil die Mutter, die ihr Kind zurückläßt, nicht verurteilt wird. Auch ist es gut, wenn gezeigt wird, wie Männer die täglichen Pflichten der Kinderbetreuung übernehmen. Doch andererseits steht die Grundaussage solcher Filme zu diesen fortschrittlichen Aspekten im krassem Widerspruch. Dies zeigt sich nicht nur an der völlig unrealistischen Charakterisierung der Männer (hier wird noch Ted Kramers Metamorphose in den Schatten gestellt, denn die drei verwandeln sich über Nacht aus Phallusanbetern in liebevolle, windelnwechselnde Papas), sondern auch an der an den Haaren herbeigezogenen Schlußszene. Den Helden geht es mit ihrer

Kinderbetreuung weniger darum, Frauen zu unterstützen, als um die Befriedigung ihres eigenen Narzißmus und die Stärkung ihrer sexuellen Attraktivität. In den letzten Aufnahmen der drei Männer mit dem (weiblichen) Baby im Park wird die Vaterrolle zum Inbild der Potenz, die ihre Anziehungskraft auf den Schwarm sie anhimmelnder Mädchen nur noch steigert. Vielleicht sind das die »neuen Männer«, doch in Hollywood dienen Vaterschaft und Häuslichkeit nur zur Steigerung der Virilität. Weder ihr Berufsleben noch ihre Identität oder ihre Sexualität werden durch die Sorge für das Kind gefährdet. Ihr Macho-Image wird durch die Elternpflichten nicht angeknackst, sondern aufpoliert.

Die *Drei-Männer*-Filme gehören zu einer ganzen Reihe von Komödien über Männer, die entweder allein ein Kind aufziehen oder sich zum erstenmal aktiver an der Erziehung beteiligen. *Arizona Junior* (1987), *Pfui Teufel – Daddy ist ein Kannibale* (1990) und die neue BBC-Serie *May to December* (1993) zeigen Männer, die die Freuden der Vaterschaft neu entdecken. Darin ist teilweise eine negative Reaktion auf die Frauenbewegung zu sehen, denn im Mittelpunkt steht der neue Mann und nicht die neue Frau. Aber diese Filme sind auch als Versuch zu werten, die Familie wieder als Ursprung der wichtigsten gesellschaftlichen Werte zu etablieren, sie sind also nichts anderes als Propaganda für die Lobby zur Stärkung der Familie.

E. Ann Kaplan sieht den Trend, der diesen Filmen zugrunde liegt, als Teil einer politischen Bewegung, die darauf abzielt, die Mutter wieder an den häuslichen Herd zu verbannen, selbst wenn scheinbar, wie in *Kramer* und *Drei Männer*, eine Abweichung vom traditionellen Lebensstil gefeiert wird. »Diese Filme sprechen unbewußte Phantasien des Verlassen-Werdens an (die bösen Mütter in diesen Filmen, die ihre Babys aussetzen) ... und laufen auf die alten Wertvorstellungen hinaus, nach denen die ›Mutterfigur‹ am Ende wieder eingeführt werden muß, selbst wenn wir es dann mit einer etwas unkonventionellen ›Familie‹ zu tun haben.«[24]

Hinter all diesen Streifen steht also eine altbekannte doppelte Moral. Eine gute Mutter bekommt keine Anerkennung, eine schlechte Mutter wird bestraft. Die Vernachlässigung ihrer Elternpflichten wird einer Frau verübelt, während dasselbe Verhalten beim

Mann als normal gilt. Wenn aber der Vater die Pflichten einer guten Mutter erfüllt, wird das als übermenschliche Leistung gewertet. In ihrer hellsichtigen und witzigen Besprechung von *Kramer gegen Kramer* im *Observer* schildert Sally Vincent, welche Ausweglosigkeit dies für die Mutter, die geht, bedeutet:

> Nur ein Mann kann seine Familie verlassen und dennoch Gnade finden. Wenn eine Frau dasselbe tut, werden all ihre Liebe und Sehnsucht totgeschwiegen. Der Vater hingegen darf seine Liebe und Sehnsucht, untermalt von Purcells Trompetenkonzert und anderen heroischen Tönen, zum Ausdruck bringen. Denn so unerhört ist die Schuld der Frau und so rührend die Unschuld des Mannes, daß sie die besten Karten haben kann und trotzdem verliert, während er auch mit den schlechtesten immer gewinnt.[25]

Mami wohnt nicht mehr hier? Kein Problem. Papa ist sowieso die viel bessere (Super-)Mutter.

Teil 2

Der Weg aus dem Puppenheim – die Politik des Verlassens

5

Hintergrund: Die Mutter als Institution

Die gute Mutter ist eine Erfindung der Moderne.
Edward Shorter, *The Making of the Modern Family*

Obwohl die Mutter in der populären Kultur als ein ewig unveränderliches archetypisches Wesen hingestellt wird, ist die Mutterschaft als Institution, wie wir sie kennen, eine Erfindung der postindustriellen Gesellschaft. Im Gegensatz zu dem entrückten Bild, das uns die Madonna mit dem Kind vorspiegelt, ist die Mutterschaft im Lauf der Geschichte konstruiert und definiert und in ihrer jeweiligen Ausprägung den wechselnden ökonomischen und politischen Bedürfnissen angepaßt worden. Das Modell von der Mutter, das in unserem Denken dominiert, hat sich als Reaktion auf die industrielle Revolution und das damit verbundene Bedürfnis nach einem Rollenwechsel der Frau entwickelt.

Adrienne Rich zeigt in ihrer brillanten und leidenschaftlichen Studie *Von Frauen geboren: Mutterschaft als Erfahrung und Institution* (1976), daß erst in den letzten einhundertfünfzig Jahren ein Wechsel stattfand, der dazu führte, daß die Mutterrolle mit einem »heiligen« Anstrich versehen und die Situation der Frau in der Kleinfamilie als »natürlich« betrachtet wurde. Die Mutterschaft als alleinige und Vollzeitbeschäftigung beruht also weder auf einem geschichtsunabhängigen Ideal noch auf einem angeborenen Instinkt. Vielmehr ist sie eine relativ neue Einrichtung mit einem konkreten Programm, die sich im achtzehnten und neunzehnten Jahrhundert entwickelte und die die Funktion hatte, die kapitalistische und patriarchalische Politökonomie des gerade erst industrialisierten Westens zu stützen.

Vor der Existenz der Kernfamilie, die wir als so selbstverständlich hinnehmen, garantierten der Zusammenhang der Großfamilie und gemeinschaftliche Formen der Kinderbetreuung, daß eine Mutter relativ flexibel und weniger isoliert war.

Im Mittelalter beispielsweise konnte eine Frau ihre Kinder über einen längeren Zeitraum in der Obhut anderer lassen, ohne Repressalien ausgesetzt zu sein.[1] Doch während die Frauen in der vorkapitalistischen Gesellschaft noch zu den Produzentinnen zählten (zum Großteil in Heimarbeit), wurden sie mit der industriellen Revolution zu Konsumentinnen. Damit nahmen sie nicht mehr gleichberechtigt und aktiv am Arbeitsprozeß teil, wurden zweitrangig, passiv und davon abhängig, daß Männer für ihren Lebensunterhalt und den ihrer Kinder aufkamen.

Dieser sich schrittweise vollziehende, aber dennoch ziemlich rasche wirtschaftliche Wandel führte dazu, daß die Rolle der Frau und das Frauenbild neu definiert wurden. Zum erstenmal gab es die Unterscheidung zwischen der Produktion (außer Haus) als Aufgabe der Männer und der Reproduktion (zu Hause) als wichtigste Beschäftigung der Frauen. Dies war eine grundlegend neue Arbeitsteilung nach geschlechtsspezifischen Gesichtspunkten, bei der die Frau anhand ihrer Stellung in der Familie und der Mann durch seine Tätigkeit außerhalb, in der Öffentlichkeit, definiert wurde. Demnach konnte die Frau ihre soziale Identität nur durch ihre Rolle in der Familie finden – als Mutter. Mit ihren Kindern zu Hause, als isolierte Einheit abgeschirmt von der Welt, war sie im Endeffekt eine Gefangene im trauten Heim. Rasch entwickelten sich Theorien und Ideologien von der Geschlechtertrennung und der Mutterschaft, die zum Zweck hatten, diese (künstliche) Ordnung der Dinge als natürlich hinzustellen.

In dem daraus erwachsenden moralischen und sentimentalen Diskurs über die Mutterschaft wurde diese zu einer Berufung erhoben, die ebenso ehrwürdig – und sakrosankt – war wie die der Kirche. Als besonders einflußreich erwiesen sich die Theorien von Rousseau, denn sie richteten zum erstenmal das Hauptaugenmerk auf die Bedürfnisse des Kindes und unterstrichen, daß die Fürsorge der leiblichen Mutter für seine gesunde Entwicklung unabdingbar sei. Obwohl er seine eigenen fünf Kinder in ein Findlingsheim abgeschoben hatte, behauptete Rousseau, keine wahre Mutter würde ihr Kind einer Amme überlassen, sondern es selbst stillen, weil alles andere einen negativen Einfluß auf seine natürliche Entwicklung hätte.[2] Dabei war die Betreuung durch Ammen und Ersatzmütter in unserer Kulturgeschichte eine weitverbreitete Erscheinung, die – wie Germaine Greer in *Der weibliche Eunuch* betont – keineswegs zu einer Gesellschaft von Psychopathen geführt hat.[3]

Rousseaus Ausführungen hatten zur Folge, daß die Mutter, wie wir sie heute kennen, erfunden wurde. Seither galt die Mutter als ein Wesen, dessen einzige Funktion darin bestand, für das Kind dazusein, und das allein und am besten für sein körperliches, seelisches und moralisches Wohlbefinden sorgen konnte. Man schrieb ihrem Dasein nunmehr große Bedeutung zu, man vertrat sogar die Ansicht, von der Erfüllung ihrer Pflichten hinge die Zukunft der Menschheit ab – eine Ansicht, die erst kürzlich von der Familienlobby der Neuen Rechten wieder aus der Mottenkiste geholt wurde. Moral, Gefühlsleben, Verantwortungsbereitschaft in Beziehungen, all das hing von den Frauen ab – wodurch die Spaltung der Welt in eine intellektuelle, öffentliche Domäne als der des Mannes und eine private, emotionale als den Bereich der Frau zementiert wurde.

Nach Rousseau erschienen in Europa und Amerika zahlreiche Schriften, in denen man der Mutter die Rolle einer moralischen Instanz zuschrieb, und zwar für ihre Kinder im besonderen und – durch sie – für die Menschheit allgemein.

Mütter haben einen ebenso machtvollen Einfluß auf das Wohlergehen zukünftiger Generationen wie alle anderen irdischen Quellen zusammen … Der erlösende Einfluß der Welt – gesegnet vom Heiligen Geist – muß von den Lippen der Mutter kommen. Sie, die als erste gesündigt hat, ist dennoch das wichtigste irdische Werkzeug der Erneuerung. Es ist letztenendes der mütterliche Einfluß, das großartige Werkzeug in den Händen Gottes, der unsere schuldbeladene Rasse zur Pflichterfüllung und Glückseligkeit zurückbringt.[4]

Die Mütter sollten eine neue Verkörperung der Mutter Christi, der Jungfrau Maria, darstellen, ein »irdischer Ausdruck der uneingeschränkten Liebe«[5] sein und es ihr an Reinheit, Hingabe und Selbstaufopferung gleichtun. In der ausgesprochen säkularen Kultur der postindustriellen Gesellschaft wurde der Familienkult zur neuen Religion des Westens, das Heim ein geheiligter Ort und die Mutter zur Ministrantin der Bedürfnisse ihrer Angehörigen. Wie von Gott erwartete man von einer Mutter bedingungslose Liebe. Ihre Sehnsüchte, Wünsche oder Bedürfnisse blieben dabei unberücksichtigt.

Um dieses neue Credo zu untermauern, wurde die Bibel herangezogen. Die Frau, als Nachfahrin Evas von Natur aus sündig, konnte sich von der Sünde reinwaschen, indem sie Kinder gebar – der einzige Gnadenerweis, der ihr widerfahren konnte. Von einer unfruchtbaren Frau nahm man an, daß sie unter einem Fluch stand. Ein Engländer behauptete 1670: »Sterilität und Unfruchtbarkeit sind seit jeher und in allen Ländern als Schande angesehen worden.« Von dieser Haltung ist auch noch die heutige technologische Schlacht gegen die Unfruchtbarkeit der Frau geprägt – ungeachtet der Überbevölkerung der Welt. »Echte« Frauen sehnen sich nun einmal danach, Mutter zu werden, und wenn ihnen dieses Verlangen verwehrt bleibt, werden sie neurotisch und mißgünstig.[6]

Diese ältere Tradition des Puritanismus paßte hervorragend zu den politischen und ökonomischen Bedingungen der industriellen Zeit, so daß der soziale Status einer Frau und ihre Funktion schließlich einzig an der Mutterrolle festgemacht wurden. Nicht nur die Geburt, sondern auch das Aufziehen der Kinder war ihre natürliche, gottgegebene Aufgabe. In der Sorge um die Kinder erfüllte sich das Schicksal einer Frau; zudem brachte es sie und die Kinder näher zu Gott. In einer Abhandlung aus dem Jahre 1739 wird behauptet, »die Aufzucht und Erziehung der Kinder, was ihren Leib als auch ihren Geist anbetrifft, hat die Natur in einem weitaus größeren Anteil der Mutter übertragen als dem Vater«. Die Sorge für die Kinder, besonders der unter siebenjährigen, war Frauenarbeit, und die Frau sollte ihr Heil in der pflichtbewußten und sorgfältigen Erfüllung dieser Aufgabe finden.

Während sich im neunzehnten Jahrhundert Kapitalismus und

Industrialisierung ausbreiteten, konnte sich diese ideologische Sicht der Mutterrolle immer fester etablieren. Frauen waren dazu geschaffen, Mutter zu sein. In der viktorianischen Zeit galt eine Frau sowohl in Amerika als auch in Großbritannien nur dann als vollkommen, wenn sie eine gute Mutter war, und die ihr angemessene Erfüllung fand sie nur dann, wenn sie die »heilige Berufung« zur Mutterschaft verspürte und den ihr zustehenden Platz im Heim einnahm. Damit wurde in dem vom Kapitalismus eingeführten System der Geschlechtertrennung einer einzelnen Frau zum erstenmal in der Geschichte das Heim, die Familie und die Kinderfürsorge als gottgegebene und ausschließliche Aufgabe zugeteilt.

Wenn der angestammte Platz einer Mutter das Zuhause der Familie war, wo sie den Nachwuchs betreute, dann war es nur logisch, daß sie allein für alle Aspekte des kindlichen Wohlbefindens, einschließlich seines Charakters und seiner Handlungen, verantwortlich gemacht wurde. Die Mutter war die soziale Bezugsperson und eigentlich die ganze Welt des Kindes. Wenn also im Leben des Kindes etwas schiefging, wurde unweigerlich der Mutter die Schuld gegeben. Adrienne Rich drückt es so aus: »Aber der Charakter einer Mutter, ihr Status als Frau werden in Frage gestellt, wenn sie ihren Kindern gegenüber ›versagt‹ hat … In den Augen der Gesellschaft ist die Mutter die Umwelt des Kindes.«[7] Gesetzesübertretungen, mangelnde soziale Anpassung, Kriminalität, jede Form der Abweichung konnten nur auf den Fehlern der Mutter beruhen. Und aus dieser Zeit stammt auch das Vorurteil gegen berufstätige Mütter. Die »Natur« verlange, daß eine Mutter zu Hause blieb und für die Kinder sorgte. Wenn sie es nicht tat, litt das Kind (als unausweichliche Folge) Schaden, wurden der Kriminalität und dem moralischen Verfall Tür und Tor geöffnet.

Als Ibsen mit seinem Drama *Nora oder Ein Puppenheim* (1897) – in dem er für das Recht einer Frau, die Familie zu verlassen, eintrat – die viktorianische Verherrlichung der Mutterschaft angriff, beruhte die Empörung der Öffentlichkeit zum Großteil auf eben dieser Annahme: daß die Abwesenheit der Mutter zwangsläufig schädliche Auswirkungen auf ihre Kinder haben müsse. Der englische Reformist Walter Besant schrieb eine Fortsetzung zu Ibsens Drama, in der die damals wie heute vorherrschende Meinung über eine Mutter, die ihre Kinder verläßt, zum Ausdruck kam. In Besants Version wird Noras Ehemann Helmer, sobald sie ihn verlassen hat, zum Alkoholiker, ihr Sohn zum Betrüger, und die mutterlose Tochter begeht Selbstmord! Wenn eine Mutter ihre Kinder vernachlässigt, werden diese zu Versagern.[8]

Diese schrecklichen Aussichten bedeuten für die Mutter, die nicht rund um die Uhr zu Hause ist – sei es aufgrund ihrer Berufstätigkeit oder einer anders motivierten Trennung – eine ständige unausgesprochene Drohung. Und sicher bedeutet sie für die Mütter, die gehen, eine Botschaft mit einer eindeutigen Moral. Sarah, eine Frau, die vor nahezu zwanzig Jahren ihren Ehemann – und ihre zwei Söhne – verließ, weil ihr Mann sie brutal mißhandelte, steht noch immer unter dem Eindruck der persönlichen und sozialen Auswirkungen dieser Trennung. Beide Söhne gerieten später in den Bannkreis von Drogen und Kleinkriminalität und litten unter psychischen Erkrankungen: Die allgemeine (so schwer nachweisbare, aber doch fast zwangsläufig von Sarah internalisierte) Ansicht lautet, die Instabilität ihrer Söhne sei die unmittelbare Folge ihres Fortgehens. Es war für sie äußerst schwierig, sich angesichts dieser Anschuldigungen auf ihr eigenes Leben zu konzentrieren und eine zweite Ehe einzugehen. Wir Mütter, die gegangen sind, saugen bereitwillig alle Schuldzuweisungen auf.

Aufgrund der seit Rousseau vertretenen Ideologie der Mutterschaft können sich Frauen nie in dem Maße von der Mutterrolle freimachen, wie es Männer von der des Vaters tun. Sie tragen die Verantwortung für Probleme aller Art, während der Vater ungeschoren davonkommt – ebenso wie die Lebensumstände oder die Gesellschaft, in denen Mutter und Kind leben. Anne Kaplan stellt dazu fest: »Wieder einmal schiebt man der Mutter als Individuum die Schuld in die Schuhe, anstatt die Schuld den sozialen Strukturen zuzuweisen oder einer Regierung, die andere Prioritäten setzt und die Gelder in andere Kanäle leitet.«[9]

Rousseaus Konstrukt der Mutterschaft – und die Behauptung, dieses Modell sei »natürlich« – hatte weitreichende Auswirkungen. Es verbreitete sich nicht nur im neunzehnten Jahrhundert in der gesamten westlichen Welt, sondern beeinflußt auch noch im zwanzigsten Jahrhundert die Haltung zur Mutterrolle – und zwar in Gestalt eines unverhohlenen Antifeminismus, der darauf abzielt, die Frau bei der (privaten) Kindererziehung zu halten, anstatt ihr Berufschancen oder eine kreative Rolle in der Öffentlichkeit zuzubilligen.

Zuwiderlaufende Beweise, die bestätigen, daß die Mutterschaft weder auf Instinkt noch auf biologischen Vorgängen beruht, wurden einfach ignoriert. Dies gilt auch für die Forschungsarbeit von Anthropologen wie Margaret Mead, aus der sich ergab, daß die Aufgabe der Kinderbetreuung in bestimmten Gesellschaften – wie beispielsweise bei den Arapesch in Neuguinea – gerecht mit den Männern geteilt wird.[10] Ähnliche Ergebnisse hat die moderne Psychologie anzubieten: »Die mangelnde Bereitschaft des Mannes, sich auf die Versorgung der Kinder einzulassen, ist im wesentlichen kulturell bedingt und kein biologisches Phänomen ... die Mutter muß nicht unbedingt eine Frau sein.«[11]

Dieses Totschweigen von Forschungsergebnissen ist nur einer von zahllosen Tricks und Manipulationen, die die Diskussion über die Rolle der Mutter im Verlauf des zwanzigsten Jahrhunderts geprägt haben. Dabei zielte das patriarchalische Denken darauf ab, die Einflüsse des Feminismus und die Auswirkungen von zwei Weltkriegen auf die gesellschaftliche und berufliche Stellung der Frau null und nichtig zu machen. Es spricht für sich, daß die Vorstellungen von der Mutterrolle im Zweiten Weltkrieg, als weibliche Arbeitskräfte in der Industrie – hauptsächlich in Munitionsfabriken – und in der Landwirtschaft gebraucht wurden, plötzlich flexiblere Formen annahmen. Mit einemmal war es möglich geworden, daß die Frau ihre Aufgabe und Erfüllung außerhalb des Heims fand. (Man schien sich in Südafrika unter dem Apartheidsystem nicht bewußt zu sein, wie inkonsequent es war, schwarze Mütter von ihren Kindern zu trennen, damit sie den Nachwuchs der privilegierten Weißen versorgen konnten. Und Sklavinnen waren in der Vergangenheit immer wieder gezwungen, ihre Kinder zu verlassen, weil man Familien auseinanderriß und die Mitglieder auf unterschiedliche Plantagen verkaufte.)[12]

Doch nach dem Krieg, Ende der vierziger und in den fünfziger Jahren, orientierte sich die Ideologie von der Mutterschaft bequemerweise wieder an den überholten Werten. So wurde erreicht, daß Frauen – obwohl sie in großer Zahl berufstätig waren – auf schlecht bezahlte Arbeitsplätze abgedrängt wurden, damit sie für die aus dem Krieg heimkehrenden Männer keine Bedrohung darstellten. In Amerika und in Europa war dies die Geburtsstunde des »Weiblichkeitswahns«, geprägt von neuer Mutterschaft und Häuslichkeit – und seit den vierziger Jahren wurde diese Entwicklung durch eine Flut von antifeministischen Filmen aus Hollywood unterstützt.

Dann kamen die Töchter jener Mütter aus der Zeit des Weiblichkeitswahns und lösten in den frühen Siebzigern und Achtzigern die zweite Welle des Feminismus in diesem Jahrhundert aus. Vorübergehend bewirkte dies, daß Frauen sich von ihren konventionellen Aufgaben und der Identifikation mit der »ach so sinnvollen« Rolle als Mutter abwandten. Es gab einige Maßnahmen, die eine rechtliche Gleichstellung sichern sollten: In Großbritannien wurde 1969 ein Gesetz erlassen, das Frauen gleichen Lohn bei gleicher Arbeit garantiert, und die Vereinigten Staaten verabschiedeten 1972 ein Gesetz, das Frauen den gleichberechtigten Zugang zu qualifizierten Arbeitsplätzen ermöglichen soll (auch Neuseeland erließ in diesem Jahr ein Gesetz für gleichen Lohn bei gleicher Arbeit). Doch im Zuge des reaktionären Gegenschlags wurden viele dieser Vorstöße unwirksam gemacht und unterminiert. Seit zehn Jahren überschütten uns die Medien erneut mit sentimentalen, regressiven Phrasen, die sich für den Erhalt der Kleinfamilie einsetzen. Die Schließung staatlich geförderter Kindergärten sorgt zudem dafür, daß viele Frauen bei der Ausübung der Mutterrolle ans Haus gefesselt bleiben.[13]

Der gegenwärtige Rechtstrend in der Politik hat zur Folge, daß sich auch die traditionellen Vorstellungen von der Mutterrolle wieder durchsetzen konnten. So wie Präsident Theodore Roosevelt in der ersten Hälfte unseres Jahrhunderts Frauen verdammte, die sich nicht mit ganzem Herzen der Mutterschaft verschrieben – sie würden sich angeblich eines »Verbrechens gegen die Menschheit« schuldig machen, sie würden »bei einem gesunden Menschen einen gesunden Abscheu wecken«, und »wenn eine Mutter nicht ihre Pflicht tut, gibt es entweder keine nächste Generation, oder die nächste Generation wird schlimmer als gar keine« –, macht sich auch die

Neue Rechte in den Achtzigern und Neunzigern für die traditionelle Vorstellung von der Mutterrolle stark.[14] Sowohl in Europa als auch in noch viel stärkerem Maße in Amerika argumentiert die Familienlobby, der soziale Verfall und nationale Untergang könnten nur aufgehalten werden, wenn wir uns auf die guten alten Werte der Familie besännen, die sich natürlich um die geheiligte Rolle der Mutter ranken.

Den alten Sprüchen der Neuen Rechten nach zu urteilen, vernachlässigen Mütter, die ihre Kinder fortgeben – und sei es nur in eine Kindertagesstätte, weil sie berufstätig sind –, ihre wahre Verantwortung und »schwächen das moralische Rückgrat der Nation«. Kindergärten werden als das »Contergan der Achtziger« bezeichnet, als wären Kinder dort einem Gesundheitsrisiko ausgesetzt. Dabei weisen Statistiken darauf hin, daß Kinder in der Familie doppelt so oft mißhandelt werden wie in einer Institution, abgesehen davon, daß eine gute nichtelterliche Betreuung im wesentlichen positive Auswirkungen hat, weil die dort versorgten Kinder unabhängiger und geselliger sind.[15]

Paradoxerweise geht die neue Idealisierung der Mutter und der Familie damit einher, daß der soziale Status der Frau abgewertet und Einrichtungen zur Kinderbetreuung abgeschafft werden. Seit den vierziger Jahren ist die Zahl der berufstätigen Frauen in den Vereinigten Staaten und in Großbritannien drastisch angestiegen (die große Mehrheit von Frauen geht einer bezahlten Arbeit nach, wenn auch oft nur stundenweise oder sonstwie zeitlich befristet), doch der Staat war nicht in der Lage, diese Entwicklung durch die Schaffung einer entsprechenden Anzahl von Kindergartenplätzen zu begleiten. In den USA gab es 1987 5,6 Millionen alleinerziehender Mütter, die berufstätig waren. In Großbritannien gingen 1985 30 Prozent der Frauen mit Kindern unter fünf Jahren und 60 Prozent der Frauen, deren jüngstes Kind zwischen fünf und neun Jahre alt war, zur Arbeit.[16] Zumeist handelte es sich dabei um schlecht bezahlte Teilzeitstellen.

Was den Mangel an Kindergartenplätzen betrifft, schlägt Großbritannien im Vergleich mit dem übrigen Europa alle Rekorde, denn es stellt die wenigsten Plätze zur Verfügung, und auch der bezahlte Mutterschaftsurlaub ist kürzer als anderswo. Verglichen mit, sagen wir, Dänemark, wo mehr als 40 Prozent aller Kinder unter drei und mehr als 80 Prozent zwischen drei und sieben Jahren in staatlich finanzierten Einrichtungen untergebracht sind, kann man in Großbritannien praktisch nicht mehr von staatlich geförderten Kindergärten sprechen. Und die letzten Ausgabenkürzungen der konservativen Regierung bedeuten, daß die geringe Zahl der staatlichen Kindergärten noch weiter schrumpft. Immer mehr Frauen haben keine andere Wahl, als sich allein zu helfen. Nicht einmal zwei Prozent der Kinder unter zwei Jahren finden einen Platz in einer staatlichen Kinderkrippe, und die wenigen vorhandenen Plätze werden für außergewöhnliche Fälle, insbesondere für Kinder aus zerbrochenen Ehen oder von Alleinerziehenden, reserviert.

Meine eigene Geschichte liefert dafür ein konkretes Beispiel. Da ich mir 1974 in Leeds keine private Kinderbetreuung leisten konnte, versuchte ich wiederholt, aber vergeblich, für meinen Sohn einen Platz in einer staatlichen Krippe zu bekommen. Eine Woche nachdem ich die eheliche Wohnung verlassen hatte, wurde er angenommen. Mit anderen Worten, es war ein Platz vorhanden, doch er wurde für familiäre Notsituationen freigehalten und nicht dazu genutzt, um sie zu verhindern. Es war für mich eine schmerzliche Erkenntnis, daß auf das Bedürfnis des Vaters nach Hilfe bei der Kinderbetreuung eingegangen wurde, aber auf meines, das der Mutter, nicht – es darf nicht sein, daß eine Mutter Hilfe braucht.

Die starke soziale Mobilität und die gesellschaftliche Entwurzelung haben die Großfamilie aussterben lassen, die in früheren Zeiten dazu beigetragen hat, daß Frauen in der Mutterrolle weniger unter Druck standen. Anstelle von kollektiven, gemeinschaftlichen, arbeitsteiligen Formen der Kinderbetreuung haben wir nur noch die winzige Festung der Kleinfamilie. Und da die Rolle des Vaters so definiert ist, daß er sich außer Haus engagiert, bleiben Mutter und Kind allein und darin gefangen. Die extreme Isolation, der die Mutter-Kind-Dyade ausgesetzt ist, ist eine der schlimmsten Auswirkungen der modernen Version der Mutterschaft. Adrienne Rich spricht sogar von einer »Zuchthausstrafe«: »Für Mütter bedeutete die Privatisierung des häuslichen Lebens nicht nur zunehmende Machtlosigkeit, sondern auch ausweglose Einsamkeit.«[17]

Untersuchungen haben ergeben, daß Depressionen und Zusammenbrüche von Frauen vielfach in direktem Zusammenhang mit ihrer sozialen Deprivation und Isolation zu sehen sind. »Sowohl eheliche Schwierigkeiten als auch Depressionen der Mütter waren unter Arbeiterfrauen, die im innerstädtischen Bereich wohnen, weit verbreitet.«[18] Und anders als allgemein angenommen, leiden gerade Frauen, die nicht außerhalb des Hauses arbeiten, am häufigsten unter Depressionen.

Alle diese Forschungsergebnisse verweisen auf die schädlichen Auswirkungen der Mutterrolle auf die Frau. Ann Oakley stellt fest, wir könnten »die Tatsache nicht leugnen, daß die Mutterrolle wirklich etwas Deprimierendes an sich hat«. Adrienne Rich wird noch deutlicher: »Die Möglichkeiten der Frauen sind durch die Mutterschaft sprichwörtlich massakriert worden.«[19] Da das Ideal von der Mutter ebenso unerreichbar ist wie die jungfräuliche Empfängnis, leiden wir unter einer ständigen Diskrepanz zwischen dem Mythos von der guten Mutter und unserer Lebenswirklichkeit, zwischen dem Bild der idealen Mutter und der Mutter, die wir hatten oder sind. Je mehr wir uns bemühen, uns diesem Ideal anzunähern, desto schmerzlicher erscheint uns unser Versagen.

Keiner Frau kann es je gelingen, den Mythos zu verwirklichen: Allein schon durch ihre Definition und Konstruktion ist die »Mutter« ein unerreichbares Ideal. Sie ist keine konkrete menschliche Person, sondern eine verallgemeinerte Abstraktion, eine Funktion, die von ineinandergreifenden ideologischen, religiösen und wirtschaftlichen Kräften ersonnen wurde. So verfolgt uns ein Bild von der guten Mutter, dem wir nie gerecht werden können, »jenes patriarchale und christliche Konstrukt der kulturell definierten Mutter, von der sich die Mütter der Vergangenheit so haben überwältigen lassen«.[20] Keine Frau konnte es je verwirklichen.

Mütter, die gehen, sind also keine gestörten Frauen, keine Ausnahmen von der Regel, sondern ein Hinweis darauf, daß die Institution Mutterschaft unter schweren Mängeln leidet. Wir sind die Risse im Fels, jener Punkt, wo sich seine Schäden und Brüche zeigen und wo die Diskrepanz zwischen der mystischen guten Mutter und der echten Frau als Mutter zum Vorschein kommt. Aber wir sind nicht anders als andere Frauen, und wir lieben unsere Kinder nicht weniger. In Anbetracht der Bedingungen, unter denen die Mehrzahl der Mütter leben, ihrer wirtschaftlichen Not, des Mangels an sozialer oder emotionaler Unterstützung, der unmöglichen und überzogenen Ansprüche, die an den Körper, den Geist und die Psyche der Mutter gestellt werden – in Anbetracht dessen verwundert also nicht, daß einzelne Frauen ihre Kinder verlassen, sondern eher, daß ihre Zahl so gering bleibt.

6

Ursachen: Warum Frauen gehen

Wirf einen Blick auf den Tag.
Der lange Tag erstreckt sich von da
bis jetzt, ich bin die Kamera.

Sieh – ich bin da
sie sind da
er ist da
und alles hüllt sich in Schweigen.

Maggie Mountford, The Unearthing

Anhand der folgenden Fallbeispiele einzelner Frauen wird deutlich, daß die Trennung von den Kindern vielschichtige Wurzeln hat. Nur selten handelt die Frau so freiwillig, sind ihre Motive so unkompliziert, wie es von außen scheint. Verschiedene Faktoren kommen zusammen und überschneiden sich, so daß die folgenden Bereiche nicht als klar abgegrenzte Kategorien zu sehen sind, sondern als Denkanstöße zu den möglichen Ursachen.

Armut

Ungeachtet des Mythos von der Mutterliebe war finanzielle Not stets ein Umstand, der die Versorgung von Kindern erschwerte. Bei den ersten registrierten Fällen von Kindsaussetzungen in England und Europa war der Hauptgrund bittere Armut.[1] Mütter oder Väter setzten ihre Kinder aus –, die dann in Waisenhäusern Aufnahme fanden – aber dies ließ nicht unbedingt Rückschlüsse auf die Gefühllosigkeit der Eltern zu.

Es wurde behauptet, die Tatsache, daß in der vorindustriellen Gesellschaft Europas über einen längeren Zeitraum hinweg Kinder ausgesetzt wurden, sei ein Beweis für die nachlässige und gleichgültige Einstellung der Mütter gegenüber dem Schicksal ihrer Kinder, die gefühllosen und lieblosen Betreuerinnen auf Gedeih und Verderb ausgeliefert waren. Wenn man das Problem der Kindsaussetzung in England jedoch genauer betrachtet, zeigt sich, daß dies nicht unbedingt der Wahrheit entspricht ... für die Mutter kann die Entscheidung, ein gewolltes und geliebtes Kind wegzugeben, durchaus qualvoll gewesen sein.[2]

Die Ursache für eine solche Handlungsweise kann die Illegitimität des Kindes gewesen sein, aber genauso oft kam es vor, daß der Vater einer großen Familie starb und die Mutter mittellos zurückließ. Anders als allgemein angenommen wird, waren die meisten Findlinge weder illegitim noch Säuglinge, sondern eheliche Kinder, die von den Eltern nicht mehr ernährt werden konnten. Diese These wird durch die Tatsache gestützt, daß das Durchschnittsalter der Findelkinder in Relation zur sozialen Not anstieg. Und sie wurden ebenso häufig vom Vater wie von der Mutter ausgesetzt. In vorindustrieller Zeit war der Hauptgrund für Kindsaussetzung die Armut: Wenn Arbeitslosigkeit herrschte, die Preise stiegen und die sozialen Bedingungen schwierig waren, wuchs die Zahl der Findlinge rasant. Ende des siebzehnten und Anfang des achtzehnten Jahrhunderts stieg die Rate der Kindsaussetzungen in London direkt proportional zu einer drastischen Erhöhung des Brotpreises.[3]

Die erhaltenen Quellen stützen die These, daß zu dieser Zeit Mütter ihre Kinder nicht weggaben, weil sie herzlos waren, sondern weil sie einfach nicht für ihren Lebensunterhalt aufkommen konnten. An ausgesetzten Kindern befestigte Zettel sprechen von der Not verzweifelter Mütter, die ihre Kleinen weder kleiden noch ernähren konnten. Auf einem solchen Zettel aus dem Jahr 1709 heißt es: »Ich habe nichts mehr zum Leben, weil mein Mann tot ist & die Zeiten sind schlimm und hart und ich war schwer krank ...« In einem Brief an der Kleidung eines einjährigen Kindes, das im selben Jahr vor der Tür eines Londoner Gentleman gefunden wurde, stand:

Dies Kind wurde am 11. Juni 1708 unseligen Eltern geboren, die es nicht erhalten können: Darum bitt' ich den gnädigen Herrn untertänigst, in welche Hände dies unselige Kind auch fallen möge, daß Sie sorgen mögen, daß es auch wie ein Mensch leben kann ... und bitte glauben Sie, daß es die größte Not ist, darum ich das tue ...[4]

Ein Beweis für die Richtigkeit der Behauptung, daß die Eltern größte Not litten, ist die Tatsache, daß Frauen oft ihre Kinder zurückforderten, sobald sich ihre wirtschaftliche Lage – meist durch eine neue Ehe oder einen Arbeitsplatz – verbessert hatte. Nach Inkrafttreten des britischen Armengesetzes von 1834 stieg die Zahl der Findelkinder drastisch an: Franks schätzt, daß etwa 5.000 Babys pro Jahr ausgesetzt wurden.[5] Sie wurden nun in Arbeitshäuser gebracht und von den weiblichen Insassen aufgezogen, aber dennoch gab man den Müttern die Schuld, wenn die Kinder später Straftaten begingen.

Heute lebt eine wachsende Zahl von Eltern und Kindern in Familien, die nicht der traditionellen Norm entsprechen, und wieder sitzen viele Mütter in der Armutsfalle. MATCH stellt fest, daß Armut auch heute noch Mütter veranlaßt, sich von ihren Kindern zu trennen. Alleinerziehende in der Armutsfalle haben mit besonders schweren Belastungen zu kämpfen.

Hilary, eine alleinerziehende Mutter von zwei Kindern, lebte Anfang der achtziger Jahre im Arbeiterviertel von Barnsley, South Yorkshire. Ganz auf sich gestellt, war die damals Einundzwanzigjährige ihren Mutterpflichten nicht gewachsen. Sie lebte in einer Sozialwohnung von Sozialhilfe, und Geld war nur eines von mehreren ernsten Problemen. Unterstützung erhielt sie weder von ihrer Familie noch vom Vater der Kinder. Sie litt an einer akuten Depression und bat die Behörden mehrmals um Hilfe, aber entweder aufgrund eines Irrtums oder wegen der Gleichgültigkeit der Beamten wurde man nicht rechtzeitig auf ihre Not aufmerksam. Völlig verzweifelt ließ Hilary ihre Töchter – beide unter drei – eines Abends allein zu Hause zurück. »Ich hab einfach gestreikt. Ich hab's nicht mehr ausgehalten.«

Was folgte, war eine alptraumartige Strafe für dieses Verbrechen, wie »seelische Folter«. Die Polizei brach in die Wohnung ein; Hilary erhielt eine polizeiliche Verwarnung; die Kinder wurden der Fürsorge übergeben; die Mutter durfte sie nur eine Stunde pro Woche sehen, später nur noch alle vierzehn Tage eine Stunde, dann noch seltener und schließlich wurde ihr monatelang untersagt, ihre Kinder zu besuchen. »Die Sozialarbeiter sagten, meine Kinder wären nur verwirrt und durcheinander, wenn sie mich öfter sähen, das sei schließlich nicht in ihrem Interesse.« Nach dreimonatigem Heimaufenthalt wurden die Mädchen zu Pflegeeltern gegeben. »Das Jugendamt erhielt die Vormundschaft für meine Kinder. Ich hatte überhaupt keine Rechte mehr.«

Kurz nach der Trennung von ihren Kindern mußte sich Hilary wegen ihrer Depression in ärztliche Behandlung begeben, und seitdem hat sie jahrelang vergeblich versucht, ihre Kinder zurückzubekommen. Obwohl sich die Pflegeeltern inzwischen getrennt haben und die Kinder vorübergehend ins Heim gebracht wurden, und ungeachtet des Wunsches der Mutter, die auch auf gerichtlichem Wege um das Sorgerecht kämpfte, durften ihre Töchter nicht mehr bei ihr leben. Obwohl die Kinder Hilary unter vier Augen versicherten, daß sie den Kontakt nicht abreißen lassen wollten, hat der Einspruch von Pflegeeltern, »die für sie [die Kinder] das Gespräch geführt haben«, und wohlmeinenden Vermittlern dazu geführt, daß die Mutter ihre Töchter mittlerweile überhaupt nicht mehr sehen darf und der Kontakt praktisch völlig abgerissen ist. Sie klagt, ihr Sozialarbeiter sei voreingenommen und habe sowohl die Entscheidung des Gerichts als auch die Haltung der Kinder beeinflußt. Sie hat bereits mehrere Prozesse verloren. Acht Jahre später ist sie eine gefestigtere Beziehung eingegangen und hat wieder ein Baby bekommen, doch sie ist nach wie vor maßlosen Verdächtigungen und Feindseligkeiten seitens der Gemeindeschwestern und Sozialarbeiter ausgesetzt. Sie »überwachen«, wie sie ihr Kind versorgt, und stufen sie als »Risiko«-Mutter ein.

Zweifellos hat diese Geschichte einen komplizierten, nicht leicht durchschaubaren Hintergrund, aber ein wesentlicher Punkt wird gleich deutlich: Eine Mutter, die im Hinblick auf Geld, Bildung, Gefühls- oder Seelenleben schlecht dasteht, muß für diese Mängel bezahlen. Während Ibsens bürgerliche Nora (deren Pflichten glücklicherweise von Ammen und Kindermädchen übernommen wurden) durch ihr Weggehen zur Heldin – ja zum Rollenmodell – wurde, gelten weniger begüterte Arbeiterfrauen oder Alleinerziehende, die ähnlich reagieren, praktisch als Kriminelle.

In Großbritannien besteht schätzungsweise jede achte Familie aus einem alleinerziehenden Elternteil mit Kindern. Frauen, die auf Sozialhilfe angewiesen sind, können – bei Trennung oder Scheidung – die Entscheidung treffen, die Kinder beim Vater zu lassen, wenn er materiell besser für sie sorgen kann. Frauen aus ethnischen Minderheiten sind wirtschaftlich meist noch schlechter gestellt als andere, und es zeichnet sich der beunruhigende Trend ab, daß die Kinder von Ausländerinnen zwangsweise in Heime oder zu Pflegeeltern gegeben werden.[6]

Wirtschaftlich privilegierte Frauen hatten schon von jeher die Möglichkeit, eine Betreuung ihrer Kleinkinder – durch Kinder- oder Au-pair-Mädchen, Tagesmütter, Kindergärten – zu finanzieren. Wer seine Kinder in dieser akzeptierten Weise von Ersatzmüttern versorgen läßt, muß nicht befürchten, von der Gesellschaft verurteilt zu werden. Doch die weniger gutgestellten Frauen, die mit der Kindererziehung allein nicht fertig werden, gelten als Rabenmütter und werden schwer bestraft. Wenn Mütter ihre Kinder verlassen, spielen nicht nur Gefühle, sondern auch die wirtschaftliche Situation, soziale Unterschiede und Klassenzugehörigkeit eine entscheidende Rolle – wie mehrere Berichte in Teil 3 belegen.

Mißhandlung

In den achtziger Jahren wuchs die Zahl der obdachlosen Frauen schneller als die der Männer – und fast die Hälfte der Betroffenen floh vor häuslicher Gewalt.[7] Häufig haben Mütter, die ihre Kinder zurücklassen, in ihrer Ehe oder eheähnlichen Beziehung körperliche oder seelische Mißhandlungen erlebt. Die Frau läßt alles zurück, um ihr Leben oder ihre geistige Gesundheit zu retten, und nicht selten werden ihr weitere Mißhandlungen angedroht, wenn sie versucht, ihre Kinder zurückzubekommen. Bei der Umfrage, die Greif und Pabst von 1983 bis 1987 unter 482 Müttern ohne Sorgerecht durchführten, nannten 43 (8,9 Prozent) körperliche Mißhandlung als Hauptgrund für ihre Scheidung, und 44 (9,1 Prozent) klagten über seelische Mißhandlung.

Sandra, 45, lebt in bescheidenen Verhältnissen in einem winzigen Einzimmerapartment in Chesterfield. Sie hat mit 25 geheiratet, um von zu Hause und vor ihrer übermächtigen Mutter wegzukommen. Sie landete in einem Reihenhaus, mit der Schwiegermutter gleich nebenan:

Ich habe mich jahrelang mit einer unglücklichen Ehe abgequält, und so blieb es mir erspart, meine Kinder zu verlassen, als sie noch klein waren. Die Ereignisse, die dazu führten, daß ich sie schließlich doch zurückließ, erscheinen mir immer noch wie ein Alptraum. Ich hatte geglaubt, die Ehe sei die Lösung für alle meine Probleme, und ich hatte mir sehnlichst Kinder gewünscht. Mein Sohn wurde ein Jahr nach unserer Hochzeit geboren, meine beiden Mädchen zwei beziehungsweise drei Jahre später. Aber es war anders, als ich es mir vorgestellt hatte. Ich sollte mich den ganzen Tag mit dem Haushalt beschäftigen. Mein Mann fing an, mich zu kritisieren. Meine Schwiegermutter zog wegen der kleinsten Fehler über mich her. Diese Ehe bedeutete nur Unterwerfung und Demütigung. Ich kam mir vor wie eine alleinerziehende Mutter, denn die Verantwortung für die Kinder trug ich ganz allein. Ich fühlte mich einsam und unglücklich. Mein Leben bestand nur aus den Kindern, aber gleichzeitig wurde mir das Gefühl vermittelt, Kindererziehung sei nichts wert.

Es war eher seelische als körperliche Mißhandlung, die mich dazu brachte zu gehen. Es gab niemanden, der mir den Rücken stärkte, aber ich wußte, daß ich gehen mußte. Beim erstenmal nahm ich meine beiden Mädchen mit, setzte mich mit Women's Aid in Verbindung und plante alles heimlich. Aber ich ließ mich von meinem Mann erpressen und kehrte zu ihm zurück, nur um alles noch einmal über mich ergehen zu lassen. Wir stritten uns fürchterlich. Schließlich sagte er, wenn ich vorhätte, eine Beschäftigung außer Haus aufzunehmen (ich wollte eine Kunstschule besuchen), müßte ich allein gehen, ohne die Kinder, denn das könnte nur eine alleinstehende Frau.

Ich wußte nicht, wohin mit den Kindern, hatte keine Ersparnisse, während der Vater der Kinder seinen Beruf, ein Auto und ein großes Haus hatte. Aber die seelische Grausamkeit war so schlimm, daß ich beschloß, niemals dorthin zurückzukehren, wo ich ständig am Rande des Nervenzusammenbruchs lebte. Es ging ums Überleben. Ich konnte die Mädchen nicht ein zweites Mal mit ins Frauenhaus nehmen; sie fühlten sich sehr unwohl, wegen der unhygienische Zustände, die da herrschen. Aber es tat furchtbar weh, sie bei ihrem Vater zu lassen. Drei Monate lang hatte ich überhaupt kein Geld. Ich zog in die Frauenhäuser von Nottingham, Bradford und Sheffield. Es war eine schreckliche Zeit: Ich sah sie so selten, ich hatte das Gefühl, sie endgültig verloren zu haben. Die meisten Frauen in den Frauenhäusern kehren schließlich zu ihrem Mann zurück, auch wenn sie körperlich oder seelisch mißhandelt werden, weil sie nicht wissen, wohin sie sonst gehen sollten.

Jetzt lebe ich allein in diesem Einzimmerapartment und habe wenig zum Leben. Ich studiere Kunst und Design. Nach zwanzigjähriger unglücklicher Ehe bin ich froh über meine Unabhängigkeit. Aber die Erfahrung, allein zu leben, ohne die eigene Familie, nur mit der Hoffnung, daß sich am Ende doch noch ein Licht am Ende des Tunnels zeigt, ist mit nichts zu vergleichen. Es dauert lange, sich ein vollkommen neues Leben aufzubauen. Ich habe meine drei Kinder immer wieder unter den schwierigsten Umständen getroffen, und wir verstehen uns, aber meist sehen wir uns nur kurze Zeit.

Da Frauen aus Angst oder Scham nicht gerne über körperliche Gewalt in der Ehe berichten, wird das Ausmaß der Gewalttätigkeit unterschätzt – und die Einschüchterung von Müttern durch verschiedenste Formen der Gewalt ist ein Phänomen, das im wesentlichen unsichtbar bleibt. Dennoch ist Gewalt gegen Frauen nach wie vor weit verbreitet, und sie wirkt auf verschiedenen Ebenen.[8] Viele Mütter, die das Sorgerecht verloren haben, wurden zuvor eingeschüchtert, so daß sie es nicht wagten, ihre Rechte als Mutter geltend zu machen, da ihnen vom Vater alle möglichen Fehler vorgeworfen wurden. Wenn diese Frauen wütend reagieren, sobald angedeutet wird, auch sie seien teilweise für die Trennung von ihren Kindern verantwortlich, kann das darauf zurückzuführen sein, daß sie sich nur schwer von ihrer Rolle als eingeschüchtertes Opfer lösen können.[9]

Behinderte oder Problemkinder

Bis vor kurzem konzentrierte sich die Forschung auf den prägenden Einfluß der Mutter in der Beziehung zu ihren Kindern. Doch allmählich setzt sich die Erkenntnis durch, daß zwischen Mutter und Kind eine reziproke Interaktion stattfindet, die auch vom Kind beeinflußt wird.[10] Das Entstehen einer gefühlsmäßigen Bindung kann durch viele Faktoren gestört oder behindert werden: Mutter und Kind werden – zum Beispiel durch Maßnahmen seitens des Krankenhauses – in den ersten Stunden, Wochen oder Monaten getrennt; das Kind wird verlegt oder weggebracht; das Baby kommt zu früh zur Welt, ist krank oder zeigt mangelnde Reaktionsbereitschaft. Alle diese Faktoren – die die Mutter nicht zu verantworten hat – können die Beziehung schwierig gestalten. Viele Frauen sind durch die Betreuung eines körperlich oder geistig behinderten Kindes überfordert, da sie oft ohnehin schon so großen Belastungen ausgesetzt sind, daß die Situation unerträglich wird.

Liz heiratete mit neunzehn, bekam vier gesunde Wunschkinder und wollte danach keine weiteren mehr. Doch das Ehepaar schloß sich einer Religionsgemeinschaft, den Mormonen an, für die Abtreibung eine schwere Sünde darstellt. Als Liz mit dreißig ihr fünftes Kind erwartete, glaubte sie keine andere Wahl zu haben, als es zur Welt zu bringen. Das Baby, Shaun, erwies sich als äußerst schwierig, und mit achtzehn Monaten wurde eine schwere autistische Störung diagnostiziert.

Da ihr Mann eine Vollzeitstelle hatte und Schichtarbeit leistete und Liz weder seelische noch finanzielle Unterstützung erhielt, war sie mit einem nicht ansprechbaren, verschlossenen Kind allein (und versorgte nebenher noch die anderen vier).

Er lernte nicht sprechen und konnte mir nicht sagen, was er wollte. Wenn er frustriert war, schrie er, warf sich hin und her, ließ aber niemanden an sich heran. Ich mußte alles selbst machen: Planen, Organisieren, Erledigungen. Ich hatte Shaun den ganzen Tag bei mir. Ich war müde und ausgebrannt. Das war das größte Problem, und daran ist meine Ehe kaputtgegangen. Wenn einem klar wird, daß man ein Kind hat, das niemals wie die anderen sein wird. Es war, als hätte ich einen Sohn und hätte ihn doch nicht. Ich litt unter Schuldgefühlen, denn vielleicht war er ja so, weil ich ihn ursprünglich nicht gewollt hatte.

Die Ehe scheiterte schließlich, und Liz hatte das Gefühl, daß ihr, um zu überleben, keine andere Wahl blieb, als die Familie zu verlassen und eine Ausbildung zu machen. Sie hat Psychologie studiert und bereitet sich jetzt auf ihr Examen vor. Als sie noch zu Hause war, hatte sie für die Betreuung von Shaun keine ausreichende Hilfe bekommen, doch kaum war sie gegangen, fand sich für ihn ein Platz in einer guten Schule für Kinder mit schweren Lernstörungen.

Ironischerweise hieß es, sobald ich gegangen war, »der arme Mann«. Plötzlich war Hilfe zur Stelle, eine Betreuungseinrichtung, viel Unterstützung für Shaun. Er besucht jetzt die Woche über ein richtiges Internat. Alle Hebel werden in Bewegung gesetzt, um meinem Ex zu helfen, aber für mich hat es damals keine Hilfe gegeben. Das tut weh.

Liz trifft sich inzwischen regelmäßig mit allen fünf Kindern und konnte mit ihrem Exmann eine freundschaftliche Beziehung aufbauen.

Allem Anschein nach führt die körperliche oder geistige Behinderung eines Kindes dazu, daß die Sympathien von der Mutter abgezogen und verstärkt auf das Kind gelenkt werden – als wäre ihre Tat noch ungeheuerlicher, weil sie jemanden verlassen hat, der doppelt verletzlich ist und doppelte Zuwendung braucht.

Veränderte Lebenssituation

Jede Mutter, die sich von ihren Kindern trennt, ist anders und läßt sich keinem bestimmten »Typ« zuordnen. Und ebenso individuell ist auch die Beziehung einer Mutter zu jedem einzelnen ihrer Kinder. Ob eine Mutter überfordert ist, hängt von äußeren Faktoren ab, also wird auch ihre Bindung an jedes ihrer Kinder durch unterschiedliche Einflüsse geprägt.

Lorraine aus Neuseeland war glücklich verheiratet und Mutter von zwei Töchtern. Als sich jedoch kurz nach den beiden ersten das dritte Kind einstellte, fühlten sich die Eheleute der zusätzlichen Belastung nicht gewachsen. Die Familie zog schließlich weg und die jüngste Tochter wurde zurückgelassen, um bei den Großeltern aufzuwachsen. Inzwischen sind alle Kinder erwachsen und haben offenbar eine gute, aufrichtige Beziehung zu ihren Eltern.

Mitte der fünfziger Jahre verließ Margaret in London ihren gewalttätigen Mann, nahm ihre Tochter mit und ließ ihren Sohn zurück.

Auch Alter und Geschlecht der Kinder beeinflussen den Charakter der Bindung. Die Mutter hat meist eine intensivere Beziehung zum ersten Kind, geht aber mit den jüngeren oft unbeschwerter und entspannter um. Die Verhaltensforschung hat gezeigt, daß Mädchen und Jungen möglicherweise nicht gleich behandelt werden; allem Anschein nach trennen sich Mütter eher von ihren Söhnen als von ihren Töchtern.[11] Die Mehrheit der kleinen Kinder, von denen in Teil 3 die Rede ist, ist jedenfalls männlichen Geschlechts. Das kann Zufall sein, paßt aber zu Untersuchungen, die gezeigt haben, daß Frauen in vielen Fällen eher den Sohn als die Tochter an den Vater »verlieren« und daß sich Kinder nach einer Trennung beim gleichgeschlechtlichen Elternteil meist wohler fühlen und sich leichter mit der Situation abfinden.[12] Hinzu kommt, daß eine innere Identifikation zwischen Mutter und Tochter wahrscheinlich zu einer stärkeren Bindung führt, die eine Trennung noch schmerzlicher machen würde.

Ehebruch

Einer allgemein verbreiteten Vorstellung zufolge verlassen Frauen Ehemann und Kinder, um mit einem anderen Mann durchzubrennen. Solche Skandalgeschichten werden in den Medien gerne aufgegriffen – so titelt der britische *Sunday Express* »Mütter, die einem anderen Mann alles opfern«. Helen Franks nennt in ihrem Buch *Mummy Doesn't Live Here Any More* bei der Aufzählung der Beweggründe von Frauen diese Kategorie an erster Stelle und läßt sich zu einer konventionellen Moralpredigt hinreißen: »Manche Mütter verhalten sich in der Liebe klüger als andere oder können ihre persönlichen Bedürfnisse mit größerer Entschiedenheit hintanstellen … Diejenigen, die der Versuchung erliegen, sind wahrscheinlich entweder schwach oder töricht oder egoistisch oder alles zugleich.«[13]

Doch in Wahrheit ist nur bei einem sehr geringen Prozentsatz der Fälle der Ehebruch der Frau Hauptgrund für die Trennung. Greif und Pabst haben für ihre Untersuchung *Women Without Custody* Hunderte von Müttern interviewt und festgestellt, daß nur bei 4,9 Prozent der Befragten außereheliche Beziehungen der Frau zur Scheidung geführt haben, während bei 23,4 Prozent die Untreue des Mannes ausschlaggebend war. Meine eigenen Forschungen ergeben einen noch geringeren Anteil, nur eine von zwölf Frauen setzte ihrer Ehe durch eigene Untreue ein Ende. Patricia Paskowicz stellt in ihrer Untersuchung *Absentee Mothers* fest, daß Mütter, die von ihren Kindern getrennt leben, im Durchschnitt seltener Ehebruch begingen als verheiratete Frauen allgemein.[14]

Ibsens *Nora* ist auch deshalb von einer erfrischenden Radikalität, weil die Heldin keinen anderen Mann als Vorwand braucht, um ihren Gatten zu verlassen – eine deutliche Abweichung von der Art und Weise, wie das Thema in *East Lynne* und *Anna Karenina* behandelt wird. Und Noras Fall ist viel eher repräsentativ: Ehebruch ist *nicht* der wichtigste Grund, der Mütter veranlaßt, sich von ihren Kindern zu trennen.

Doch Untreue gehört auch deshalb heute noch zum Mythos, der diese Mütter umgibt, weil die Mutterschaft (innerhalb der Ehe) ein wichtiges Instrument ist, um die sexuellen Energien von Frauen zu bändigen. Weibliche Sexualität ist nur in den engen Grenzen von Ehe und Mutterschaft erlaubt, außerhalb davon aber tabu. Eine Mutter, die geht, zerstört nicht nur den Mythos der guten Mutter, sondern sie bricht gleichzeitig auch dieses Tabu und wird daher mit unerlaubter Sexualität assoziiert: Sie muß also zwangsläufig eine »gefallene« Frau sein.

Dennoch gehen viele Mütter, weil die Beziehung zum Vater des Kindes gescheitert ist. Greif und Pabst zufolge sind 46,2 Prozent der Scheidungen auf »unüberwindliche Abneigung« zurückzuführen. Auch wenn die Frau eine neue Partnerschaft eingeht, so ist dies eher die Folge des Scheiterns der Ehe oder vorherigen Beziehung als deren Ursache.

Lesbianismus?

Manche Mütter, die gehen, haben lesbische Beziehungen, doch wie im Fall anderer außerehelicher Beziehungen ist dies nicht die Ursache für die Trennung von ihrer Familie. Die Tatsache, daß eine Frau lesbisch ist, ist nicht das Hauptmotiv für diesen Schritt, und es wäre irreführend, etwas anderes zu behaupten. Ungeachtet der Freudschen Theorie, nach der Homosexualität (von Männern oder Frauen) ein Zeichen der Unreife in der psychosexuellen Entwicklung darstellt, gibt es keinerlei Beweise dafür, daß lesbische Frauen keine guten Mütter abgeben. Im Rahmen einer psychologischen Untersuchung wurden von lesbischen Müttern erzogene Kinder mit solchen von heterosexuellen Alleinerziehenden verglichen. Zwischen beiden Gruppen konnte hinsichtlich der seelisch-geistigen Gesundheit keinerlei Unterschied festgestellt werden.[15] Lesbische Mütter sind ebenso liebevoll und verantwortungsbewußt wie alle anderen und trennen sich nicht häufiger von ihren Kindern als heterosexuelle Frauen.

Im Grunde macht man es sich zu leicht, wenn man lesbische Mütter in einer Kategorie zusammenfaßt, denn jede hat als Mutter – und Lesbierin – eine individuelle Geschichte; sie stellen also keineswegs eine homogene Gruppe dar. »Sie stammen aus den verschiedensten Gesellschaftsschichten und ethnischen Gruppen, ihre Ansichten und Einstellungen zur Kindererziehung sind höchst vielfältig, und auch im Hinblick auf Persönlichkeit und Lebensstil sind sie völlig unterschiedlich.«[16]

In Teil 3 wird auch von einigen Müttern berichtet, die lesbische Beziehungen eingegangen sind – allerdings erst *nachdem* jene Ereignisse, die dazu führten, daß sie ihre Kinder verloren, bereits eingetreten waren. Nicht selten hatten diese Frauen extreme Formen der Gewalt in der Ehe erlebt. Die Tatsache, daß sie lesbisch waren, hat weder die Trennung von ihren Kindern herbeigeführt, noch ihre Rolle oder Identität als Mutter verändert.

Lesbianismus ist zwar kein wichtiger ursächlicher Faktor, doch beeinflußt die sexuelle Orientierung der Mutter das Urteil der Gesellschaft und die Entscheidungen der Rechtsprechung, wenn der Vater der Kinder vor Gericht um das Sorgerecht kämpft: Viele Mütter in homosexuellen Beziehungen hatten große Schwierigkeiten, angemessene Besuchsregelungen oder das Sorgerecht zu bekommen.

Paddy lebt in London, ist vierzig Jahre alt und seit sechs Jahren von ihren beiden Söhnen getrennt. Ihre Homosexualität war in den ersten Jahren ihrer Ehe unterdrückt, doch als sie schließlich zutage trat, wurde ihr Mann »nicht damit fertig« und zwang sie auszuziehen. Sie wußte nicht, wohin sie mit den beiden Kindern gehen sollte. Da ihr Selbstvertrauen durch Beschimpfungen und Vorurteile gegen Homosexualität – seitens ihres Mannes und ihrer eigenen Familie – beeinträchtigt war, wagte sie nicht, sich zu wehren, und durfte ihre Kinder nicht mehr sehen. Erst als sie Kontakt zu GLAD aufnahm – einer Rechtshilfegruppe für Lesben und Schwule –, fand Paddy einen verständnisvollen Anwalt, und per Gerichtsbeschluß wurde ihr das Recht zugestanden, ihre Kinder fünfmal jährlich zu sehen; außerdem erhielt sie eine finanzielle Entschädigung für das gemeinsame Haus. Bedingung war jedoch, daß sie ihre Kinder von ihren lesbischen Freundinnen oder Partnerinnen fernhielt – »ich fühlte mich wie eine Aussätzige« –, und obwohl sie ermutigt wurde, die gerichtliche Auseinandersetzung weiterzuführen, hatte sie das Gefühl, ihre Chancen seien gleich Null. Briefe an ihre Kinder wurden abgefangen, Geschenke zerstört. Die Begegnungen mit den Kindern waren so unbefriedigend und bedrückend – fünfmal im Jahr war einfach zu selten, und gelegentlich wurden sie vom Vater vorzeitig abgebrochen –, daß Paddy sich schließlich entschloß, sich ganz zurückzuziehen. Außer den Karten, die sie ihren Söhnen zu Weihnachten und zum Geburtstag schickt, »ist der Kontakt völlig abgerissen«. Der Vater hat wieder geheiratet: »Er sagt mir nicht einmal, wie es ihnen geht.« Inzwischen hat Paddy versucht, sich ein neues Leben aufzubauen, und ist beruflich erfolgreich.

Susan stammt aus Irland und arbeitet jetzt in London. Sie kämpft seit Jahren um das Sorgerecht für ihre drei Kinder, die noch bei ihrem Vater im Süden Irlands leben. Sie hat mit zwanzig geheiratet, doch ihr Mann wurde alkoholabhängig, gewalttätig und hatte Affären mit anderen Frauen. Um von ihm loszukommen, ging sie mit siebenundzwanzig eine Beziehung mit einer Frau ein, doch da in Irland Homosexualität strafbar ist, wurden die Kinder dem Vater zugesprochen. Susan wandte sich an Mary Robinson, und über eine Klage vor dem Europäischen Gerichtshof wurde versucht, lesbische Beziehungen in Irland zu entkriminalisieren. Susans Treffen mit ihren Kindern sind vom Entgegenkommen ihres Mannes abhängig, also sieht sie ihre Kinder nur sporadisch, zumal der Vater sie (und Susans sexuelle Orientierung) nur allzu leicht als Waffe gegen Susan einsetzen konnte. Seit diese Zeilen geschrieben wurden, ist die Gesetzgebung zur Homosexualität in Irland geändert worden – am 7. Juli 1993 unterzeichnete die irische Präsidentin Mary Robinson ein Gesetz, das homosexuelle Handlungen zwischen Erwachsenen über siebzehn Jahren nicht mehr unter Strafe stellt. (Übrigens hatte diese Reform keinen Einfluß auf die Rechtslage in Großbritannien. Zwar wurde Homosexualität in England 1967 entkriminalisiert, doch schwule Männer dürfen erst mit einundzwanzig Jahren frei über ihre Sexualkontakte entscheiden, obwohl britische Staatsbürger mit achtzehn Jahren volljährig werden.)

1984 wurde die *Rights of Women Lesbian Custody Group* gegründet, eine Vereinigung, die die Diskriminierung lesbischer Mütter bekämpft. Zumindest in England dürfte der *Children's Act* dazu beitragen, daß erbitterte Rechtsstreite um das Sorgerecht der Vergangenheit angehören. Moira Steel liefert in ihrer exzellenten Monographie *Lesbian Mothers: Custody Disputes and Court Welfare Reports* eine präzise Zusammenfassung der bisherigen Forschung und analysiert die Probleme der lesbischen Frauen, die von ihren Kindern getrennt leben. Obwohl die Gerichte nicht immer gegen Lesbierinnen entschieden haben – in mehr als der Hälfte der Fälle haben sie das Sorgerecht erhalten –, ist die Abwehrhaltung gegen Homosexualität nach wie vor weitverbreitet und hält viele Frauen davon ab, mit ihrem Fall an die Öffentlichkeit zu gehen. Ein Richter sprach einer lesbischen Frau nur deshalb ihr Kind zu, weil sich »keine andere akzeptable Sorgerechtslösung« anbot. Mit anderen Worten: Bei einer lesbischen Mutter zu leben wird nur wenig besser bewertet als die Unterbringung in einem Heim.[17]

Feminismus?

In dem Film *A Cure for Suffragettes* aus dem Jahr 1912 wurde gezeigt, wie Frauen, die für das Wahlrecht kämpften, ihre Babys im Kinderwagen auf der Straße vollkommen fremden Leuten übergaben – in diesem Fall Polizisten. Die unterschwellige Aussage dieser Komödie ist immer noch aktuell – Feministinnen sind Rabenmütter. Sie wird auch in Helen Franks' *Mummy Doesn't Live Here Any More* aufgegriffen, denn die Autorin assoziiert den Einfluß des Feminismus mit der Trennung von den eigenen Kindern, als ob beides Hand in Hand ginge.

> Und dann gibt es natürlich die Frauen, die alle differenzierteren Überlegungen beseite schieben und bereit sind, auf der Suche nach Selbstverwirklichung und persönlicher Freiheit ihre Familie zu verlassen, und zwar mit der Begründung, wenn Männer das können, dann können sie das auch … Inwieweit ist der Feminismus oder unsere »egoistische« Kultur dafür verantwortlich, daß sich die Bindung zwischen Mutter und Kind gelockert hat?[18]

Die Autorin spricht von Frauen, die »aus freien Stücken« auf ihre Kinder verzichten und ihre eigenen »Ziele oder ihre Karriere an erste Stelle« setzen, zum Beispiel die Terroristin Ulrike Meinhof, deren Kinder nach Sizilien gebracht wurden. Auch George Sand und Shirley MacLaine würden in diese Kategorie passen.

Im Zusammenhang mit der derzeitigen Reaktion gegen die Frauenbewegung werden die Auswirkungen des Feminismus ins Zwielicht gerückt, und diese Feindseligkeit läßt sich immer noch am besten durch die Behauptung anheizen, die Frauenbewegung würde Mütter dazu drängen, ihre Kinder zu verlassen. Franks zum Beispiel spricht von einem neuen »antimütterlichen Element in der Gesellschaft«; die Mutterschaft sei zu einer von mehreren »Alternativen« geworden, und »manche Frauen [wollten] so frei wie Männer sein, sich selbst verwirklichen, sozialen und beruflichen Status gewinnen und es möglichst vermeiden, Mutter zu werden«.

Doch Feminismus zielt genauso wenig wie Lesbianismus auf das Verlassen der Kinder ab, und wir müssen uns gegen die Behauptung wehren, Feministinnen würden ihre Kinder im Stich lassen und seien Rabenmütter. Nicht eine der Frauen, mit denen ich gesprochen habe, hat ihr Fortgehen als feministische Tat verstanden. Die meisten haben sogar bestritten, es bewußt gewollt oder aus freien Stücken gehandelt zu haben. Carol Findon, eine Sprecherin von MATCH, betont: »Von einer freien Entscheidung zu sprechen ist irreführend. Als ob sich Frauen ganz emotionslos zwischen Arbeit und Mutterschaft entscheiden würden. So ist es überhaupt nicht.«

Die Trennung von den Kindern ist also nicht das Ergebnis einer freien Entscheidung, sie wird von den Müttern nicht angestrebt. Keine von ihnen will auf Dauer von ihren Kindern getrennt leben, vielmehr sind sie gezwungen, vor den unerträglichen Umständen zu fliehen, die mit ihrer Mutterrolle verbunden sind. Eine Frau hat keine freie Wahl, wenn sie nur das geringere von zwei Übeln wählen kann: entweder bleiben und sich selbst aufgeben oder gehen und ihr Kind verlieren.

Adoption und unterbrochene
Mutter-Kind-Beziehung

Die meisten Mütter, die gehen, haben eines gemeinsam: Sie haben in der eigenen Jugend Brüche und Schädigungen in der Beziehung zu ihren Eltern erlebt. In ihrer Untersuchung *Absentee Mothers* stellt Patricia Paskowicz fest, daß über ein Drittel der Mütter ohne Sorgerecht nicht von ihren biologischen Eltern aufgezogen wurde.

Achtzehn der hundert Frauen in meiner Untersuchung waren nicht bei ihren Müttern aufgewachsen. Bei weiteren acht war die Mutter ebenfalls praktisch abwesend. Das heißt, auf die eine oder andere Weise hatten sich die Mütter von der aktiven Erziehung ihrer Töchter zurückgezogen, obwohl sie vielleicht mit ihnen unter einem Dach lebten. Bei weiteren acht Frauen aus meiner Gruppe war die Mutter gestorben, als die Teilnehmerin noch ein Kind war. (Der Tod von Mutter oder Vater wird vom Kind häufig als Verlassenwerden erlebt.) Insgesamt vierunddreißig Teilnehmerinnen wurden nicht von der Mutter, sondern ausschließlich oder teilweise von anderen Personen aufgezogen.[19]

Bei Franks' Erhebung ergeben sich ähnliche Zahlen. Sie schließt daraus, daß der frühe Verlust der Mutter oder einer Mutterfigur erhebliche Auswirkungen auf die mütterlichen Gefühle einer Frau haben kann, sobald sie selbst Kinder hat.[20] Der Verlust der mütterlichen Bezugsperson in der frühen Kindheit oder Jugend kann im Erwachsenenalter zu Depressionen führen und die Bindung an die eigenen Kinder erschweren.[21]

Susan Cookson, ein MATCH-Mitglied, litt unter einer schweren Depression. Ihre Mutterpflichten wurden von ihrer eigenen Mutter vollständig übernommen, so daß sie immer tiefer in ein Gefühl der Unfähigkeit und Verzweiflung sank, schließlich in die Psychiatrie eingeliefert und einer Elektroschockbehandlung unterzogen wurde. Dies wurde als ein weiterer Beweis gewertet, daß sie ihren Aufgaben als Mutter nicht gewachsen sei.[22]

Die Brüchigkeit in der Eltern-Kind-Beziehung muß nicht äußerlich sichtbar sein. Die Ursache ist nicht nur im tatsächlichen Verlust der Mutter oder Mutterfigur durch Adoption, Tod, Krankheit oder eine wie auch immer begründete physische Abwesenheit zu suchen; es kann sich auch um eine emotionale Abwesenheit der Mutter handeln, die verschlossen und gefühlsmäßig unerreichbar ist. Diese unbewußte Struktur ist ein entscheidender Faktor im Leben von Müttern, den ich in Teil 4 ausführlicher erörtern werde. Doch auch diese Brüche bedeuten, daß es sich in den betreffenden Fällen keineswegs um eine gewollte, bewußt herbeigeführte Situation handelt; der Verlust der Kinder hat nichts mit vorsätzlicher Ablehnung zu tun. Es ist eher eine Verkettung von Umständen, durch die sich die Frau ausgestoßen und unfähig fühlt, ihre Stellung als Mutter zu behaupten.

Dies wird auch durch eine Untersuchung in Texas aus dem Jahr 1984 bestätigt. Mütter, die auf das Sorgerecht verzichtet hatten, nannten als Hauptgrund für ihr Verhalten – neben der Drohung des Vaters, seinen Anspruch vor Gericht durchzusetzen und finanziell Druck auszuüben –, daß sie sich der Kindererziehung emotional nicht gewachsen fühlten.[23]

Die Ursachen für den Verzicht auf die Kinder oder die Trennung der Mutter von den Kindern sind also vielfältig. Die Untersuchung von Greif und Pabst aus den achtziger Jahren stellte als Hauptgründe fest: die Ehepartner trennen sich, weil die Ehe zerrüttet ist; die Kinder bleiben logischerweise beim Vater, weil die Mutter kein Geld hat; die Mutter muß wegen seelischer oder körperlicher Grausamkeit des Mannes fliehen, um zu überleben; die Kinder entscheiden sich für den Vater; die Mutter fühlt sich ihrer Mutterrolle »nicht gewachsen«; sie hat den Wunsch, einen Beruf auszuüben, und muß deshalb die Wohnung oder den Wohnort der Familie verlassen.[24]

Die Organisation MATCH befragte im Rahmen einer Stichprobenerhebung Anfang der neunziger Jahre zwanzig Mütter und stellte dabei folgende Gründe für die Trennung von Mutter und Kind fest: zwei Frauen hatten Kinder, die vom Vater entführt oder nicht zurückgegeben worden waren; zwei waren vor ihren gewalttätigen Männern geflohen; drei waren ausgezogen, weil die Beziehung höchst unbefriedigend war; drei hatten die Kinder erst nach dem Scheitern ihrer Ehe verloren; sieben gaben als Grund an, sie seien infolge eines geistigen oder seelischen Zusammenbruchs erkrankt; in einem Fall hatte sich das Kind bewußt entschieden, beim Vater zu leben; eine Frau hatte für sich und die Kinder keine Wohnung gefunden; eine weitere hatte einen Sorgerechtsprozeß verloren. Über die Hälfte der Befragten meinten, daß sie letztendlich keine andere Wahl gehabt hätten; diejenigen, die eine gewisse Wahlfreiheit gehabt zu haben glaubten, hatten ihre Entscheidung widerstrebend und angesichts feindseliger Umstände getroffen.

Auswirkungen: Rechtliche und gefühlsmäßige Folgen

Man kann der Mutter, die ihre Kinder verlassen hat, letztlich nur den Vorwurf machen, daß sie etwas Unübliches getan hat. Aber weil sie in einem Lebensbereich, der unserer Gesellschaft heilig ist, das Unübliche getan hat (oder sich in einer unüblichen Situation wiederfindet), wird sie von der Gesellschaft behandelt, als habe sie eine Todsünde oder ein Schwerverbrechen begangen. Und weil sie das Produkt eines Systems ist, das ihre Stellung als Mutter auf diese Weise betrachtet, ist auch sie mehr oder weniger überzeugt, daß sie sich schuldig gemacht hat.

Patricia Paskowicz, *Absentee Mothers*

Das Gesetz und Mütter, die gehen

Die rechtliche Stellung der Frau im Verhältnis zu ihren Kindern hat sich in den letzten zwei Jahrhunderten beträchtlich geändert. Vor 1837 waren nicht nur die materiellen Güter einer Frau im Besitz ihres Ehemanns, sondern auch ihre Kinder. Der Vater besaß die uneingeschränkte Verfügungsgewalt über seine Nachkommen, und wenn die Frau die Ehe verließ (aus welchem Grund auch immer), konnte er sie zur Rückkehr zwingen, ihr die Unterhaltszahlungen verweigern und ihr mit Billigung des Gesetzes verbieten, die Kinder zu sehen.

Bis zur Mitte des neunzehnten Jahrhunderts mußte demnach eine Frau, die ihren Mann verließ, auch ihre Kinder zurücklassen. Erst nach dem berühmten Fall der Caroline Norton, deren Ehe aufgrund der körperlichen Gewalttätigkeit des Mannes zerbrach und der trotzdem der Kontakt zu ihren drei kleinen Kindern verweigert wurde, kam es zu einer Reform des Sorgerechts, mit der die Rechte der (verheirateten) Mütter auf ihre Kinder erweitert wurden.

Im Lauf des neunzehnten Jahrhunderts gab es immer wieder Gesetzesänderungen, die eine gerechtere Behandlung der Mutter ermöglichten. Im *Matrimonal Causes Act* (1857) sowie einigen anderen Gesetzen der siebziger und achtziger Jahre des letzten Jahrhunderts, die sich mit dem Eigentum der Frau befaßten, wurde das automatische Recht des Mannes auf den Besitz seiner Frau abgeschafft und ihr ein größeres Recht eingeräumt, Kontakt mit den Kindern zu halten. Doch Frauen, denen der Ehebruch nachgewiesen worden war, erhielten erst 1873 die Erlaubnis, ihre Kinder zu sehen (daher Isabella Vanes zwangsläufig geheime Rückkehr nach East Lynne). Und erst 1886 wurde im *Guardianship of Infants Act* festgelegt, daß die Frau – nach dem Tod des Ehemanns – die alleinige Verantwortung für die Kinder übernehmen dürfe. Nach dem *Custody of Children Act* aus dem Jahre 1891 schließlich sollte einem Vater nur dann das Sorgerecht gewährt werden, wenn das Gericht davon überzeugt war, daß dies im Interesse des Kindes lag.

Doch nach wie vor wandte sich das Gesetz schärfstens gegen Frauen, die selbst die Ehebande durchschnitten hatten. Als Frieda Lawrence 1912 ihren Mann verließ, war sie sich bewußt, daß sie mit ihrem Ehebruch alles Recht verspielt hatte, ihre drei Kinder für sich zu fordern: Das Gesetz war gegen sie.

Das Wahlrecht für Frauen von 1918 in Großbritannien und 1920 in den Vereinigten Staaten machte der rechtlichen und sozialen Benachteiligung der Frau ein Ende. Das Recht der Frau, die Scheidung zu beantragen, wurde erweitert, und sie durfte die gleichen Begründungen heranziehen wie der Mann. Der bahnbrechende *Guardianship of Infants Act* von 1925 setzte das Wohlergehen des Kindes an erste Stelle. Von nun an konnte der Vater bei Sorgerechtsstreitigkeiten keinen höheren Anspruch mehr geltend machen als die Mutter, statt dessen ging man davon aus, daß die Mutter das Sorgerecht wahrscheinlich besser wahrnehmen konnte. Diese Tendenz spiegelte sich in den kommenden Jahrzehnten auch in zahlreichen anderen Gesetzen wider, die sich mit Fragen der Ehescheidung, des Sorgerechts und der Kinderbetreuung befaßten, insbesondere in dem *Matrimonial Causes Act* (1973), der *Family Law Reform* (1987) und dem kürzlich erlassenen *Children's Act* von 1989, der 1991 in Kraft trat.

Seit 1973 wurde die »Schuldfrage« für beide Seiten, zumindest theoretisch, in einem Scheidungsverfahren nicht mehr gestellt, und die Gesetze, in denen Sorge- und Besuchsrecht geregelt wurden, waren in ihrer Formulierung weniger strafend.[1] Die Mutter hatte nun den gleichen Anspruch auf das Sorgerecht wie der Vater. (Allerdings vertreten einige religiöse Gruppen einen anderen Standpunkt: Nach dem muslimischen Recht hat allein der Vater Anspruch auf das Sorgerecht.) Auch in den Vereinigten Staaten setzte sich eine Liberalisierung der Gesetze zu Ehescheidung und Sorgerecht durch: Viele Bundesstaaten erließen 1970 ein Gesetz, das die Schuldfrage bei Scheidungen ausschloß. Allerdings wird diese Rechtsprechung von konservativen Kreisen mittlerweile massiv angegriffen, weil dadurch angeblich der Untergang der traditionellen Familie beschleunigt wird.

Am britischen *Children's Act*, der beiden Eltern zum erstenmal die gleiche Verantwortung zuschreibt, läßt sich ablesen, welch große Kluft die Rechtsprechung seit den einseitig den Vater begünstigenden Gesetzen des frühen neunzehnten Jahrhunderts überwunden hat. Selbst im Anschluß an Trennung oder Scheidung besteht von seiten des Gesetzes keinerlei Voreingenommenheit zugunsten des Vaters oder der Mutter. Das Kind soll bei dem Menschen bleiben, bei dem es am besten versorgt wird, sei es Mutter, Vater oder ein anderer Verwandter – oder aber es wird in einer öffentlichen Einrichtung untergebracht. Die Begriffe »Besuchsrecht« und »Sorgerecht« sind abgeschafft und durch »Kontakt« und »elterliche Verantwortung« ersetzt worden, wodurch erreicht werden soll, daß beide Eltern (und das gilt auch für unverheiratete Väter) bei der Betreuung des Kindes eine gleichberechtigte Rolle spielen. Die Macht wird nicht mehr ausschließlich einem Elternteil übertragen, sondern Mutter und Vater haben in wichtigen Fragen der Erziehung, Religion und medizinischen Behandlung die gleichen Rechte und Verantwortlichkeiten. Bei all dem ist immer das Wohlergehen des Kindes von oberster Bedeutung.

Allerdings kann es sein, daß diese Regelung für eine Mutter, die geht, nicht so günstig ist, wie es sich anhört. Denn das neue Gesetz steht ausschließlich für eine Politik der »positiven Intervention« der Gerichte: Eine Verfügung wird nur dann erlassen, wenn dadurch gegenüber dem vorherigen Zustand eine Verbesserung erzielt wird, die dem Kind nützt. Und so wächst die Wahrscheinlichkeit, daß das Kind bei dem Elternteil bleibt, bei dem es bereits lebt, wenn diesem nicht Grausamkeit oder Mißhandlung nachgewiesen werden können. Bei den Gerichten wird sich wohl die Tendenz durchsetzen, gegen den zu entscheiden, der, aus welchem Grund auch immer, das Heim und die Kinder verlassen hat. In der Mehrheit der Fälle ist das nach wie vor der Vater, doch wenn eine Mutter geht, wird man wohl auch hier nur ungern eine Änderung der Verhältnisse anordnen. (Nur wenn es ganz kleine Kinder betrifft, werden die Gerichte wahrscheinlich weiterhin die Mutter bevorzugen.) Bis jetzt deutet alles darauf hin, daß es mit dem neuen Gesetz schwierig werden kann, die bestehende Regelung zu ändern: Für den Elternteil, der das Kind »verlassen« hat, ist es praktisch unmöglich, das Kind zurückzubekommen. Das Gesetz fördert die Tendenz, zugunsten der bestehenden »Wohnregelung« zu urteilen. Außerdem vergrößert es wohl die Scheu einer Frau, die den Eindruck hat, »Unrecht« begangen zu haben, oder die aus einer benachteiligten sozialen Schicht stammt, den Weg einer gerichtlichen Auseinandersetzung einzuschlagen. Bei schätzungsweise 90 Prozent aller Fälle kommt es gar nicht erst zu einer Verhandlung, und für den nicht bei den Kindern wohnenden Elternteil war es schon immer schwer, sein Besuchsrecht durchzusetzen.

Vom feministischen Standpunkt aus ist am neuen *Children's Act* interessant, daß sich sein Modell der Kinderbetreuung weiterhin an der Kleinfamilie orientiert. Er legt als ideale und natürliche Einheit, in der das Kind aufgezogen wird, zwei Personen zugrunde, und zwar einen Mann und eine Frau, und alle neuen Regelungen orientieren sich an diesem Modell. In Wirklichkeit mag die Familie längst auseinandergebrochen sein, doch die ihr zugrundeliegende Matrix – die heterosexuelle Kleinfamilie – bleibt erhalten. Auf alternative Formen der Kinderbetreuung oder der Elternschaft geht das Gesetz in keiner Weise ein.[2]

Die Rückkehr zu dem Ideal der Kleinfamilie spiegelt sich auch in den neuesten Versuchen wider, die finanzielle Verantwortung für das Kind den beiden Eltern allein zu überlassen. Die *Child Support Agency* (eine Einrichtung, die dem Jugendamt entspricht, A. d. Ü) der britischen Regierung, die am 5. April 1993 geschaffen wurde, schiebt die Kosten für das Kind auf die Familie anstatt auf den Staat. Dies hat zur Folge, daß die Bedeutung der Alleinerziehenden (zu etwa 90 Prozent Frauen) negiert und die traditionelle Familie wiederhergestellt wird, in der der Vater zahlt (und dem Staat im ersten Jahr Sozialausgaben von 530 Millionen Pfund einsparen half).[3] Hinter diesen politischen und rechtlichen Maßnahmen steckt der verzweifelte Versuch, die in Auflösung begriffene Kleinfamilie wieder auf den rechten Kurs zu bringen und sie als vorrangiges »natürliches« Modell der Elternschaft zu verankern – ein Modell, in dem der Vater die Mutter finanziell versorgt und sie daher beherrscht.

Persönliche Folgen für die Mutter

Sobald eine Mutter geht, werden wir von der Sorge um die Kinder ergriffen. Wir kommen nicht auf den Gedanken zu fragen, was aus der Frau wird. Selbst Ibsen, der in seinem Schauspiel *Nora oder Ein Puppenheim* für das Recht einer Frau eintritt, eine bedrückende Ehe zu beenden, interessiert sich nicht für die Folgen ihres Schritts. Was geschieht als nächstes? Wie kommt sie überhaupt zurecht?

Außerdem scheint Ibsen nicht mit der Tatsache umgehen zu können, daß Nora auch Mutter ist. Für eine Aufführung in Deutschland mußte er das Stück umschreiben, und zwar in dem Sinne, daß Nora sich durch ihre mütterlichen Gefühle gezwungen sieht, ihre Absichten zu ändern.

Helmer: Nun denn – gehe! (Faßt sie am Arm.) Aber erst sollst du die Kinder zum letztenmal sehen!
Nora: Laß mich los. Ich *will* sie nicht sehen! Ich kann es nicht!
Helmer (Zieht sie gen die Thüre links): Du *sollst* sie sehen. (Öffnet die Thür und sagt leise) Siehst du; dort schlafen sie sorglos und ruhig. Morgen, wenn sie erwachen und rufen nach ihrer Mutter, dann sind sie – mutterlos.
Nora (bebend): Mutterlos –!
Helmer: Wie du es gewesen bist.

Nora (Kämpft innerlich, läßt die Reisetasche fallen und sagt): O, ich versündige mich gegen mich selbst, aber ich *kann* sie nicht verlassen. (Sinkt halb nieder vor die Thüre.)

Helmer (Freudig, aber leise): Nora!

(Der Vorhang fällt.)[4]

Doch rasch verwarf Ibsen diesen Schluß als »barbarischen Frevel« und weigerte sich, etwas Derartiges zu wiederholen. (Interessanterweise wird in diesem Schluß der Hinweis gegeben, daß Nora selbst ohne Mutter aufgewachsen ist.)

Indem Ibsen Noras Identität als Mutter nur streift und sie angesichts des Plans, die Kinder zu verlassen, keinerlei inneren Konflikt erleben läßt, reduziert er das Szenario auf eine Einfachheit, die es nicht hat. Noras Mutterschaft ist kein Thema, kein Faktor, der ins Gewicht fällt. In der Liste der auftretenden Personen haben die Kinder nicht einmal einen Namen. Sie sind lediglich »Helmers drei kleine Kinder« – eine symbolische Verlängerung des Ehemannes – ohne eigene Identität. Außerdem sind sie Kinder, wie es sie in Wirklichkeit nicht gibt – immer ruhig oder im Bett, ohne zu stören, im Hintergrund – Metaphern für die erkaltete Ehe.[5]

Vor solch einem simplifizierten Erfahrungshintergrund muß der Zuschauer geradezu zwangsläufig mit Nora sympathisieren (besonders da ein Kindermädchen ihre Pflichten übernehmen wird). Ibsen macht aus dem Ehemann solch einen herablassenden Trottel, daß selbst Leute mit geringer Sympathie für die Frauenbewegung Nora kaum drängen würden, bei ihm zu bleiben. Die einzige Funktion Noras in dem Stück besteht darin, Helmer zu verlassen und sich die romantische Freiheit zu erkämpfen, die die Trennung für sie bedeutet. Wie in Ibsens anderen Stücken auch finden wir hier die verklärende Beschwörung der Befreiung. Es scheint als ob der Wert und die Bedeutung von *Nora oder Ein Puppenheim* einzig in seinem Schluß lägen, in einem Höhepunkt, einem emotionalen Orgasmus, der das Dilemma löst und das Publikum durch die dramatische Katharsis des Stückes gereinigt entläßt. Anstatt zu fragen, was dann geschieht, seufzt der Zuschauer erleichtert auf, weil die Spannung endlich gelöst wurde.[6]

Wie lautet das Nachwort zu *Nora*? Wie sehen die sozialen und persönlichen Konsequenzen für eine Mutter tatsächlich aus, wenn sie ihre Kinder verläßt?

Sheila verließ ihre Kinder, als sie zwanzig Monate und vier und fünf Jahre alt waren. »Ich saß mit ihnen auf der Treppe und sagte: ›Eure Mami muß weggehen.‹ Und dann ging ich, noch in den Kleidern, in denen ich aufgestanden war. Das nächste Mal sah ich sie fünfzehn Jahre später. Ich habe andern Leuten nie erzählt, daß ich Kinder hatte, weil ich wußte, was sie dann sagen würden.«[7]

Außer in den seltenen Fällen, wo die Entscheidung zu gehen bewußt getroffen wird, beide Parteien einverstanden sind und sich kooperativ verhalten – und die Kinder es wissen und einsehen –, besteht die Wahrscheinlichkeit, daß eine Mutter, die ihre Kinder zurückgelassen hat, ein mehr oder weniger heftiges Trauma durchleidet. So war es jedenfalls im Fall von John Fowles' Frau Elizabeth, der in Kapitel 23 vorgestellt wird. Nachdem Elizabeth ihren ersten Mann und ihre Tochter verlassen hatte, um mit John zusammenzuleben, mußte sie eine äußerst schwierige Phase der Umstellung durchstehen. Auch Diana Dors schildert in ihrer Autobiographie, welch schreckliche Schmerzen sie wegen des Verlusts ihrer Kinder durchlitt – zu denen sich dann noch das Gefühl der Verlassenheit gesellte, als ihre Kontaktaufnahme von dem feindseligen Vater und einem besitzergreifenden Kindermädchen unterbunden wurde. Die Jungen lebten in den Vereinigten Staaten, während Diana ihre Zelte in England aufgeschlagen hatte. Jahrelang, noch während der Ehe mit ihrem dritten Mann Alan Lake, stießen ihre Kontaktversuche auf Schweigen oder Ablehnung.[8]

Gewöhnlich stellen sich im Anschluß an die Trennung Sehnsucht, Trauer und Schuldgefühle ein, die Unfähigkeit, eine Entscheidung zu treffen, und sogar Verlust von Identität und Gedächtnis. Wut wird meist unterdrückt und tritt nur als Frustration und Mutlosigkeit in Erscheinung, also als mangelndes Vertrauen in die Fähigkeit, das Leben selbst in die Hand zu nehmen. Aufgrund der Verständnislosigkeit der Mitmenschen werden diese Gefühle verheimlicht, so daß sie sogar zu einer Form von Paranoia führen können. Helen Franks fiel in ihren Gesprächen mit betroffenen Frauen auf, daß sich viele von ihnen in einem seltsamen Zustand der Zurückgezogenheit befanden, nachdem sie von ihren Kindern getrennt worden waren: »Meist leben sie wie unter Belagerung oder auf einer Art von Abstellgleis.«[9]

Oft besteht eine tiefe Orientierungslosigkeit. Manchmal wird die Trennung ähnlich verarbeitet wie ein Trauerfall, nur daß keine öffentliche Trauer erlaubt ist. Tatsächlich ist eine Art von Tod eingetreten, doch da die Frau sichtlich dazu beigetragen hat, wird ihr nur wenig Mitgefühl entgegengebracht. Die Mutter selbst darf nicht trauern, denn sie hat den Verlust herbeigeführt . Diese Gefühle – uneingestandene Trauer und uneingestandene Wut – sind vielleicht verantwortlich für den Zustand der Betäubung, in den so viele Mütter verfallen, die ihre Kinder verlassen haben.

Deirdre aus Nordwales lebt mit nur einem ihrer Kinder zusammen. Die anderen sind bei ihrem Exmann. Seit sie vor vier Jahren (nach einem schweren Zusammenbruch in der Ehe) ging, durfte sie die anderen drei nicht wiedersehen. Sie selbst hat das Gefühl, die Kontrolle über ihr Leben verloren und sich von ihren Gefühlen abgeschnitten zu haben, um den Anschein der Normalität aufrechterhalten zu können. »Die meiste Zeit laufe ich einem Dämmerzustand herum.«

Eine andere Frau, Sophie, berichtet: *Meine Kinder zu verlassen war eine Erfahrung, die mich fast verrückt gemacht hat. Ich habe bis zum zehnten Geburtstag meiner Tochter gewartet, weil sie dann alle aus dem Gröbsten waren. Es war schrecklich, es an diesem Tag zu tun – es hat sich in mein Gedächtnis eingebrannt. Dabei hatte ich eigentlich gedacht, ich nehme mir das Zimmer nur, damit ich mich mal zurückziehen kann, wenn mir alles über den Kopf wächst, doch dann bin ich nie mehr zurückgekehrt. Das war ein deprimierendes Jahr. Die Tränen flossen in Strömen, und dazu noch die tiefen Depressionen und Schuldgefühle! Ich bin fast zusammengeklappt. Abgesehen von dem einen Kurs, den ich an der City University belegt hatte, gab es es praktisch kein Leben für*

mich. Mit Freunden traf ich mich kaum noch. Fast immer ging ich so-
fort nach Hause und blieb dann allein da hocken. Ein Jahr lang lebte ich
wie eine Einsiedlerin. Das war die einzige Möglichkeit, wie ich mich
über Wasser halten konnte. Meine Kinder riefen immer wieder an und
hinterließen Nachrichten auf dem Anrufbeantworter, so daß ich schon
Angst davor hatte, nach Hause zu kommen und sie mir anzuhören.
Botschaften unter Tränen. Es war schrecklich, weil ich wußte, daß ich
nicht zurückgehen würde. Für andere hört sich das schlimm an. Ich war
wie betäubt. Die ganze Zeit über war ich einem Zustand, wo ich nichts
als Schmerzen empfand. Ich hätte nie gedacht, daß es auch die Kinder
betreffen würde. Nein, eigentlich nicht.

In diesem Buch geht es mir vor allem darum, die komplizierten Gefühle jener Frauen verständlich zu machen, die ihre Kinder verlassen.
Doch Gefühle, die man sich im stillen Kämmerlein in Erinnerung
ruft, sind etwas anderes als die brutale und schmerzliche Erfahrung
selbst. Das Leiden einer Mutter, die von ihren Kindern getrennt ist,
kann sehr heftig sein – es ist eine besondere Form des Leids, die sich
nur schwer beschreiben läßt – und kann nur von denen ganz nach-
vollzogen werden, die es selbst erlebt haben. Ich möchte diese gefühlsmäßige Ebene keineswegs unterbewerten: Daß ich so ausführlich auf die Theorie und das weitere Umfeld dieses Themas eingehe,
liegt daran, daß ich Verständnis für die Situation und die damit verbundenen Emotionen wecken möchte, nicht aber weil ich letztere
leugnen will.

Die Orientierungslosigkeit, unter der eine Mutter ohne Kinder leidet, stammt zum Teil aus der Unsicherheit über ihre soziale Rolle. Ist
sie nun eine Mutter oder nicht? Wenn das Muttersein dadurch definiert wird, daß sie eine Beziehung zu ihren Kindern hat, wie sieht es
dann aus, wenn sich diese Beziehung ändert oder nur mehr über eine
räumliche Distanz hinweg aufrechterhalten wird? Diese tiefgehende
Verunsicherung kann wesentlich zu der Orientierungslosigkeit in bezug auf die eigene Rolle und Identität beitragen – und zu den Depressionen, den Ängsten, dem angeschlagenen Selbstbewußtsein und
dem Gefühl der Nutzlosigkeit, die daher stammen, daß unsere Rolle
in der Öffentlichkeit so problematisch definiert wird.[10]

Persönliche Folgen für das Kind

Gewöhnlich stehen die Auswirkungen der Trennung auf das Kind im Vordergrund, und da die dahingehenden Ängste einer Mutter ihre Schuldgefühle und ihren Schmerz vergrößern, ist es wichtig, daß auch diese hier näher betrachtet werden.

In den fünfziger Jahren unseres Jahrhunderts wurde in Arbeiten von Psychologen – allen voran in John Bowlbys Bericht für die Weltgesundheitsorganisation von 1951 – hervorgehoben, daß ein Kind eine anhaltende und liebevolle Beziehung zur Mutter braucht, um sich zu einem geistig und körperlich gesunden Erwachsenen zu entwickeln. Seit dieser Zeit verband man jeden Hinweis auf die (vorübergehende oder anhaltende) Abwesenheit der Mutter mit einer inneren Schädigung, die angeblich zur Kriminalität des Kindes und zu weiteren Störungen führen sollte. Die Wendung »*maternal deprivation* – Mangel an mütterlicher Zuwendung« wurde zum Schlüsselbegriff, der allein schon darauf verwies, ein Kind würde unter einer (kurz- oder langfristigen) Trennung von der Mutter leiden. Doch obwohl wir die Auswirkungen der Lebensumstände und der Umgebung auf die Charakterbildung nicht unterschätzen dürfen, sind diese Vorstellungen von den Folgen einer Trennung von der Mutter falsch verstanden und einseitig interpretiert worden.

Für seine Studie *Maternal Deprivation Reassessed* hat Michael Rutter alle erhältlichen Untersuchungen der Nachkriegsjahre – einschließlich der von Bowlby angefertigten Überarbeitung seiner Studie – zusammengetragen. Er zeigt auf, daß es zwar eine klare Verbindung zwischen kindlicher Deprivation und emotionalen Störungen des Erwachsenen gibt, die Beziehung zur leiblichen Mutter jedoch nicht der einzig ausschlaggebende Faktor ist. Deprivation steht für einen ganzen Bereich von Erfahrungen – sei es in der Beziehung zum Vater oder zur Mutter, in sozialer oder ökonomischer Hinsicht –, und sie alle wirken gemeinsam oder interaktiv auf die Psyche.

Rutter weist darauf hin, daß »schon die Existenz eines einzigen Begriffes, ›Mangel an mütterlicher Zuwendung‹, zu der höchst unglücklichen Auswirkung führte, daß man von einem spezifischen Syndrom mit einer einheitlichen Ursache ausging … (was) einige

Leute leider dazu veranlaßte, (ungerechtfertigterweise) der Mutter eine nahezu mystische Bedeutung beizumessen und Liebe als das einzige bedeutende Element in der Kindererziehung anzusehen. Dies ist Unsinn und war schon von jeher eine Fehlinterpretation dessen, was Bowlby (1951) in seinem Bericht gesagt hat. Dennoch hat diese Ansicht unter Eltern und Erziehern weite Verbreitung gefunden.«[11] Bedeutsam an Bowlbys Arbeit war die Erkenntnis, daß das Kind einen Menschen braucht, zu dem es eine Bindung entwickeln kann. Ihn oder sie können wir symbolisch als Mutterfigur betrachten, doch es muß sich dabei nicht zwangsläufig um die leibliche Mutter, die leiblichen Eltern, ja nicht einmal um eine Frau handeln. »Die Mutter muß nicht unbedingt die biologische Mutter sein, sie kann durch einen Menschen egal welchen Geschlechts vertreten werden.«[12]

Der entscheidende Faktor ist die Bindung an eine Bezugsperson. Dies also ist das bedeutsamste Element in der kindlichen Entwicklung und nicht einfach nur die Beziehung zur Mutter. Die Intensität der Bindung und die Qualität der Fürsorge sind wichtiger als die Person, von der sie stammen, oder die Tatsache einer Trennung. Also ist die Trennung von der Mutter an sich nicht schädigend, noch ist die Bindung zur Mutter in ihrer Ausprägung und Qualität unbedingt anders als andere Bindungen. Es ist wichtig, daß Rutter sorgfältig zwischen der Trennung von Mutter und Kind und dem tatsächlichen Zusammenbruch oder Zerreißen der Bindung zwischen den beiden unterscheidet. »Es ist nun deutlich, daß eine Trennung nicht zwangsläufig ein Zerreißen der Bindung bedeutet, und beides sollte niemals als synonym betrachtet werden.«[13]

Wenn die Bindung zwischen Mutter und Kind stark genug ist, kann sie auch längere Phasen der Trennung überstehen. Zudem sind es die Intensität und die Qualität der Mutter-Kind-Beziehung, die den Ausschlag geben, und nicht ihre Dauer. All dies eröffnet uns die Möglichkeit, von der Vorstellung abzurücken, einzig und allein die Mutter sei in der Lage, verantwortungsvoll für das Wohl ihres Kindes zu sorgen. Die Kinder leiden nicht zwangsläufig, wenn es mehr als eine Mutterfigur gibt. »Wir können also schließen, daß die Mutterrolle nicht notwendig von nur einer Person übernommen werden muß ... wenn die Mutterbeziehung von hoher Qualität ist, dann hat es nicht unbedingt schädliche Auswirkungen, wenn mehrere Personen die Rolle der Mutter übernehmen.«[14]

Es wäre tröstlich, wenn wir sagen könnten, eine abwesende, aber liebevolle Mutter sei besser als eine von seelischen Problemen geplagte anwesende. Aber Trennung ist Trennung, und es hat auf jedes Kind – wenn es nicht gerade so blockiert ist, daß es alle Gefühle leugnet – Auswirkungen, wenn die Mutter fort ist. Wenn jedoch bis zum Zeitpunkt der Trennung eine befriedigende Bindung aufgebaut werden konnte und wenn sich in der Folgezeit eine andere Elternfigur einfühlsam um das Kind kümmert, dann muß das Weggehen der Mutter nicht unbedingt ein tiefes Trauma für dieses Kind bedeuten.

Und auch nicht für die Mutter. Dennoch erleben viele Frauen einen gefühlsmäßigen oder seelischen Zusammenbruch, da nicht nur ihre Identität als Frau, sondern auch die als Mutter gestört ist. Und zu der Isolation kommen dann noch die Schuldgefühle. Der Schmerz über die Trennung von den eigenen Kindern erschwert das Zusammensein mit anderen Kindern oder die Übernahme der Rolle der Stiefmutter. Daher überrascht es nicht, daß auffallend viele Mütter, die gegangen sind, unter Depressionen leiden oder einen Selbstmordversuch unternehmen. Die Untersuchung von Patricia Paskowicz belegt, daß die Selbstmordrate von Frauen, die von ihren Kindern getrennt leben, deutlich höher ist als die der weiblichen Bevölkerung allgemein.[15]

Diese Gefühle sitzen tief, und es mag längere Zeit in Anspruch nehmen, sie aufzuarbeiten – gemeinsam mit anderen Frauen, in einer Therapie oder indem wir uns die sozialen und die persönlichen Dimensionen unserer Erfahrungen bewußt machen: »(Diese) Mütter brauchen unter Umständen Hilfe, um die Wut zu bewältigen, die ihren Ursprung in der Überzeugung hat, das Kind enttäuscht oder im Stich gelassen zu haben. Und sie brauchen Hilfe im Umgang mit dem akuten Gefühl des Verlusts der Elternrolle. Es ist für diese Mütter wichtig, daß sie neu überdenken, was die Elternrolle für sie bedeutet, um sich mit den veränderten Umständen zu arrangieren.«[16] Um die vielen komplexen Veränderungen zu bewältigen, brauchen Mütter, die gegangen sind, ebensoviel Beistand wie ihre Kinder, wenn nicht neues Salz in ihre Wunde gerieben werden soll.

Außerdem müssen wir uns die Sprache bewußt machen, in die unsere Erfahrungen gefaßt werden. Weil auf uns Frauen ein so starker Druck ausgeübt wird, Mutter zu sein, wird von uns erwartet, daß wir trauern, wenn wir uns von dieser Identität fortbewegen. Man geht davon aus, daß wir uns unvollständig fühlen, wenn wir nicht versuchen, die Situation zu ändern oder unsere Kinder zurückzubekommen. Durch den Druck der herrschenden Ideologie – wie sie sich in der Verherrlichung der Mutter-Kind-Dyade ausdrückt – gilt eine Mutter ohne ihr Kind nur als die Hälfte eines Ganzen, ist sie nur halb am Leben. In der 1988 erschienen Videoverfilmung von Sue Millers Roman *The Good Mother* sehen wir die Mutter Anna am Boden zerstört, als sie das Sorgerecht für ihr einziges Kind verliert. Hier wird die Mutterschaft als die alleinige Erfüllung der modernen Frau hingestellt – und sobald das Kind von ihr getrennt ist, gibt es nichts, was die Lücke in ihrem Leben füllen kann, weder Arbeit noch eine Liebesbeziehung oder eine kreative Tätigkeit. Angesichts dieses kulturellen Zerrbilds überrascht es kaum, daß es uns so schwerfällt, unsere wahren Gefühle zu bewältigen und nicht in einem Meer von Rechtfertigungen und Schuldgefühlen zu ertrinken.

Dennoch stehen die Erfahrungsberichte in Teil 3 zu vielen dieser negativen Aussagen in Widerspruch. Trotz der großen Schwierigkeiten, die wir bei der Gestaltung der Beziehung zu unseren Kinder haben, die in anderen Wohnungen, Städten, ja selbst in fremden Ländern leben, trotz der ambivalenten Haltung der Kinder zu den veränderten Umständen – oft auch mit einer Stiefmutter – gelingt es Müttern, eine positive Bindung zu ihren Kindern zu entwickeln. Von den Müttern, die von ihren Kindern getrennt leben, waren nach der Untersuchung von Greif und Pabst aus dem Jahre 1980 ein Drittel mit ihrem neuen Leben zufrieden, hatten sich mit ihrer neuen Rolle arrangiert und empfanden keine Schuldgefühle. Insofern ist der Anteil an positiven Geschichten in Teil 3 repräsentativ. Mütter, die gehen, können den negativen Projektionen etwas entgegensetzen und sich – langfristig – ein relativ glückliches Leben aufbauen.

Teil 3

Aus der Sicht der Mutter

Eine Hütte für mich allein:
Von Gilman bis Lessing

Jetzt ist mir gleich, wer meine Geschichte erfährt. Schließlich ist sie
nichts Besonderes: Sie ist typisch für eine Menge Erfahrungen, die sich
im verborgenen abspielen.

Maureen M. in einem persönlichen Interview

Es gibt nur wenige Veröffentlichungen, in denen die Geschichte
der Trennung von Mutter und Kind vom Standpunkt der Mutter aus
erzählt wird. Das erste und erschütterndste Buch, das zu diesem
Thema erschien, stammt von der amerikanischen Feministin Charlotte Perkins Gilman. Sie hat einige hervorragende Werke hinterlassen – sowohl politische Abhandlungen als auch Romane –, die
sich mit der schwierigen Situation der Frau beschäftigen. Ihre Erzählung *Die gelbe Tapete* (1892) ist die brillante Schilderung des Zusammenbruchs einer Frau, die nur noch in den Wahnsinn fliehen kann.
Eine Art Gegengewicht zu den verrückten Erwartungen, die bürgerliche Ehe und Mutterschaft an Frauen stellen. In *Herland* (1915)
entwirft sie dagegen eine mitreißende feministische Utopie. Interessanterweise gründet Charlotte Gilmans literarische Vision und ihr
leidenschaftliches Eintreten für alternative Formen der Kindererziehung und Geschlechterbeziehungen in ihrer überaus schwierigen
Lebensgeschichte – so hatte sie ihr einziges Kind bei dessen Vater
zurückgelassen und dafür alle Verunglimpfungen über sich ergehen
lassen müssen, die ein solches Verhalten im Amerika des späten
neunzehnten Jahrhunderts unweigerlich nach sich zog.

Charlotte Gilman besaß den Mut zuzugeben, daß sie ihr Kind
weggegeben hatte, aber das hatte nichts mit abstrakten feministi-

schen Prinzipien zu tun. Wie wir an den Lebensgeschichten vieler, wenn nicht der meisten Frauen sehen werden, die eine solche Trennung von ihren Kindern ertragen müssen, sind die Wurzeln ihres Verhaltens nicht in simplen Theorien von der Befreiung der Frau zu suchen, sondern in den unverwechselbaren psychologischen und emotionalen Erfahrungen mit der eigenen Mutter. Der Fall Gilman ist zwar extrem, aber nicht außergewöhnlich – die Trennung von ihrer Tochter geschah nicht in einem Vakuum, sondern stand in direktem Bezug zu ihren eigenen frühkindlichen Erfahrungen. In der Lebensgeschichte von Charlotte Gilman finden wir eine besondere innere Dynamik, die bei der Mehrheit der Frauen, die ihre Kinder verlassen, wiederkehrt: die Erfahrung von Brüchen und Beschädigungen der Mutter-Kind-Beziehung in der eigenen Kindheit. Dadurch wird das spätere Erlebnis in seiner Wiederholung doppelt schmerzlich.

In ihrer Autobiographie vermeidet es Gilman zwar tunlichst, zuviel zu sagen, schildert aber dennoch eine zutiefst traumatische frühe Kindheit und Mutterbeziehung. Ihre Mutter verbot sich – ja fürchtete geradezu – körperliche Zärtlichkeit in jeglicher Form und wies das Bedürfnis ihrer Kinder nach beruhigenden Gesten der Zuneigung zurück. Noch als Erwachsene erinnert sich Charlotte Gilman lebhaft an die Unzugänglichkeit ihrer Mutter:

Darin liegt ein kompliziertes Gefühl des Mitleids, das völlig unnötig ist. Da sie [meine Mutter] in ihren ersten Liebesbeziehungen so tiefes Leid erfahren hatte und auch jetzt noch unter der Lieblosigkeit ihres Mannes litt, faßte sie den heroischen Entschluß, alles daran zu setzen, damit ihre kleine Tochter nicht so leiden sollte. Die Methode, die sie anwandte, bestand darin, dem Kind möglichst jeden Ausdruck der Zuneigung vorzuenthalten, damit es sich nicht daran gewöhnte und danach sehnte. »Ich nahm deine kleine Hand von meiner Wange, als du ein Säugling warst«, sagte sie mir in späteren Jahren, »ich wollte nicht, daß du so leiden solltest, wie ich gelitten hatte.« Sie ließ nicht zu, daß ich sie liebkoste, und mich liebkoste sie nur, wenn ich schlief. Als ich das endlich entdeckte, tat ich alles, um wach zu bleiben, bis sie zu

Bett ging. Ich piekste mich sogar mit Stecknadeln, um nicht einzunicken, und manchmal hatte ich Erfolg. Mit größter Achtsamkeit tat ich dann so, als schliefe ich fest, und voll Entzücken genoß ich es, daß sie mich in die Arme nahm, an sich drückte und küßte ... Wenn ich an meine Kindheit zurückdenke, die an Zärtlichkeit so arm war, scheint es mir ein trauriger Fehler meiner heroischen Mutter, daß sie mir die Liebkosungen, nach denen ich mich so sehnte, und den Trost mütterlicher Nähe vorenthielt.

Angesichts der unterdrückten Liebe in den prägenden Jahren ihrer Kindheit ist es nicht verwunderlich, daß Charlotte Gilman im späteren Leben sowohl als Ehefrau wie als Mutter Schwierigkeiten mit Nähe hatte. Von bösen Ahnungen gepeinigt, heiratete sie 1884 den Maler Charles Walter Stetson, und selbst an ihrem Hochzeitstag plagten sie Depressionen und heftige Zweifel.

Nach der Geburt ihrer Tochter Katherine zog sich Charlotte noch mehr in sich zurück und litt an verschiedenen psychosomatischen Krankheiten – eine Erfahrung, die in die Erzählung *Die gelbe Tapete* einfloß. Offenbar riefen Schwangerschaft, Geburt und Stillen schmerzliche Erinnerungen wach, die mit ihrer eigenen Geburt und frühen Kindheit zusammenhingen, und führten eine seelische Krise herbei – wie sie mehr oder minder ausgeprägt bei vielen Frauen auftritt, die eine problematische Mutterbeziehung hatten, obgleich sie normalerweise verdrängt wird. Charlotte Gilman war sich durchaus bewußt, welche Kluft sich durch diese Krise auftat, als sie versuchte, das geliebte Kind zu bemuttern, aber nicht dazu in der Lage war:

Ich hatte ein bezauberndes Heim, einen liebevollen, treuen Mann, ein wunderbares Baby – gesund, intelligent und lieb; ... und ich lag den ganzen Tag auf dem Sofa und weinte ... Absolute Unfähigkeit. Absolutes Elend. Für den Geist war es, als wäre man ein Krüppel ohne Arme und Beine, ohne Augen und Stimme.

Während dieser Zeit, so schreibt sie, stand ihr Mann ihr völlig loyal zur Seite, die Familie lebte unter günstigen materiellen Bedingungen, aber ihre Gefühlswelt war so beschädigt und bedrückend, daß sie all

das nicht recht genießen konnte. Die Folge war, daß ihre zärtlich geliebte Tochter nur den Schmerz und die Schwierigkeit der Mutter-
Kind-Beziehung ans Licht brachte.

> Das Baby? Ich stillte es fünf Monate lang. Ich drückte es an mich
> – das goldige Kind! –, und anstatt Liebe und Glück empfand ich
> nur Schmerz. Die Tränen fielen mir auf die Brust ... Nichts war
> bitterer als dies, daß mir selbst die Mutterschaft keine Freude
> brachte.[1]

Schließlich verließ sie Stetson und ließ sich mit Katherine im kali-
fornischen Oakland nieder. Doch die Kombination von äußeren und
inneren Schwierigkeiten – der Versuch, als alleinerziehende Mutter
wirtschaftlich zu überleben und gleichzeitig gegen eine öde Seelenlandschaft anzukämpfen – führte dazu, daß sie die einzig vernünftige
Entscheidung traf. Die fünfjährige Katherine kehrte zum Vater
zurück, um mit Stetson und Grace Channing aufzuwachsen, mit der
Charlotte eine lebenslange Freundschaft verband. Obwohl sie wußte,
daß Stetson ein guter Vater und Grace eine ausgezeichnete Ersatzmutter sein würden, mußte sie maßlose Verleumdungen erdulden,
weil sie sich der Mutterrolle entzogen hatte. Sie schreibt:

> Da ihre [Katherines] zweite Mutter ebenso gut war wie die erste,
> in mancher Hinsicht vielleicht sogar besser, da sich der Vater
> nach seiner Tochter sehnte und ein Recht hatte, zumindest von
> Zeit zu Zeit mit ihr zusammenzusein, und weil das Kind ein Recht
> hatte, seinen Vater kennenzulernen und zu lieben ... schien dies
> der richtige Weg. Außer mir litt niemand darunter. Das wurde je-
> doch vollkommen übersehen, als man mich anschließend wütend
> verdammte. Ich hatte »mein Kind aufgegeben«.
> Wer hörte, was gesagt, und las, was gedruckt wurde, hätte mei-
> nen können, daß ich ein Baby in einem Körbchen ausgesetzt
> hätte. In den folgenden Jahren verbrachte sie bei jedem von uns
> etwa gleich viel Zeit, doch in Gesellschaft ihres geliebten Vaters
> wuchs sie zu der Künstlerin heran, die sie ist, mit Vorteilen, die ich
> ihr nie hätte bieten können. Ich habe zeitweise ohne sie gelebt,

aber warum ging man davon aus, daß es mir gefiel? Sie war alles, was ich hatte ... Was haben sich all die ehrenwerten Leute, die mich verdammten, nur dabei gedacht?[2]

Die ergreifende Geschichte von Charlotte Gilman ist eine beredte Verteidigung all jener Mütter, deren Verzicht auf die Kinder als Verbrechen interpretiert wird. Sie vermittelt eine Vorstellung davon, wie schwer es einer Mutter fällt, ihr Kind aufzugeben, wie schmerzlich die Folgen sind und wie ihre Tat in keiner Weise die Liebe schmälert, die sie nach wie vor empfindet. Und glücklicherweise war Charlotte Gilman in der Lage, aus ihrem Kampf Nutzen zu ziehen und ihn so zu verarbeiten, daß daraus die Forderung erwuchs, die Haltung zur Mutterschaft neu zu überdenken, damit sich solches Leid nicht wiederholen müsse.

Insbesondere in *Herland* tritt sie für eine Neugestaltung der Gesellschaftsstruktur ein und entwirft eine durch und durch weibliche Gesellschaft, in der nur wenige Frauen tatsächlich Mutterpflichten erfüllen, alle jedoch fürsorgliche, liebevolle Eigenschaften an den Tag legen – eine Vision, die in krassem Gegensatz zu der zunehmend brutalen, patriarchalischen Welt stand, in der sie lebte, eine Vision, mit der die Autorin auch den Mangel an mütterlicher Zärtlichkeit kompensierte, unter dem sie selbst gelitten hatte.[3] Und anders als allgemein vermutet, bewegte sich die Lösung für die Versorgung ihrer eigenen Tochter auf dieses Ideal zu – Charlotte Gilman und Grace Channing wetteiferten nicht um Katherines Liebe, sondern arbeiteten Hand in Hand, und in späteren Jahren zogen sie sogar zusammen.

Noch eine weitere wichtige Autobiographie vermittelt Einblick in das Leben einer Mutter, die sich von ihren Kindern trennte. Es ist die 1980 erschienene Lebensgeschichte der Schauspielerin Ingrid Bergman. Den berüchtigten Bann, den der amerikanische Senat 1950 über die Schwedin verhängte, als sie ihre erste Tochter Pia zurückließ, habe ich bereits erwähnt. In ihrer Autobiographie werden interessante Parallelen zu Charlotte Gilman sichtbar, denn die Mutterbeziehung der Schauspielerin war in der frühen Kindheit ebenfalls zerbrochen, und die drei Kinder – Robin, Ingrid und Isabella –, die sie später mit dem italienischen Regisseur Rossellini hatte, wurden – nach langwierigem Rechtsstreit – schließlich ebenfalls dem Vater zugesprochen.

Ingrid Bergman erzählt, daß sie sich an ihre eigene Mutter nicht mehr erinnern konnte – sie war gestorben, als Ingrid erst zwei Jahre alt war. Das Kind wurde von einer Tante aufgezogen, die ebenfalls starb, als das Mädchen zwölf war – sechs Monate nach dem Tod von Ingrids Vater. Betrachtet man die Beziehung, die sie später zu ihren eigenen Kindern hatte, unter diesem Aspekt, sind die Analogien nicht rein zufällig. Vielleicht waren es die Brüche in der Beziehung zu ihren Eltern und Ersatzeltern, die das spätere unkonventionelle und sporadische Beziehungsmuster zu ihren Kindern ermöglichte oder sogar prägte: Das Sorgerecht für alle vier ging an die Väter.

Ingrid Bergman wehrte sich gegen eine negative Beurteilung ihrer Handlungsweise. Sie verglich sich mit der wahren Mutter vor König Salomons Gericht, die lieber auf ihr Kind verzichtet, als in einer Weise Rache zu üben, die ihm schaden würde. An ihren ersten Mann schrieb sie:

> Du weißt so gut wie ich, daß ich, auch wenn Du mir gewisse Rechte auf Pia absprichst, sie doch niemals verlieren kann. Sie ist zu alt, um mich vergessen zu können. Je mehr du versuchst, uns zu trennen, desto stärker wird sie sich danach sehnen, mich zu treffen und mit mir zusammenzusein … Auf lange Sicht verliert man das Kind, das man zu halten versucht. Das hat sich doch immer wieder bewiesen.[4]

Und über den Rechtsstreit mit Rossellini um das Sorgerecht für die gemeinsamen Kinder äußert sie sich so: »Wir kämpften wie die zwei Mütter, die vor Salomon um das Kind stritten. Ich überlegte, wieviel davon auf mein Schuldenkonto ging. Ich wollte nicht auf sie verzichten, aber sie wurden zwischen uns hin und her gerissen. Jemand mußte nachgeben.«[5]

Zwar kann man den wiederholten rechtswirksamen Verzicht auf ihre Kinder als Spiegelung und Wiederholung ihrer eigenen Beziehung zur (tatsächlich abwesenden) Mutter sehen – unterbrochen durch den Tod sowohl der leiblichen als auch der Ersatzmutter –, aber dennoch bietet sich auch eine positivere Interpretation an. Infolge der flexiblen Erziehung, die Ingrid Bergman selbst genossen hatte, war sie in der Lage, auch für ihre eigenen Kinder unkonventionelle Lösungen zu wählen. Für sie war die physische Abwesenheit der Mutter nicht gleichbedeutend mit psychologischer Schädigung: Trotz räumlicher Distanz und längeren Trennungen kämpfte sie um eine gute Beziehung zu allen ihren Kindern. Offensichtlich gelang es ihr, mit ihrer leidenschaftlichen Liebe, Zärtlichkeit und Sorge selbst Pias anfängliche Wut und Feindseligkeit zu überwinden. Ihre Beziehung zur ältesten Tochter konnte langsam heilen, und die Bindung an alle vier Kinder wurde sehr stark.

Auch Margaret Trudeau liefert in ihrer zweibändigen Autobiographie *Beyond Reason* (1979) und *Consequences* (1982) die faszinierende Schilderung einer Frau, die verzweifelt, aber vergeblich versucht, sich auf das Rollenmodell der perfekten Ehefrau und Mutter zu beschränken. In ihrer fünfjährigen Ehe war sie »zutiefst unglücklich«, sie fühlte sich wie hinter einer »Glasscheibe« gefangen, eingekerkert in einem »künstlichen Leben«, das »mich langsam zermalmte«.

Ihre besondere Situation, durch die ihre Geschichte so außergewöhnlich wird – sie stand im Rampenlicht der Öffentlichkeit und wurde als moralisches Vorbild hingestellt –, machen den Lebensbericht der Frau des kanadischen Premierministers zur Allegorie: Margaret Trudeau enthüllt auch die Aspekte, die nicht zum Mythos gehören. Obwohl ihr Verlangen nach Freiheit und ihr Bedürfnis nach Unabhängigkeit (zwangsläufig) von den Medien hochgespielt und als Scheitern dargestellt wurden, verweisen sie im Grunde auf die Unterdrückung und den Masochismus, von denen Mutterschaft und Ehe zum Teil geprägt sind. Der beispiellose Aufschrei gegen die »Ungeheuerlichkeit« ihrer Tat, als Margaret Trudeau ihrem Mann, ihren drei kleinen Kindern und einem Leben im Wohlstand den Rücken kehrte, ist bezeichnend für die Angst vor weiblicher Subversion, einer Angst (von Männern wie von Frauen) vor jenen Elementen, die sich nicht anpassen, nicht fügen.

In der Nachkriegsliteratur beschäftigen sich verschiedene Autorinnen mit dem Thema der Mutter, die sich gezwungen sieht, vorübergehend oder auf Dauer wegzugehen. So wird in den letzten Kapiteln von *Eine richtige Ehe* (1965), dem zweiten Roman von Doris Lessings fünfbändigem Zyklus *Kinder der Gewalt*, erzählt, wie die Heldin Martha Quest aus einer erstickenden Ehe ausbricht und ein Kind zurückläßt. Der Romanzyklus greift eigene Erfahrungen der Autorin aus den fünfziger Jahren auf, als sie Südafrika verließ und nach Großbritannien ging; Kritiker haben allerdings die persönlichen Aspekte der Erzählung außer acht gelassen oder heruntergespielt, als würde dadurch Doris Lessings Status und Ansehen geschmälert.

Die Autorin wurde als Doris Taylor 1919 im damals britischen Protektorat Kermanschah (Persien) geboren; ihr Vater war dort bei einer Bank beschäftigt. 1925 zog die Familie Taylor auf eine Tabak- und Maisfarm in Rhodesien, und Doris besuchte eine Klosterschule in Salisbury. Während des Zweiten Weltkriegs heiratete sie zweimal, beide Ehen scheiterten, und als sie ihren ersten Mann verließ, mußte sie ihre beiden Kinder bei ihm zurücklassen. Doch selbst kritische Biographen scheuen sich, auf diese Details näher einzugehen, und ignorieren die Tatsache, daß die Autorin zwei Kinder in Südafrika zurückließ. Statt dessen konzentriert man sich auf die zweite Ehe, aus der der Name Lessing stammt, den sie beibehielt, sowie der Sohn, der sie nach England begleitete. So heißt es in einem Aufsatz des British Council: »[Lessings Leben in Rhodesien] führte zu der Heirat mit einem Beamten und der Geburt eines Sohnes und einer Tochter. Diese Ehe scheiterte und sie heiratete erneut. Auch die zweite Ehe ging in die Brüche, doch aus dieser Verbindung stammt ein Sohn, den sie im Jahr 1949 mit nach England brachte. Außerdem behielt sie den Namen ihres zweiten Mannes als Dichternamen bei.«[6] Selbst Frauen, die über Doris Lessing – und insbesondere über die problematische Frage der Mutter-Kind-Beziehungen – geschrieben haben, haben diesen entscheidenden Aspekt der Trennung von ihren Kindern nur flüchtig gestreift.[7]

Man kann nicht umhin zu wünschen, Doris Lessing selbst hätte sich eindeutiger mit diesem Thema auseinandergesetzt, sei es in literarischer oder nichtliterarischer Form.[8] Doch *Eine richtige Ehe* war für die damalige Zeit von bahnbrechender Radikalität, da hier die akute Ambivalenz einer Mutter gegenüber ihrem Kind zum Ausdruck gebracht wird. Mit ihrer vollkommen unromantischen Darstellung von Schwangerschaft, Geburt und früher Kindheit liefert die Autorin eine ergreifende Schilderung alternierender Gefühle der Liebe, Unmut und Schuld, die die Erfahrungswelt einer Mutter weitgehend prägen. Bei der Beschreibung von Martha Quests Frustration angesichts eines Lebens, das durch die unaufschiebbaren Bedürfnisse eines Kleinkinds strukturiert wird, konzentriert sich Lessing auf die widersprüchlichen Gefühle, die in dieser Situation entstehen – Zärtlichkeit ebenso wie Unmut, Liebe, aber auch Haß:

Und dabei hatte Martha, während der drei Tage, wo Caroline bei ihrer Großmutter gewesen war, geschlafen, gewacht und überhaupt ein Leben geführt, als ob Caroline nicht existierte, nie existiert hatte. Nicht einen Augenblick hatte Martha sich geängstigt. Sie hatte kaum an das Kind gedacht. Es kam wieder nach Hause zurück, und wieder war Martha in den Lebensrhythmus jenes anderen, kleinen Wesens verstrickt. Ihr langer Tag war bis auf die Minute nach Carolines Bedürfnissen eingeteilt, und nachts, wenn sie sich schlafen legte, war sie erschöpft von Carolines Erlebnissen …

Ihr Leben war ein einziges Weiterhasten, nur um es hinter sich zu bringen. Sie stand wieder unter diesem Druck des Weiter, Weiter, Weiter, und dabei gab es keinerlei Ziel, auf das es zuzueilen galt … Ihre Unfähigkeit, sich an Caroline zu erfreuen, erfüllte sie schlicht mit Schuldgefühlen … Die Spirale von schlechtem Gewissen und Auflehnung beherrschte ihr ganzes Leben, und sie wußte das. Doch verstand sie nicht einmal ansatzweise, warum das so war … Unterdessen schrubbte Martha Porridge und Milch vom Boden, von den Möbeln und von sich selbst … Mein Gott, wie ich dieses Theater hasse, wie ich es verabscheue. Sie sagte damit, daß sie ihre Tochter haßte, und sie wußte es. Bald verging die rasende Wut, unweigerlich stellten sich Schuldgefühle ein.[9]

Es handelt sich um dieselbe emotionale Spirale, die auch Adrienne Rich in ihrem Buch *Von Frauen geboren* beschreibt. Sie spricht davon, daß die Gefühle der Liebe und Gewalt gleichzeitig existieren:

»Die Frau mit Kindern ist ein Opfer weit verzwickterer, subversiver Gefühle. Liebe und Haß können nebeneinander widerstreitend existieren; der Zorn über die Bedingungen der Mutterschaft kann zu Zorn auf das Kind werden und zusammengehen mit der Furcht, daß wir nicht ›liebevoll‹ sind. In einer Gesellschaft, die der Erfüllung menschlicher Bedürfnisse so unangemessen ist, können wir vieles nicht für unsere Kinder tun, und der Kummer darüber wird in Schuld und Selbstzerfleischung übersetzt.«[10]

Als Martha den (für sie) unausweichlichen Schritt tut und ihren Mann und die kleine Tochter verläßt, wird auf jede Theatralik verzichtet. Zum erstenmal in der Geschichte der Literatur wird das Weggehen der Mutter ruhig und realistisch dargestellt. An dieser Stelle setzt der Roman weder melodramatische Mittel ein wie *East Lynne*, noch steuert er wie *Nora* auf einen Höhepunkt zu; es handelt sich einfach um eine wichtige emotionale Entscheidung unter mehreren, die das Leben nicht zum Stillstand bringt. Die Trennung Marthas von Caroline ist für beide nicht das Ende vom Lied: Ihre radikale Wirkung erzielt Doris Lessing hier (ebenso wie im *Goldenen Notizbuch*), indem sie auf Melodramatik und narrative Geschlossenheit verzichtet – der Roman bietet nur einen Ausschnitt aus der Erfahrungswelt, und das Leben der Protagonisten geht auch nach dem Ende des Romans weiter. Wie wir alle ist Martha eine Frau, die sich entwickelt, und ihre Geschichte ist nicht zu Ende, nur weil sie eine Familie verlassen hat – der Rest des Zyklus *Kinder der Gewalt* zeigt, daß das Leben noch eine Menge Erlebnisse für die Heldin bereithält. Im Gegensatz zu Isabella Vane und Anna Karenina wird Martha Quest für ihr Weggehen nicht bestraft, sie muß weder Buße tun noch sich opfern. Ihr Leben ist genauso wichtig wie das ihres Kindes.

1978, im selben Jahr wie *Kramer gegen Kramer*, erschien der Roman *Eine Hütte für mich allein*, der die Trennung einer Mutter von ihren Kindern aus einem völlig anderen Blickwinkel darstellt. Autorin ist die kanadische Schriftstellerin Joan Barfoot, die die Folgen der Frauenbewegung positiver beurteilt als Corman. *Eine Hütte für mich allein* liefert keine Rechtfertigung dafür, daß eine Frau die Familie verläßt. Das Weggehen der Mutter wird in diesem Text keineswegs beklagt, sondern vielmehr endlich gefeiert.

Eine unerwartete Erbschaft ermöglicht der Heldin Abra, ihrem Mann, den Kindern und dem Leben in der Vorstadt den Rücken zu kehren und sich als Einsiedlerin auf dem Lande niederzulassen. Einerseits bewegt sich die Erzählung hier in einer alten Tradition – dem Traum von einem idyllischen Utopia, der sowohl in der Romantik wie bei Thoreau auftaucht –, aber nun, da die Protagonistin eine Frau – und Mutter – ist, gewinnt das Motiv eine neue, radikalere Bedeutung. Abras Abwendung von ihrer früheren Existenz ist gleichzeitig eine Absage an sämtliche patriarchalischen Werte, für die das Stadtleben steht – Familie, das tägliche Einerlei der Hausarbeit und des Lebens nach der Uhr, eine Identität, die andere für die Heldin entwerfen. Sie genießt ihre neu gewonnene Isolation und Unabhängigkeit in vollen Zügen, und als ihre Tochter Katie neun Jahre später auftaucht, um die Mutter wieder in die Gesellschaft einzubinden, widersetzt sich Abra.

Solche Rückzugsphantasien sind nicht unproblematisch – sie nähren die Vorstellung, Frauen hätten nur marginale Bedeutung und fänden in der bürgerlichen Gesellschaft keinen bedeutenden Platz (Utopie heißt »kein Ort«). Außerdem ist die Darstellung der Mutter, die geht, etwas einseitig und steht im Widerspruch zu den Erfahrungen der meisten Mütter, die tatsächlich ihre Familie verlassen – keine von den Dutzenden, mit denen ich gesprochen habe, wollte die Verbindung völlig abbrechen. Ganz im Gegenteil – wie Charlotte Gilman und Ingrid Bergman investieren diese Frauen viel Energie, um den Kontakt aufrechtzuerhalten und eine tiefe Beziehung zu ihren Kindern aufzubauen. Dennoch, als feministische Version und unsentimentale Neubearbeitung eines alten Mythos ist *Eine Hütte für mich allein* ein wertvoller, ja subversiver Roman, der die meisten traditionellen Vorstellungen zur Rolle der Frau auf den Kopf stellt.[11]

Jane Rogers erzählt in *The Ice is Singing* (1987) die Geschichte einer Frau, die durch den Streß ihrer häuslichen Situation zur Raserei getrieben wird (sie ist alleinerziehende Mutter von Zwillingen, ihr Mann ist ausgezogen und mit ihm ihre zwei halbwüchsigen Töchter). Die Zwillinge hat sie vorübergehend bei ihrer Schwester untergebracht. In diese Rahmenhandlung sind mehrere Erzählungen eingebettet. Wie im Seelenleben der Frau werden auch in der Rahmenhandlung Sprünge und Risse sichtbar; die Autorin streut beunruhigende Schilderungen anderer Frauen und Eltern in unterschiedlichen Krisensituationen ein, als könnten die Erfahrungen der Protagonistin nur indirekt und andeutungsweise erzählt werden, da sie zu entsetzlich sind, um offen angesprochen zu werden. Während die Geschichten der anderen ihre Phantasie beschäftigen, fährt die Frau durch eine Landschaft aus Eis und Schnee – eine schreckliche Spiegelung ihres eigenen Seelenzustands. Der Roman ist hervorragend geschrieben, und obwohl die Frau schließlich zu ihren Kindern zurückkehrt, ist sie dabei frei von romantischen Gefühlen und Illusionen. Wie bei Doris Lessing ist die Darstellung des Lebens nicht fein säuberlich eingefaßt und eingegrenzt, sondern bleibt widersprüchlich und schwierig. »Ich kehre ohne Freude oder Hoffnung auf eine mögliche Änderung zurück. Ich glaube nicht, daß die Zwillinge zulassen werden, daß ich zum Schlafen oder Nachdenken oder Leben komme ... Wegen mir wird die Erde nicht stillstehen. Ich kehre zurück, weil ich keine Geschichte bin.«[12]

Letztendlich distanziert sich Jane Rogers von der Identifikation mit der Mutter, die geht, und verweist ihr Weggehen in den Bereich der Fiktion. Aber Frauen, die gehen, sind keine Geschichten, und die detaillierten Lebensberichte, die in diesem Teil noch folgen, zeigen die Diskrepanz zwischen ihrem tatsächlich gelebten Alltag und ihrem geplanten, ertränkten Leben auf.

Der Preis der Liebe:
Die Geschichte der Frieda Lawrence

»Ich wäre ja ein entartetes Weib, wenn ich meine Kinder vergessen könnte!« Aber meine Seelenqualen ihretwegen waren in seinen Augen mein schlimmstes Verbrechen. Er schien meine Qualen noch über ihr Maß zu verstärken. Vielleicht fühlte er, der seine Mutter so sehr geliebt hatte, daß es für eine Mutter fast eine Unmöglichkeit ist, ihre Kinder zu verlassen. Doch ich war so sicher: »Dieses Band gilt für alle Zeit. Nichts auf Himmel und Erden kann es zerreißen.«

Frieda Lawrence, *Nur der Wind …*

Von all den vielschichtigen Porträts von Frauen unseres Jahrhunderts, die von ihren Kindern getrennt wurden, läßt sich keines deutlicher rekonstruieren als das der Frieda von Richthofen, der Frau von D. H. Lawrence. An der Seite von Lawrence mußte sie nicht nur hinter seinem »Genie« zurücktreten, sondern sie wurde auch von Männern wie Frauen verachtet und verurteilt. Frieda Lawrences Leben und ihre Schriften vermitteln uns einen bewegenden Eindruck, wie es ist, wenn eine Frau das Puppenheim hinter sich gelassen hat. Zu Beginn unseres Jahrhunderts, als Frieda ihren ersten Mann verließ, war die Reaktion auf eine Frau, die das eheliche und mütterliche Tabu brach, noch immer von den viktorianischen Werten bestimmt, und man begegnete Frieda mit äußerster Feindseligkeit. Angesichts des wütenden Verlangens ihres ersten Mannes nach Rache und angesichts der sozialen Ächtung war es für sie wenig hilfreich, daß Lawrence auf ihre Gefühle mit Ungeduld reagierte und in den ersten Jahren eifersüchtig auf ihre starke Bindung zu den Kindern war.

Trotz alledem gelang es Frieda, den verheerenden Gefühlskonflikt zu bewältigen, den die Trennung von den Kindern in ihr hervorgerufen hatte, und die Beziehung zu ihnen aufrechtzuerhalten. Durch ihren persönlichen Bericht – der aus ihren Briefen, Erinnerungen und autobiographischen Schriften rekonstruiert wurde – erfahren wir, wie eine Mutter sich damals fühlte (und bis zu einem gewissen Grad heute noch fühlt), wenn sie beschließt, ihre Kinder zu verlassen und ihrem Leben einen neuen Inhalt zu geben. Sie zeigt uns ihren Schmerz und ihre Sehnsucht, die sie ohne Hilfe von außen und in einem feindseligen Umfeld bewältigen mußte.

Die zweiunddreißigjährige Frieda, geborene Freiin von Richthofen, war mit dem englischen Lehrer Ernest Weekley verheiratet, als sie im Frühjahr 1912 in Nottingham seinen Schüler D. H. Lawrence kennenlernte. Es war eine folgenschwere Begegnung. Nur einen Monat später, am 3. Mai, verließ Frieda ihren Mann, um mit Lawrence nach Europa zu fahren. Im Juli 1914 heiratete sie Lawrence; sie lebte mit ihm, bis er 1930 an Tuberkulose starb. Doch dies war nicht Friedas erster Versuch, aus einer Ehe auszubrechen, die sie als einengend empfand. Jahre später beschrieb sie Weekley als »so festgefahren in seinen einmal gefaßten Meinungen … er wollte sie nicht ändern. Ich weiß noch, als wir jung verheiratet waren und ich diese enge Treppe hinunterpolterte, stürzte er aus seinem Arbeitszimmer und sagte: ›Mein Gott, ich bin mit einem Erdbeben verheiratet.‹«[1]

Einige dieser Erfahrungen sind in ihre unvollendete Autobiographie in Romanform eingeflossen. Darin erkennt eine unglücklich verheiratete Frau, die es »verzweifelt nach Dingen verlangt, die sie nicht kennt und nicht ausdrücken kann«, daß sie gegen alle Konventionen verstoßen würde, wenn sie sich für den unorthodoxen Schritt entscheide, ihre Familie zu verlassen. »Wie konnte sie sich gegen die Millionen von anderen Menschen stellen, gegen ihr Gewicht und ihre Macht? Sie liebte ihre Kinder, sie war fasziniert von ihren unterschiedlichen Persönlichkeiten … all den Spaß, den sie mit ihnen hatte …«[2]

Selbst Lawrence warnte Frieda, die Auswirkungen der gesellschaftlichen Ächtung, der sie ausgesetzt sein würden, nicht zu unterschätzen. »Wir sind nicht hartschlägig genug, um der Öffentlichkeit, dem ganzen Gewicht der Mißbilligung der Welt sozusagen auf der Angeklagebank entgegenzutreten. Es würde uns zugrunde richten, auch wenn wir es nicht wahrhaben wollten«, schrieb er 1912.[3]

Frieda erklärte in einem Brief, bevor sie Lawrence kennengelernt habe, sei sie wie eine Schlafwandlerin gewesen, doch für das Erwachen zu seiner leidenschaftlichen Liebe habe sie einen hohen Preis zahlen müssen. Da Gesetz und Sitte auf Weekleys Seite standen, mußte sie ihre drei Kinder Montague (12), Elsa (10) und Barbara (8) bei ihm zurücklassen. Schon bei ihrer Reise nach Deutschland im Jahre 1912 machte ihr die Furcht zu schaffen, daß ein weiteres Zusammenleben mit ihnen nicht mehr möglich sein würde: »… blind und betäubt vor Schmerz … ahnend, daß ich nie wieder so wie bis dahin mit ihnen zusammenleben würde«.[4] Ihre Ahnungen sollten sich als richtig erweisen. Die Trennung war von Dauer, und ihre restlichen 44 Lebensjahre verbrachte sie ohne ihre Kinder.

Aus den Briefen, die sie im Anschluß an die Trennung schrieb, wird deutlich, wie hoch der Preis war, den Frieda für ihre Freiheit zahlte. In einem Schreiben an Edward Garnett schildert sie das erste traurige Weihnachtsfest ohne die Kinder, als »die Tragödie ihren Höhepunkt erreicht hatte … zu jener Zeit … natürlich wurde ich, die Ausgestoßene, von all meinen Freunden geschnitten.«[5] Da Ernest Weekley die Ansicht vertrat, daß gegen ihn mehr gesündigt worden war, als er selbst je gesündigt hatte, entschied er sich für die Haltung des moralisch entrüsteten, unfehlbaren Ehemanns, der, wie viele vor und nach ihm, seine Frau bestrafte, indem er ihr den Kontakt zu den Kindern verweigerte. Er versuchte es sogar mit gefühlsmäßiger Erpressung und schickte ihr Fotos der Kinder mit der Botschaft, sie würde sie nie wiedersehen, sofern sie nicht zurückkehrte. Andernfalls würde man den Kindern beibringen, sie für tot zu halten.

Tatsächlich sah Frieda die Kinder erst im darauffolgenden Sommer (1913) wieder, doch ihrer Rückkehr nach England gingen spannungsgeladene Monate voraus, in denen sie sich sorgte, daß sie ihr fremd geworden sein könnten. Zukünftig wollte sie die Abstände, in denen sie sich nicht sahen, so kurz wie möglich halten. (Dies wurde erschwert durch das Scheidungsverfahren, das ein Treffen zwischen Frieda und Weekley nicht gestattete.)

Ich versuche, von Ernest das Versprechen zu erhalten, daß ich mit den Kindern die Augustferien verbringen darf, und dann werde ich abwarten; wenn er es nicht erlaubt, werde ich nach England kommen und versuchen, sie zu treffen, also bitte erzähle niemandem, daß ich unterwegs bin, wenn es soweit ist! ... Seit Monaten schon kein Wort mehr von den Kindern, Monty wird im Juni 13, also muß ich weiter warten, aber wir kommen nach England; es hängt jetzt nur von L's Gesundheitszustand ab ... Also, wir kommen! Ich bin sehr froh! Das ist wieder typisch für mich, ich sollte eigentlich in Sack und Asche gehen, und dabei kann ich mich nur noch auf die Aussicht freuen, daß ich die Kinder wiedersehe![6]

Als sie schließlich in London eintrafen, stand Frieda vor der entmutigenden Aufgabe, die Kinder zu suchen. Weekley hatte die Familie nach Chiswick gebracht, Frieda jedoch nicht von diesem Umzug benachrichtigt. Früher hatten Lawrence und sie sich mit Anna und Wronsky aus *Anna Karenina* identifiziert, und, optimistisch wie sie war, hatte Frieda Weekley eine Ausgabe des Romans geschickt. Sie hoffte, er würde einsehen, daß er sich ebenso rachsüchtig wie Karenin verhielt, wenn er ihr zur Strafe die Kinder vorenthielt. Doch auch damit erreichte sie nichts. Sie blieb eine Geächtete wie zuvor, und ihre verzweifelten Versuche, den Kindern auf die Spur zu kommen, sobald sie in London war, hätten geradewegs aus einem viktorianischen Melodram stammen können:

So wandert sie tagelang durch die Straßen des Stadtteils in der verzweifelten Hoffnung, den Kindern zu begegnen. In den Fenstern eines Hauses erkennt sie plötzlich die Vorhänge, die sie vor Jahren für ihr Heim in Nottingham gekauft hatte. Ohne auch nur einen Augenblick zu zögern, tritt sie in das Haus und läuft die Treppe hinauf. »Man hat uns erzählt«, erinnert sich Barbara, »daß unsere Mutter Schmach und Schande über unsere Familie gebracht hatte. Und da stand sie nun plötzlich in der Tür des Kinderzimmers, wo wir mit unserer Großmutter beim Abendessen saßen. Sie erschien uns Mädchen wie eine *furchteinflößende Spukgestalt*. Großmama und Tante sprangen aufgeregt auf und bombardierten sie mit Beschimpfungen, als ob sie *die Verkörperung allen Übels* wäre. Ich bedauere sagen zu müssen, daß wir Kinder ihrem Beispiel folgten. Frieda flüchtete erschreckt und gedemütigt.« (Hervorhebung von R. J.)[7]

Getreu seiner Drohung hatte Weekley Frieda alle Möglichkeiten genommen. Als Mutter, die gegangen war, stand sie im Abseits, und durch ihren Schritt, Mann und Kinder »im Stich zu lassen«, hatte sie alle mütterlichen Rechte verwirkt. Daß sie wie eine Spukgestalt wahrgenommen wird, spricht für sich – es erinnert an die geisterhafte Erscheinung der schlechten Mutter in *East Lynne* – und weist darauf hin, daß eine Ehefrau, die sich nicht länger als solche verhält, daß eine Mutter, die ihre mütterlichen Pflichten nicht mehr erfüllt, jegliche soziale und familiäre Identität verloren hat. Sie ist eine »erschreckende Erscheinung«, so unwirklich, als wäre sie nicht mehr am Leben und habe kein Recht zu existieren. Diese Metapher benutzt auch Friedas Tochter, als sie die traumatische Rückkehr ihrer Mutter in das Heim der Familie beschreibt:

> … das nächstemal sahen wir unsere Mutter als eine Art von Spukgestalt, an jenem Tag, als sie durch den Hintereingang in unser Haus in London geschlichen kam, ins Kinderzimmer trat und uns mit Granny und Tante Maude beim Abendessen fand. Sie forderte an jenem Abend ihr Recht; um sie zurückzuhalten, wurde das Gesetz zitiert. Und während sie von unseren Verwandten in Schach gehalten wurde, starrten wir Kinder entsetzt auf die fremde Frau, die sie für uns geworden war. Die alte Klamotte, ganz gewiß.[8]

Frieda gab sich weder von Weekleys Taktik noch von dem moralischen Urteil der Allgemeinheit geschlagen. Sie bestand darauf, den Kontakt zu ihren Kindern aufrechtzuerhalten, und entwickelte außergewöhnliche Strategien, um mit ihnen zu kommunizieren. Friedas Freundin Katherine Mansfield fungierte als Botin; sie traf sich mit den Kindern in Hampstead, brachte ihnen Briefe der Mutter und nahm die ihren entgegen. Edward Garnetts Sohn David »lungerte«

mit Frieda »ganze Nachmittage vor der St. Paul's School herum«, in der Hoffnung, daß sie einen Blick auf Monty erhaschen konnte.

Bei einigen wenigen Gelegenheiten hatte sie Glück. Eines Morgens fing sie die Kinder auf dem Weg zur Schule ab, und sie »sprangen voll Entzücken um mich herum. ›Mama, du bist wieder da. Wann kommst du nach Hause?‹ ... Wie sehr litt ich, sie nicht mit mir nehmen zu können! So viel meines unmittelbaren Lebens war ihnen zugeströmt, das war nun unterbunden.« Doch dies führte zu neuerlichen Maßnahmen, mit dem Erfolg, daß man die Kinder heimtückisch gegen sie einnahm: »Als ich versuchte, sie an einem andern Morgen wieder zu treffen, hatte man ihnen offenbar verboten, mit mir zu sprechen, nur ihre kleinen, blassen Gesichter sahen mich an, *als sei ich ein böser Geist*. Es war schwer zu ertragen, und Lawrence in seiner Hilflosigkeit geriet in Wut.« (Hervorhebung von R. J.)[9]

Zwar war Friedas Auseinandersetzung mit Weekley in den ersten Monaten nach ihrer Trennung am schärfsten, doch sie sollte in etwas milderer Form noch Jahre andauern. Weekley hintertrieb weiterhin ihre Versuche, sich mit den drei Kindern zu treffen, und über längere Zeitabschnitte hinweg erfuhr sie nur wenig oder nichts über sie. Noch Jahrzehnte später, nach Weekleys Tod, beklagte sich Frieda in einem Brief an ihre Tochter Barbara über diese Ungerechtigkeit:

Ich bin froh, daß Ihr Kinder Euren Vater geliebt habt. Als er gestorben war, versuchte ich, mit Zuneigung an ihn zu denken, doch es wollte mir nicht gelingen. Ich glaube, ich kann ihn nicht gerecht beurteilen. Natürlich mußte er mich hassen, nachdem ich ihn verlassen hatte, aber daß er mich nicht zu Euch ließ, war Euch gegenüber nicht gerecht. Schließlich war ich Eure Mutter. Wenn er mich verlassen hätte, hätte ich mich anders verhalten. Doch durch mein Weggehen ist etwas in ihm zerbrochen. Wäre ich geblieben, wäre ich zerbrochen; einen Mittelweg gab es nicht. So bitter ist das Leben.[10]

Weil von Lawrence nur wenig Unterstützung kam, blieb Frieda mit ihren Gefühlen allein. Zu Beginn ihres Zusammenlebens verhielt er sich größtenteils noch mitfühlend, wie sie in *Nur der Wind ...* zugibt:

Dazwischen immer wieder Briefe und Tragödien. Ich war so sicher, daß ich meine Kinder nicht verlieren würde, aber endlich kam ein Brief meines Mannes, in dem er schrieb: »Wenn Du nicht nach Hause kommst, haben Deine Kinder keine Mutter mehr. Du darfst sie nicht wiedersehen.« Ich kam fast von Sinnen vor Schmerz. Aber Lawrence hielt mich, ich konnte ihn nicht mehr verlassen, er hatte mich nötiger als sie. Doch war ich wie eine Katze, der man die Jungen genommen hatte ... Ich fühlte die Trennung physisch, als ein Zerren in meinem Leib.[11]

Doch als ihre Trauer nicht weichen wollte, wurde Lawrence immer unduldsamer. Auf ihrer Reise aufs europäische Festland im Jahre 1912, als Friedas Schmerz über die Trennung von ihren Kinder noch frisch war und Weekley sie unter Druck setzte, indem er behauptete, er würde sie »bis zum Wahnsinn« lieben, sie niemals »gehen lassen« und die Kinder würden ihre Rückkehr herbeisehnen, gab es häufige Auseinandersetzungen, in denen Lawrence sich beschwerte, sie solle dem Trauern ein Ende machen. Frieda fragte darauf, ob er sie für eine dermaßen unnatürliche Mutter hielte.

... wieder wurden wir aus unserem paradiesischen Zustand geschleudert. Briefe kamen – das Leid, das wir andern getan, der Schmerz um meine Kinder stieg glühend heiß in mir auf.

Lawrence tröstete mich: »Sei nicht traurig, ich werde einen neuen Himmel und eine neue Erde für sie machen, weine nicht ...« Blieb ich untröstlich, wurde er wütend: »In Wirklichkeit liegt dir verdammt wenig an diesen Bälgern und ihnen nichts an dir!« Ich weinte, und wir zankten uns.[12]

Zwar begleitete Lawrence Frieda nach England, doch obwohl sie offensichtlich litt, nahm er keinen Anteil an ihren Versuchen, die Beziehung zu ihren Kindern wieder aufzunehmen. John Middleton Murry, der das Paar in London besuchte, meinte, allein schon die Erwähnung der Kinder hätte Frieda in Tränen ausbrechen lassen. Andere an Friedas Seite – David Garnett beispielsweise – empfanden Lawrence als wenig einfühlsam gegenüber ihrer Trauer, unfähig, sich

161

damit zu identifizieren, und eifersüchtig auf ihre Mutterliebe zu ihren Kindern. Frieda selbst erinnerte später ihre Tochter Barbara: »Vergiß nicht, wie eifersüchtig er (Lawrence) auf euch Kinder war!«[13] Er beklagte sich, neun Zehntel ihrer Liebe seien ihm nicht genug, er würde sich nur zufriedengeben, wenn er alles bekäme.

In einem Brief vom Februar 1914 erinnert sich Frieda: »Ich fand, in bezug auf die Kinder war er (Lawrence) garstig; er haßte mich, wenn ich traurig war, nicht einen Moment des Elends konnte er ertragen; er leugnete alles Leid und litt umso mehr, wie seine Mutter vor ihm; wie zankten wir uns darüber! Aus Rache sorgte ich mich nicht um sein Schreiben. Wenn er mein Leben und mein Leid nicht anerkennt, dann will ich seine Kunst auch nicht anerkennen … (aber jetzt) habe ich das Schlimmste überwunden, den schrecklichen Teil mit E. und den Kindern, und so kann ich mich freuen, wenn L. schreibt.«[14] Als Frieda ihre Erinnerungen *Nur der Wind …* verfaßte, sah sie den Ärger, den sie auf den inzwischen verstorbenen Lawrence verspürt hatte, in einem wesentlich milderen Licht: »Lawrence war immer mürrisch, wenn dieses Sehnen nach den Kindern auf mir lastete; doch es war nun einmal da, auch wenn ich wußte, daß er recht hatte; sie brauchten mich nicht mehr, sie lebten ihr eigenes Leben.«[15]

Lawrences Gedichte aus dieser Zeit, am auffälligsten jene aus der Anthologie *Look! We Have Come Through*, deuten darauf hin, daß er mehr mit seinen eigenen Gefühlen beschäftigt war als mit Friedas Trauer. Die selbstmitleidigen Titel – »Quite Forsaken« (Unendlich einsam), »Song of a Man Who Is Not Loved« (Ode an einen ungeliebten Mann), »A Bad Beginning« (Ein schlechter Anfang), »Why Does She Weep?« (Warum weint sie?) – lassen erkennen, wie groß sein Groll war, daß Frieda das Vergangene nicht abschütteln und all ihre Liebe einzig auf ihn richten konnte. Frieda befand sich in einem unlösbaren Konflikt. Während Weekley – und mit ihm seine Familie und die Gesellschaft – ihr ankreideten, sie sei keine richtige, sondern nur der Schatten einer Mutter, lautete Lawrences Vorwurf, daß sie ihren Kindern eine echte Mutter war und sich nicht damit zufriedengab, ihm eine symbolische zu sein.

Ihre schlimmsten Streitereien entzündeten sich an den Kindern.

Als Koteliansky, ein Freund von Lawrence, Frieda empfahl, sie solle endlich aufhören, den Kindern nachzutrauern, und sich Lawrence voll und ganz widmen, verließ sie das Haus und drohte, nie wieder zurückzukehren. Noch Jahre später, in Mexiko, fuhr Lawrence »wie von der Tarantel gestochen aus seinem Sessel hoch, als Frieda einer Freundin alte Fotos von den Kindern zeigen wollte, und zerriß sie«.[16] Frieda mußte lernen, ihre quälenden Gefühle vor ihm zu verbergen, und mit ihrer Trauer über den Verlust der Kinder allein fertigwerden.

Lawrences Einstellung wies gewisse Ähnlichkeiten zu der von Ibsen auf, wie sie sich in *Nora oder Ein Puppenheim* ausdrückt: Eine Frau sollte die Fesseln der Mutterschaft abschütteln und frei werden – alles, was ihre Freiheit einschränken könnte, einschließlich der Kinder, sollte sie hinter sich lassen. Lawrences Gedicht »She Looks Back« (Sie schaut zurück), das er im Mai 1912 in Beuerberg schrieb, zieht einen negativen Vergleich zwischen Frieda und Lots Weib. Er wirft ihr vor, daß sie zurückblickt, anstatt an seiner Seite in der Gegenwart aufzugehen. Das Gedicht endet mit einem eifersüchtigen Ausbruch, in dem er sie verflucht, weil er sich von ihr vernachlässigt fühlt: »Der Fluch gegen alle Mütter.«

Lawrence schrieb auch eine Kurzgeschichte über eine Mutter, die ihre Kinder verläßt – *Die Frau, die davonritt* ist einer der Prosatexte, gegen den die Feministin Kate Millet in *Sexus und Herrschaft* (1971) in ihrer Abrechnung mit D. H. Lawrence die schärfsten Einwände erhebt –, und hier zeigt sich die gleiche Art von Verunglimpfung. Die Heldin ist die amerikanische Frau eines Holländers, der in Mexiko eine Silbermine besitzt. Die (namenlose) Frau verläßt hoch zu Roß das Heim der Familie, um sich in einem Ritual der zeitgenössischen Nachkömmlinge eines präkolumbianischen Stammes selbst zu opfern. Die Mutter zeigt nicht die geringsten Gefühle für ihren Sohn und ihre Tochter, die sie zurückläßt, sondern widmet sich zielstrebig und ungerührt ihrer Leidenschaft und ihrem Tod. Kate Millett verurteilte den Text als ein Stück »sadistischer Pornographie«, sein Ende als gehässig und über alle Maßen strafend, indem die Frau »Lawrences phallischer Sekte« geopfert wird.

Die Frau, die davonritt wird gewöhnlich als rachsüchtiger Angriff auf Mabel Dodge Luhan interpretiert, doch man könnte die Geschichte auch als unbewußten Ausdruck von Lawrences negativen Gefühlen bezüglich Friedas Mutterschaft werten. Denn im Gegensatz zu den meisten Frauen in seiner Prosa liebte Frieda ihre Kinder, und sie konnte sie nicht so rasch aus ihrem Bewußtsein drängen, nachdem sie gegangen war. Um mit seiner umfassenden und intensiven Eifersucht fertigzuwerden, die Friedas Liebe zu ihren Kindern in ihm weckte, rächte sich Lawrence, indem er diese Liebe wegschrieb. Er leugnete, daß sie je existiert hatte, und reduzierte die Mutter auf eine verwegene und romantische Figur ohne Bindungen und Loyalitätskonflikt.

Lawrences Porträt einer Mutter, die geht, mag zum Teil als böse Antwort auf Frieda und ihre komplexe Beziehung zu ihren Kindern entwickelt worden sein. *Die Frau, die davonritt* ist eine (männliche) Phantasie von weiblicher Verantwortungslosigkeit und romantischer Freiheit, steht jedoch in krassem Widerspruch zu der verantwortungsbewußten und leidenden Figur, die Frieda verkörperte. In diesem Sinn hat Kate Milletts Vorwurf von emotionalem Sadismus durchaus seine Berechtigung: Lawrence haßte Friedas unerschütterliche Mutterliebe zu ihren drei Kindern und hätte – zumindest auf einer unbewußten Ebene, wie seine Geschichte enthüllt – alles getan, um sie aus ihr herauszureißen.

Frieda – die wußte, daß der offene Ausdruck ihrer Gefühle Lawrence nur weiter vor den Kopf stoßen würde – fand sich damit ab, ihre Trauer verbergen zu müssen. Er gestand, wie erleichtert er war, daß sie »ihre Schwierigkeiten mit den Kindern allmählich überwunden hatte«. Doch aus seinen Schriften des Jahres 1913 geht hervor, daß er in der Furcht lebte, nach ihrer Rückkehr nach England könnte sie zu den Kinder zurückgehen und mit ihnen zusammenbleiben. Es läßt sich nur schwer ausmalen, wie die Zukunft der Kinder ausgesehen hätte, wenn Frieda für sie das Sorgerecht hätte haben können. Wie wäre Lawrence mit der Rolle eines Stiefvaters im konkreten Alltag fertiggeworden? Hätte er seine Rivalität auf der Gefühlsebene unterdrücken oder sich mit den veränderten Lebensbedingungen abfinden können, die sich ergaben, wenn man mit drei Kindern auf engstem Raum zusammenwohnt?

Von dieser Zeit an war Friedas Kontakt zu ihren Kindern notgedrungen sporadisch, und ihre Liebe zu ihnen konnte nicht mehr offen geäußert werden, obwohl sie nie versiegte. Frieda bemühte sich ernstlich, die gute Beziehung zu ihnen durch Briefe und Besuche aufrechtzuerhalten, und ihre Korrespondenz blieb ihr Leben lang von Hinweisen durchsetzt, welche Freude sie in ihrer Anwesenheit empfand. Frieda war jedesmal erleichtert, wenn die Kinder den Wunsch äußerten, bei ihr zu sein, auch wenn dies bei Lawrence immer wieder zu Ausbrüchen seiner alten Eifersucht und seines Grolls führte. Auszüge aus ihren Briefen verdeutlichen, daß ihre Liebe über die Jahre hinweg Fortbestand hatte. Februar 1917: »Wenn wir nach Amerika fahren, komme ich nach London ... Möglicherweise kann ich die Kinder einen ganzen Tag sehen – vielleicht sogar länger.« September 1917: »Ich treffe mich mit den Kindern für eine halbe Stunde in der Kanzlei dieses schmierigen Rechtsanwalts: Ich bin sehr froh.« An Lady Cynthia Asquith 1917: »Ich sah die Kinder in der Kanzlei dieses garstigen Anwalts. Sie waren so unbefangen, wirklich ganz die alten. Es ließ mich mit großer Hoffnung zurück. Der Junge ist recht hübsch geworden, fast schon ein Jugendlicher, annähernd einsachtzig groß. Sie waren freundlich, fand ich. Ansonsten habe ich das Gefühl, daß die Welt L. und mich nicht gerade in ihre Arme geschlossen hat.« 1926: »Gestern ... trafen wir Monty ... Es war, als sei etwas aus ihm herausgebrochen, und es herrschten nur Freundlichkeit und Liebe – ohne Einschränkung ... Natürlich war es das, wonach ich mich immer gesehnt hatte ...« 1928: »Wir werden ein Leben in Verbindung führen.« Während des Krieges traf sie sich mit ihrem Sohn Monty und war erschrocken, daß er zum Kämpfen bereit war – selbst »gegen seine eigenen Verwandten«. Sie erbot sich, ihn zu verstecken, doch »er war empört«. In den Zwanzigern schrieb sie aus Italien: »Wir haben den zauberhaftesten toskanischen Frühling, und etwas in mir besteht darauf, geradezu selig vor Glück zu sein! Meine Tochter Barbara ist hier.« – »Wie werde ich mich freuen, wenn Barbara kommt ...« – »Meine Tochter Barbara wird mich begleiten; sie ist ein zauberhaftes Geschöpf ...«[18]

All diese persönlichen Aussagen bezeugen Frieda Lawrences tiefe Empfindungen und weisen darauf hin, wie ernsthaft ihre Versuche waren, trotz ihrer Abwesenheit eine gute Mutter zu sein. Dennoch sind selbst heutige Schriftstellerinnen nicht dagegen immun, Frieda im Verhältnis zu Lawrence zu vernachlässigen und ihr Verhalten in einem eher negativen Licht darzustellen. Elaine Feinsteins Buch *Lawrence's Women: The Intimate Life of D. H. Lawrence* (1993), in dem das Porträt von Frauen einmal wieder über den Umweg ihrer Beziehung zu erfolgreichen Männern gezeichnet wird (Frieda wird ganz unproblematisch als »die Magd, die seinem Genie zu Diensten war,« dargestellt), benutzt eine Ausdrucksweise, wie sie für den Umgang mit einer Mutter, die geht, typisch ist. Erneut werden wir dazu aufgefordert, uns mit den Kindern und der zurückgebliebenen Familie zu identifizieren – ein Kapitel beginnt mit dem Satz: »Die Folgen von Friedas Weggehen waren für die Familie Weekley verheerend ...« Und: »Lawrence war das einzige Kind, das sie nicht verlassen konnte.«[19]

Frieda wird hier in Begriffen geschildert, die sie unterschwellig verunglimpfen und diffamieren. Worte wie »verlassen« und »im Stich lassen« (die Frieda selbst nie benutzt hätte) nehmen uns wirksam gegen Friedas Gefühle und ihren Charakter ein. Dieser Effekt wird verstärkt durch eine herabsetzende Schilderung ihres Verhaltens im Haus und in der Sexualität. Wir erfahren (ohne ironischen Beiklang), daß es Lawrence war, der einen Großteil der Hausarbeit erledigen mußte, daß er Holz hackte und kochte, während Frieda im Bett blieb, »bis zum Mittagessen Zigaretten rauchte und Romane las« und »*herumlag* und sich bedienen ließ«. »Lawrence fing wieder an, morgens zu schreiben, während Frieda *herumlag und rauchte.*« – »... er behandelte sie mit freundlicher Nachsicht.« Und Frieda hatte »mehr als nur ein wenig Übergewicht«![20] (Hervorhebung von R. J.) Für eine starke und entschlossene Frau wird Frieda hier auf eine unangenehm herablassende Weise geschildert – und darüber hinaus als Frau von zweifelhafter Moral. Feinstein erzählt uns, Lawrence habe sich damit abfinden müssen, daß er ihr sexuell nicht vertrauen konnte, daß sie eine ganze Reihe von Liebhabern hatte und daß sie in späteren Jahren »Lawrence in seiner Krankheit mit einer gewissen Selbstsucht behandelte«.[21] Dies erweckt einen völlig anderen Eindruck von Frieda als der, den ihre eigenen Zeugnisse hervorrufen.

Die reinen Fakten von Friedas und Lawrences Leben stehen nicht zur Debatte, doch uns interessiert, auf welche Weise sie hier wiedergegeben werden – nämlich erneut aus männlicher Sicht. Die Art, wie die Ereignisse dargestellt werden, der Aufbau der Erzählung vermitteln uns ein Bild von Frieda, das viel negativer ausfällt als ihre eigene Darstellung, ein Bild, das noch immer dem Modell des viktorianischen Melodrams von einer Mutter, die ihre Kinder »im Stich läßt«, verhaftet ist. In Feinsteins Porträt von Frieda schwingt ein mißbilligender Unterton mit, als hätte sich Frieda gegen Lawrences »Genie« vergangen, indem sie faulenzte, während er versuchte, kreativ zu sein – eine Frau, die seiner moralisch überlegenen Stellung nicht würdig war.

Doch Frieda war eine starke Frau. Sie verfügte über so viel innere Kraft, daß sie den Klatsch, der die Abtrennung von ihrer Ehe begleitete, ignorieren konnte. Außerdem ließ sie ihre Kinder immer wieder wissen, daß sie sie liebte, der feindlichen Umgebung zum Trotz. In ihren Briefen drücken sich Entschlossenheit und Optimismus aus; selbst während des Zweiten Weltkriegs vertrat sie die Vorstellung von einer positiven und humanen Zukunft.

Gewiß, die Welt befindet sich im Chaos, doch seltsamerweise bin ich glücklich und voller Hoffnung, daß aus diesem Chaos etwas Neues entstehen wird. Ganz sicher hat die Menschheit immer noch große Möglichkeiten. Die Nazis werden an dem Schrecken zugrunde gehen, den sie verbreiten, und dann sind wir klüger und verfolgen das Gute in uns; und ein wunderbares Volk wird sich entwickeln. Es ist so schön, dieses Leben, in all dem Schrecken um uns herum scheint man seinen Wert viel mehr zu schätzen.[22]

Die Eigenschaft, die sie an Lawrence am meisten bewunderte – »Ich nannte es Liebe, doch es war etwas anderes – Bejahung« – diese Eigenschaft war in Frieda selbst in keinem geringen Ausmaß vorhanden. Sie war eine Frau, die an das Leben glaubte und die sich – allen Umständen, einschließlich der schmerzlichen Trennung von ihren Kindern zum Trotz – behauptete. 1954 konnte sie jubeln: »Nun ist zwischen ihnen und mir alles in Ordnung, ich bin so glücklich (ich klopfe auf Holz).« – »Ich bin eine glückliche alte Frau und liebe das Leben; jeder Augenblick ist ein Geschenk.« Von den Dreißigern bis zu ihrem Tod im August 1956 lebte sie mit Angelo Ravagli zusammen, einem Italiener, den sie 1950 heiratete, damit er nicht aus den Vereinigten Staaten ausgewiesen wurde. In einer Parallele zu Friedas Geschichte verließ Ravagli seine Frau und drei Kinder, um mit Frieda zu leben. Ihre gemeinsamen Jahre in Mexiko scheinen glücklich gewesen zu sein, ohne die ständigen (und von beiden Seiten verursachten) Reibereien, die Friedas Beziehung zu Lawrence geprägt hatten.

Nicht jede Mutter, die ihre Kinder verläßt, hat soviel Glück. Da Frieda aus einer wohlhabenden deutschen Aristokratenfamilie stammte und ihr erster Mann über ein solides Einkommen verfügte, brauchte sie sich – wie Ibsens Nora – um die materielle Sicherheit ihrer Kinder keine Sorgen zu machen. Sie wußte, daß sich nach ihrem Weggehen ein Kindermädchen um sie kümmern und für alle Aspekte ihres leiblichen Wohlergehens – Erziehung/Schule, Kleidung, Geld – mehr als reichlich gesorgt sein würde.

Auch findet nicht jede unglücklich verheiratete Frau einen so glücklichen Ausweg wie Frieda: nicht nur eine (wenn auch turbulente) dauerhafte Liebesbeziehung, sondern Reisen in alle Welt, mit Aufenthalten in Europa und Australien, bevor in Mexiko der endgültige Wohnsitz aufgeschlagen wurde. Hinzu kam der Ruhm, in zweiter Ehe mit einem Mann verheiratet zu sein, der zu den berühmtesten und umstrittensten Romanschriftstellern des zwanzigsten Jahrhunderts zählt.

Dennoch – obwohl Friedas Lebensumstände aus der Norm fielen und ihr Leben in vielerlei Hinsicht privilegiert war – unterscheidet sich ihre innere Entwicklung nicht wesentlich von der vieler anderer Mütter, die sich gezwungen fühlten, ihre Kinder zu verlassen. Sie bietet uns ein gutes Beispiel dafür, daß es möglich ist, die Trennung zu bewältigen – und die Beziehung zu den Kindern, allen Widrigkeiten zum Trotz, neu zu gestalten. In den folgenden Kapiteln berichten weniger berühmte Frauen, die den gleichen Kampf aufgenommen haben.

10

Der Tatort: Gestörte Familien

… eine Frau, die ihr eigenes Schicksal in seiner ganzen Tragik bewußt durchlitten hat, [wird] auch viel deutlicher und schneller das Leiden einer anderen spüren, auch wenn diese es noch überspielen muß. Sie wird über fremde Gefühle, egal welcher Art, nicht spotten können, wenn sie die eigenen ernst nehmen kann. Sie wird den Teufelskreis der Verachtung nicht mehr weiterdrehen.[1]

Alice Miller, *Das Drama des begabten Kindes*

Siobhan kommt aus einer Arbeiterfamilie in Nordirland und hat sich in ihrer Kindheit um die alkoholabhängige Mutter gekümmert. Die Sucht ihrer Mutter hat Siobhan so tief geprägt, daß sie sich später einen Ehemann suchte, dessen Bedürfnisse ziemlich genau denen ihrer Mutter entsprachen. Die resultierenden Schwierigkeiten waren so massiv – insbesondere während Siobhan in der Heimat ihres Mannes in der Dritten Welt lebte –, daß sie ihre Kinder dort lassen mußte, um zu überleben. Sie ist jetzt nach Nordirland, an den »Tatort« zurückgekehrt, um die Verletzungen ihrer Kindheit zu verarbeiten.

Siobhan erzählt die klassische Geschichte einer Frau, die versucht hat, eine gute Mutter zu sein – trotz aller widrigen Umstände und der zutiefst unbefriedigenden Eltern-Kind-Beziehung, die sie selbst erlebt hat. Ihr dreizehnjähriger Sohn und ihre siebenjährige Tochter leben noch auf Jamaika, und Siobhan hat keine Ahnung, wann sie die beiden wiedersehen wird. Das Ehepaar ist noch nicht geschieden.

Die Trennung von meinen Kindern war eine sehr verwickelte, komplizierte Angelegenheit; allem Anschein nach hatten sich viele Faktoren und Ereignisse verschworen, um sie herbeizuführen.

Ich muß mit meiner eigenen Geschichte anfangen, weil meiner Meinung nach die Bedingungen meiner Kindheit dafür verantwortlich sind, daß mein Leben so schlimm verlaufen ist. In allen meinen Beziehungen hat sich meine Beziehung zu meinen Eltern gespiegelt, das gilt teilweise noch heute. Ich glaube, daß das ganze Szenario – die Gründe dafür, daß ich diesen Mann und keinen anderen geheiratet habe – mit der Persönlichkeit zusammenhängt, zu der ich durch meine Geschichte geworden bin.

Das eine Thema, das meine Kindheit prägte, war die unglückliche Ehe meiner Eltern. Meine Mutter fing an zu trinken, als ich ungefähr zehn war, und im Lauf der Jahre wurde sie schwer alkoholabhängig und verhielt sich äußerst destruktiv. Ich glaube, sie hatte Liebhaber: Von einem weiß ich sicher. Mein Vater war genauso unglücklich und unfähig, mit seinen Gefühlen umzugehen; er erstickte seinen Ärger, ließ ihn aber an seinen Kindern aus – wir waren zu dritt –, indem er uns ständig mit demütigender, lebensverneinender Kritik überschüttete. Meine Schwester, die Älteste, weigerte sich von klein auf, sich für die negativen Gefühle unserer Eltern verantwortlich zu fühlen. Sie kämpfte gegen die Schuldgefühle an und heiratete jung. Sie führt eine gute Ehe und hat drei Kinder großgezogen.

Mein Bruder und ich hatten am meisten zu leiden, und folglich haben wir auch als Erwachsene weitergelitten und ein gestörtes Leben geführt. Mein Bruder ist alkoholabhängig, und obwohl er jünger ist als ich, war er schon dreimal verheiratet. Trotz vieler Versuche hatte ich nie eine unkomplizierte, liebevolle Beziehung. Jetzt bin ich fünfundvierzig, lebe allein und bin von den einzigen beiden Menschen getrennt, die ich je vorbehaltlos geliebt habe: meinen eigenen zwei Kindern.

Eine richtige Kindheit habe ich selbst nicht erlebt. Ich glaubte, für das Unglück meiner Eltern verantwortlich zu sein. Ich versuchte immer, so brav und gut zu sein, wie ich nur konnte, da ich vergeblich hoffte, ich könnte etwas tun, um meine Eltern glücklich zu machen. Ich war nicht viel älter als zehn Jahre, als ich die Verantwortung für die Familie übernahm: Ich kochte, putzte, wusch die Wäsche, kümmerte mich um meine Mutter und machte daneben noch meine Hausaufgaben und brachte ausgezeichnete Zeugnisse mit nach Hause. Der Alkoholkonsum meiner Mutter stieg, und sie kümmerte sich um nichts mehr. Wir brachten sie immer wieder in Pflegeheime und Krankenhäuser, damit sie von der Sucht wegkam, aber über kurz oder lang griff sie wieder zur Flasche. Wenn man mit einem

Alkoholiker zusammenlebt, hat man kein eigenes Leben mehr – alles dreht sich um ihn.

Ich hatte immer Angst, was ich vorfinden würde, wenn ich von der Schule nach Hause kam: Würde sie wieder betrunken sein? Wie schlimm? Währenddessen taten wir vor anderen Leuten so, als wäre alles in Ordnung, und deckten sie. Das Ganze war auf Täuschung und Verleugnung aufgebaut. Die Frage »Was soll ich heute mit meinem Tag anfangen?« stellte sich nicht. Der Alkoholismus ist dein ganzes Leben. Und dazu kam die ständige vernichtende Kritik, die noch den letzten Funken Leben in mir erstickte. Ich erinnere mich, daß ich mir jahrelang wünschte, sie würden diese Farce von einer Ehe beenden und sich scheiden lassen. Ich war angeekelt von der alten Lüge, man sollte »um der Kinder willen« zusammenbleiben. Und ich war entschlossen, meinen eigenen Kindern so etwas niemals anzutun.

Mit achtzehn war ich bereits depressiv, was mir aber nicht bewußt war. Ich hatte vorgehabt, eine Kunstschule zu besuchen, aber mein Vater wollte, daß ich auf die Universität ging, und das tat ich dann, um ihm eine Freude zu machen. Ich studierte Philosophie, was meinen Vater fast zur Verzweiflung brachte. Wahrscheinlich war das ein sanfter Protest dagegen, daß ich nicht machen konnte, was ich wirklich wollte. Nach vier unglücklichen Jahren schloß ich mein Studium ab und unterrichtete anschließend ein Jahr lang, aber ich fing eine destruktive Liebesbeziehung an und wurde magersüchtig. Inzwischen war ich von zu Hause ausgezogen, war aber gefühlsmäßig noch stark an meine Familie gebunden, also zog ich von Nordirland fort und ging nach London. Dort jobbte ich in Restaurants und putzte und besuchte Abendkurse in Aktzeichnen und Bildhauerei.

Als ich George, meinen künftigen Mann, kennenlernte, war ich achtundzwanzig. Er war damals vierundzwanzig und studierte Kunst am Goldsmith-College. Nach einer Reihe von hoffnungslosen Liebesbeziehungen steckte ich in der Krise, war sehr depressiv, dachte oft an Selbstmord und litt immer noch an den Eßstörungen, die angefangen hatten, als ich von zu Hause auszog. George war ebenfalls ein Therapiekandidat. Seine eigene Lebensgeschichte hatte zu enormen psychischen Problemen geführt, und er war, sowohl auf Jamaika als auch in London, schon bei mehreren Psychiatern gewesen. Am beziehungsreichsten schien mir, daß er mit achtzehn eine Überdosis LSD geschluckt hatte, an der er fast gestorben wäre.

171

Seitdem erlebte er immer wieder, etwa einmal im Jahr, Flashbacks, wurde vorübergehend ziemlich verrückt und mußte zur medikamentösen Behandlung ins Krankenhaus. Zu anderen Zeiten, wenn er »normal« war, konnte er charmant, witzig und recht liebevoll sein. Er war einfach bezaubernd und ziemlich exotisch; gutaussehend, mit schönen dunklen Augen, die Haare im Afro-Look der Siebziger, er kannte sich mit Kunst aus und hatte eine wunderschöne karibische Stimme. Und mit seinem Minenfeld ungelöster seelischer Probleme zog er mich natürlich magisch an.

Später wurde mir klar, daß ich in George einen Partner gefunden hatte, der meine Mutter ersetzte, um die ich mich als Kind so hingebungsvoll gekümmert hatte. Er war ein Mensch, der so viele Probleme hatte, daß ich meine eigenen darunter begraben konnte. Wir waren zwei Jahre befreundet, als George seine Ausbildung abschloß und nach Jamaika zurückkehren wollte: Als einziger Mann in der Mini-Dynastie einer Gutsbesitzerfamilie mußte er bereits Verantwortung übernehmen. Also ließ ich mein Land, meine Familie, potentielle Helfer, Berufsaussichten und Habseligkeiten zurück und ging mit diesem Mann, den ich kaum kannte, in eine fremde Kultur, in ein Land, daß Tausende von Kilometern entfernt war. Anfangs hatte ich vor, nur sechs Wochen in Jamaika zu bleiben, aber George und seine Mutter machten mir solche Schuldgefühle, daß ich mich bereit erklärte, dazubleiben und ihn zu heiraten. Daß ich ein Recht auf eigene Gefühle hatte, war mir nicht bewußt: Es schien mir nur natürlich, die Wünsche anderer Leute vor meine eigenen zu stellen.

Die Ehe hielt fünf Jahre, doch mit George zusammenzuleben war etwas ganz anderes, als ihn – so wie in London – nur am Wochenende zu sehen. Ich wußte, daß er psychisch nicht stabil war – ich hatte zwei seiner Zusammenbrüche miterlebt –, da ich aber ein ähnlich selbstzerstörerisches Verhalten von meiner Mutter her kannte, meinte ich, ich käme damit zurecht. Ich glaubte sogar, das sei Liebe, das völlige Aufopfern der eigenen Entwicklung und des eigenen Wohlergehens, um dieses menschliche Wrack gesundzupflegen. Aber sehr bald wurde mir klar, wie tief Georges Probleme gingen, die seine Familie vor mir verheimlicht hatte. Langsam durchschaute ich, wie er es verstand, andere durch seine »Zusammenbrüche« zu manipulieren: Wenn er das, was er wollte, nicht rechtzeitig bekam, drehte er durch. Alle wollten vermeiden, daß er durchdrehte, also wurden sie skrupellos manipuliert: Er war nicht zu bremsen. Seine Mutter und seine beiden Schwestern faßten George nur mit Samthandschuhen an, sie nahmen soviel Rücksicht auf seine Gefühle, als würden sie mit hochexplosivem Material umgehen.

Im Rückblick ist mir klar, daß ich George geheiratet habe, gerade weil ich ein ungutes Gefühl bei ihm hatte. Die Erfahrung mit meiner Mutter wiederholte sich voll und ganz. Ich glaubte, es sei mein Schicksal, für George genau dasselbe zu tun, was ich für sie getan hatte: Er gab zu, daß er mich dringend brauchte, und wie sie hatte er ausgesprochene Suchttendenzen. Er durfte keine Drogen nehmen und keinen Alkohol trinken, nicht einmal Tabak rauchen, damit dadurch kein LSD-Flashback ausgelöst wurde, aber es gab eine Droge, auf die er nach wie vor setzte: Sex. Bald wurde klar, daß ich sein »Suchtmittel« sein sollte.

Neun Monate nach unserer Hochzeit kam mein Sohn zur Welt, und alles wurde noch schlimmer. George hatte sich einen Sohn gewünscht. Sein eigener Vater war bei einem tragischen Unfall ums Leben gekommen, als George acht war, und etwas später im selben Jahr war sein Großvater gestorben. George war der einzige Sohn, und das Trauma dieser Todesfälle und die Angst, selbst jung zu sterben, hatten den starken Wunsch geweckt, einen männlichen Erben für den ansehnlichen Besitz der Familie in die Welt zu setzen. Als der kleine Sohn dann wirklich da war, sah alles natürlich ganz anders aus. George war extrem eifersüchtig auf Daniel und konnte sich nicht damit abfinden, daß ich mir für jemand anderen mehr Zeit nahm als für ihn.

Man sagt, wenn eine Frau ein Kind bekommt, ist sie sehr offen und sensibel für Grenzerfahrungen, und so war es auch bei Daniels Geburt. Ich hatte den starken Eindruck, daß ein Mensch aus alter Zeit wiedergekehrt war: Als Kind hatte Daniel immer etwas Ernstes an sich, wie ein älterer Mensch, und die einheimischen Jamaikaner gaben ihm den Spitznamen »Großvater«. Er war ein goldiges Kind, und ich liebte ihn aus der Tiefe meiner Seele. Zum erstenmal im Leben wußte ich, was Liebe ist. Durch seine Geburt kam es, daß ich mich zum erstenmal bedingungslos verliebt habe.

Deshalb war ich George gegenüber weniger offen, ich war oft müde und hatte weniger Interesse an Sex, und George reagierte mit Wutanfällen, bis er schließlich einen weiteren Zusammenbruch bekam. Jahre später kann man leicht gelassen darüber reden, aber damals, mitten in dem ganzen

Gefühlschaos, habe ich auch gelitten. Ich rauchte doppelt soviel wie gewöhnlich, war gesundheitlich angeschlagen und sehr mager. Ich war oft traurig und deprimiert, und das manifestierte sich als Müdigkeit. Ich glaube, ein Kind zu haben setzte viele problematische Gefühle aus meiner eigenen Kindheit frei, die ich nicht mehr ohne weiteres begraben konnte, indem ich mich um andere kümmerte.

Ich versuchte, mit George darüber zu sprechen, wie einsam und isoliert ich mich fühlte. Das Hausfrauendasein frustrierte mich, und ich konnte mich der jamaikanischen Kultur nur mit Mühe anpassen. Obwohl ich mein Kind liebte, hatte ich das Gefühl, ich würde mein Leben vertun: Ich war es gewohnt, Bücher und Kunst um mich zu haben, aber am Ende der Welt, wo wir wohnten, gab es nichts. Aus der Metropole London hatte es mich in die tiefste Provinz eines Dritte-Welt-Landes verschlagen, ohne Kultur, ohne gleichgesinnte Freunde. Mit meiner Ehe ging es schnell bergab, und ich gab ihr die Schuld an meinem Unglück. George meinte, täglich miteinander zu schlafen würde alle Wunden heilen. Ich mußte an die unglückliche Ehe meiner Eltern denken und fürchtete, mir könnte dasselbe Schicksal blühen, aber ich wollte nicht dieselben Fehler begehen wie meine Eltern, geschweige denn die Kinder einer Familiensituation aussetzen, wie ich sie erlebt hatte. Also dachte ich immer öfter daran wegzugehen.

Als Daniel vier war, bekam ich noch ein Baby – vielleicht ein letzter Versuch, die Ehe zu retten. Ich glaube, damals war mir nicht klar, was ich tat. Vor allem aber wußte ich nicht, was ich sonst versuchen sollte. Und ich wünschte mir noch ein Kind. Ich liebte Daniel so sehr, daß ich mir übertriebene Sorgen um ihn machte, und ich wollte, daß er einen Spielgefährten hatte. Aber bei diesem Baby war es anders. Zu Daniel gab es eine Abgrenzung: Er war ein Junge, der Geschlechtsunterschied erinnerte mich daran, daß er nicht ich war. Mein zweites Kind aber war ein kleines Mädchen, wie ich, und wenn ich sie anschaute, verschmolzen wir geradezu miteinander. Sie war ein unheimlich hübsches Baby, man konnte den Blick nicht von ihr wenden, und ich erinnere mich, wie ich ihr in die Augen schaute und sie minutenlang meinen Blick erwiderte. Noch mehr als Daniel brachte sie Emotionen, Gefühle aus meiner Kindheit an die Oberfläche, die sich nicht mehr unterdrücken ließen.

Ich brauchte Zeit für mich, um zu versuchen, dieses innere Chaos zu ordnen, und der Wunsch, von George und seinen emotionalen Forderungen wegzukommen, wurde immer stärker. Schließlich ging es mir nur noch darum, nicht selbst verrückt zu werden. Deshalb packte ich – Ruby war erst drei Monate alt – ein paar Sachen in mein Auto und zog aus. Die Kinder nahm ich mit. Ich hatte Arbeit gefunden und ein Haus gemietet: Ich meinte, ich könnte mich schon allein durchschlagen.

Wieder sah die Realität ganz anders aus als mein Traum. Ich dachte, wenn ich George verließe, würde sich mein eigenes Unglück auflösen. Ein wenig besser wurde es auch – es war eine Erleichterung, allein zu sein; ich mußte nicht mehr ständig an ihn denken – aber meine Arbeit stellte hohe Anforderungen, und es wuchs mir alles über den Kopf. Ich hatte keine Erfahrung darin, meine Angelegenheiten selbst zu regeln, und stand nun in einem fremden Land mit zwei kleinen Kindern allein da. Ich verdiente kaum genug, um uns über Wasser zu halten, und mußte noch ein Kindermädchen bezahlen, das sich um die Kleinen kümmerte. Ich tat mein Bestes, um allein zurechtzukommen, aber die Situation wurde immer schlimmer, und nach ungefähr einem Jahr erreichte die Krise ihren Höhepunkt.

Es ging rapide bergab, nachdem ich mein Auto zu Schrott gefahren hatte. Unglücklicherweise war die Versicherung gerade abgelaufen, und ich hatte kein Geld für die fällige Prämie. Der Wagen war für meine Arbeit unentbehrlich: Ohne Auto konnte ich praktisch nicht mehr arbeiten, denn die öffentlichen Verkehrsmittel in Jamaika sind ein Alptraum. Folglich verlor ich kurz nach dem Unfall meinen Job. Und da mir mein Chef alle Möbel im Haus geliehen hatte, einschließlich Kühlschrank und Herd, war die Einrichtung auch futsch. Die Krise spitzte sich zu, als mir in der schlimmsten Nacht meines Lebens klar wurde, daß ich nichts mehr besaß – ich hatte keine Arbeit, kein Geld, keinen Unterhalt von George, keine eigene Familie, die mir helfen konnte, und nun auch keine Möbel mehr. Meinen zwei kleinen Kindern konnte ich gerade noch ein Dach über dem Kopf bieten. Ich fühlte mich als absoluter Versager.

Als ich am Abend nach meiner Entlassung nach Hause kam, war ich mit meinem Latein am Ende und brauchte dringend Ruhe. Obwohl ich sie anflehte zu bleiben, meinte das Kindermädchen, das eigentlich bei uns wohnte, sie müsse diesen Abend fort. Ich blieb mit den beiden Kindern allein, und Ruby war besonders unruhig. Sie wollte einfach nicht einschlafen. Ich ging mit ihr auf und ab und betete, daß sie zur Ruhe käme, aber sie schrie unaufhörlich..Schließlich brannte bei mir eine Sicherung durch und ich schlug sie – sehr fest. Ich werde nie, niemals vergessen, was ich ihr da angetan habe. Sie war so winzig, so verletzlich, aber ich konnte ihr Schreien einfach nicht mehr ertragen. Schließlich litt ich auch – körperlich, geistig und seelisch. Ich glaube nicht, daß es schlimmer war als das, was viele andere Mütter Kindern antun, trotzdem kann ich es mir nie verzeihen, nicht einmal heute. Ich hatte Angst vor meiner Grausamkeit. Ich glaube, damals kam ich zu dem Schluß, daß ich als Mutter ungeeignet war.

Kurze Zeit nach diesem Vorfall packte ich die Sachen der Kinder zusammen und bat ihren Vater, sie abzuholen. Er hatte ein Haus und Arbeit und keine finanziellen Probleme. Ich machte mir Sorgen, weil sie ohne Vater aufwuchsen, und hatte Schuldgefühle, weil ich sie so lange Zeit bei einem Kindermädchen ließ. Und da mein Geld kaum zum Leben reichte, fürchtete ich, daß unsere Zukunft nicht besonders rosig aussehen würde. All das gab mir das Gefühl, als Mutter zu versagen. Ihr Vater würde materiell besser für sie sorgen können.

Damals sagte ich mir, es sei nur vorübergehend, ich würde sie zurückholen, wenn ich finanziell wieder auf die Beine käme. Aber in Jamaika gibt es keine Unterstützung vom Staat wie bei uns: Wenn man erst einmal unten ist, wird es umso schwieriger, sich wieder hochzuarbeiten. Außerdem hatte ich unterschätzt, wozu George fähig ist, wenn er sich rächen will. Er hielt mich von den Kindern fern, so gut er konnte, und schickte schließlich beide zu seiner Mutter. Sie lebte viel weiter von mir entfernt, und es wurde praktisch unmöglich, die Kinder überhaupt noch zu besuchen. Seit dieser Zeit leben die beiden bei ihr.

Ich wechselte häufig den Arbeitsplatz, versuchte, genug Geld zum Leben zu verdienen, und hoffte, ich würde die Kinder irgendwie zurückbekommen. Aber durch den Streß wurde ich krank, und schließlich stand ich da, arbeitslos, obdachlos, in einem fremden Land, und es gab niemanden, der mir geholfen hätte. Es endete im heulenden Elend. Widerwillig kehrte ich nach Nordirland zurück. Ich hatte immer vorgehabt, zurückzugehen, sobald ich konnte. Nun sind es schon fast vier Jahre, seit ich meine Kinder zuletzt gesehen habe. Seit meiner Abreise telefoniere ich regelmäßig mit ihnen, aber meine Beziehung zu ihnen hat im Laufe der Jahre gelitten. Meine Tochter, die jüngere von den beiden, hat mich nie richtig kennengelernt, also bin ich fast eine Fremde für sie.

Bei jeder Wendung der Ereignisse gab ich mir die Schuld an dem, was passiert war. Nach allem, was ich bis dahin erlebt hatte, wagte ich nicht zu hoffen, ich hätte etwas Besseres verdient. Vielleicht glaubte ich im tiefsten Herzen, daß ich nur geboren war, um Leid und Verluste zu ertragen – als hätte ich damit gerechnet, die Menschen, die ich liebte, zu verlieren, und mich stillschweigend mit dem verrückten Naturgesetz abgefunden, das den Gang der Dinge festlegte.

Es klingt düster, aber so war es. Als ich aus Jamaika zurückkehrte, weinte ich die erste Zeit Tag und Nacht ununterbrochen. Und das war nur der Anfang vom Schmerz über die Trennung von meinen Kindern, der mich jahrelang gequält hat. Aber allmählich komme ich darüber hinweg. Ich bin nach Nordirland zurückgekehrt, an den Tatort – den Schauplatz des Verbrechens, wenn man so will –, um endlich mein eigenes Leben in Ordnung zu bringen. Da stehe ich nun und versuche, meine Vergangenheit zu bewältigen. Ich war ein mißhandeltes, vernachlässigtes, unter Liebesentzug leidendes Kind: nicht körperlich, sondern seelisch mißhandelt. Innerlich bin ich immer noch dieses Kind.

Leider hilft es nicht viel, wenn man sich entschließt, die eigenen Kinder nicht so zu verletzen, wie man selbst verletzt wurde. Die Lektionen, die wir gelernt haben, sitzen tiefer und wirken stärker als solche Entscheidungen. Es ist schwer, das Gelernte zu vergessen und das Leben anders anzupacken. Die Menschen klammern sich an das, was sie haben, auch wenn es nicht viel taugt. Meine Tragödie war, daß ich mich nicht mehr daran klammern konnte und losgelassen habe. Andernfalls würde ich immer noch dasselbe alte Zeug weitergeben, statt mich zu verändern. Ich glaube, etwas in mir hatte Angst davor, Mutter zu sein, weil ich fürchtete, ich würde das, was ich als Kind erlebt habe, an meine Kinder weitergeben. Wahrscheinlich wollte ich das vermeiden, als ich wegging, aber praktisch habe ich das gleiche getan, nur auf andere Weise. Man könnte sagen, ich habe meine Kinder verlassen, genauso wie meine Mutter mich seelisch verlassen hat.

Meine Erfahrung ist nicht unbedingt außergewöhnlich, aber sie ist extrem. Ich glaube, es gibt viele Frauen – und Männer –, die an den Erfahrungen ihrer Kindheit noch als Erwachsene schrecklich leiden. Aber sie haben sich nicht solchen Extremsituationen ausgesetzt wie ich und kommen mit dem Leben zurecht, so wie sie sind. Doch ich wollte aus dem Muster, nach dem man seine Erfahrungen weitergibt, und aus dem Kreislauf des Leidens ausbrechen.

Bisher ist das viel schwerer gewesen, als ich gedacht hatte, obwohl es langsam besser wird. Ich schließe gerade meine Ausbildung als Journalistin ab und habe gute Freunde gefunden. Vor zwei Jahren haben wir eine Frauengruppe gegründet, die immer noch gut läuft. Ich habe eine Gruppentherapie gemacht, Rebirthing und Einzeltherapie. Außerdem habe ich Bücher über alles gelesen: über gestörte Familien, Anorexie, Eßzwang, Alkoholismus, Abhängigkeit, Koabhängigkeit. Wenn Frauen zu sehr lieben hat mir geholfen, meinen eigenen Schmerz besser zu verstehen. Und Literatur: ein Buch, das mir sofort einfällt, ist Ich weiß, daß der gefangene Vogel singt von Maya Angelou. Es ist das Porträt eines Opfers, das aber am Ende seinen Weg macht.

Durch die Trennung von meinen Kindern war ich gezwungen, mein Leben in Ordnung zu bringen, und ich glaube wirklich, daß dies ein positiver Aspekt ist. Manchmal könnte ich verzweifeln vor Sehnsucht nach ihnen – es vergeht kein Tag, an dem ich nicht an sie denke – und oft muß ich über meinen Verlust weinen. Doch mittlerweile habe ich auch etwas Hoffnung. Eines Tages werde ich eine Möglichkeit finden, nach Jamaika zurückzukehren: Ich glaube, wenn meine Wunden verheilt sind, gehe ich zurück.

11

In der Zwickmühle: Körperliche
und seelische Mißhandlung

Gehen. Das Ende einer Ehe. Komisch, daß immer der die Schuld bekommt, der den anderen verläßt. Daß der die ganze Verantwortung auf
sich nimmt, als Versager dasteht. Doch wenn ein Mann die Ehe beendet, dann wird er irgendwie wieder zu einem begehrten Junggesellen
und erntet auch noch Mitgefühl. Hat eine interessante Vergangenheit.
Doch einer Frau, die Schluß macht … geht man lieber aus dem Weg.
Aber spüren Männer nicht den gleichen Schmerz wie Frauen, wenn sie
ihre Kinder verlassen? Ich habe schon jetzt eine dunkle Ahnung, wie es
mir wehtun wird, wenn ich die meinen verlasse, wie ich bluten werde.
Aber ich sehe keine Möglichkeit, bei ihnen zu bleiben und zu überleben.

Sheila Holligon, House of Gingerbread

Caroline lebt mit ihrem Partner Jan und ihrer zwanzig Monate
alten Tochter Isla in einer Sozialwohnung im Südosten Londons. Mit
ihrem geschiedenen Mann Christopher hatte sie vier Kinder: zwei
Söhne, neunzehn und siebzehn Jahre alt, und zwei Töchter im Alter
von dreizehn und zehn Jahren. Ihr Exmann wohnt mit dem jüngeren
Sohn und den beiden Töchtern in Hull; zwei Jahre zuvor war ihm
das Sorgerecht zugesprochen worden. Carolines wiederholte Versuche, die jüngeren Kinder zu sich zu holen, sind immer wieder an der
Wohnungsfrage und rechtlichen Auseinandersetzungen gescheitert.
Wir trafen uns im März 1992, zwei Wochen nach einem Gerichtsverfahren, in dem es um ihren Anspruch auf Sorgerecht und die ge-
setzliche Absicherung des Besuchsrechts ging.

Ihre Geschichte ist symptomatisch für die Erlebnisse vieler

Frauen, die gehen: eine Ehe, geprägt von körperlicher, emotionaler oder psychischer Grausamkeit, die Trennung, um dem zu entfliehen – und dann Schuldzuweisungen wegen böswilligen Verlassens. Meistens werden diese Probleme dadurch verschärft, daß das Einkommen der Frauen (oder die Sozialhilfe) nicht ausreicht, um eine große Wohnung zu mieten, in der auch die Kinder untergebracht werden können. Und im Laufe der Zeit entsteht schließlich der Eindruck, daß der Status quo, also die Tatsache, daß die Kinder beim Vater leben, geschützt und erhalten werden muß.

Wenn die Mutter kein Sorgerecht hat, versucht der Vater darüber hinaus häufig, den Kontakt zu den Kindern zu verhindern und die Kinder gegen die Mutter aufzuhetzen.[1]

Ich fange mit dem letzten Wochenende an, als wir die Mädchen bei uns hatten. Ich fuhr nach Hull, um sie abzuholen. Eine Fahrt von drei Stunden hin und drei zurück. Also nahm ich den Zug um neun Uhr vierzig, der um zwölf Uhr dreißig in Hull ankommt, und fuhr um halb zwei wieder zurück nach London. Glücklicherweise gab es diesmal nicht das übliche Gerangel – Werden sie kommen? Er wird sie doch lassen, oder? –, weil ich jetzt endlich vom Gericht ein gesichertes Besuchsrecht habe. In gewisser Weise wird dadurch die Situation leichter, weil er mit meinen Besuchen bei den Kindern kein Spielchen mehr treiben kann. Aber sobald das Gericht eine Entscheidung getroffen hat, steht dir auch ständig vor Augen, daß er derjenige ist, der das Sorgerecht und die Verantwortung hat. Dadurch wurde klargestellt, daß er die Macht hat und ich nur das Besuchsrecht. Acht Wochen im Jahr. Ich bin ganz schön hin und her gerissen: einerseits erleichtert, daß das Gericht mein Besuchsrecht endlich gesichert hat, aber gleichzeitig auch verbittert und wütend.

Daß ich meine Kinder in Hull bei meinem Exmann zurückließ, lag daran, daß ich in London zu Anfang keine Wohnung finden konnte. Das ist ja weiter nichts Ungewöhnliches. Gewiß hatte ich vieles falsch gemacht, aber ein Großteil lag auch an den Umständen und der Gleichgültigkeit der anderen – meinem früheren Rechtsanwalt zum Beispiel – und dem langwierigen und entnervenden Kampf mit dem Lambeth Council (Bezirksverwaltung von London, zuständig für die Vergabe von Sozialwohnungen, A. d. Ü).

Ursprünglich war ich Ende 1986 nach London gekommen, um einige Kurse zur Wiedereingliederung von Lehrern zu besuchen. Eigentlich hatte ich keine andere Wahl, ich mußte zur Weiterbildung nach London, denn die Kurse wurden nur dort angeboten. Es galt damals als abgemachte Sache, daß ich meine Ausbildung in London abschließe und mir mit meiner Qualifikation dann irgendwo eine Stelle suche. Allerdings war meine Ehe in den drei Jahren davor schon so schwierig geworden, daß wir uns nur noch angifteten. Mit der Zeit war immer deutlicher geworden, daß uns nur noch wenig verband – vor allem wegen der kulturellen Unterschiede (er kam aus einem Bergwerksstädtchen im Nordosten). Allmählich trennten uns Welten, besonders nachdem wir wieder in den Norden gezogen waren. Nach meinem Kunststudium wollte ich promovieren, aber ich bekam kein Stipendium. Es ging nicht. Und das Geld für die Studiengebühren konnte ich nicht aufbringen. Christopher wiederum konnte nicht verstehen, warum ich nicht so etwas Nützliches wie Informatik studiert hatte. Er fragte mich, welchen tollen Job ich mit all meinen Zeugnissen wohl ergattern würde …

Also kam ich allein nach London und wohnte in einem Wohnheim in Roehampton. Ich konnte erst mal aufatmen. Die Kurse waren zwar anstrengend, aber ich hatte endlich auch die Zeit, alles genau zu überdenken. Im Prinzip war es so, daß Christopher mich nicht zurückhaben wollte, und mir wurde klar, daß ich die Aussicht, zu ihm zurückzukehren, nicht ertragen konnte. Nach außen hin sah es so aus, als sei ich nur wegen der Ausbildung nach London gekommen, doch im Grunde ging es um ganz andere Dinge. In den Ferien fuhr ich nach Hull, einen Monat zu Weihnachten und einen zu Ostern, aber es wurde immer schlimmer. Wenn ich zu Hause anrief, sprach Christopher nicht mit mir; er beantwortete nicht einmal meine Briefe. Als der Kurs zu Ende ging, sagte er, er wollte nicht, daß ich zurückkomme – oder nur dann, wenn ich mich so verhielte, wie er es sich vorstellte. Und seine Bedingungen waren nicht akzeptabel. Trotzdem ging ich zurück, aber nach vier oder fünf Wochen kam es zum Knall.

Als ich im August 1987 nach London zurückkehrte, war ich durcheinander und völlig verzweifelt. Jetzt stand nicht mehr zur Debatte, die Sache in Ruhe zu durchdenken. Er hatte mich buchstäblich rausgeworfen. Natürlich hätte ich sagen können, ich bleibe, geh du doch, und ihn durch eine einstweilige Verfügung zum Ausziehen zwingen können. Aber das hätte so viel Streiterei bedeutet, und im Endeffekt wäre er dann doch nicht gegangen. Außerdem hätte ich in Hull ohnehin keine Arbeit gefunden. Ich wollte einen Schlußstrich unter die Sache ziehen, die für die Kinder genauso schlecht war wie für mich, denn ich ging da praktisch vor die Hunde.

Dann mußte ich feststellen, daß die Wohnungsnot in London schlimmer war, als ich gedacht hatte. Gegen Ende meines ersten Jahres in London lernte ich Ian kennen. Er gab mir einen zusätzlichen Anstoß und machte es mir leichter, den Schlußstrich zu ziehen, aber er war nicht der Grund für die Trennung. Im Oktober 1987 zogen wir zusammen und wohnten in den nächsten zwei bis drei Jahren in verschiedenen möblierten Zimmern, die Übergangslösungen waren und in denen ich die Kinder natürlich nicht unterbringen konnte. Ich hatte eine Teilzeitstelle als Lehrerin und arbeitete mit Ian zusammen, der damals in Southwark auf Honorarbasis in verschiedenen Schulen unterrichtete. Mit den Kindern war noch immer keine Lösung in Sicht. Mein Rechtsanwalt meinte, er könne nichts unternehmen, solange ich das Wohnungsproblem nicht gelöst hätte. Doch das Wohnungsproblem konnte ich nicht lösen, ohne daß die Kinder da waren. Im Lambeth Council hieß es zuerst, ich hätte Anspruch auf Wohnraum für die Kinder, und später machten sie wieder einen Rückzieher. Und alles Geld, das ich hatte, steckte in dem Haus in Hull, das ich natürlich nicht verkaufen konnte. Die Wohnungsfrage war also das größte Problem.

Außerdem durfte ich die frühere gemeinsame Wohnung nicht mehr betreten, nicht einmal, wenn ich nach Hull fuhr, um die Kinder zu besuchen. Meine Briefe wurden abgefangen. Einschreibebriefe an meine Töchter kamen zurück. Ich hatte nur eine einzige Möglichkeit, sie zu sehen, und zwar im Haus meiner Eltern – über den 600 Kilometer langen Umweg nach Edinburgh. Meine Mutter holte die Kinder ab, oder sie fuhren zu ihr, und wir trafen uns dann bei ihr. Sie war in einer schwierigen Position und gab sich alle Mühe, Christopher nicht vor den Kopf zu stoßen, damit er ihr nicht auch noch verbot, die Kinder zu sehen. Meist lief mein Kontakt zu Christopher über sie – es war eine schreckliche Dreiecksbeziehung. Im ersten Jahr war die Verbindung noch nicht ganz abgerissen – die Kinder kamen zu uns nach London, immer nur eins nach dem anderen, weil wir nicht genügend Platz hatten! Jedes kam in den Ferien für ein paar Tage oder Wochen zu uns, und anschließend fuhr ich nach Edinburgh, um mit *allen gemeinsam zusammenzusein. Meine Beziehung zu meinen beiden Söhnen hatte sich allmählich erholt, obwohl sie seitdem leider wieder schlechter geworden ist, weil Christopher dazwischengefunkt hat.*

Währenddessen versuchte ich, die Scheidung durchzusetzen. Mein Mann wollte von Scheidung nichts wissen und verzögerte das Verfahren. Dann lernte er 1989 eine andere kennen und änderte seine Meinung. Immer mußten alle nach seiner Pfeife tanzen. Er benutzte die Kinder als Waffe gegen mich, deshalb sorgte er dafür, daß ich sie nicht sehen konnte. Auf diese Weise wollte er sich an mir rächen. Die Verbindung zu ihm riß völlig ab, er antwortete nicht einmal mehr auf die Briefe meines Rechtsanwalts. Wenn ich anrief, wurde ich beschimpft. Am liebsten wäre es ihm gewesen, wenn ich einfach verschwunden wäre, ohne ihn weiter zu stören. Er hingegen hat ein emotionales Druckmittel, das er auch heute noch gegen mich verwenden kann.

Jahrelang verfolgte er die Politik »Steter Tropfen höhlt den Stein«, indem er mir immer wieder vorwarf, ich sei ein schrecklicher Mensch, eine schlechte Mutter. Er untergrub mein Selbstwertgefühl in jeder Hinsicht, und als ich dann ging, war ich soweit, daß ich mir überhaupt nichts mehr zutraute, weder als Lehrerin noch als Mutter, nicht einmal als Mensch. Nachdem ich Ian kennengelernt und das Baby bekommen hatte, verhielt er sich sogar noch feindseliger.

Als die Scheidung durch war, verkaufte Christophers Freundin ihr Haus und zog mit ihren beiden Kindern, die etwa im gleichen Alter sind wie unsere Töchter, zu Christopher. Doch durch seine neue Beziehung schien sich sein Haß und seine Wut auf mich nur noch zu verstärken. Nicht einmal der Verhandlungstermin zu unserer Scheidung wurde mir mitgeteilt, und er brachte es fertig, das Sorgerecht zu erstreiten, ohne daß ich davon wußte. Ich verstehe immer noch nicht, wie das passieren konnte; das Gericht hat mehrmals erklärt, mein Rechtsanwalt sei informiert worden, doch der behauptet steif und fest, er habe nie eine Nachricht bekommen. Da mein Rechtsanwalt mich nicht informiert hatte, war ich auch nicht im Bilde. Und der Rechtsanwalt hackte ständig auf der Wohnungsfrage herum. Mittlerweile weiß ich mehr über das betreffende Anwaltsbüro, und ich könnte mich in den Hintern treten, daß ich nicht schon früher den Rechtsanwalt gewechselt habe. Seine Nachlässigkeit hat die Situation bestimmt noch verschlimmert.

Dann fand ich einen guten Rechtsanwalt und focht die Sorgerechtsentscheidung an. Aber ich prallte an die Res judicata – das heißt, die einmal von einem Richter getroffene Entscheidung war rechtskräftig und konnte zunächst nicht mehr revidiert werden. Schließlich konnte ich durchsetzen, daß der Fall wiederaufgenommen wurde, aber es dauerte allein achtzehn Monate, bis ich endlich einen Verhandlungstermin bekam.

1990 zogen wir in diese Wohnung, ironischerweise nur wenige Monate nachdem Christopher das Sorgerecht zugesprochen bekommen hatte. Bis zu diesem Urteil hätte ich die Kinder zu mir geholt, wenn wir auch nur eine halbwegs akzeptable Unterkunft gehabt hätten. Nun, wo wir endlich eine passende Wohnung hatten, durfte ich das nicht mehr. Selbst mit einer Übergangswohnung wären wir vorher in einer besseren Position gewesen. Anschließend machte die Verwaltung von Lambeth eine Kehrtwende und meinte: Wenn Sie nicht das Sorgerecht haben, können wir die Kinder in der Zuteilung von Wohnraum auch nicht mehr berücksichtigen. In genau dieser Zwickmühle stecke ich seit vier Jahren. Am liebsten würde ich ihnen entgegnen: Wer ist denn schuld, daß ich kein Sorgerecht habe?

Bis jetzt stand die alte Gesetzgebung gegen mich. Im Oktober wurde der neue Children's Act erlassen, aber weil ich das ganze Verfahren nach dem alten Recht angefangen hatte, konnte nicht mittendrin nach der neuen Rechtslage weiterverhandelt werden. Nun ist alles nichtig, und ich kann unter dem neuen Gesetz eine Wiederaufnahme beantragen. Im April gibt es ein neues Verfahren über die Vermögenswerte, das Haus und den übrigen Besitz, den ich dort noch habe.

Manche Leute hätten wahrscheinlich schon längst aufgegeben, aber ich kann Ungerechtigkeit nicht ertragen. Das ist kein Selbstmitleid, sondern Auflehnung gegen die Ungerechtigkeit. Außerdem geht es mir um eine meiner Töchter, die unglücklich ist und bei uns leben möchte. Niemand hört auf das, was die Kinder sagen. Die Beamten vom Sozialamt hatten schon von Anfang an eine vorgefaßte Meinung – sie kamen nicht einmal zu mir oder machten einen Besuch, als die Kinder da waren. Sie gingen einfach davon aus, die Kinder hätten sich in Hull eingewöhnt, weil inzwischen schon soviel Zeit verstrichen war. Es dauert lange, bis man vor Gericht etwas durchbringt, und wenn es dann so weit ist, wird behauptet, die Kinder hätten sich eingewöhnt. Man dürfte sie nicht mehr stören und aus ihrer gewohnten Umgebung herausreißen. Wieder eine Zwickmühle.

Außerdem wird eine Frau, die »ihren Mann verlassen« hat, in Hull noch immer verteufelt, vor allem von seiten der Sozialarbeiter. Dort wird solch ein Kampf nach anderen Spielregeln ausgetragen als in London – ich muß mich gegen eine sehr engstirnige Denkweise behaupten. Ich hatte den Eindruck, daß sie gegen mich voreingenommen waren, und diese Ungerechtigkeit stört mich. Der ganze Prozeß war von Vorurteilen bestimmt, und ich hatte nie die Möglichkeit, etwas zu meiner Verteidigung vorzubringen.

Aber der Richter bei meinem letzten Verfahren war sehr gut. Er beschloß, den Fall ohne Vorbehalte abzuweisen, und das heißt, daß ich die Wiederaufnahme unter dem neuen Gesetz beantragen kann: Im nächsten Jahr wird neu verhandelt, und dann wird man auch die Meinung der Kinder hören. Aber das bedeutet noch ein weiteres Jahr bei ihrem Vater, und in dieser Zeit kann er ihnen noch manches einreden. Ich habe keinen Einfluß auf das, was sie tun, auf ihren Lebensstil. Meine ältere Tochter ist inzwischen auf der höheren Schule und wird von der Aussicht, die Schule zu wechseln, sicher nicht begeistert sein. Ein Jahr mit garantiertem Besuchsrecht. Das meinte ich, als ich zu Anfang von meinen gemischten Gefühlen sprach. Es war keine Niederlage, aber ein Sieg war es auch nicht. Sicher kann das neue Gesetz Frauen in meiner Lage helfen, und vielleicht wird sich etwas ändern. Aber das Gesetz kann nicht bewirken, daß dieses irrationale Verhalten aufhört oder daß andere sich kooperativ verhalten – man kann den Leuten nicht per Gesetz bestimmte Gefühle verordnen.

Das neue Baby hat mir enorm geholfen, obwohl es in keiner Weise ein Ersatz sein kann. Sie stammt aus meiner eigenständigen Beziehung zu Ian. Aber gleichzeitig habe ich wegen allem, was geschehen ist, furchtbare Angst um sie. Alles muß hundertprozentig stimmen. Ich muß in den Augen der anderen als perfekte Mutter dastehen. Isla ist jetzt zwanzig Monate alt, und ich bin den ganzen Tag für sie da. Als Lehrerin arbeite ich im Augenblick nicht wieder, obwohl ich es könnte, denn schließlich habe ich mittlerweile die nötigen Abschlüsse und die Erfahrung. Gegenwärtig genieße ich es, mit ihr zusammen zu sein. Es macht mir Spaß, obwohl ich mich auch immer unter Druck fühle, weil ich absolut alles richtig machen will.

Wenn die Mädchen hier bei mir sind, dann übertreibe ich es oft. Es kommt mir unwirklich vor. Uns bleibt so wenig Zeit, daß ich manchmal das Gefühl habe, ich wäre eine Aufziehpuppe, die Mutter spielt. Unsere

Mutter-Tochter-Beziehung ist noch immer da, sie ist von den Vorfällen nicht allzusehr beschädigt worden. Aber ich übertreibe es oft, ich bin überfürsorglich, will mich die ganze Zeit nur von meiner besten Seite zeigen, um sie für das Vergangene zu entschädigen. Ich kann ihnen nichts verbieten, und ich hoffe nur, das gibt sich wieder. Und wenn ich mit den Mädchen etwas unternehme, schwimmen oder einkaufen gehe, würde ich am liebsten in Tränen ausbrechen, weil das so normal ist. Wir sehen dann aus wie eine »normale« Familie, und dabei sind wir das gar nicht. Meinen Schmerz darüber mußte ich gründlich verdrängen, um überhaupt damit fertig zu werden.

Die Mädchen haben eine prächtige Beziehung zu Ian und auch zu Isla. Sie vergöttern das Baby. Aber sie haben auch mit einigen schwierigen Gefühlen zu kämpfen. Sie konnten uns nicht gleich nach Islas Geburt besuchen, und die Mädchen haben so wenig von der Kleinen. Also bleibt da eine gewisse Trauer, daß Isla nicht mit ihren Schwestern aufwachsen kann, daß ihr etwas entgeht. Niemand fragt nach ihren Bedürfnissen – sie ist ein kleines Anhängsel, ein Nachzügler, und wie die Beziehung der Mädchen zu ihr aussieht, zählt nicht, die Beziehung zu ihren älteren Brüdern dagegen schon.

Wenn ich jemanden kennenlerne und gefragt werde, wie viele Kinder ich habe, gerate ich in eine peinliche Situation. Die Antwort fällt mir nämlich sehr schwer. Ich kann nicht sagen, das weiß ich nicht. Ich kann auch nicht sagen, fünf, aber … aber … aber. Nicht, daß ich nach einer Rechtfertigung suche, aber es gibt dann immer soviel zu erklären, daß ich damit am liebsten gar nicht erst anfange.

Ich wollte schon immer Kinder haben, aber ich wollte mein Leben nicht als Hausfrau zubringen. Es sind Wunschkinder, sie sind nicht einfach nur ein Mißgeschick. Aber vermutlich wird meine Schuld damit nur noch größer, obwohl ich weiß, daß ich nicht in einer Situation bleiben konnte, die für die Kinder und mich so belastend war. Dort wäre ich kaputtgegangen. Aber im gleichen Augenblick, wo ich das sage, ist mir bewußt, daß eine Mutter ihre Kinder nicht verlassen darf, ganz gleich, wie die Umstände aussehen.

Ich glaube nicht, daß eine Mutter ihre Kinder jemals richtig verläßt. Vielleicht verläßt sie ihren Mann oder eine Situation, die für sie untragbar geworden ist, und weil für sie alles untragbar ist, ist es auch für die Kinder *eine Belastung. Aber wenn die Mutter ihre Kinder verläßt, hat sie nicht die Absicht, sie aufzugeben. Es ist eine Verzweiflungstat. Und nur eine Übergangslösung. Du läßt sie für den Augenblick dort, wo sie sind, um wieder einen klaren Kopf zu kriegen oder ein Dach über dem Kopf zu suchen. Wenn du gehst, bist du verzweifelt oder man hat dich hinausgeworfen. Doch anschließend wird alles ganz anders dargestellt und gegen dich verwendet, und plötzlich steht fest, daß du egoistisch bist und unverantwortlich gehandelt hast. Ich bin mit voller Absicht gegangen, aber ich hatte auch die Absicht zurückzukehren, um die Kinder zu holen. Es tut mir leid, daß ich die Kinder zurückließ, ich habe deswegen Schuldgefühle, aber es tut mir nicht leid, daß ich aus der Situation herausgegangen bin. Es war zu Ende. Nein, daß ich das hinter mir ließ, tut mir nicht leid.*

Sterntaler:
Unüberwindliche Abneigung

In all den Jahren meiner Ehe, das war mir klar, hatte er mich nur aus-
gelacht, mit mir gespielt, mich und mein Geld benutzt, und an mir
selbst war ihm gar nichts gelegen. Wenn er mich anlächelte, verbarg
sich dahinter nur ein höhnisches Grinsen. Wenn er mich anfaßte und
umarmte, war das die schlimmste Beleidigung, weil er sich stählen
mußte, um es über sich zu bringen. Ich wußte, daß es so war. Denn er
faßte mich an, um mich ruhig zu halten. Es gelüstete ihn nach einer, die
halb so alt und halb so dick war wie ich.

Fay Weldon, *Die Frau im Speck*

Nachdem sie ein großes Vermögen geerbt hat und mehrere Jahre
als Geschäftsfrau aktiv war, arbeitet Daphne, zweiundvierzig, heute
in einem Heilberuf und lebt mit ihrem zweiten Mann, Terry, zusammen. Bis heute wohnen ihre vier Kinder aus erster Ehe beim Vater
und dessen zweiter Frau. Daphnes Geschichte zeigt, welche Eifer-
süchteleien zwischen Eltern und Stiefeltern entstehen und wie Kinder in nachehelichen Auseinandersetzungen als Schachfiguren benutzt werden, um den Partner, der gegangen ist, zu bestrafen. Es wird
auch deutlich, daß Wohlstand für die Mutter, die geht, kein Allheil-
mittel ist.

*Ich habe 1971 geheiratet, die Ehe hat 14 Jahre gehalten, und im Grunde
war sie recht glücklich. Molly kam 1975 zur Welt, die Zwillinge 1977,
Ben 1980. Leider habe ich 1978 eine große Erbschaft gemacht. Ich sage
leider, weil mein Mann Brian großartige Pläne hatte, die Summe zu ver-
vielfachen, und jeder Plan hat uns eine Stange Geld gekostet. Wir haben*

einen Fahrzeughandel aufgebaut. Er sollte eigentlich keine größeren Dimensionen annehmen, aber er ist rasant gewachsen, mit 250 Vertretern landesweit, so daß ich Vollzeit arbeiten mußte. 18 Monate später wurde Brian mit Herzproblemen ins Krankenhaus eingeliefert. Als er wieder herauskam, mußte ich das Geschäft praktisch allein führen. Es hat meine ganze Kraft in Anspruch genommen. Nebenbei richtete ich als Übernachtungsmöglichkeit für Freunde ein kleines Gartenhaus ein. Es war eine sehr hektische Zeit. Der Druck wurde immer größer, und meine Ehe hielt der Belastung schließlich nicht mehr stand.

Gefühlsmäßig und geistig waren wir uns sehr nah, aber ich sah ihn immer weniger als Ehemann und immer mehr als Bruder, Freund, schwierigen Sohn, und nach Bens Geburt lebten wir uns sexuell auseinander. Ein Grund war, daß Brian sehr schlanke Frauen mag, und schlank bin ich nun einmal nicht. Er sagte immer, vom Hals aufwärts sähe ich gut aus, und ging aus dem Schlafzimmer, wenn ich mich auszog. Er brauchte den Playboy auf dem Bett neben sich, um eine Erektion zu bekommen. Er nannte mich eine fette, frigide Vogelscheuche. Es war furchtbar.

In dieser Situation lernte ich meinen zweiten Mann kennen. Er wollte zunächst nichts mit mir anfangen, aber wir sahen uns gelegentlich, und es wurde sehr intensiv. Das ging vier Monate so, bis ich schließlich auszog. Brian schien das nichts auszumachen, er hatte eine Geliebte – meine beste Freundin – und sagte, das hielte ihn davon ab, eifersüchtig zu werden. Terry hatte mir völlig den Kopf verdreht. Seine Frau war vor fünf Jahren gestorben, und er war der erste Mann seit Jahren, der sich körperlich von mir angezogen fühlte. Aber er nahm Rücksicht auf die Kinder: Er sagte, er wollte mich ihnen auf gar keinen Fall wegnehmen, also machten wir Schluß.

Ohne ihn fühlte ich mich total einsam. Am 10. Januar zog ich aus und richtete mich in dem kleinen Gartenhaus ein, das ich renoviert hatte – dahin war es nur ein Katzensprung –, und schlief dort. Ich brachte die Kinder weiterhin zur Schule, kümmerte mich um den Haushalt und war jeden Abend bei ihnen, bevor ich in mein Gartenhaus ging. Außerdem hatten wir verschiedene Kindermädchen. Die Kinder zu verlassen wäre mir nicht in den Sinn gekommen.

Brian und ich machten Urlaub auf Korfu, um miteinander ins reine zu kommen, aber es klappte nicht. Ich war wie besessen von Terry. Mit ihm

189

stimmte einfach alles, ich glaube, wir hatten eine karmische Verbindung. Ich war mir sicher, daß wir eine solche Dreieckssituation schon einmal erlebt hatten, in einem anderen Leben, unter anderen Umständen. Aber ich fühlte mich innerlich zerrissen. Wenn ich mit den Kindern zusammen war, konnte ich mir nicht vorstellen, mit Terry zusammenzuleben; wenn ich bei Terry war, konnte ich mir nicht vorstellen, zu Brian zurückzukehren. Ursprünglich hatte ich vor, mich von Brian zu trennen, die Kinder jedoch zu behalten. Doch er sagte, wenn er derjenige wäre, der gehen müßte, würden die Kinder und ich ihn nie wiedersehen – er würde keinen Unterhalt bezahlen und sich in Grund und Boden saufen. Er weinte, drohte mit Selbstmord, und an allem gab ich mir die Schuld. Also ließ ich die Kinder bei ihm und dachte, nach ein paar Monaten würde er genug davon haben.

Ich fing an, ein Haus einzurichten, in das ich mit den Kindern ziehen konnte, wenn es so weit war. Nach Korfu kaufte ich einen baufälligen Bungalow, der etwa vier Kilometer entfernt war, und wir lebten nun ständig getrennt. Ich führte ein gespaltenes Leben: Ich brachte die Kinder nach wie vor zur Schule, erledigte die Hausarbeit für sie, kaufte ein, kümmerte mich um ihre Kleidung, Arzt- und Zahnarztbesuche. Ich sah sie täglich und war ihnen so nah, daß ich nicht das Gefühl hatte, sie verlassen zu haben. Und ich war entschlossen, diese Nähe aufrechtzuerhalten. Dann stellte Brian ohne meine Zustimmung ein neues Kindermädchen ein, Suzi, und ich wußte von Anfang an, daß er sie heiraten würde. Sie war schlank und blond und paßte in das gesellschaftliche Leben, das er sich immer gewünscht hatte.

Ich will nicht sagen, daß Suzi nur hinterm Geld her war, aber sie war sicherlich am gesellschaftlichen Aufstieg interessiert. Ich glaube, sie hielt Brian für viel reicher, als er war. Sobald sie das Regiment übernommen hatte, wurde alles anders. Ich zog in ein anderes Haus, das 12 Kilometer entfernt war, und unser Haus – das ich Brian bei der Scheidung überlassen hatte – wurde verkauft. Er hat schon immer an Größenwahn gelitten, und sie zogen in ein großes Haus. Es war protzig, einfach lächerlich, gemessen an seinem Einkommen. Wir hatten gemeinsames Sorgerecht, die Kinder lebten bei Brian und kamen jedes zweite Wochenende und für einen Teil der Ferien zu mir. Ben war damals fünf, die Zwillinge acht und Molly zehn. Meinem Großvater ist es zu verdanken, daß die Kinder unabhängig von mir etwas geerbt haben, und ursprünglich hatte Brian gedacht, wer die

Kinder unter seiner Obhut hätte, könnte auch über das Geld verfügen. Ich setzte gerichtlich durch, daß sie einen gewissen Schutz erhielten, aber er versuchte unablässig, Geld von ihrem Kapital in seine Geschäfte fließen zu lassen – ja, er ließ sich sogar auf betrügerische Machenschaften ein und stahl Geld von ihrem Treuhandkonto.

Brian und Suzi richteten sich in ihrem Haus ein und bekamen einen Sohn, während Terry und ich in dem alten Haus wohnten, das ich gekauft hatte. Terrys Tochter Judy zog zu uns. Sie war fünfzehn, als ich sie kennenlernte, und sie lehnte mich ab. Nachdem Brian geheiratet hatte, sah ich die Kinder viel seltener: Seine Frau verhielt sich feindselig und nahm es mit den Besuchsregelungen sehr genau, und Brian steckte mit ihr unter einer Decke. Es dauerte nicht lange, und sie nahm alles in die Hand. Die Kinder gingen zu ihrem Zahnarzt, zu ihrem Arzt und so weiter, bis mir wirklich nur noch die Wochenendbesuche blieben.

Die Beziehung zur Stiefmutter meiner Kinder war schwierig. Ich gab mir große Mühe, mit ihr auszukommen, aber sie packt alles anders an als ich, besonders im Hinblick auf die Kinder. Ich hatte das Gefühl, daß sie sich zeitweise nicht richtig um sie kümmerte. Es fiel mir unglaublich schwer, zu mir selbst ehrlich zu sein, weil ich mir über die Wahrheit nicht ganz im klaren war. Es war doppelt schwierig, weil ich ja selbst eine Stieftochter hatte, Judy, die bei uns lebte. Sie konnte mich nicht ausstehen, folglich waren die ersten zwei Jahre mit ihr ein Alptraum. Nun sind sechs Jahre vergangen, und sie ist gerade ausgezogen. Die Kinder haben einmal gesagt, ich hätte an Judy genau dasselbe auszusetzen, wie Suzi an ihnen. Da fing ich an, mich damit auseinanderzusetzen: Ich konnte Judy nicht geben, was ich meinen eigenen Kindern gab, weil sie meine Zuneigung nicht wollte. Doch schließlich gelang es mir, eine Beziehung zu ihr aufzubauen, die funktionierte, und mit ihren drei Brüdern, die von Zeit zu Zeit bei uns wohnten, kam ich dann auch besser aus.

Gesellschaftlich war ich unten durch. Die Leute hielten mich für absolut schrecklich – daß ich einen kranken Mann und vier Kinder im Stich ließ, um mit dem Tischler von nebenan durchzubrennen! Das konnten sie nicht begreifen, sie glaubten, ich hätte alles gegen nichts eingetauscht. Terry wohnte nur zur Miete, sogar seinen Wagen hatte er gebraucht von uns gekauft. Es war sehr schwierig. Ich glaubte, was die Leute über mich sagten, und hielt mich für eine entsetzliche Frau. Deshalb streckte ich auch vor

Suzi die Waffen, denn ich hatte das Gefühl, das sei meine Strafe dafür, daß ich eine schlechte Ehefrau und Mutter gewesen war. Selbst wenn meine Kinder krank waren und nach mir fragten, sah sie es nicht gerne, wenn ich ins Haus kam.

Wertvolle Hilfe bekam ich von einer Frau, die für mich im Haus putzte; wir kamen uns sehr nah. Sie hatte vor fünfzehn Jahren ihre Kinder verlassen, und später waren sie zu ihr zurückgekehrt. Wir stellten fest, daß unsere Situation ähnlich war, obwohl es bei ihr noch schlimmer, noch schmerzlicher gewesen war. Wir haben uns gegenseitig geholfen, die Erfahrung miteinander durchgearbeitet, dieselben Bücher gelesen. Ich war entschlossen, nicht die gleichen Fehler zu machen wie meine Eltern bei ihrer Trennung. Sie hatten zehn Jahre lang im Streit gelebt, bevor sie auseinandergingen. Sie sprachen nicht miteinander, es herrschte immer Chaos.

Ich wurde im Juni 1949 geboren und hatte einen jüngeren Bruder und eine jüngere Schwester. Meine Eltern hatten sich 1947 während der Ferien in Cornwall kennengelernt und drei Monate später geheiratet, nachdem sie Briefe ausgetauscht und sich ein paarmal getroffen hatten. Sie hatten wenig gemeinsam. Meine Mutter ist intelligent, karriereorientiert, romantisch, liebt klassische Musik. Mein Vater trank gerne und ging oft aus, um sich zu besaufen. Mit dem Sex lief es bei ihnen auch nicht gut. Mutter war viele Jahre lang mit ihm unglücklich. Sie war immerzu krank, weinte viel, und da ich die Älteste war, zog sie mich ins Vertrauen. Als Jugendliche dachte ich immer, mein Vater sei an allem schuld, und erlebte deshalb peinliche Situationen mit ihm. Erst Jahre später kamen wir ihm näher.

Ich wußte Dinge, die ich ihm nicht sagen durfte. Zum Beispiel war ich in Mutters Plan eingeweiht, ihn zu verlassen. Was ich jedoch nicht wußte, war, daß mein Vater darüber im Bilde war: Er hatte monatelang einen Privatdetektiv auf sie angesetzt und wußte, daß sie zu ihrem Freund nach Südafrika fuhr. Meine Mutter zog an meinem sechzehnten Geburtstag aus. Ich kam vom Internat nach Hause, und sie hatte alles in ihre neue Wohnung mitgenommen, weil sie meinte, wir kämen dorthin nach. Unser Haus war riesengroß, und nun war es fast leer. Weil mich das so tief traf, stand für mich fest, daß ich meinen Kindern so etwas nicht antun würde. Ich wollte auf jeden Fall vermeiden, daß sie dieselbe grauenhafte Erfahrung machten wie ich, als ich vom Internat nach Hause kam und alles ausgeräumt vorfand. Als ich ging, ließ ich das Haus wie es war.

Außerdem stritten meine Eltern sechs Jahre lang um das Sorgerecht: Meine Mutter hat letztendlich gewonnen. Das war 1960. Da mein Vater jedoch auf Armut plädierte und sich nicht leisten konnte, ihr Unterhalt zu zahlen, lebten wir tatsächlich die meiste Zeit bei ihm. Auch dieser Streit hat mich so tief getroffen, daß ich entschlossen war, mit Brian nicht um die Kinder zu streiten.

Sechs Monate nach der Abreise meiner Mutter brach ich zusammen und wurde zur Erholung zu ihr nach Rhodesien geschickt. Doch meine Beziehung zu ihr kühlte ab, als ich nach England zurückkehrte; wir entfernten uns voneinander. Sie blieb ein Jahr lang in Afrika – mit ihrer neuen Beziehung klappte es nicht – und kehrte dann nach England zurück. Sie wohnte nicht weit von Vater entfernt, und die ganze Geschichte fing wieder von vorne an. Es war schwierig, ein inniges Verhältnis zu ihr zu bewahren, denn ihr bleiben nur die Ärgernisse und alles Unangenehme in Erinnerung. Sie war von jeher ein negativer Mensch, was sich in ständigen Krankheiten manifestiert hat. Doch inzwischen gibt sie sich Mühe, dagegen anzukämpfen, und wir verstehen uns jetzt wieder besser.

Harte Arbeit hat mir geholfen, das alles auszuhalten: Arbeit ist heilsam. Als ich meine Kinder nicht so oft sehen konnte, habe ich mich viel mit dem Garten beschäftigt, gearbeitet, getan, was ich konnte, um die Zeit sinnvoll auszufüllen. Tatsächlich hat sich meine Beziehung zu den Kindern verändert. Als ich ganztags für sie da war, sehnte ich mich nach etwas kinderfreier Zeit, einer Viertelstunde, einem freien Abend. Als ich sie aber nur noch begrenzt sehen konnte, habe ich die Woche aufgeteilt und auf ihren Besuch hingearbeitet: Ich habe ihre Lieblingsspeisen gekocht, alles vorbereitet, und die Stunden, die wir miteinander verbrachten, waren wirklich wertvoll. Wir waren eine richtige Familie, haben uns zusammengesetzt und geredet, geplaudert, ferngesehen, getan, wozu wir Lust hatten. Ich war die ganze Zeit für sie da. So wurde unsere Beziehung viel besser. Manchmal fahre ich meilenweit, um sie nach Schulschluß fünf Minuten zu sehen. Ich habe ein inniges Verhältnis zu ihnen aufgebaut, darum gekämpft, daß sie jedes zweite Weihnachten bei mir verbringen dürfen, und zwar gegen Brians und Suzis Widerstand. Ich mußte um jedes bißchen Freizeit kämpfen.

Gegen Brian als Vater habe ich nichts – obwohl er sich mehr mit ihnen beschäftigen könnte –, ich wollte ihn nur nicht mehr als Ehemann. Bei seinem letzten Geschäft hat er eine Viertelmillion Pfund in den Sand gesetzt, und das große Haus ging wieder an die Bank, so daß sie noch einmal umziehen mußten und jetzt zur Miete wohnen. Die Kinder wollten zu uns kommen, aber Brian hat ihnen etwas vorgeheult, so wie er es auch bei mir gemacht hat, und daraufhin bekamen sie den Eindruck, sie müßten bei ihm bleiben. Ich möchte nicht, daß sie sich zerrissen fühlen. Doch meine älteste Tochter, die mit ihrer Stiefmutter nicht auskommt, ist zu uns gezogen, sie ist also jetzt wieder bei mir.

Zum Teil tut es mir sogar leid, daß ich soviel geerbt habe. Es muß karmisch bedingt sein, denn es ist mir nun schon dreimal passiert. Großvater hat ein Riesenerbe hinterlassen, eine ungeheuer große Summe, die an die Generation meines Vaters ging, dann an meine und die meiner Kinder. Doch jetzt habe ich davon keinen Pfennig mehr. Brian hat das meiste durchgebracht, der Rest ging für den Kauf der Häuser drauf. Dann ist meine Tante gestorben und hat mir mehrere Millionen hinterlassen, doch buchstäblich alles, was ich von ihr bekam, hat der Fiskus kassiert. Mein Vater ist vor kurzem gestorben und hat mir ein kleines Vermögen hinterlassen, aber sie bauen eine Straße durch seine Farm, deshalb können wir sie nicht verkaufen, und ich muß noch die Erbschaftssteuer bezahlen. Ich habe scheinbar eine grauenhafte karmische Verbindung zum Geld. Geld war eindeutig ein Hindernis, das zwischen Brian und mir stand. Interessanterweise besitzt Terry nichts. Das ist ein Grund, warum mir diese Beziehung so gut gefällt. Sie ist von dieser komplexen karmischen Bindung unbelastet.

Zur Selbstheilung und um die ganze Situation zu bereinigen, habe ich verschiedene Therapien ausprobiert. Mir war klar, daß ich lernen mußte, die Menschen zu lieben, mit denen ich zu tun hatte: Die Tatsache, daß sie in mein Leben kamen, war karmisch bedingt, und je eher ich lernte, damit umzugehen, desto besser. Ich bin dabei, damit ins reine zu kommen, auch jetzt noch.

13

Wenn Kinder Kinder kriegen:
Angelernte Verhaltensmuster

Bei mir war es sicher so, daß ich ein Kind war, das ein Baby bekam. Oder zumindest hatte der kindliche Teil von mir Oberhand über den Erwachsenen, der noch keine Möglichkeit gefunden hatte, sich zu einem selbständigen Wesen zu entwickeln.

Nini Herman, My *Kleinian Home*

Meredith ist siebenunddreißig, arbeitslos und lebt in Großbritannien auf dem Lande. Sie wurde nach ihrer Geburt zur Adoption freigegeben und bekam eine Ersatzmutter, die sie als unzugänglich und lieblos empfand. Nahezu jedes Kindheitserlebnis, an das sie sich noch erinnern kann, ist irgendwie mit destruktivem Verhalten und Mißhandlung verbunden. Als Erwachsene wiederholte sie auf geradezu unheimliche Weise ihren frühkindlichen Verlust und die Erfahrungen mit einer schlechten Mutter. Alle drei Kinder, die sie geboren hat, wurden unabhängig voneinander von ihr »fortgegeben«: eine Tochter im Alter von zwei Jahren (heute ist sie achtzehn), ein Sohn mit acht und ein Baby, als es wenige Tage alt war.

Diese Erfahrungen sind offenkundig zwanghaft, als ob ein unbewußtes Verhaltensmuster ständig zur Wiederholung drängen würde. Allem Anschein nach läßt sich der Ursprung in Merediths frühester Kindheit finden, in der der Kreislauf von gestörter Mutterbeziehung, Mißhandlung und destruktivem Verhalten seinen Anfang nahm. Nahezu zwangsläufig wurde das Muster aufgegriffen, und es kam zur Krise, als Meredith selbst die Elternrolle übernehmen mußte. Als sie ihren Bericht durchlas, war sie entsetzt: »So schwarz auf weiß sieht es schrecklich aus. Eine Horrorgeschichte nach der anderen!« Doch sie hofft, daß ihre Erfahrungen einen Sinn bekommen, wenn sie anderen davon berichtet, so daß sie sie nicht auch immer wiederholen müssen.

Als ich drei Tage alt war, wurde ich zur Adoption freigegeben. Meine leibliche Mutter brachte mich zu Hause zur Welt; sie hatte bereits zwei Jungen – Zwillinge –, die achtzehn Monate älter waren als ich. Mit meinem Vater, der fast zwanzig Jahre älter war als sie, war sie nicht verheiratet – eine Familie der unteren Mittelklasse, in einer Sozialwohnung. Offensichtlich war sie mit der Beziehung zu ihm und mit dem Leben im allgemeinen nicht besonders zufrieden. Sie hatte viele seelische Probleme und war zu krank, um mich zu behalten. Das war 1954.

Die Adoption wurde von einer Agentur abgewickelt, so daß alles geheim blieb: Die Familien lernten sich nie kennen. Meine Adoptivmutter sagte immer wieder, sie hätte mich »ausgewählt«. Das klang, als wäre ich ein Gebrauchsgegenstand, den man wieder zurückgeben kann. Von mir wurde erwartet, daß ich dankbar war und mich über mein Glück freute. Ich weiß nicht mehr viel von meiner frühen Kindheit. Von Anfang an war alles schwierig. Ich wollte nicht essen, verweigerte die Nahrung. Körperlich wurde ich versorgt, ich hatte sogar ein eigenes Kinderzimmer, aber ich kann mich nicht daran erinnern, daß wir geschmust haben, daß gelacht oder gescherzt wurde.

Meine Adoptivfamilie bestand aus der Mutter, ihrem elfjährigen Sohn und dessen Stiefvater. Meiner Meinung nach war die Familie damals bereits gestört. Die Ehe war aus gefühlsmäßiger Bequemlichkeit geschlossen worden, und ich habe den starken Verdacht, daß ich adoptiert wurde, um gewisse Schuldgefühle zu besänftigen. Meine Adoptiveltern waren gegen Ende der dreißiger Jahre schon einmal verlobt gewesen, doch Mutter löste die Verlobung, um ihre Jugendliebe zu heiraten. Praktisch auf der Stelle wurde sie schwanger, aber dann fiel ihr Mann im Krieg. Zwei Monate nach seinem Tod, im Jahre 1944, wurde Peter geboren. In der Zwischenzeit hatte Mutter wieder zu dem Mann Verbindung aufgenommen, mit dem sie davor verlobt gewesen war, und kurze Zeit später heirateten sie.

Dad verzieh ihr nie, daß sie ihn wegen Peters Vater verlassen hatte. Er haßte Peter, und in der Familie herrschte ständig Mißstimmung. Die beiden versuchten, eigene Kinder zu bekommen, und Mutter wurde einige Male schwanger, aber keines der Babys überlebte. Eines blieb kurze Zeit am Leben, doch die anderen starben schon im Mutterleib. Mit ihrer eigenen Mutter kam sie nicht zurecht, und sie hatte schon früh für sich selbst sorgen müssen. Mutter ist tüchtig, dominant, streng und diszipliniert. Nachdem ich da war, blieb sie zu Hause, um »Mutter« zu sein, aber später – sie konnte gar nicht anders – ging sie wieder arbeiten, zunächst in einem Pub und dann in einer Bank.

Mutter entwickelte die klassischen Krankheiten der Menschen, die sich absolut unter Kontrolle haben und keine Gefühle zulassen. Gefühle traten nur durch ihre Krankheiten an die Oberfläche. Schon in jungen Jahren bekam sie Migräneanfälle, und in der Schule wurde ihr oft schlecht; sie litt an Ischias, dem Bell-Syndrom und einem Tremor. Sie zeigte keine Gefühle, sie ließ nichts aus sich heraus und weinte nie. Sie reagierte äußerst gereizt auf das geringste Zeichen von Schwäche, auf jeden Gefühlsausbruch oder wenn jemand die Fassung verlor. Sie machte mich fertig, sie nannte es »Theater«, wenn ich ihr klarzumachen versuchte, daß ich einsam war und jemanden brauchte. Zärtlichkeit und Geborgenheit gab es bei uns nicht. In dieser Hinsicht wurde ich vernachlässigt. Mir ist klar, daß ihre Generation es nicht gelernt hatte, Gefühle zu zeigen, aber diese Familie war extrem in der Art, wie sie jede Berührung, jedes Zeichen von Zuneigung vermied, sei es mir gegenüber oder gegenseitig. Die Tatsache, daß Mutter nie liebevoll war, tat am meisten weh – besonders als ich älter wurde –, und deshalb übertreibe ich es heute wohl.

Sie war vierunddreißig, als sie mich adoptierte. Da ich dem am nächsten kam, was Dad sich von ihr wünschte, nämlich ein Kind von ihr, war ich sein Liebling. Solange ich klein war, liebte er mich, und ich wurde von ihm verwöhnt. Aber Mum sorgte dafür, daß sich zwischen uns Distanz entwickelte, und schließlich ging meine Beziehung zu ihm kaputt. Danach war es so, als wäre er nicht mehr da. Er war in jeder Hinsicht abwesend, unansprechbar wie die Tapete an der Wand. Es herrschte ständig eine bedrückende Atmosphäre, alles schlich angespannt umher, und obwohl wir ein modernes Haus hatten, wirkte es auf mich kalt und düster. Bei uns gab es keine Wärme, keine Freude und kein Lachen. Mein Bruder war elf Jahre älter als ich; als ich fünf oder sechs war, zog er aus und heiratete. Danach bekam er ein Kind nach dem anderen. So wuchs ich allein auf.

Inmitten von alledem fühlte ich mich furchtbar vernachlässigt. Ich war einsam. Noch heute fühle ich mich so, verloren und allein in meiner eigenen Welt.

Meine Kindheitserinnerungen sind lückenhaft. In der Schule wurde ich gehänselt, vor allem wegen meines Aussehens und weil ein Adoptivkind »nicht gut« ist. Meine Mutter gab mir immer altmodische Kleider zum Anziehen. Ungefähr 25 Prozent der Mütter mißhandeln ihre Kinder, doch nach außen hin wird der Schein gewahrt, weil uns der Mythos von der guten Mutter verbietet, die Wahrheit zu sagen. Für mich steht fest, daß ich mißhandelt wurde.

Vom frühesten Alter an, also ab etwa acht Jahren, wurde ich Opfer sexueller Übergriffe. Ein Mann entblößte sich vor mir; ein geistig Behinderter, der gleich um die Ecke wohnte, mißbrauchte mich; ein anderer Mann zeigte mir pornographische Fotos. In der höheren Schule ging es so weiter; es geschah ziemlich oft. Ich stieß anscheinend ständig auf irgendwelche Perverse. Dann veranstaltete Mum zu ihrer Silberhochzeit ein großes Fest. Ich war damals vierzehn oder fünfzehn, und man erlaubte mir, ein wenig Alkohol zu trinken. Als ich später oben in meinem Zimmer war, kam jemand herein und versuchte, mich zu vergewaltigen. Es war er. Mein Bruder. Dann kam mein Dad nach oben, und ich konnte flüchten. Ich erinnere mich nur noch undeutlich daran und weiß heute noch nicht genau, was damals wirklich geschah. Es liegt im Nebel. Ich weiß auch nicht, ob sowas davor schon mal passiert war.

Ich besuchte ein College, wo ich eine Ausbildung zur Kinderkrankenschwester machte. Das war nicht meine Idee; es war ihre. Ich wäre gern auf die Schauspielschule gegangen, aber davon wollte sie nichts hören. So verbrachte ich schließlich meinen Tag von acht bis achtzehn Uhr inmitten von Kindern und Windeln. Ich haßte diese Arbeit, es war nicht im geringsten das, was ich gern tun wollte. Ich war die jüngste in unserer Gruppe, war selbst ziemlich unreif, und plötzlich sollte ich all diese Kinder betreuen! Und weil ich mich so überfordert fühlte, hatte ich schließlich eine Art Zusammenbruch.

Auf dem College war ich wie besessen von dem Gedanken, einen Freund zu finden. Ich verband mein ganzes Selbstwertgefühl mit meiner Sexualität. Seit ich klein war, hatte ich das Gefühl, sie wäre das einzige, was mir gehörte. Ich fühlte mich häßlich und hatte es nur darauf abgesehen, einen Freund zu finden. Eine Zeitlang hatte ich einen nach dem anderen. Heute macht mich das traurig, und mir wird übel, wenn ich daran zurückdenke, doch damals war ich wie getrieben. Ich hungerte danach, berührt zu werden, Wärme zu finden, Anerkennung, Aufmerksamkeit. Ich ließ mich auf jeden ein, der nur das geringste Interesse an mir zeigte, und das waren vor allem Männer. Und dabei wünschte ich, daß meine Mum mich davon abhielte. Aber ich war schon zu weit gegangen, und sie wurde nicht mehr mit mir fertig. Sie kann nicht mit erwachsenen Kindern umgehen; mit meiner Tochter ist es heute das gleiche. Ich weiß, daß meine Tochter auch schon viel mitgemacht hat. Man sieht den Schaden, der dadurch angerichtet wurde, und es wird Jahre dauern, bis sie darüber hinwegkommt. Sie ist jetzt ebenfalls auf der Fachhochschule, nur daß sie Wirtschaft studiert. Auch sie hat sich das nicht selbst ausgesucht. Es ist das gleiche in Grün wie mit meiner Kinderpflege. Demnächst wird sie in eine Wohnung ganz in der Nähe von Mum ziehen und sich ein wenig um sie kümmern. Außerdem hat sie sich gerade verlobt. Sie wünscht sich ein Baby.

Mum brachte es nicht über sich, uns in den Arm zu nehmen, höchstens, um uns zu füttern. Deshalb geht man zu Männern, wie meine Tochter es ausdrückte, um gestreichelt und in den Arm genommen zu werden. Aber die wollen dann was ganz anderes. Daß ich mir Männer suchte, war also ein Zeichen der Vernachlässigung, unter der ich gelitten hatte. In der Zeit auf der Hochschule war ich promiskuitiv. Dann kamen die Drogen: Wir schnüffelten Klebstoff, rauchten Joints und warfen Trips. Kurz darauf brach ich meine Ausbildung ab und nahm eine Stelle bei den Gaswerken an. Dann ging ich als Kindermädchen in einen Haushalt. Ein Kindermädchen ist einsam. Ich war noch jung, gerade achtzehn, und saß mit dem Baby im Haus fest. Das war schrecklich.

Später lernte ich Alan kennen. Wir zogen zusammen, und kurz darauf wurde ich schwanger. Davor war ich nie auf den Gedanken gekommen, daß ich schwanger werden könnte, ich hatte mich einfach nicht darum gekümmert. Ich glaube nicht, daß das einfach gedankenlos war, denn schließlich hatte ich mit ziemlich vielen Männern geschlafen, und nichts war passiert. Deshalb hatte ich gedacht, ich könnte keine Kinder kriegen. Die Schwangerschaft selbst war in Ordnung; ich gab gut auf mich acht. Instinktiv wußte ich, was zu tun war, und brachte es fertig, immer zur richtigen Zeit an der richtigen Stelle zu sein. Ich ging zum Arzt und zu der Schwangerschaftsvorsorge; ich achtete darauf, daß ich versorgt wurde, doch irgendwie tat ich das alles ganz unbewußt. Ich glaube, während meiner Jugend war ich mit meinen Gedanken meistens woanders. Und gefühlsmäßig bereitete ich mich nicht auf das vor, was mich erwartete – als ob ich für immer und ewig schwanger sein und das Baby nie bekommen würde.

Es war wirklich hart. Alan versuchte zu studieren. Wir hatten kein Geld und nichts zu essen. Mum nähte Kleider, ging auf Flohmärkte und bastelte die Babytragetasche. Sie benahm sich wie eine Glucke, aber emotionale Unterstützung kam von ihr nicht. Weil ich Angst vor der Geburt hatte, ging ich zu früh ins Krankenhaus. Alan war nicht dabei, und man ließ mich ständig allein. Ich hatte furchtbare Schmerzen. Nie hätte ich gedacht, daß es so weh tun würde. Ich fühlte mich wie geprügelt, gedemütigt, erniedrigt und hatte schreckliche Angst. Es war entsetzlich, der reine Horror. Am nächsten Nachmittag um vier wurde sie dann geboren.

Nun war das Baby also da. Ich war damals knapp zwanzig, aber unreif für mein Alter. Als ich aufwachte, stand Mum neben meinem Bett, und die Schwester sagte gerade, wie schlimm es wäre, wenn Kinder Kinder kriegen. So kam Chloe auf die Welt. Sie war wirklich ein braves Baby, und ich konnte sie neun Monate ohne Probleme stillen.

Alan hatte schon viele Drogen genommen, bevor er mich kennenlernte, und wir rauchten auch weiterhin Haschisch. Heute ist mir klar, daß ich ihn kaum kannte. Wir hatten kein besonders inniges Verhältnis, und dann war ich auch ständig beschäftigt. Ich kümmerte mich um Chloe, während er auf Achse war. Und mir schoß immer wieder durch den Kopf: »Dies soll mein Leben sein? O Gott, sieht so mein Leben aus? Was fange ich jetzt an? Ich habe doch noch gar nicht gelebt!« Mit meinen gerade mal zwanzig Jahren fühlte ich mich alt und isoliert. Ich wollte raus, eine Kneipentour machen, alles, bloß nicht zu Hause sitzen und das Baby hüten. Ich war ganz unten und hatte Angst. In dieser Zeit hätte ich eigentlich selbst eine Mutter gebraucht.

Und so kam es, daß ich wieder auf Männersuche ging. In meiner Zeit auf dem College hatte ich eine Beziehung zu einem Mann – eigentlich war er noch ein Junge –, mit dem ich nach Chloes Geburt wieder ins Bett ging – einmal nur –, und da wurde ich schwanger. Im Augenblick der Empfängnis wußte ich, daß ich schwanger war. Chloe war erst fünf Monate alt. In meiner Dummheit und Naivität bat ich den Vater, mir Geld für eine Abtreibung zu geben, doch er dachte, ich wollte ihn für dumm verkaufen. Also sagte ich Alan, das Kind wäre von ihm. Dann ließ ich die Abtreibung machen.

Eine Zeitlang versuchte ich, clean zu bleiben, aber Chloe behandelte ich deswegen nicht besser als zuvor. Um irgendwas zu erleben, ging ich nach wie vor mit einem nach dem anderen aus. Ich vernachlässigte Chloe; ich tat Dinge, die ich mir heute nicht mal im Traum vorstellen kann. Manchmal setzte ich sie tatsächlich in ihren Hochstuhl und ließ sie allein. Wie auch immer, im Anschluß an die Abtreibung war ich so deprimiert, daß ich schließlich eine Überdosis nahm: ein paar Flaschen Aspirin mit Martini. Da sich meine Eltern angesagt hatten, war es eigentlich eher ein Hilfeschrei. Man brachte mich ins Krankenhaus, und später ging ich zu einem Psychiater. Aber das Verhältnis zu ihm war chaotisch. Er überschritt die Grenzen des Erlaubten, und als er die Therapie abbrach, geriet ich in Panik und nahm eine Überdosis, um wieder hingehen zu können. Das passierte nicht nur einmal. Für mich waren diese Therapieerfahrungen äußerst schädigend, genauso schlimm wie der sexuelle Mißbrauch, den ich in der Kindheit erlebt hatte. Es war alles nur eine Wiederholung dessen, was früher geschehen war. Jedesmal, wenn ich bei jemandem Trost oder Aufmerksamkeit suchte, wurde ich mißbraucht. Meine Mutter wußte Bescheid, aber sie steckte mit ihnen unter einer Decke und spielte die Unwissende. Ich war wie eine Marionette: Wenn ein Mann mit dem Finger schnippte, ging ich mit ihm mit. Einmal wurde ich sogar vergewaltigt. Wohin ich auch kam, überall war ich das Opfer von Mißbrauch. Ich hatte keine Vorstellung davon, wie ich mich schützen konnte, und ich lief durch die Gegend wie im Traum oder wie eine Schlafwandlerin. Im Grunde lief ich immer nur vor mir selbst davon.

Bis dahin lebte Chloe noch bei mir, obwohl Mum und ich uns die Verantwortung teilten. Als dann der Arzt sagte, er könne nicht mehr für mich garantieren, nahm Mum sie ganz zu sich. Sie wünschte sich ein Kind, ich nicht. In dem Zustand, in dem ich war, hätte Chloe nicht bei mir bleiben können. Ich tat Dinge, die mir heute undenkbar erscheinen. Einmal nahm ich eine Überdosis, als sie bei mir war, ein bißchen im Stil von Sylvia Plath: Du legst die Kinder ins Bett, gibst ihnen ihre Milch, und dann steckst du den Kopf in den Gasherd. Daher war ich in gewisser Weise erleichtert, als Chloe woanders unterkam. Sie war damals fast zwei. Es war keine bewußte Entscheidung.

Nun gab es nichts mehr, was mich halten konnte, und ich war frei. Nachdem ich in eine Sozialwohnung in Hackney gezogen war, ging es mit den Drogen erst richtig los. Barbiturate, Amphetamine, Heroin, LSD, Haschisch, Alkohol, alles. Ich war richtig drauf. Um das zu bezahlen, brauchte ich natürlich Geld. Stehlen traute ich mich nicht, aber schließlich hatte ich meinen Körper, den ich verkaufen konnte. Und so landete ich schließlich auf dem Strich. Um es da durchzuhalten, brauchst du die Drogen, und um an die Drogen heranzukommen, brauchst du den Strich. Ich lernte einen Mann kennen, der für eine Zeit mein Zuhälter wurde. Später arbeitete ich auf eigene Rechnung. Ich war also eine Prostituierte und eine Drogenabhängige und dazu noch eine Mutter, die von ihrem Kind getrennt war. In der Zeit kannte ich praktisch nur noch Leute, die entweder auf dem Strich oder auf Drogen waren. Eine Freundin, mit der ich zusammenarbeitete, brachte sich um. Eine andere Frau verlor das Sorgerecht für ihre beiden Kinder. Die meisten Prostituierten, die ich kenne, sind Opfer von Inzest. Und sie können ihre Kinder nicht behalten. Die wenigen, die mit ihren Kindern zusammenlebten, hatten mit ihnen große Probleme. Ich glaube nicht, daß sie gut für sie gesorgt haben. Ich finde, jemand, der sich so weit ins Abseits begibt, kann kaum für sich selbst sorgen, also erst recht nicht für Kinder.

Mum unterdrückte ihre Sexualität; sie lebte sie durch meine aus. Daß ich auf den Strich ging, wußte sie, und es erzeugte sogar einen Kitzel in ihr, wenn ich ihr Einzelheiten erzählte, wie von dem Mann, der seinen Arm abschnallte, ehe er mit mir schlief – er hatte eine Prothese. Sie fand das irre! Und sie unternahm nichts, um mich davon abzuhalten, dabei wollte ich wohl unbewußt, daß sie das täte. Und du bist so high, so stoned, daß es dir irgendwann nicht mehr komisch vorkommt. Ständig passiert irgendwas Verrücktes. Da gibt es Transvestiten, obdachlose Jugendliche, Leute, die sich umbringen, und irgendwann scheint dir das völlig normal.

In dieser Zeit lernte ich meine richtige Mutter kennen. Nachdem ich ihre Adresse herausgefunden hatte, tauchte ich einfach vor ihrer Haustür auf und stellte mich vor. Ich dachte, dies ist meine Mum, und dies ist mein Bruder und der da sein Zwillingsbruder, aber ich empfand eigentlich nichts.

Mein Dad war entsetzt, als ich einfach so erschien. Er fragte mich, was ich wollte, weshalb ich gekommen sei. Und ich ließ mich mit einem meiner Brüder ein – noch eine Neuauflage der Geschichte mit Peter.

Dann lernte ich den Mann kennen, der der Vater meines zweiten Kindes werden sollte. Er war Alkoholiker, und ich war ständig auf der Jagd nach Drogen – wir gaben also ein prächtiges Pärchen ab. Nach einem Selbstmordversuch mit einer Überdosis, der beinahe tödlich ausging – ich lag schon im Koma –, beschloß ich, mit den Drogen aufzuhören. Das tat ich dann auch. Als ich schwanger wurde, drohte mir Ted, mich zu verlassen. Deshalb ließ ich eine Abtreibung machen, die ich im Grunde meines Herzens nicht wollte. Praktisch auf der Stelle wurde ich wieder schwanger. Ich glaube, wir hatten beide ein so schlechtes Gewissen, daß wir beschlossen, das Baby zu bekommen. Ich gab alles auf – das Trinken, das Rauchen, die Drogen –, weil ich auf jeden Fall ein gesundes Baby haben wollte, und bekam dann mein zweites Kind im Krankenhaus. Ich war sofort vernarrt in ihn.

Ich liebte Joshua wirklich, doch mir war klar, daß ich eine schreckliche Mutter war, launisch und inkonsequent. Immer wieder faßte ich gute Vorsätze. Doch ich kam mit der Mutterrolle nicht zurecht. Das ist heute noch so, und es liegt daran, daß ich selbst keine gute Mutter hatte. Eigentlich schrecklich, denn ich habe es versucht, ernstlich versucht, und war immer auf der Suche nach etwas, das es mir möglich machen würde. Und dann war da die ganze Zeit noch dieser verrückte Wunsch, wieder schwanger zu werden: Chloe, die Abtreibung, dann die Abtreibung mit Ted, und dann kam Joshua. Einige Monate nach Joshuas Geburt wurde ich wieder schwanger, und ich wußte, ich würde mit dem Kind nicht fertigwerden. Das war meine dritte Abtreibung. Ted ließ bei sich eine Vasektomie durchführen, aber zu der Zeit hatten wir uns bereits getrennt. Unsere Beziehung hatte unter seinen Alkohol- und Drogenproblemen schwer gelitten; er war immer unberechenbarer und gewalttätiger geworden.

Nach Joshuas Geburt stiegen in mir alle möglichen Gefühle auf. Mir wurde klar, was Pornographie und Gewalt gegen Frauen bedeutet. Ted meinte, ich würde übertreiben, doch ich lernte eine Gruppe von Frauen kennen – WAVAW (Women Against Violence Against Women = Frauen gegen Gewalt gegen Frauen) –, die mich sehr unterstützten und dazu beitrugen, daß mir bestimmte Dinge bewußt wurden. Das war die

Zeit, wo sich für mich die Welt zu ändern begann. Zusammenhänge wurden mir klar, und plötzlich bekam alles einen Sinn. Pornographie, schlüpfrige Filme – von all dem wollte ich so weit wegkommen wie nur irgend möglich. Ich wurde sehr aufmerksam, was Sexismus und Gewalt, Mißbrauch und Ungerechtigkeit betraf.

Schließlich siegten meine eigenen Bedürfnisse. Ich trennte mich von Ted und zog aus. Es gab für mich nichts Wichtigeres mehr, als mich selbst zu finden, und ich brauchte Raum, damit meine Wunden heilen konnten. Aber Ted ließ mir keine Ruhe, denn er hatte das Besuchsrecht bei Joshua. In der Zwischenzeit lernte ich einen jungen Mann kennen, mit dem ich flirtete, und schließlich wurde daraus eine Beziehung, in der ich schwanger wurde. Also hatte ich noch eine Abtreibung. Und während ich alle Hände voll zu tun hatte, Ted mit seinem Besuchsrecht auf Abstand zu halten, wurde ich wieder schwanger. Da wußte ich, es war alles aus.

Ich mußte schnell entscheiden, was mit meinem Kind geschehen sollte. Ich sah keinen Ausweg mehr. Meine Mutter redete so richtig großmütterlich und mit Engelszungen auf mich ein, ich solle das Baby behalten, während sie mir gleichzeitig vorhielt, Joshua sei nicht mehr zu bändigen und ich sei eine schlechte Mutter. Ted erpreßte mich, weil ich von ihm Unterhalt kassierte, den ich dem Sozialamt nicht angab. Wenn meine Tochter zu Besuch kam, war sie eifersüchtig und verletzt, weil wir keine gute Beziehung zueinander hatten.

Ich hatte die Wahl, das Baby zur Adoption freizugeben oder es abtreiben zu lassen. Was mich betraf, so konnte ich keine weitere Abtreibung mehr ertragen. Schließlich hatte ich schon vier hinter mir, und noch eine wäre einfach zuviel für mich gewesen. Also blieb nur noch die Adoption. Doch ich wußte nicht, wie ich das verkraften sollte. Ich war selbst ein Adoptivkind, und das wollte ich meinem Baby nicht im Traum antun. Monatelang zerbrach ich mir den Kopf, aber klären konnte ich dadurch nichts. Eine Beraterin in einem Frauenhaus meinte, ich hätte die Wahl, entweder das Baby zu behalten und die Probleme, die ich mit meinen Kindern hatte, zu bewältigen oder das Baby zur Adoption freizugeben und meine eigene Adoption aufzuarbeiten. Ich wußte nicht, wie ich das alles überstehen sollte: Wenn ich das Kind behielt, würde mir alles über den Kopf wachsen, doch wenn ich es adoptieren ließe, würde ich mir das nie verzeihen können.

Über die Vermittlung des Sozialamts suchte ich eine Familie aus und ein paar Wochen bevor das Baby kommen sollte, traf ich mich mit den Leuten. Ich war durcheinander und hatte Angst. In den vorangegangenen Monaten hatte ich mich weder um Joshua noch um mich selbst richtig gekümmert. Der Kontakt zu meiner Familie war völlig abgerissen. Meine Mutter hatte es zu weit getrieben. Sie wollte mit allen Mitteln erreichen, daß ich das Baby behielt, und schlug sogar vor, meine Tochter könne sich um das Kind kümmern. Danach habe ich nie wieder mit ihr gesprochen. Zudem lag ich ständig im Kampf mit Joshuas Vater und mit dem Vater des Babys, der mir drohte, das Sorgerecht zu beantragen. Es wuchs mir alles über den Kopf.

Diesmal hatte ich eine Hausgeburt. Eigentlich sollte mein Sohn direkt danach abgeholt werden, doch ich war so hingerissen von ihm, daß ich beschloß, ihn noch eine Nacht zu behalten. Joshua sah ihn auch, aber er war verstört und ließ nichts an sich heran. Am nächsten Tag übergab ich das Baby seinen neuen Eltern. Dabei empfand ich eine Trauer, die sich nicht beschreiben läßt. Das Wochenende über sehnte ich mich schrecklich nach ihm. Ich wollte ihn zurückhaben. Schließlich rief ich das Sozialamt an und sagte, daß ich ihn wiederhaben wollte, und tatsächlich bekam ich ihn zurück. Ich wußte, daß ich einen Fehler machte, aber ich wollte ihn sehen, um zu wissen, daß es ihm gutging.

Währenddessen sorgte Joshua praktisch allein für sich. Er ging allein ins Bett, besorgte sich etwas zu essen, kam und ging, wie er wollte. Die meiste Zeit wußte ich nicht, wo er steckte. Ich fühlte mich schrecklich. Mir war klar, daß ich, auf mich allein gestellt, nie mit zwei Kindern fertigwerden würde – zumal mich die beiden Väter unter Druck setzten. Außerdem war abzusehen, daß sich damit meine Mutter wieder in mein Leben einmischen würde. Seit ich erwachsen war, hatte ich entweder von der Sozialhilfe oder von dem Geld gelebt, das Männer mir gaben, und ich konnte mir nicht vorstellen, daß ich meinen Kindern ein anständiges Leben würde bieten können. Sie hatten etwas Besseres verdient als das, was ich ihnen geben konnte, selbst wenn das mehr war als das, was ich mir im Augenblick vorstellte. Ich haßte mich selbst und mein verkorkstes Leben.

Am Montagmorgen brach ich endgültig zusammen. Ich rief das Sozialamt an, damit sie die beiden Kinder abholten. Das Baby wurde fortgebracht und kam daraufhin unter Amtsvormundschaft, doch wegen Joshua setzten sie sich mit seinem Vater in Verbindung und besprachen mit ihm, ob Joshua eine Zeitlang in einer Pflegefamilie untergebracht werden sollte, bis ich mich erholt hatte. Als dies zur Sprache kam, regte sich Joshua dermaßen auf, daß er ausflippte.

Ich weiß noch, wie ich im Bett das Baby im Arm hielt, und Joshua neben mir saß und fragte: »Schickst du mich weg?« – »Nur für kurze Zeit«, sagte ich. Und da brach er zusammen. Er würde uns alle hassen, brüllte er. Aber ich wußte, daß er mich nie so hassen würde, wie ich mich in diesem Moment selbst haßte. Ich hatte sein Vertrauen mißbraucht und schaffte mir ihn und seinen Bruder vom Hals wie überflüssigen Plunder. Wie konnte ich ihm erklären, wie es so weit gekommen war? Ich beschloß, daß es besser für ihn wäre, wenn er bei seinem Vater bliebe, denn ich dachte, es wäre nur eine Übergangslösung. So packte ich seine Sachen zusammen, und am nächsten Tag kam sein Dad. Damals konnte ich mir nicht vorstellen, daß ich ihn nie wiedersehen würde. Dann war er fort.

Nach ein paar Tagen rief ich bei ihm an, aber Teds Familie wollte mich nicht mit ihm sprechen lassen. Teds Mutter fragte: »Warum willst du mit ihm reden? Du willst ihn doch nicht haben. Du hast ihn fortgegeben.« Da wußte ich, daß ich Joshua womöglich für immer verloren hatte. Jedesmal, wenn ich mit ihm sprechen wollte, sagten sie das gleiche. Deshalb gab ich die Anrufe nach einer Weile auf, denn es konnte ja sein, daß ihn das aufregte.

Gleichzeitig machte mir der Vater des Babys Schwierigkeiten. Ich mußte vor Gericht erscheinen, weil er durchsetzen wollte, daß er das Sorgerecht bekam. Das Gerichtsverfahren zog sich ein Jahr lang hin, und während es noch lief, beantragte auch Ted das Sorgerecht für Joshua. Mir war klar, daß ich letztendlich keine Chance hatte. Joshua hatte sich wohl inzwischen eingewöhnt; er lebte in einer großen Familie, ging zur Schule, und sein Dad hatte eine feste Freundin, eine eigene Wohnung und einen Freundeskreis. Was konnte ich ihm dagegen bieten? Ted saß nun am längeren Hebel, und so ließ ich ihm das Sorgerecht.

Ich dachte an all die Kämpfe, Auseinandersetzungen und Unannehmlichkeiten, die wir immer wieder würden durchstehen müssen, damit ich Joshua sehen konnte, und fragte mich, ob es nicht besser wäre, wenn ich den Kontakt völlig einschlafen ließe. Ich schwankte, ob ich ganz und gar aus seinem Leben verschwinden oder das Risiko eingehen sollte, ihn wiederzusehen. Nach ein paar Monaten schickte ich ihm eine Karte, und er schrieb mir Briefe. Ich antwortete ihm, doch dann kamen seine Briefe immer seltener. Ted ließ nicht zu, daß ich ihn sah. Mittlerweile habe ich ihm ein paarmal geschrieben, aber keine Antwort bekommen. Es fällt mir schwer, immer wieder den Kontakt zu ihm zu suchen, aber ich weiß, daß er es von sich aus nicht tun würde. Außerdem weiß ich, daß man ihn meine Mutter und seine Schwester besuchen läßt, und das bricht mir das Herz. Ich habe das Gefühl, daß sie jetzt alles an sich gerissen hat – sogar meine Kinder.

Ich trauere schrecklich um Joshua. Und ich trauere um all die Babys, die ich nicht bekommen habe. Doch hinter der Trauer um Joshua steckt mehr. Ich trauere darüber, daß ich mich selbst weggeworfen habe, fast so, als könnte ich mir nicht vergeben, auf der Welt zu sein. Ich liebe meine Kinder, alle drei, und wenn ich noch einmal die Chance hätte, würde ich sie behalten. Doch ich weiß, daß der Gedanke unrealistisch ist. Ich kann mir noch so wünschen, daß ich in der Lage wäre, für sie zu sorgen. Aber ob ich das dann auch wirklich könnte … Doch wie hätte ich eine gute Mutter sein können? Man kann nicht geben, was man nicht bekommen hat, und in keiner der beiden Familien wurde ich richtig umsorgt. Der Mangel an Liebe und die Mißhandlungen setzen sich in der Psyche fest. Du bleibst verstümmelt zurück und bist nicht mehr fähig, dich selbst oder andere zu schätzen. Du kannst niemandem mehr vertrauen, hast eine völlig verzerrte Wahrnehmung von der Welt. Zum Schluß weißt du nicht mehr, was wahr ist und was nicht, und in jeder Beziehung zu anderen Menschen kommen dir deine Mutter und dein Vater in die Quere. Wenn du dich selbst, also das Kind, das in dir steckt, nicht lieben kannst, dann kannst du auch nicht das Kind lieben, das du hast. Du bist nichts anderes als ein verzweifelt nach Wärme schreiendes Kind, ohne eigene Identität. Es ist nichts da, was du einem Kind geben kannst. Und dein eigenes Leben ist voller Unstimmigkeiten, Dramen, Krisen, immerzu Krisen – du hast keine Chance.

Weder meine leibliche noch meine Adoptivmutter hatten mit ihren eigenen Müttern gute Erfahrungen gemacht. Sieht ganz so aus, als würden wir es immer weitergegeben, oder? Mich macht das wütend. Aber irgendwann muß der Kreislauf durchbrochen werden. Immerhin konnte ich mittlerweile eingestehen, daß ich das Opfer von Mißhandlung, Vergewaltigung und Inzest bin, konnte es als das bezeichnen, was es war, habe es überstanden und bin nicht durchgedreht – und all das bedeutet viel für mich. Abgesehen davon bin ich jetzt mit Frauen zusammen. Von Männern muß ich mich fernhalten, weil ich nicht mit ihnen umgehen kann. Denn die Spielchen, die ich früher gespielt habe, also die ständige Suche nach Anerkennung, müssen ein Ende haben. Aber das ist noch ein langer Prozeß.

In gewisser Weise ist es gut, daß die Kinder nicht bei mir sind. Ich würde die Beherrschung verlieren und in alte Verhaltensweisen rutschen. Doch andererseits hat die Trennung von ihnen tiefe Narben hinterlassen. Leute, die selbst keine Kinder haben, meinen, ich müßte inzwischen darüber hinweggekommen sein, doch es schmerzt mich immer noch, daß sie fort sind, obwohl es jetzt schon über zwei Jahre her ist. Ich fühle mich hin und her gerissen. Ein Teil von mir denkt, für sie ist es am besten so, und wenn ich die Zeit zurückdrehen könnte, würde ich wieder genauso handeln. Aber der andere Teil meint, nein, das würde ich nicht. Ich würde sie behalten und dabei zugrunde gehen, ohne mich je selbst gefunden zu haben. Also ging es wohl darum, sie bei mir zu haben und zugrunde zu gehen oder sie fortzugeben und zu versuchen, mein eigenes Leben zu leben. Das ist wirklich eine schwere Entscheidung. Doch es gibt Frauen, die das schaffen, die ihre Kinder verlassen und sich wirklich ein Leben aufbauen. Und ich hoffe, ich bin eine von ihnen. Ich hoffe, das werde ich eines Tages sein.

14

Der Sprung aus dem Strom:
Die Entscheidung für eine Ersatzmutter

Schuldgefühle sind Mist:
Nur weil ich mich nicht überschlage,
bin ich doch noch keine miese Mutter

Alta, *The Shameless Hussy*

Shirley Glubka (ihr wirklicher Name) wurde 1942 in den USA geboren. Sie heiratete und bekam mit siebenundzwanzig einen Sohn, doch die Ehe scheiterte, als das Baby acht Monate alt war. Shirley ging und nahm das Kind mit. Ein paar Jahre später tat sie den ungewöhnlichen Schritt, ihren Sohn nicht dem Vater, sondern einer anderen Frau zu überlassen – einer Kindergärtnerin in der Tagesstätte, die der Dreijährige besuchte. Die Debatte um Ersatzmütter dreht sich meistens um Leihmütter oder Adoption bei der Geburt: Doch 1972 war die bewußte Entscheidung für eine Ersatzmutter seitens einer leiblichen Mutter, die das Sorgerecht hat, noch sehr umstritten und warf alle gängigen Vorstellungen darüber, wie Frauen sich verhalten sollten, über den Haufen. Zudem wurden die üblichen Klischees dadurch widerlegt, daß Shirley ihren Sohn sichtlich weiter liebte, ihn besuchte und die Beziehung zu ihm aufrechterhielt.

Wie komplex die Ereignisse waren, die zu dem Entschluß führten, ihr Kind wegzugeben, und welche Gefühle sich im Anschluß daran einstellten, schildert Shirley in einem fesselnden Artikel, den sie einige Jahre später über ihre Erfahrungen schrieb. Der Bericht erschien ursprünglich 1983 unter dem Titel »Out of the Stream: An Essay on Unconventional Motherhood« in der amerikanischen Zeitschrift *Feminist Studies*. Er ist hier in voller Länge abgedruckt.

In jüngerer Zeit hat Shirley an der Universität von Maine Kurse über kreatives Schreiben besucht und ihre Erzählungen und Gedichte in verschiedenen feministischen Publikationen veröffentlicht, zum Beispiel in *Conditions, Sinister Wisdom* und *Lesbians at Midlife.* Heute lebt und arbeitet sie in Bangor im US-Bundesstaat Maine. Sie schreibt und hat eine Privatpraxis als psychologische Beraterin.

Beim sechsten oder siebten Anlauf, diesen Artikel zu schreiben, fragte ich mich, wie weit ich zurückgehen mußte, um mein ungewöhnliches Verhältnis zur Mutterschaft zu begreifen. Mein eigenes Leben reichte nicht, das wußte ich – ich mußte auf meine Mutter und meine Großmütter und meine Tanten und Großtanten und auf Generationen von Frauen vor ihnen zurückgreifen. Als ich über diese Generationen nachdachte, hatte ich plötzlich eine Vision: Ich sah einen gewaltigen Strom von Frauen, die ohne das geringste Zeichen von Rebellion die Rolle der Mutter übernahmen, und ich sah mich selbst, wie ich aus diesem Strom heraussprang und eine harte Landung machte. Ich war allein und verwirrt und zappelte wie der sprichwörtliche Fisch auf dem Trockenen. Ein ziemlich trauriger Anblick.

Dann kam mir die Wirklichkeit wieder zu Bewußtsein. In meiner Familie gab es eine ganze Reihe guter katholischer Mütter, die mit einer obligatorischen fünf- bis siebenköpfigen Kinderschar im Schlepptau durch die Gänge der Lebensmittelgeschäfte gezogen waren. Aber es gab auch andere: eine, die nie heiratete, keine Kinder bekam und sich als Putzfrau durchschlug; eine, die zwar geheiratet hatte, aber keine Kinder bekam und in der Cafeteria des College arbeitete; eine, die Kinder bekam, und als das letzte geboren wurde, ihrem Mann vorschlug, dieses Kind sollte doch lieber von jemand anderem großgezogen werden, jemandem, der es nicht leid war, ein Baby nach dem anderen zu versorgen. Doch der Mann wollte davon nichts hören, und die Frau blieb im Strom der konventionellen Mütter – aber nicht ohne zu rebellieren. Diese anderen sind in meiner Lebensgeschichte genauso fest verankert wie jene Frauen, die die Mutterrolle, scheinbar ohne sie zu hinterfragen, übernommen haben.

War es daher nicht merkwürdig, daß sich mir so stark und unmittelbar das Bild aufdrängte, alle Frauen vor mir seien Mütter gewesen, die sich unterwürfig in ihre Rolle gefügt haben? Doch andererseits war es auch verständlich, daß sich dieses Bild gerade mir aufdrängte. Obwohl ich die kon-

ventionelle Mutterrolle vor Jahren abgelegt habe, kann ich mich vor den Mythen, die sich um die Mutterschaft ranken, nicht besser schützen als jede andere Frau auch. Ja, ich bin sogar verwundbarer als die meisten anderen. Manchmal fühle ich mich wie eine Ausgestoßene und stelle mir vor, daß alle anderen Frauen zu einem inneren Kreis von Müttern gehören, einem Kreis voller Wärme und Güte, dem Ort befriedigender und produktiver Tätigkeit.

Ich habe jedwede Verbindung, die ich vielleicht zu diesem imaginären inneren Kreis hatte, vor zehn Jahren abgebrochen, als mein Sohn Kevin drei und ich dreißig war. Damals trennte ich mich aus freien Stücken von ihm. Kevin bekam eine neue Mutter in Gestalt von Gretchen Ulrich, einer Erzieherin in seiner Kindertagesstätte.

Würde ich an solche Dinge glauben, dann müßte ich Gretchen als eine segensreiche Erscheinung, eine Art gute Fee in meinem Leben bezeichnen. Wie durch Zauberei tauchte sie eines Tages in meinem Wohnzimmer auf (anläßlich eines außerplanmäßigen Elternabends), und nach einem mehrstündigen Gespräch hatten wir eine Vereinbarung getroffen. Sie würde versuchen, Kevins Mutter zu sein, und ich würde eine Funktion übernehmen, die nicht den völligen Verzicht auf meine Mutterrolle bedeutete. Er sollte bei ihr wohnen, ich würde allein leben, und gelegentlich würden Kevin und ich uns gegenseitig besuchen. Wir einigten uns auf eine Probezeit von einem Monat; aber nach unserem Gespräch wußten wir beide sehr wohl, daß die Regelung von Dauer sein würde.

Meine Erfahrungen mit der Mutterrolle hatten einen ziemlich konventionellen Anfang genommen: innerhalb der Institution Ehe, ein wenig ungeplant (durch ein Versagen der Empfängnisverhütung, das weder meinen Mann noch mich übermäßig aus der Ruhe brachte – wir hatten irgendwann Kinder haben wollen, warum nicht jetzt?), und alles in allem ging es gut. Als Kevin acht Monate alt war, verließ ich meinen Mann und nahm Kevin mit. Und das war das Ende meiner Beziehung zu meinem Exmann. Ich war nun alleinerziehende Mutter.

Außerdem war ich inzwischen Feministin geworden, kritisierte den Status quo in vielen Bereichen und engagierte mich dafür, vernünftige, humane, nichtsexistische Lebensformen zu finden. Ich versuchte unter scheinbar idealen Bedingungen, in einer Kommune zu leben – mit Mitgliedern meiner Frauengruppe, anderen Kindern und einigen politisch bewußten, ernsthaft engagierten Männern. Unser Experiment basierte auf feministischen Prinzipien. Die gesamte Arbeit, einschließlich der Kinderbetreuung, wurde gerecht aufgeteilt. Das Experiment war erfolgreich – ein Jahr lang. Die Gründe für die Auflösung einer Lebensgemeinschaft sind immer schwer faßbar. Ich könnte sagen, wir hatten persönliche Konflikte; ich könnte sagen, es war extrem schwierig, eine Lebensweise zu praktizieren, die von einem Großteil der Gesellschaft nicht unterstützt wurde. Sowohl die rein persönliche als auch die soziale/politische Erklärung wäre richtig, und doch sind beide zusammengenommen noch nicht die ganze Wahrheit. Was auch immer die komplexen Ursachen gewesen sein mögen, unser kollektiver Haushalt wurde aufgelöst.

Ich suchte und fand auch weiterhin Möglichkeiten, die Isolation einer alleinerziehenden Mutter zu durchbrechen. Ich fand eine hervorragende Tagesstätte, Nachbarinnen mit Vorschulkindern, die daran interessiert waren, daß wir uns beim Babysitten abwechselten, Freundinnen und Freunde, die Tage, Abende, Nächte, ja ganze Wochenenden opferten, um auf Kevin aufzupassen. Anders als die meisten alleinerziehenden Mütter wurde ich hervorragend unterstützt; und dennoch fühlte ich mich ständig unter Druck. Es wurde klar, daß mir die Mutterrolle nicht zusagte. Und am wenigsten gefiel mir die Arbeit, die von einer Mutter erwartet wird.

Nachdem ich dies niedergeschrieben habe, halte ich inne, um nachzudenken. Und schon melden sich die Stimmen zu Wort – darunter eine, die verdächtig wie meine eigene klingt: »Die Arbeit hat dir nicht gefallen? Du hast dein Kind verlassen, weil dir die Arbeit nicht gefallen hat?« Sofort stellen sich Bilder ein von verantwortungslosen Müttern, die völlig grundlos ihre Kinder aussetzen: faule, flatterhafte, egoistische oder ganz einfach schlechte Frauen – Schlampen in grellen, grünsilbernen Kleidern mit langem Schlitz, der das Bein zeigt, die ihre Babys in Mülltonnen werfen und sich dann einen vergnügten Abend machen ... wenn meine Phantasie diesen Gipfel lächerlicher Klischeehaftigkeit erreicht, kann ich besser damit umgehen. Keine Mutter trennt sich leichtfertig von ihrem Kind. Ja, ich habe die Mutterrolle abgelegt, weil mir die Tätigkeit als Mutter von Grund auf mißfallen hat und weil ich geglaubt habe, Kevin wäre besser dran, wenn er von jemandem aufgezogen würde, der diese Art von Arbeit gerne erledigt – und weil wie durch ein Wunder ein solcher Mensch in mein Leben getreten ist.

Es wäre eine grobe Vereinfachung zu behaupten, daß mir die Mutterrolle gar nicht gefiel. Diese Rolle ist komplex – und sie wird es auch dadurch, daß sie sich im Lauf der Zeit immer wieder radikal verändert. Meine Arbeit als Mutter gefiel mir besser, als Kevin ein Säugling war – ihn zu halten, zu stillen, zu baden, ja sogar das Windelnwechseln machte mir Spaß. Darin war ich gut, ich lebte meine alte Kindheitsphantasie aus, und er war ein »pflegeleichtes Baby«. Wenn ich zu den Treffen der Frauenbewegung ging, hielt ich ihn auf dem Schoß. Wenn er weinte, stillte ich ihn. Und wenn er eingeschlafen war, legte ich ihn auf den Teppich neben mich und nahm weiter an der Gruppe teil. Ich konnte auch schreiben, als er ein Baby war. Er spielte in aller Ruhe, und ich tippte dabei. Wenn ich eine Pause machte, schmuste ich mit ihm – und dann tippte ich weiter. Ein Kinderspiel, dachte ich.

Doch als er anderthalb wurde, war das Ganze kein Kinderspiel mehr. Er wurde mobil und entwickelte sich zu einer Person, die sich nicht mehr liebkosen und dann wieder ignorieren ließ. Im Gegenteil, ihn zu ignorieren war inzwischen unmöglich – und ich wollte ihm nicht meine ungeteilte Aufmerksamkeit schenken. Ein Großteil der Arbeit bei der Betreuung eines Kleinkinds (und ganz besonders eines Einzelkinds) besteht darin, dem kleinen Menschen zur Verfügung zu stehen und sich für Notfälle bereitzuhalten, zu loben, was er schon alles kann, und lange Zeit einfach nur dazusein, ohne viel zu tun zu haben außer Aufpassen und Abwarten. Während dieser Stunden (die wir, wenn wir nicht in unserem Wohnzimmer waren, scheinbar immer in einem Park verbrachten) versuchte ich zu lesen oder zu schreiben. Ich versuchte geistig aktiv und ich selbst zu bleiben. Aber es gelang mir nie, mich zu konzentrieren und gleichzeitig für Kevin bereitzustehen. Ich schwankte zwischen zwei Methoden hin und her. Eine Zeitlang entzog ich mich ihm und konzentrierte mich auf das, was ich gerade las oder schrieb oder dachte; doch ich wurde jedesmal durch seine kleinen Forderungen aus meinen Gedanken herausgerissen. Dann versuchte ich es andersrum und hielt mich gelangweilt bereit, stellte mein eigenes Denken und mein Bedürfnis nach konzentriertem Arbeiten zurück und bemühte mich, ohne Zorn, ohne das schmerzliche Gefühl, gestört zu werden, auf seine Bedürfnisse einzugehen. Natürlich funktionierte beides nicht besonders gut. Ich versuchte, eine Arbeit zu erledigen, für die ich nicht geschaffen war.

Nicht jede Frau reagiert in ähnlicher Weise auf die Anforderungen, die an die Mutter eines Kleinkinds gestellt werden. Es gibt Frauen, die für mich verblüffende Fähigkeiten an den Tag legen. Wie Jongleure (Jongleure habe ich schon immer zutiefst bewundert) sind sie offenbar in der Lage, viele verschiedene Bewegungen gleichzeitig auszuführen. Sie können zwischen ihrem eigenen lebendigen Bewußtsein und den Betätigungen und Bedürfnissen ihrer Kinder die Balance halten – ohne sich selbst in dem komplizierten, sich stetig verändernden Muster zu verlieren. An guten Tagen machen sie sogar etwas Schönes, Spaßiges aus ihrer Kunst. Halb im Ernst habe ich mich oft gefragt, ob meine Unfähigkeit, mich auf zwei Dinge gleichzeitig zu konzentrieren, nicht den Kern meines Problems mit der Mutterrolle darstellt.

Ob die Tatsache, daß Kevin für mich anziehender war als jedes andere Kind, dem ich je begegnet war, meine Schwierigkeiten mit der Mutterrolle vertieft oder gemildert hat, kann ich nicht sagen. Ich mochte ihn sehr. Er war intelligent und schön. Es freute mich, daß er zu mir gehörte, und ich war stolz, seine Mutter zu sein. Meine Zuneigung zu ihm war heftig und zärtlich und führte leicht und oft zu Tränen. Es war nicht Kevin, den ich nicht mochte; es war die Arbeit, die Tag für Tag damit verbunden war, seine Mutter zu sein.

Mit vielen Aspekten dieser Arbeit hatte ich Schwierigkeiten. Ich empfand es zum Beispiel als überwältigende Belastung, für die physische Existenz eines kleinen Menschen verantwortlich zu sein, der sich plötzlich aus eigener Kraft fortbewegen konnte. Wie sollte ich wissen, ob er nicht plötzlich vor ein fahrendes Auto lief, irgendwo hoch hinaufkletterte und in den Tod stürzte oder Gift schluckte? Ich konnte mich nicht von dem Gefühl befreien, daß Kevin jeden Augenblick einer Vielzahl von Gefahren ausgesetzt war. Mir kam es vor, als wäre ich ein Leibwächter und müßte ständig auf der Hut sein, so daß ich mich nie vollkommen entspannen konnte.

Viele Mütter haben das Gefühl, daß ihre Mutterpflichten leichter und beglückender werden, wenn das Baby zum Kleinkind heranwächst – besonders, wenn es sprechen lernt und sauber ist. Im Gegensatz dazu hatte ich den Eindruck, daß meine Aufgabe eine Komplexität gewann, die ich kaum noch bewältigen konnte. Zum Beispiel sollte ich plötzlich Wertvorstellungen an eine formbare junge Seele weitergeben. »Weitergeben« war in meinem Fall der reine Euphemismus. Meine eigene ethische Einstellung und mein Wertesystem waren nach den heftigen Gefechten der sechziger

Jahre noch mitten im Wiederaufbau. Ich fühlte mich der Aufgabe, eine tragfähige Struktur für ein Vorschulkind aufzubauen, überhaupt nicht gewachsen. Und so rang ich verzweifelt mit jeder Situation, die eine solche Entscheidung verlangte: Sollte ich ihn Gewaltlosigkeit lehren oder die Kunst der Selbstverteidigung? Sollte ich ihn ermutigen, meine Befehle zu hinterfragen oder mein Bedürfnis zu respektieren, daß bestimmte Dinge auf bestimmte Weise zu tun seien? Sollte ich verlangen, daß er in seinem Zimmer Ordnung hielt oder ihm ein gewisses Chaos zubilligen? Jede Entscheidung schien unendlich wichtig zu sein – und stellte mich vor schier unüberwindliche Schwierigkeiten. Ich wußte zuviel, um eine klare Entscheidung zu treffen – entweder für ein klar strukturiertes Umfeld oder für ein Leben, das auf die gütige, natürliche Spontaneität vertraute. Und um eine komplexe, praktikable Mischung aus beidem zu schaffen, war ich zu verwirrt.

Außerdem fiel es mir schwer, so viele Stunden mit einem Kind zusammenzusein, das zwar sprechen, sich aber noch nicht besonders gut ausdrücken konnte. Ich bin ein Mensch, der sich angesichts von Preßlufthämmern und dröhnendem Autobahnverkehr ohne weiteres konzentrieren kann, doch wenn Leute anfangen, sich im Flüsterton über Banalitäten zu unterhalten, schweifen meine Gedanken sofort ab. Wenn Kevin sprach, sei es mit mir und mit einem seiner geliebten Stofftiere, war meine Aufmerksamkeit völlig gefesselt. Aber Gespräche auf Kinderebene waren nicht gerade meine Stärke, und ich wußte die Bonmots eines Dreijährigen nicht zu schätzen, sondern war schlichtweg gelangweilt. Schon immer habe ich Freundinnen beneidet, denen die Sprache der ganz Kleinen ungetrübtes Vergnügen bereitet. Sie freuen sich nicht nur an den spontanen Kommentaren der Kinder, sondern entlocken ihnen auch auf mysteriöse Weise die eigenartigsten und interessantesten Antworten. Gretchen gehört zu diesen Leuten, und im Lauf der letzten zehn Jahre hat sie mich immer wieder an Kevins verbalen Glanzleistungen teilhaben lassen. Wenn Gretchen mir berichtete, was Kevin gesagt hatte, bereitete es mir merkwürdigerweise oft besonderes Vergnügen. Es scheint, als ob ihre Wertschätzung für seine Worte erst den richtigen Rahmen lieferte, so daß auch ich mich an ihnen erfreuen konnte.

Gretchen und ich ergänzen uns wie zwei benachbarte, aber grundverschiedene Teile eines Puzzles. Als Kevin ein Säugling war, war ich ihm wirklich eine gute Mutter, bis wir in die schmerzliche Phase kamen, in der mir klar wurde, daß ich die Mutterrolle nicht mehr weiter spielen wollte. Vor uns lagen die Grundschuljahre, die ich als ernstes Problem betrachtete, und wenn ich mir Kevin in der Pubertät vorstellte, schauderte mir. Gretchen hingegen wurde bei dem Gedanken an Windeln schlecht, und sie verspürte nicht den geringsten Wunsch, die Mutter eines kleinen, hilflosen, sprachunfähigen Exemplars der menschlichen Gattung zu sein. Ihr gefiel ein Kind, mit dem sie sich unterhalten konnte, und zu meiner Verwunderung hatte sie auch nichts dagegen, daß aus diesem Kind zwangsläufig ein Teenager wurde. Sie wollte als Mutter den ganzen, langwierigen Prozeß des Heranwachsens begleiten. Und ganz konkret wollte sie Kevins Mutter sein. Also machten wir den Tausch.

Ein störrischer, klarsichtiger Teil von mir hat niemals die Richtigkeit meiner Entscheidung angezweifelt. Wenn er die Oberhand hat, weiß ich, daß wir alle, Kevin, Gretchen und ich, ein zufriedeneres Leben führen, weil ich diese Entscheidung getroffen habe. Dieser Teil hat mich dazu gebracht, Gruppen für Frauen zu organisieren, die wie ich ihre Mutterrolle aufgegeben haben. Und mit diesem Teil bekämpfe ich die nächtlichen Dämonen.

Es gibt zwei von der Sorte, die es beide verstehen, mir Höllenqualen zu bereiten. Einer entstammt dem Bereich der Realität, der andere kommt aus dem Mythos. Wie schlaue Zwillinge ahmen sie sich mit Vorliebe gegenseitig nach. Ich habe viele Stunden damit zugebracht, ihre Identität zu klären, und mit der Zeit gelingt es mir ein wenig besser. Der erste Dämon ist ein unangenehmer Zeitgenosse, aber er ist unentbehrlich. Er kümmert sich um alle echten Schmerzen, die durch den Verzicht auf ein Kind entstehen. Dieser Schmerz nimmt im Lauf der Monate und Jahre wellenartig zu und wieder ab. Der Eindruck, daß er von einem Dämon gesteuert wird, entsteht dadurch, daß er sich ohne Vorwarnung, ohne offensichtlichen Grund und meist mitten in der Nacht einstellt.

Zu Anfang, kurz nach der Trennung von Kevin, war dieser Dämon der echten Schmerzen recht klar zu erkennen und nicht mit dem zweiten Quälgeist zu verwechseln. Eine Nacht ist mir besonders lebhaft in Erinnerung. Es war, als hätte sich der gesamte Schmerz auf einen einzigen Punkt konzentriert und ich müßte ihn als eine Art Reinigung durchleben. Ich hatte das Gefühl, als wären Kevin und ich durch einen chirurgischen Schnitt voneinander getrennt worden. Der Schmerz war körperlich spürbar, tief, radikal – und ich wußte, daß er mit der Zeit nachlassen würde. Die Tatsache, daß ich mich für die Trennung entschieden hatte und glaubte, es sei sowohl für mich wie für Kevin das Beste, muß für die Art des Schmerzes, den ich empfand, ausschlaggebend gewesen sein – ein Schmerz, der sich so akkurat durch das Bild des chirurgischen Schnitts beschreiben ließ. Wenn ich an die Tausende von Frauen denke, die gewaltsam von ihren Kindern getrennt wurden – weil sie schwarz waren und Sklavinnen und beim Verkauf auseinandergerissen wurden, weil sie Lesbierinnen waren und aufgrund dieser Tatsache als unwürdig galten, weil sie ihren Lebensunterhalt durch Prostitution verdienten und deshalb ins Gefängnis geworfen wurden, aus welchem Grund auch immer – wenn ich an diese Frauen denke, stelle ich mir einen Schmerz vor, der nicht dem sauberen, bewußt gewählten chirurgischen Schnitt entspricht, sondern statt dessen dem unkontrollierbaren Schmerz von zerfetztem, willkürlich herausgerissenem Fleisch, das langsam zu einer häßlichen Narbe verheilt und auch dann noch schrecklich weh tut, wenn sich neues Fleisch gebildet hat.

Der zweite Dämon ist nicht nur unangenehm, sondern auch überflüssig. Es ist der Dämon des Mythos und der Illusion und gehört zu dem, was man heute die Institution der Mutterschaft nennt.[1] Das Fundament dieser Institution ist die ewig gleiche Botschaft dieses Dämons: Kinder sollen von ihrer natürlichen (das heißt biologischen) Mutter aufgezogen werden.

Ich bin in der rein weißen Welt der Arbeiterklasse im kleinstädtischen Milieu des Mittelwesten aufgewachsen und habe in den vierziger und fünfziger Jahren katholische Schulen besucht. Im Alltag habe ich nicht erlebt, daß das Dogma der Institution der Mutterschaft in Frage gestellt wurde. Im Gegenteil, ich habe diesen Grundsatz aufgesogen und in mein Dasein integriert. Ich stellte mir vor, daß ich eines Tages die Übermutter sein würde. Ausgestattet mit unendlicher Geduld, guter Laune und Weisheit, würde ich treu und zuverlässig nicht nur ein Kind, sondern gleich zwölf aufziehen. Nach der Lektüre von Im Dutzend billiger und Junge Leute beschloß ich, mein Leben einer wunderbaren, verrückten Kinderschar zu weihen. Ich plante, auch ein paar eigene zu bekommen, doch die Mehrzahl sollten heimatlose Waisen sein, die von ihren eigenen Müttern »ausgesetzt« worden waren, weil sie zu arm oder zu krank waren, um für sie zu sorgen. Bei mir würden Kinder Geborgenheit finden.

Ein solches Selbstbild löst sich nicht ohne weiteres auf. In einem sehr alten Teil meiner Seele glaube ich immer noch, daß ich eine Übermutter bin. Im selben anachronistischen Teil meiner Seele glaube ich auch, daß es am besten ist, wenn alle Kinder von ihrer natürlichen Mutter aufgezogen werden. Ich habe zwar gelernt, daß keine dieser Überzeugungen richtig ist, aber in schwachen Augenblicken vergesse ich das und öffne damit dem Dämon des Mythos und der Illusion Tür und Tor. Wie der Dämon der echten Schmerzen stellt sich auch diese Kreatur vor allem nachts ein. Ich weiß, daß er gekommen ist, wenn ich wachliege und das schreckliche Gefühl nähre, daß ich meinem Kind die allersegensreichste Beziehung vorenthalten habe; daß mein Kind auf die besondere Tiefe einer Bindung verzichten muß, die nur zwischen ihm und mir entstehen konnte; daß wir, wenn ich bei ihm geblieben wäre, eine erfüllte, spannungsfreie Beziehung hätten haben können. Manchmal schlägt mich dieser Dämon stundenlang in seinen Bann, und ich verbünde mich mit der Gesellschaft gegen mich selbst.

Aber irgendwann reiße ich mich los und erinnere mich wieder an die Realität. Die Mutterrolle hat mir nicht gefallen. Solange ich sie lebte, tat ich etwas, was Langeweile, Sorge, Depression, Zorn und manchmal die Furcht, den Verstand zu verlieren, in mir weckte. Außerdem weckte es in mir die noch tiefere Angst, ich könnte meinem Kind Gewalt antun. Und bestenfalls hätte es mich zu einem übertrieben verantwortungsbewußten, freudlosen, ziemlich starren Menschen gemacht. Das ist nicht der Stoff, aus dem gute Beziehungen entstehen. Und ich bin nicht der Mensch, der für die Erziehung meines Kindes am besten geeignet ist. Nur ein mächtiger Mythos kann mich veranlassen, das zu glauben.

Der Dämon des Mythos und der Illusion übt große Macht aus, die auch durch die Erinnerung an meine eigenen Erfahrungen nicht ganz gebrochen wird. Zudem mußte ich mir Klarheit darüber verschaffen, inwieweit ich Kevins Erleben verzerrt wahrgenommen hatte. Der Dämon stellt das Kind gewöhnlich als verlassen, verletzt, als eine tragische Figur dar. In meinem Bemühen, dieses Porträt zu korrigieren, habe ich zuweilen selbst ein falsches Bild gezeichnet: das Kind, das unbeschwert von einer Mutter zur anderen wechselte, wohltuende Erleichterung empfand und glücklicherweise keine Verletzung davontrug. Irgendwo zwischen dem Dämon und meinem eigenen Wunschdenken verbirgt sich die Wahrheit. Wenn meine Erinnerung klar wird, sagt sie mir, daß Kevins Erfahrung genauso komplex war wie meine eigene, eine Mischung aus schmerzlichen und positiven Aspekten.

Über Kevins Gefühle während der Zeit des Wechsels werde ich nie völlige Klarheit gewinnen. Ich habe jedoch zwei Szenen in Erinnerung und vermute, daß in jeder etwas Wesentliches deutlich wird, ein Hinweis darauf, wie Kevins erste Tage und Nächte in Gretchens Wohnung ausgesehen haben. Eine Szene ist schmerzlich, die andere von ruhiger Heiterkeit.

Etwa eine Woche nach der Trennung besuchte ich Kevin in seinem neuen Zuhause – unser erstes Wiedersehen. Was sich mir eingeprägt hat, ist der Abschied. Gretchen hielt ihn, sie stand am Rand der Veranda. Ich sagte ihm, ich ginge jetzt, und umarmte ihn, während sie ihn weiter auf dem Arm hielt. Er umklammerte mich wie ein Schraubstock, wollte nicht loslassen und schluchzte all die Verlustgefühle, die Machtlosigkeit, Enttäuschung und Qual heraus, die er empfand. Nach einer Weile machten wir ihn von mir los, und ich drehte mich um, ging weinend die Stufen der Veranda hinunter und fuhr immer noch weinend nach Hause. Gretchen rief mich ein paar Stunden später an, um mir zu sagen, daß er sich verhältnismäßig rasch beruhigt und vor dem Schlafengehen noch fröhlich gespielt hatte.

Die zweite Szene, die mir in den Sinn kommt, fand zu Beginn eines weiteren Besuchs statt. Kevin und Gretchen saßen in ihrem Wohnzimmer und hatten mich nicht kommen hören. Mehrere Minuten lang, und das ist eine sehr lange Zeit, tat ich etwas, was jeder in meiner Lage für sein Leben gern tun würde: Ich beobachtete sie heimlich. Ich war das Mäuschen in der Ecke und genoß das Privileg, mein Kind und seine neue Mutter im spontanen Beisammensein zu sehen. Aus der Stereoanlage ertönte klassische Musik, eines jener Stücke, die zugleich hintergründig und bezaubernd wirken und wie ein Fluß in einem wilden Land dahinströmen – mit rascher Klarheit, kleinen Wasserfällen und ruhigem Plätschern im stetigen Wechsel. Gretchen hatte Kevin auf dem Schoß, und mit den Händen führten die beiden eine kleine Pantomime auf – wie ich später herausfand, handelte es sich um zwei Alligatoren, die sich unterhielten und küßten und sich dann ergrimmt gegenseitig auffraßen, was Kevin sehr erheiterte und bei mir den üblichen Kloß im Hals erzeugte.

Er muß also einerseits Schmerz empfunden haben, andererseits aber auch Freude darüber, daß er jetzt eine Mutter hatte, die in ihrer Mutterrolle von Energie nur so überströmte, während mir diese Energie völlig gefehlt hatte. Es muß eine Zeitlang verwirrend gewesen sein, daß er bei mir sein wollte, während er doch mit Gretchen soviel Spaß hatte. Er gewann sie schnell lieb, und schon bald war er stolz darauf, daß er zwei Mütter hatte – das machte ihn zu etwas Besonderem. Aber er war innerlich zerrissen; er lebte gerne bei Gretchen, doch gleichzeitig wollte er auch mit mir zusammenleben. Im Lauf des ersten Jahres fand er die ideale Lösung für sein Dilemma: Er schlug vor, wir sollten alle zusammenleben, er, Gretchen und ich. Eine intelligente Idee, gewiß; aus seiner Sicht wäre es genau das Richtige gewesen. Es versteht sich von selbst, daß er mit seinen vier Jahren nicht die Macht hatte, seine Idee in die Tat umzusetzen.

In den Schmerz, die Erleichterung, das Vergnügen und die Verwirrung, die Kevin in der ersten Zeit der Umgewöhnung empfand, mischte sich mindestens noch ein weiterer Gefühlskomplex: Frustration, Ungeduld, Ärger, Zorn. Zorn war nichts Neues in Kevins Leben. Sein Zorn und meiner hatten sich schon einige Zeit vor unserer Trennung vermischt und waren gemeinsam angewachsen. Mehrere Monate bevor Gretchen auftauchte und unser Leben veränderte, fand Kevin eine Möglichkeit, die sich anstauende Energie seines Zorns auszudrücken: Er nahm einen neuen Namen an und nannte sich Feuer. Mit großem Ernst forderte er jeden auf, dem er begegnete, ihn Feuer zu nennen, er heiße nicht mehr Kevin. Etwa einen Monat nach unserer Trennung gab er neue Anweisungen heraus: Wir sollte alle aufhören, ihn Feuer zu nennen, sein Name sei Kevin.

Kevins Aufenthalt im Wutbereich des Feuers war, glaube ich, relativ kurz. Es mußte damit zusammenhängen, daß er nicht nur von mir, sondern auch von meinem Zorn getrennt worden war. Aber die Trennung allein konnte nicht bewirkt haben, daß sich seine Wut auflöste. Wahrscheinlich hatte sie sogar neuen Zorn erzeugt. Gretchen, die sowohl Kevin als auch ihrer neuen Aufgabe als Mutter eine solche Fülle positiver Gefühle entgegenbrachte, hat viel dazu beigetragen, daß sich seine Gefühle auflösen konnten. Außerdem erhielt er vom Personal der neuen Tagesstätte, die er besuchte, unschätzbare Hilfe. (Der Wechsel dorthin erfolgte, als Gretchen seine Mutter wurde und beschloß, nicht gleichzeitig seine Erzieherin zu sein.) Als die Erzieherinnen nicht nur mit seinem ungewöhnlichen Namen, sondern auch mit greifbareren Äußerungen seiner Wut (Beißen, Treten und so weiter) konfrontiert wurden, reagierten sie mit Klugheit, Einfallsreichtum – und Geduld. Sie lehrten ihn, wie man seinen Zorn zeigen kann, ohne destruktiv zu sein. Die wichtigste Rolle in dieser Lektion über die Wut spielte Fred. Fred war lebensgroß, mit Holzwolle ausgestopft und ziemlich lädiert – und zwar aus gutem Grunde, denn der Sinn und Zweck seiner Existenz bestand darin, geboxt, gebissen, getreten, beschimpft und auf jede erdenkliche Art angegriffen zu werden, die einem kreativen Vorschulkind einfallen mochte. Wie ich gehört habe, lernte Kevin, Fred in einer Weise zu benutzen, wie es kein Kind der Tagesstätte jemals getan hatte.

Die Tatsache, daß Kevin ermutigt wurde, seine Wut auszudrücken, hat wohl etwas mit ihrem Verschwinden zu tun. Soweit ich es beurteilen kann, ist er heute kein besonders jähzorniger Mensch; und offenbar hegt er keinen Groll (zumindest nicht im jetzigen Lebensabschnitt), weil von ihm verlangt wurde, mich zu verlassen und eine neue Mutter anzunehmen.

Das kann ich behaupten, weil ich kürzlich im Frühling (Kevin war elf) genau die richtige Mischung von Entspannung, Ermutigung und Hilfe von anderen Menschen in meinem Leben erfuhr, die es mir erlaubte, endlich Die Frage zu stellen. Wir befanden uns in einem A&W-Restaurant inmitten von Kaufhäusern, Supermärkten und Autohändlern in einer belebten Straße. Kevin und ich aßen Hamburger und tranken Kräuterlimonade. Zwischen zwei Bissen von meinem Hamburger fragte ich meinen Sohn: »Na, Kevin, was hältst du davon, daß ich deine richtige Mutti bin und wir nicht zusammenleben?«

Eine Antwort hatte er gleich parat, und er war wesentlich gelassener als ich. Er hatte eine Theorie: Er vermutete, ich hätte es mir nicht leisten können, ein Kind aufzuziehen, und hätte ihn deshalb Gretchen gegeben. (Andere Kinder in Kevins Lage haben ähnliche Theorien verlauten lassen. Scheinbar legen sich Kinder, die nicht bei ihren Eltern leben, häufig Erklärungen ihrer Situation zurecht, die sowohl sie selbst als auch die Eltern von der Verantwortung für die Trennung freisprechen. In Kevins Fall war es Geldnot; bei einem anderen Kind waren es die Einwanderungsgesetze, die die Ausreise des Elternteils verlangten. In keinem der beiden Fälle hatten diese äußeren Faktoren etwas mit der Trennung zu tun.) Ich erklärte Kevin, Geld sei kein Problem gewesen, und sprach ein wenig über die tatsächlichen Gründe für meine Entscheidung. Dann hielt ich den Atem an.

Er antwortete ruhig und überlegt. Er meinte, es sei eine gute Idee gewesen, ihn zu Gretchen zu geben, er sei sicher, daß mir die Aufgaben einer Mutter mit der Zeit immer schwerer gefallen wären, und Gretchen sei eine gute Mutti. Da er offenbar nicht bereit war, seine wohlüberlegte Theorie fallenzulassen, fügte er noch hinzu, seiner Meinung nach hätte ich finanzielle Probleme bekommen, wenn ich ihn behalten hätte.

Vor diesem Tag in dem Restaurant hatte ich die immer wiederkehrende Phantasie, daß Kevin irgendwann in den Dreißigern einen Psychotherapeuten aufsuchen und in vielen teuren Sitzungen seine Wut auf mich ausgraben würde, weil ich ihn »weggeben hatte«. Vielleicht wird er genau das tun, ich weiß es nicht. Aber diese Phantasie plagt mich jetzt nicht mehr. Ich habe die entscheidende Frage gestellt, in der eigentlich viele Frage enthalten sind: Ist es in Ordnung? Haßt du mich? Bist du verletzt? Und ich habe von einem Kind, das offenbar glaubt, sein Leben sei völlig in Ordnung, das Geschenk einer gelassenen Antwort erhalten.

Trotzdem werde ich von den Dämonen heimgesucht. Sorge, Schuldgefühle, romantische Vorstellungen darüber, was hätte sein können, ein tiefes Verlustgefühl – das alles überfällt mich mitten in der Nacht. Tagsüber, draußen im Leben, plagt mich ein Wust anderer Schwierigkeiten: Ich fühle mich verletzlich, dem Urteil der Mitmenschen ausgeliefert, isoliert, anders; ich habe Angst und verheimliche die Tatsache, daß ich Mutter bin; ich bin es inzwischen gewohnt, mich vorsichtig auszudrücken; ich verleugne einen Aspekt meines Daseins. Homosexuelle werden dieses Syndrom wiedererkennen. Man nennt es Leben im Verborgenen.

Seit der Trennung von meinem Kind habe ich mich teilweise zu meiner Entscheidung bekannt und teilweise den Sachverhalt verheimlicht. Meine Familie und meine engen Freunde wurden von mir informiert, sobald ich die Entscheidung getroffen hatte, aber in den ersten fünf Jahren habe ich mit keiner Betroffenen gesprochen, die ebenfalls ihre Mutterrolle aufgegeben hatte. Ich nahm an, es gäbe so gut wie keine Frauen in der gleichen Lage. Von einer Frau wußte ich – es ist die Freundin von Freunden –, aber ich ging ihr aus dem Weg. Dann beschloß ich, mich mit dieser wichtigen Tatsache in meinem Leben intensiv auseinanderzusetzen. Ich schrieb meine Magisterarbeit über die Erfahrung, mein Kind aufzugeben. Außerdem organisierte ich Gruppen für Frauen, die mit der Mutterrolle gebrochen hatten – Gruppen, die eine Art Coming-out für mich darstellten – mit allen Höhen und Tiefen, mit Augenblicken der Klarheit und der Verwirrung und dem Gefühl, daß sich mein Leben veränderte. Dennoch bin *ich immer noch in der Heimlichtuerei gefangen. Es gibt viele Leute, vor denen ich verheimlicht habe, daß ich Mutter bin: Chefs, Kollegen, Nachbarn, die Angehörigen meiner Freunde, Zufallsbekanntschaften. Ich empfinde die Macht der Institution Mutterschaft zu deutlich, als daß ich die Enthüllung meines Status auf die leichte Schulter nehmen könnte.*

Wie die Existenz dieses Essays zeigt, drängt es mich andererseits, der Welt davon zu berichten, wie ich die Erfahrung, mein Kind aufzugeben, erlebt habe. Für mich bedeutet das eine Katharsis. Immer wenn ich wieder einmal mit meiner Erfahrung als Mutter ringe und sie für eine Weile auf den (einigermaßen) soliden Boden der Sprache herunterhole, fühle ich mich erleichtert und meine, die Zügel wieder in der Hand zu haben. Es lohnt sich. Dennoch ist dies die schwierigste Materie, die ich je schreibend zu bewältigen hatte, und ich tue es nicht zu meinem Vergnügen. Ich tue es, weil es getan werden muß und das Thema bisher so wenig bearbeitet wurde.[2] Heutzutage, angesichts eines drohenden »Gesetzes zum Schutz der Familie«, das über uns hängt wie ein scharfes und gefährliches Beiwerk zur Institution der Mutterschaft, scheint es wichtiger denn je, über alternative Möglichkeiten der Betreuung und Erziehung unserer Kinder zu sprechen. Wir müssen klarstellen, daß es viele Frauen gibt, die sich nicht in die Schablone der glücklichen Mutter pressen lassen; und zu dieser Gruppe gehören viele Frauen, die bereits Kinder haben. Mütter – und auch Väter –, die ihre Kinder aufgeben müssen, sollten dies mit Würde und ohne Stigmatisierung tun können, und zwar nicht nur um ihrer selbst, sondern auch (und vielleicht besonders) um der Kinder willen.

Wenn ich in diesem Punkt je meine Meinung ändern sollte (und das ist leicht möglich – in einer jener trüben, sentimentalen Nächte, in denen das Bild der Übermutter einen sanften Glanz verströmt), würden mich die Morgennachrichten vermutlich rasch wieder in die Wirklichkeit zurückholen. In den vergangenen zwei Monaten berichtete mein regionaler Rundfunksender über die Ermordung von zwei kleinen Kindern – eines wurde vom Vater getötet, während die Mutter zusah, das andere von der Mutter. Solche Morde sind keineswegs ungewöhnlich. Zufällig habe ich die Statistik des Jahres 1966 vorliegen. In diesem Jahr wurden in den Vereinigten Staaten 496 Kinder von ihren Eltern ermordet. Ich bin überzeugt, daß zumindest einige dieser Kinder heute noch am Leben wären, wenn wir die Wahl hätten, aus freien Stücken unsere Elternrolle aufzugeben. Auch einigen der mißhandelten Kinder wären Blutergüsse, Knochenbrüche und Verbrennungen erspart geblieben. Andere Kinder, die weniger offensichtlich mißhandelt werden, würden aus dem unsichtbaren Käfig der Spannungen, des Zorns und Unglücks ihrer Eltern freikommen. Sie würden von Menschen großgezogen werden, die diese Aufgabe gern übernehmen. Und das wäre meiner Meinung nach ein gewaltiger Unterschied.

15

Mutterrolle und Schicksal:
Ein eigener Beruf

Ich habe meinen Sohn fortgegeben
Und all die Jahre der Geduld und der Liebe ...

In Wahrheit gab ich ihn fort,
weil ich jung war und ehrgeizig,

um in ein härteres Rennen einzusteigen. Ich war nicht klug,
und weder Last noch Reue konnten mich bremsen.
Ich stolpere von Sieg zu Niederlage,
und auch wenn ich gewinne, dich habe ich verloren.

Kirti Wheway, *Success*

Alice, eine Frau in den Vierzigern, war mit einem Mann verheiratet, der den Standpunkt vertrat, der Platz einer Frau sei zu Hause, während sie das Bedürfnis hatte zu arbeiten. Als die Ehe zerbrach, ließ sie ihren vierjährigen Sohn aus praktischen Erwägungen bei ihrem Ehemann. Beruflich eilte sie von Erfolg zu Erfolg, und seit neun Jahren wohnt sie in England, wo sie eine erfolgreiche Unternehmensberatung aufgebaut hat. Ihr inzwischen zweiundzwanzigjähriger Sohn lebt weiterhin in den Vereinigten Staaten – allerdings nicht mehr bei seinem Vater, dessen traditionelle Vorstellungen von Familie er strikt ablehnt.

Zwar konnte Alice die Beziehung zu ihrem Sohn aufrechterhalten, doch sie hat vor Gericht mehrere Niederlagen einstecken müssen und wurde moralisch verurteilt – insbesondere da ihr Sohn ein Adoptivkind ist – und mußte sowohl gefühlsmäßig als auch wirtschaftlich einen hohen Preis zahlen, um ein Leben nach ihren eigenen Vorstellungen führen zu können.

Im Jahre 1974 ging ich fort. Wir hatten 1968 geheiratet, als wir beide gerade neunzehn waren. Wir kannten uns seit fünf Jahren; er war meine Jugendliebe. Damals war das so üblich: Viele unserer besten Freunde ließen sich trauen, sobald sie mit der Schule fertig waren, also wurde von uns erwartet, daß wir das gleiche taten. Niemand kam auf die Idee, wir seien vielleicht noch zu jung.

Als ich beschloß zu heiraten, hatte ich noch drei Alternativen. Ich konnte Jura studieren, Stewardeß werden, und mir war ein Platz auf einer Schule für Innenarchitektur in New York angeboten worden. Doch am Ende tat ich nichts von alledem und stimmte statt dessen der Heirat zu.

Da ich juristische Vorkenntnisse hatte, arbeitete ich als Sekretärin in einer Anwaltskanzlei. Doch hinter der Tatsache, daß ich arbeiten gehen »durfte«, steckte nur ein einziger Grund: Wir sparten für ein eigenes Haus, und mein Verdienst floß voll und ganz in die Anzahlung. Nach einem Jahr Ehe versuchten wir, ein Kind zu bekommen, aber es wollte nicht klappen. Nachdem die Ärzte verschiedene Untersuchungen durchgeführt hatten, meinten sie, es sei höchst unwahrscheinlich, daß ich von Ron jemals schwanger werden würde. Daraufhin beantragten wir eine Adoption.

Wir brauchten genau neun Monate, um die Adoption »auszutragen«. Etwa einen Monat bevor wir das Baby bekommen sollten, hörte ich auf zu arbeiten. In den USA gibt es etwas, was sich »Baby Shower« nennt, ein Fest, wo Geschenke für das demnächst eintreffende Baby gebracht werden. Damals waren Kleider im Empire-Stil in Mode, eng geschnürt unter dem Busen und in der Taille weit und locker. Ich band mir ein Kissen um den Bauch und ging in solch einem Kleid zu meinem »Baby Shower«. Dabei sagte ich im Spaß, dies sei meine Art der Schwangerschaft. Ich weiß noch, wie ich durch die Küche tanzte und rief: »Es ist ein Junge!« als es hieß, sie hätten ein Baby für uns gefunden – so als ob ich es selbst geboren hätte. Mir kam es tatsächlich vor wie eine Geburt, nur mit gefühlsmäßigen Schmerzen anstelle der körperlichen. Es gibt einen Spruch, den ich zunächst für abgedroschen hielt, der sich aber dann doch als wahr herausstellte: Ich trug ihn nicht in meinem Schoß aus, sondern in meinem Herzen.

Ich habe immer widersprochen, wenn jemand andeuten wollte, unsere Beziehung sei anders, weil er adoptiert worden war. Für mich war die Situation die gleiche, und ich glaube, die Bindung zwischen uns war ebenso stark. Ich fühlte mich voll und ganz für ihn verantwortlich. Es war keine Liebe auf den ersten Blick, aber mit einem leiblichen Kind ist es oft auch so, daß sich die Liebe erst im Laufe der Zeit entwickelt. Die Agentur hatte ein Kind ausgesucht, das in punkto Intelligenz, Herkunft und körperlichen Merkmalen zu uns paßte. Seine Mutter war eine »reifere« Frau, eine Pianistin, die zu dem leiblichen Vater des Jungen keine feste Beziehung hatte. Scott kam zu uns, als er fünf Monate alt war, und wäre nicht der Papierkrieg gewesen, hätten wir ihn schon früher bekommen. Ich erinnere mich noch gut an den Tag, als wir ihn im Büro der Agentur abholten – es war die erste Woche im April. Sie hatten ihn besonders hübsch ausstaffiert, und Ron konnte immer nur wiederholen, wie begeistert er von dem Jungen war. Und ich war sprachlos, überwältigt von meiner neuen Verantwortung.

Sobald ich aufgehört hatte zu arbeiten, lief unsere Ehe im traditionellen Rahmen ab: Mein Mann ging zur Arbeit, und ich blieb mit dem Baby zu Hause und schloß Freundschaften mit Frauen, die gleichfalls kleine Kinder hatten. Im ersten Jahr machte mir das auch noch Spaß, doch im zweiten fing es an, langweilig zu werden. Es war schwierig. Ich suchte nach einer Beschäftigung, zum Beispiel übernahm ich eine ehrenamtliche Tätigkeit im Krankenhaus. Nach einem Jahr der Langeweile, als Scott zwei war, brachte ich zur Sprache, daß ich gern wieder arbeiten oder studieren würde. Mittlerweile tat es mir leid, daß ich meine Ausbildung unterbrochen hatte, und ich wollte etwas tun, um weiterzukommen – Jura studieren zum Beispiel. Das war der Punkt, wo die Schwierigkeiten in unserer Ehe begannen. Daß eine Frau wieder arbeiten ging, war für Ron schlichtweg tabu.

Unsere Geschichte ist typisch für das, was passiert, wenn man zu jung heiratet: Wir entwickelten uns auseinander, vor allem intellektuell, und wir hatten keine gemeinsamen Interessen mehr. Ron war konservativ, ein traditioneller Vertreter der Arbeiterklasse. Er hatte eine so hohe Meinung vom Wert des Arbeiters, daß er sogar die Chance ausgeschlagen hatte zu studieren. Statt dessen engagierte er sich in der Gewerkschaft. Er war nicht bereit, ins Management überzuwechseln; er wollte bleiben, was er war: ein qualifizierter Facharbeiter. Wir wohnten in Akron, Ohio, der Gummihauptstadt der Welt, und er hatte eine Laufbahn bei einem der größten dort ansässigen Unternehmen eingeschlagen, bei Goodyear. Die ausgeprägten Werte der Arbeiterklasse, die er vertrat, waren mit meinem Wunsch, selbst Karriere zu machen, unvereinbar – und ein Kompromiß kam für ihn nicht in Frage. Je intensiver ich nach Anregungen suchte, desto hartnäckiger bestand er auf seinen Vorstellungen. Für ihn sah ein gelungener Abend so aus, daß er ein befreundetes Ehepaar mit kleinen Kindern einlud, damit der Nachwuchs bis zum Schlafengehen spielen konnte, während wir beisammensaßen und Karten spielten. Ich dagegen fand es viel vergnüglicher, übers Wochenende einen Ausflug nach New York zu machen. Er wurde immer mehr zum Stubenhocker, während ich mich zum anderen Extrem entwickelte und am liebsten geflüchtet wäre.

Mein Vater hatte gleichfalls bei Goodyear gearbeitet. Er starb, als ich sechzehn war, und ich suchte mir praktisch sofort eine Stelle, allerdings immer im Büro. Und diese Welt hatte mich beeinflußt: Rechtsanwälte mit hohem Einkommen, Privatkanzleien, teure Autos und gute Kleidung, exklusive Clubs. Allmählich merkte ich, daß mir das fehlte; ich wollte vorankommen. Und das beeinflußte auch meine Entscheidung, Scott bei Ron zu lassen. Ich dachte an meine Situation, wie sie damals war: eine Frau von Mitte Zwanzig, die darauf brannte, Karriere zu machen. Ich hing dem typisch amerikanischen Glauben an, daß ich alles erreichen konnte, wenn ich es nur ernstlich wollte. Ich war ehrgeizig, entschlossen, es zu etwas zu bringen, mir alle Universitätszeugnisse zu besorgen, die ich brauchen würde, mich in die Arbeit zu stürzen. Das Ergebnis meiner Überlegungen lautete: Wenn ich nun einmal zur Karrierefrau geboren bin und Vollzeit arbeiten muß, um in meiner Freizeit die Qualifikationen zu erwerben, die ich brauche, dann ist es nur logisch, wenn ich Scott bei Ron lasse. Denn der arbeitete nur acht Stunden täglich und war zufrieden, wenn er den Rest der Zeit zu Hause bleiben konnte. Scott gegenüber war es fairer, wenn ich ihn bei seinem Vater ließ, der mehr Zeit für ihn hatte als ich, denn ich würde arbeiten gehen und hätte für ihn einen Babysitter einstellen müssen.

Das waren die Argumente, die ich mir zurechtlegte, um Scott bei Ron zu lassen. Doch ich wußte, daß darin auch eine Portion Egoismus enthalten war, denn wenn ich mich nicht um Scott kümmern mußte, konnte ich etwas für mich selbst tun und ein völlig anderes Leben führen. Mir war klar, daß ich an einem Wendepunkt stand, wenn ich Akron, Ohio, und dem soliden Leben der amerikanischen Mittelklasse den Rücken kehrte. Damals hatte ich noch keine Ahnung, daß ich mir später einmal eingestehen würde: Gut, es war legitim, schließlich ging es um meine Selbstverwirklichung. Im Rückblick läßt sich so etwas leicht sagen, denn inzwischen habe ich hart daran gearbeitet, doch damals konnte ich das nicht zugeben. Zum einen, weil es mir wohl noch nicht bewußt war, aber vor allem, weil ich anderen gegenüber eine legitime Ausrede und vernünftige Argumente brauchte, wenn ich schon so etwas »Schreckliches« tat.

Es war hart, meinen Plan in die Tat umzusetzen. Ich erinnere mich noch gut an den Tag, als ich ging. Da Ron nachts arbeitete, mußten wir jemanden einstellen, der im Haus wohnte. Wir fanden eine ältere, großmütterliche Frau namens Mrs. Bird. Weil sie wußte, daß ich gehen würde, kam sie die Nacht vor meiner Abreise ins Haus, aber Scott kannte sie bereits und war schon oft bei ihr gewesen. Ich hatte mir vorgenommen, am Morgen sehr früh aufzustehen, meine Sachen zu packen und zu gehen, bevor Ron von der Arbeit kam und Scott aufwachte. Mir war wichtig, daß ich weggehen konnte, ohne mich von Scott noch einmal verabschieden zu müssen – das hatte ich schon am Vorabend getan, als ich ihn ins Bett brachte.

Ich weiß noch, daß an jenem Morgen alles nach Plan verlief: Scott schlief, ich machte mich fertig, ging zur Eingangstür, und als ich sie geöffnet hatte, rief Scott: »Mammi, Mammi, bist du da?« Das war der Augenblick der Wahrheit. Entweder ging ich jetzt durch die Tür, oder ich würde niemals gehen. Diesen Augenblick werde ich nie vergessen. Er veränderte mein ganzes Leben. Es war eine jener Entscheidungen, bei denen du weißt, daß es kein Richtig oder Falsch gibt, und die dein Schicksal entscheiden. Ich mußte alle meine Kräfte aufbieten, um jenen einen Schritt über die Schwelle zu tun und die Tür hinter mir zu schließen, während er nach mir rief. Das letzte, was ich hörte, war Mrs. Bird, die aufstand und nach ihm sah.

Ich nahm das Auto und fuhr an die Westgrenze von Ohio zu meiner Mentorin, einer Frau, die bei der Staatsanwaltschaft arbeitete. Sie war die einzige, die mein Handeln vorurteilslos akzeptierte. Ich hatte in jener Zeit auch eine Affäre – für die ich gleichfalls alle möglichen Rechtfertigungen parat habe, zum Beispiel Langeweile –, und mein Freund sollte mich eigentlich auf der Fahrt begleiten, um mich seelisch zu unterstützen. Da er nicht gekommen war, fühlte ich mich furchtbar allein. Die Einsamkeit und

Leere überwältigten mich fast, und ich weiß noch, daß ich die ganze Fahrt über weinte und mich fragte, ob ich jemals ankommen würde. Ich vergoß so viele Tränen, daß ich kaum noch die Straße sehen konnte. Als ich dann schließlich doch ankam, war es eine große Erleichterung, bei dieser Frau zu sein: Vor ihr brauchte ich nichts zu rechtfertigen.

Meine Mutter aufzusuchen kam mir nicht in den Sinn. Seit dem Tod meines Vaters verstanden wir uns nicht mehr besonders, und sie war nicht gerade hilfsbereit. Als ich klein war, hatten wir eine enge Beziehung, doch die späteren Konflikte konnten wir nie überwinden. Sie war eine der ersten, die mich verurteilte. Als ich es ihr erzählte, sagte sie: »Wie kannst du nur dein neues Haus und all die schönen Sachen aufgeben?« Von den Menschen, die ich verlassen wollte, sprach sie nicht! Interessanterweise ist mein augenblicklicher Partner in der gleichen Situation: Seine Exfrau und sein halbwüchsiger Sohn leben in Kanada. Besonders schwierig ist die Beziehung zu seinen Eltern – seit sieben Jahren werfen sie mir vor, daß ich meinen Sohn verlassen habe. Was muß das für eine Frau sein, die so etwas fertigbringt! Sie sitzen zu Gericht über etwas, was ich vor achtzehn Jahren getan habe!

Die ersten sechs Monate waren traumatisch. Gefühlsmäßig und körperlich zog mich alles zurück. Ron und ich sprachen bereits über meine Rückkehr, aber dann kam es doch nicht dazu. Ron wünschte es sich zwar, aber nur zu seinen Bedingungen, und das wäre eine glatte Strafe gewesen. Ich sollte eine Erklärung unterzeichnen, in der stand, daß ich ihn niemals wieder verlassen würde. Wenn doch, dann sollte er ganz allein das Sorgerecht und das Haus bekommen. Doch eine Zeitlang hing ich diesem Wunschtraum nach, bis ich merkte, daß eine Rückkehr nicht mehr zur Debatte stand.

Da ich nun meinen Lebensunterhalt allein verdienen mußte, machte ich mich zunächst einmal auf die Suche nach einem Job. Ron, der das Haus behielt, zahlte mir zwar die Hälfte des Marktpreises aus, doch Unterhalt bekam ich nicht. Bis ich finanziell auf sicheren Füßen stand, wohnte ich bei einer Freundin. Sie lebte in der Nähe meiner Mutter, und so war es kein Problem, Scott von dort abzuholen. In dieser Zeit sah ich ihn häufig – jedes Wochenende und an einigen Abenden in der Woche –, denn mit seinen vier Jahren ging er noch nicht zur Schule. Ich fand eine interessante Tätigkeit in der Verwaltung der Oper von Cleveland und eine hübsche

Wohnung in einer Anlage mit Swimmingpool. Gerade als ich mich ein bißchen eingewöhnt hatte, änderte sich die ganze Situation mit Scott und dem Besuchsrecht.

Die Scheidung wurde im April 1974 ausgesprochen, und keine sechs Wochen später, am 1. Juni, heiratete Ron wieder! Er kannte die Frau noch nicht besonders lange; sie war zweimal mit demselben Mann verheiratet gewesen und hatte eine Tochter, die zwei Jahre jünger war als Scott. Die Gründung dieser neuen Kleinfamilie paßte natürlich hervorragend zu meiner Rechtfertigung, daß ich für Scott die richtige Entscheidung getroffen hatte. Ich hatte dafür gesorgt, daß er in einer stabilen Familie aufwachsen konnte – doch unbewußt ging es wohl wieder darum, frei zu sein und mein Leben so zu führen, wie ich es wollte.

Kurz nach Rons Heirat zog ich nach Washington, um meine Ausbildung im juristischen Bereich wiederaufzunehmen. Zeitweise war meine Beziehung zu Scott sehr eng, jedoch auch voller Unterbrechungen – er ging jetzt zur Schule, und ich kam etwa alle sechs Wochen nach Hause, um ihn zu sehen. Es war anstrengend, weil man ihn mit verwirrenden Äußerungen überhäufte: Ich sei jetzt nicht mehr seine Mammi, er bräuchte nicht zu tun, was ich sagte, er habe jetzt eine neue Mammi und ähnliches. Ich war nicht eifersüchtig auf sie, weil sie jetzt mit Ron verheiratet war, sondern weil sie mehr Zeit mit Scott verbringen konnte als ich.

Die Ehe hielt etwa sechs Jahre. In dieser Zeit durchlief Scott eine Phase, in der er zutiefst gestört war. Er bekam plötzliche Wutanfälle und wußte nicht, wohin mit seinen Aggressionen. Ich bin eigentlich kein Mensch, der ständig von Schuldgefühlen geplagt wird, doch das ist eine Sache, wegen der ich mich wirklich schuldig fühle. Ich will mich keinesfalls von meiner Verantwortung freisprechen, aber ich glaube, daß Scotts Schwierigkeiten hauptsächlich mit Rons neuer Ehe und dem, was sich dort abspielte, zusammenhingen. Als mir klar wurde, wie verunsichert Scott war, beschloß ich, von Washington wegzuziehen, um in seiner Nähe zu sein. Er war damals ungefähr zehn. Grundsätzlich sind die Probleme mit seiner Wut etwas, was sich durch sein Leben zieht, und da ich jetzt in England lebe und er nicht oft hierherkommt, kann ich nur wenig für ihn tun. Wenn er hier ist, bezahle ich ihm eine Therapie – um die er selbst gebeten hat –, aber eigentlich hoffe ich, daß er einmal für längere Zeit kommt und mehr Sitzungen nimmt.

Rons Frau jedenfalls hatte eine Affäre, wurde von einem anderen Mann schwanger, ließ eine Abtreibung machen, und die Ehe zerbrach. Mittlerweile ist Ron zum drittenmal verheiratet. Unsere Beziehung läuft immer nach dem gleichen Muster ab. Solange er nicht verheiratet ist, kommen wir bestens zurecht: Ron behandelt mich freundlich, wir können miteinander reden, wir bringen Scott gemeinsam ins Ferienlager, gehen zusammen essen, alles läuft zivilisiert ab. Doch wenn er verheiratet ist, bin ich wieder die andere, die böse und gemeine Frau. Dieses Muster hat sich während Rons zweiter Ehe herausgebildet, und daraufhin wurde es mir sehr schwer gemacht, mich mit Scott zu treffen. Ich mußte vor Gericht um das Besuchsrecht streiten. Im Gegenzug forderte Ron von mir Unterhalt für das Kind – was damals noch äußerst ungewöhnlich war –, obwohl ich die Frau bin und er als Mann das Sorgerecht hatte. Doch er gewann den Prozeß, der Schweinehund, er gewann ihn einfach. Ich verdiente da schon recht gut, und es machte mir nichts aus, Scott etwas abzugeben, doch daß die Frau davon profitierte, paßte mir nicht. Und als ich dann hörte, was sie sich von dem Geld alles geleistet hat – einen neuen Swimmingpool, von meinem Geld! So was ist eine typische Sache, wenn zwei Familien beteiligt sind. Und es wurde noch schlimmer. Die dritte Frau unterbrach sogar meine Telefongespräche mit Scott. Sie hängte einfach den Hörer ein, obwohl er damals schon ein Teenager war. Daraufhin mußte ich mit meinem Sohn Treffen arrangieren, von denen sein Vater und seine Familie nichts erfuhren.

Scott erlebte in diesen beiden Ehen ein paar entsetzliche Szenen, aber das hatte zur Folge, daß unsere Beziehung immer enger wurde. Ich war die einzige, zu der er sich aus der angespannten Situation zu Hause flüchten konnte. Je schlechter sein Verhältnis zu Ron wurde, umso mehr war ich diejenige, bei der er seinen gesunden Menschenverstand wiederfinden konnte, die ihm andere Möglichkeiten aufzeigte. Und das ist immer noch mein Anliegen: ihm eine Alternative zu bieten, ihm eine andere Art des Denkens und Lebens vorzuführen. So stehen wir beide uns letztendlich näher als er und Ron, obwohl er die ganzen Jahre bei ihm gelebt hat.

Als Scott klein war, wollte er Flöte spielen lernen; sein Dad dagegen setzte durch, daß er Trompetenunterricht nahm. Das sagt wohl alles. Scott wollte tanzen, doch sein Dad sorgte dafür, daß er Baseball spielte. Als er auf die Universität ging, gehörte seine Leidenschaft der Kunst und dem

Theater, doch sein Dad ließ ihn etwas Praktisches studieren, nämlich Journalismus, was ihn zu Tode langweilte. Nach einem Jahr brach Scott sein Studium ab; und das war der Punkt, wo sein Dad ihn hinauswarf – zum einen, weil er das Studium abgebrochen hatte, und zum anderen, weil er einen Ohrring trug! Unsere Beziehung wurde dadurch nur noch stärker. Ron ist nach wie vor der unverbesserliche Macho, der sein typisches Männerdasein lebt, und solch ein Leben will Scott nicht führen. Er möchte nicht, wenn er erwachsen ist, gleich Kinder haben und ein festes Arbeitsverhältnis eingehen. Er ist im Sternzeichen Fische geboren, also kreativ und künstlerisch begabt, und im Laufe der Zeit hat er den Unterschied erkannt – nämlich daß ich ihm die Möglichkeit gebe zu sein, wie er ist, während sein Dad am liebsten einen typisch amerikanischen Durchschnittsjungen aus ihm machen will. Seit mindestens vier Jahren hat er mit seinem Dad nicht mehr gesprochen. Inzwischen lebt er mit Freunden in einer Wohngemeinschaft, und hin und wieder bekommt er einen Job als Schauspieler oder als Regieassistent. Er macht also schon im Kleinen, was er im Großen tun möchte. Das Gute an unserer Beziehung heute ist, daß wir uns sehen können, wenn wir es wollen, und nicht weil wir dazu verpflichtet sind. So etwas ändert ein Verhältnis von Grund auf.

Karrieremäßig hatte ich in den Vereinigten Staaten einen Erfolg nach dem anderen. Ich erreichte, was ich mir vorgenommen hatte, und machte neben meiner Vollzeitarbeit meinen Universitätsabschluß. Von da an ging es nur noch aufwärts. Ich verdiente mehr als Ron. Ich beschloß, in England zu promovieren, aber das hieß auch, all meine Habseligkeiten zu verkaufen und von meinen Ersparnissen zu leben. Ich mußte die goldenen Handschellen aufgeben, konnte mich nicht mehr auf die firmeninterne Karriereleiter und den automatischen Aufstieg verlassen, wie er in Amerika üblich ist. Ron war einverstanden, daß Scott mich in den Sommerferien und jedes zweite Weihnachten besuchen würde – wenn ich für die Reisekosten aufkam –, doch als es dann soweit war, verbot er ihm die Fahrt. Ich mußte vor Gericht gehen, um zu erreichen, daß er sich an die Abmachungen hielt. Ron hatte vor Gericht schon immer gelogen, und auch diesmal gewann er den Prozeß. Allmählich hatte ich den Eindruck, das System wollte mich bestrafen, weil ich mich damals dafür entschieden hatte, Scott bei Ron zu lassen: Wenn du als Frau so etwas fertigbringst, dann werden wir auch nicht zu deinen Gunsten Recht sprechen. Jede bittere Erfahrung ließ mich noch bitterer werden. Und weil das Gericht gegen mich urteilte, stellte ich schließlich die Unterhaltszahlungen ein.

Ich habe viel Kraft investiert, um all diese Erfahrungen zu verarbeiten. Noch während ich meine Magisterarbeit vorbereitete, wurde ich durch meine Arbeit mit Fragen der Persönlichkeitsentwicklung konfrontiert und machte daraufhin ein paar Jahre lang Gestalttherapie. Das gab mir zum erstenmal die Möglichkeit zu akzeptieren, was ich getan hatte, anstatt ständig nach einer Rechtfertigung zu suchen. Ich erkannte, daß dies mein Weg war, den ich einfach einschlagen mußte. Natürlich hatte Scott dadurch gewisse Probleme, doch ein jeder wird im Leben mit ganz bestimmten Aufgaben konfrontiert, die er bewältigen muß, und wenn man es vom esoterischen Standpunkt aus betrachtet, waren das die Themen, die ihm für sein Leben vorgezeichnet waren: In gewisser Hinsicht hat er sie selbst gewählt. So kam ich dazu, es unter einem anderen Blickwinkel zu akzeptieren.

Zwanzig Jahre lang litt ich darunter, daß ich kein eigenes Kind bekommen konnte, doch ich hatte reichlich Gelegenheit, auch das aufzuarbeiten. Zwei Jahre nachdem wir Scott adoptiert hatten, wurde ich schwanger, doch nach dreizehn Wochen hatte ich eine Fehlgeburt. Als ich ein Jahr darauf wieder schwanger wurde, passierte das gleiche, und man sagte uns, ich könnte keine Schwangerschaft austragen. Kurz bevor die Trennung dazwischenkam, hatten wir uns gerade entschlossen, ein zweites Kind zu adoptieren. Bei mir sind Fehlgeburten anscheinend vorprogrammiert, denn im Anschluß daran hatte ich noch sieben weitere, die letzte vor vier Jahren. Angesichts der zwei Fehlgeburten während meiner Ehe mit Ron und der sieben weiteren, die dann folgten, kann ich nur schließen, daß es das Schicksal in diesem Leben für mich nicht vorgesehen hat, im traditionellen Sinne Mutter zu werden. Ich habe eine andere Aufgabe: Mir geht es darum, neue Lebensformen zu entwickeln – sowohl für Männer als auch für Frauen.

Ich bin keine Fatalistin, die glaubt, daß man im Leben keine Wahl hat. Trotzdem bin ich davon überzeugt, daß mir mein Weg vom Schicksal vorgezeichnet war – also daß die Arbeit, mit der ich mich beschäftigte, und die Entscheidungen, vor die ich gestellt wurde und die ich getroffen habe, schicksalhaft waren. Meiner Meinung nach ist die Arbeit, die wir heutzutage in unsere Beziehungen investieren, von großer Bedeutung für unser Zusammenleben und unseren Planeten. Damit meine ich die Arbeit an grundlegenden Wertvorstellungen und Vorurteilen, die unser Verhalten im Zusammenleben bestimmen, und das Aufzeigen neuer Wege des Denkens und des Umgangs mit der Welt. Sie stammen aus einem neuen Paradigma, das unser Bild von der Welt bestimmt, einer ganzheitlichen Weltsicht, und das bedeutet die Abkehr vom kartesianischen Denken.

Ich habe mich immer als einen Menschen mit männlicher Energie gesehen. In den USA fiel mir der Umgang mit Männern leichter als der mit Frauen, besonders im Arbeitsleben. Erst in Europa fand ich wieder Zugang zu meiner Weiblichkeit, und zwar durch das bewußte und nicht an eine Religion gebundene Entdecken meiner Spiritualität. Meine jetzige Arbeit gibt mir die Möglichkeit, das Männliche in mir mit dem Weiblichen zu verbinden. Es geht dabei um Auffangen, Unterstützen, Hegen, darum, Menschen in Übergangssituationen zu helfen – sowohl im Leben als auch im Betrieb – und die Blockierungen aufzulösen, die ihren Ursprung in frühester Kindheit haben.

Ich bin Schütze, also zukunftsorientiert, auf grundlegenden Wandel und Übergang eingestellt. Meine Arbeit hat immer mit Veränderungen zu tun. Ein weiterer Grund für meinen Elan liegt darin, daß man mich nie als Kind behandelt hat, daß ich nie als das, was ich war, akzeptiert wurde. Meine Mutter hatte verschiedene Berufe ausgeübt, doch nach meiner Geburt blieb sie zu Hause. Ich war ein »Mißgeschick« und kam, als sie schon einundvierzig war. Meine Schwester, das einzige andere Kind, war damals bereits achtzehn. An meine Eltern erinnere ich mich nur als reifere Erwachsene, und das bedeutete, daß man mit ihnen nicht spielen konnte. Alle meine Angehörigen waren mindestens eine Generation älter als ich. Und da durfte ich nicht Kind sein, mußte mich immer älter und größer geben, als ich war. Ich mußte schnell erwachsen werden, um das Leben zu begreifen und Anerkennung zu finden. So übersprang ich einfach die Kindheit, ließ Spaß und Spiel aus, reifte schnell heran. Dies alles machte es mir möglich, Scott zurückzulassen, weil ich immer den Drang und die Motivation in mir spürte, weiterzugehen und grundlegende Veränderungen zu suchen.

Ich weiß, daß es schon in den dreißiger und vierziger Jahren viele Frauen gab, die ihre Kinder zurückließen. Ein Kind in den Siebzigern zu verlassen, war also weiß Gott keine Pioniertat, aber verdammt noch mal, mir kam es so vor.

16

Die dunkle Seite des Mondes:
Alternative Mutterarchetypen

Eigentlich geht es ... um Alternativen. Es geht ... nicht nur um die Alternative, die Elternrolle losgelöst von einer traditionellen (und in vielerlei Hinsicht überholten) Familienstruktur zu leben, sondern um die Einsicht, daß diese Alternative möglich, positiv, belebend, mutig, befreiend und richtig ist.

Harriet Edwards, *How Could You?*

Ruth, die ihre beiden damals sieben- und neunjährigen Kinder beim Vater ließ, widerlegt viele der üblichen Theorien über Mütter, die gehen. Sie war nicht unterprivilegiert, ihr Mann war nicht gewalttätig, und sie hatte auch keine ehrgeizigen Karrierepläne. Das Elternpaar hat gemeinsames Sorgerecht, die Trennung vollzog sich im großen und ganzen ohne erbitterte Auseinandersetzungen und ausgedehnten Rechtsstreit. Ruth sieht ihre Kinder häufig und regelmäßig, und ihre Beziehung zueinander hat offenbar keinen Schaden genommen. Ruths Bericht ist ungewöhnlich positiv und optimistisch und bietet ein erfreuliches Gegenbild zu den vorherrschenden Klischees und schicksalsschweren Mythen über Schuldgefühle. Sie lebt heute als Malerin in einer Stadt im Südwesten Englands.

Ich fange mit der Zeit vor der Trennung an. Insgesamt war ich zwölf Jahre verheiratet, also waren wir damals acht oder neun Jahre zusammen. Allem Anschein nach führte ich eine vollkommen glückliche Ehe – mit einem Arzt, einem Allgemeinmediziner. Wir lebten auf dem Land, es war typisch englisch: eine alte Mühle als Wohnhaus, fünf Morgen Land dabei und ein Forellenbach. Wir hatten vorher in London gewohnt und waren zusam-

men aufs Land gezogen, doch das war der Anfang vom Ende. Mein Exmann war ein wunderbarer Mensch, aber ich wurde immer hektischer in
meinen Aktivitäten und war nur darauf versessen, aus dem Haus zu kommen. Mir gefällt das Landleben, aber ich bin schon immer ein Stadtmensch
gewesen und habe mich in diesem Haus mitten auf dem Land eingesperrt
gefühlt – wo ich eigentlich nur die ganze Zeit den Chauffeur für die Kinder
spielen durfte.

Aufgewachsen bin ich mit den Mythen Hollywoods und der Illustrier-
ten, und oberflächlich betrachtet führte ich ein ideales Leben, nach dem
Motto: »Und sie lebten vergnügt bis an ihr Ende.« Wie konnte ich es wagen, diesen perfekten Mann und dieses wunderschöne Haus und meine
wunderbaren Kinder zu verlassen? Es fiel mir schwer, damit umzugehen
und mir klarzumachen, wie verzweifelt ich war. Es gibt einen kluges
Sprichwort, das Ram Das zitiert: »Freiheit ist erst möglich, wenn du
erkennst, daß du im Gefängnis sitzt.« Vor einigen Jahren schrieb ich in
einem Seminar über diese Zeit der Unzufriedenheit in der Mühle, und aus
jeder Zeile sprachen Angst und Schrecken. Ich erinnerte mich, wie ungern
ich ins Haus ging. Es fiel mir schwer, drinnen zu bleiben, ich fühlte mich
körperlich wie unter Hochspannung. Lieber hielt ich mich draußen auf,
schaute durch die Fenster hinein und beobachtete die Familie im Haus.

Deshalb verfiel ich in alle möglichen hektischen Aktivitäten, die mich
von zu Hause wegführten. Ich machte verschiedene Kurse, raste nach
London, fuhr drei Stunden, um einen Disco-Tanzkurs zu besuchen! Paul
war so nett, ich dachte nicht im Traum daran, daß wir uns trennen könnten. Er bot keine Angriffsfläche, es gab nichts, was er falsch machte, so
daß der Gedanke an Scheidung aufgekommen wäre: das war gerade das
Schwierige. Und natürlich wollte ich die Kinder nicht verlassen.

Ich habe immer ein sehr freies, aufregendes Leben geführt. Eine Weile
habe ich als Stewardeß gearbeitet, und ich habe zehn Jahre in Amerika gelebt. Nach der Schule habe ich ein Lehrerkolleg besucht und anschließend
ein Jahr lang in London unterrichtet – aber wenn ich vor versammelter
Klasse stand und diesen muffigen Geruch wahrnahm, dachte ich: »Das ist
nicht das Richtige für mich, das kann nicht alles gewesen sein!« Ich bin offenbar ein Mensch, der seine Freiheit braucht oder eine Beschäftigung, die
ihn voll in Anspruch nimmt. Meine Anziehungskraft auf Männer war
schon immer stark, also wußte ich, daß ich nicht sitzenbleiben, sondern

heiraten und Kinder bekommen würde. Aber ich schob diesen Schritt möglichst weit hinaus, teilweise weil ich zuviel um die Ohren hatte und weil ich im Grunde nicht angebunden sein wollte.

Ich glaube, ich habe Paul geheiratet, weil es Zeit wurde, und er war ein sehr netter Mann, ein guter Vater für meine Kinder. Die Entscheidung für diese Ehe habe ich eher mit dem Kopf als mit dem Herzen getroffen. Kinder zu bekommen war vorprogrammiert, es gehörte zum Hollywood-Image der Frau. Ich habe ziemlich spät geheiratet, deshalb bekam ich meine Kinder erst mit achtundreißig beziehungsweise neununddreißig. Nach den beiden Geburten führte ich mein lustiges, ausgefülltes Leben weiter und besuchte Kurse an einer Kunstschule am Ort, doch alles wurde plötzlich sehr hektisch. Schließlich mußte ich mir eingestehen, wie extrem ich mich verhielt. Ich bin mir sicher, daß es mit dem Versuch zu tun hatte, jung zu bleiben.

Dann lernte ich einen jüngeren Mann kennen. Er war sehr offen und vertrat eine interessante Weltanschauung. Es war der spielerische Versuch, mich der, wie ich meinte, schweren Verantwortung zu Hause zu entziehen, und wir hatten eine Beziehung, von der mein Mann nichts wußte. Durch viele Gespräche mit dem jungen Mann keimte in mir die Idee, daß ich die Möglichkeit hatte, mich von meinem Mann zu trennen und die Kinder zurückzulassen. Ich dachte immer häufiger darüber nach und erwog, ob ich diesen Schritt tatsächlich tun wollte. Nach ein paar Jahren sprach ich schließlich mit meinem Mann darüber. Paul meinte, ich sollte mir einen Psychotherapeuten suchen und mich aussprechen. Ich ging eine Zeitlang zu einer an C. G. Jung orientierten Therapeutin in London, und dabei fand ich die Bestätigung, daß ich mich aus einer Situation, die ich als Falle erlebte, zurückziehen mußte. Deshalb hatte ich das Gefühl, daß innere Kräfte für mein Weggehen verantwortlich waren, nicht äußere. Ich bin gewiß nicht gegangen, um mit dem Mann zusammenzusein, mit dem ich eine Beziehung hatte – das hatte nichts damit zu tun. Ich verspürte nur den heftigen Wunsch, die schwere Verantwortung abzuschütteln. Dennoch war ich innerlich zerrissen, weil ich das Gefühl hatte, die Kinder nicht verlassen zu dürfen.

Ich hörte von Theorien, daß Kinder im Alter von sieben Jahren die Mutter nicht mehr so stark brauchen wie vorher, weil sie die ersten sensiblen, prägenden Lebensjahre hinter sich haben. Alles in allem kam ich zu dem Ergebnis, es sei an der Zeit zu gehen. Ich stellte eine Haushälterin ein, die den Haushalt übernehmen und sich um die Kinder kümmern sollte, wenn ich gegangen war; zuvor hatten wir keine gehabt. Eine gewisse Stabilität war also gewährleistet: Die Kinder würden im selben Haus, in derselben Schule bleiben, in gewohnter Umgebung und mit vertrauten Menschen. Mein Exmann führte seine Arztpraxis weiter. Also ging ich fort, und als ich weg war, empfand ich enorme Erleichterung. Dennoch war der eigentliche Abschied schrecklich.

Ich habe eine sehr starke seelische Verbindung zu meiner Tochter, und auf sie wirkte sich mein Weggehen scheinbar am stärksten aus. Mein Sohn stand immer seinem Vater viel näher und meine Tochter mir. Obwohl es hieß, ich würde nur drei Monate Urlaub machen, um mich auszuruhen und zu erholen, und käme wahrscheinlich zurück, schien meine Tochter zu wissen, daß ich wirklich wegging, und so war es ja auch. Ich erlebte eine schreckliche Szene mit ihr, denn sie versuchte, mich festzuhalten. Doch ich hatte das Gefühl, ich müßte unbedingt eine Weile weg. Damals wußte ich noch nicht, daß es ein endgültiger Schritt sein würde.

Ich fuhr für drei Monate nach Frankreich. Und als ich heimkam, brachte ich es nicht fertig, in die altbekannte häusliche Situation zurückkehren. Doch obwohl ein Teil von mir wußte, daß ich das Richtige tat, plagte sich ein anderer Teil mit schrecklichen Schuldgefühlen: Was tue ich meinen Kindern an? Und so weiter.

Meine erste Begegnung mit ihnen war sehr interessant. Wir stiegen ins Auto, um zu meiner neuen Wohnung zu fahren, und meine Tochter fragte sofort: »Mami, warum hast du uns verlassen?« Ich erklärte ihnen – ich glaube, so wurde ich besser damit fertig –, daß ich nicht sie verlassen hätte, sondern Paul, und daß ich ihnen aufgrund äußerer Umstände kein so gutes Zuhause, keine so gute Schule und all die Annehmlichkeiten bieten konnte, die sie bei ihrem Vater hatten, denn schließlich sei ich arbeitslos, wohnte in einem Einzimmerapartment, müßte stempeln gehen ... Sie stellten nur die eine Frage: Warum hast du uns verlassen? Und mit der Antwort waren sie offenbar ganz zufrieden. Ich glaube nicht, daß sie großartige Erklärungen erwartet hatten, nur eine klare Antwort.

Dann entwickelte sich allmählich eine gewisse Routine. Die Kinder verbrachten die Hälfte der Ferien und jedes zweite oder dritte Wochenende bei mir. Ich habe immer darauf geachtet, daß ich nicht zu weit entfernt wohnte, so daß sie in annehmbarer Zeit zu mir fahren konnten. Wir haben zu dritt in meinem kleinen Apartment gehaust. Das war so eine Art Abenteuer für sie. Wenn sich Eltern trennen, lehnen die Kinder den neuen Partner oft ab, aber ich war immer noch mit dem jüngeren Mann zusammen, und wahrscheinlich weil er so jung und lebendig war und gern den Clown spielte, mochten sie ihn gern. Sie sprechen noch heute voll Zuneigung von ihm. Ich glaube, das hat alles sehr erleichtert: von jemandem unterstützt zu werden, den die Kinder wirklich mochten.

Obwohl ich mich damals fragte, wo ich das Geld fürs Essen hernehmen sollte – Obst oder Saft waren der reine Luxus –, war ich viel glücklicher und gelassener, und mir wurde klar, was in den letzten Jahren unserer Ehe auf mir gelastet hatte. Allmählich richtete ich mich ein. Ich machte mich mit staatlicher Hilfe selbständig und kaufte dieses Haus, in dem ich die Kinder besser unterbringen konnte. Wir haben die alte Regelung beibehalten: Die Kinder wohnen nach wie vor in dem Landhaus und kommen jedes zweite oder dritte Wochenende zu mir in die Stadt. Das ist ein wunderbar ausgewogenes Verhältnis. Wenn ich die Kinder länger als drei Wochen nicht sehe, werde ich unruhig. Als Paul und ich noch gemeinsam mit den Kindern Urlaub machten, spielten sie uns immer gegeneinander aus. Aber so ist es wunderbar. Ich kann mich ihnen voll und ganz widmen.

Als ich in die Gegend zurückkehrte, in der meine Familie lebte, war ich überrascht, wieviel Unterstützung mir angeboten wurde. Ich ging Eltern anderer Kinder und alten Freunden zunächst aus dem Weg, doch dann bekam ich unheimlich viel Liebe und Unterstützung von ihnen. Viele fanden meinen Schritt mutig. Mißbilligung kam nur von der älteren Generation. Ein wenig Kritik, wenn auch nicht viel, kam von meinen Eltern; sie machten sich hauptsächlich schreckliche Sorgen. Schließlich hatte ich ein sicheres Zuhause, einen Arzt als Mann, materiellen Besitz gehabt, und da mein Vater Künstler war, war die finanzielle Situation meiner Eltern immer bedenklich gewesen. Deshalb wünschten sie sich für mich eine gesicherte Existenz, und nun ging ich stempeln. Außerdem taten ihnen die Kinder leid.

Mein eigenes Leben: Ich war ein Einzelkind, und da ich kurz vor dem Krieg geboren wurde, kam ich mit achtzehn Monaten in eine Kindertagesstätte außerhalb der Stadt und anschließend in ein Internat. Also war ich von achtzehn Monaten an bis zu meinem achten Lebensjahr in einer Art Heim untergebracht. Als das in meiner Therapie ans Licht kam, reagierte meine Mutter mit heftiger Abwehr: Sie habe damals in London bleiben müssen und hätte mich dort auf keinen Fall bei sich behalten können und so weiter. Sie fühlte sich offensichtlich schuldig. Meine Mutter war selbst als Baby adoptiert worden. Ihre Eltern lebten in Südafrika, und da ihr Vater keine Kinder wollte, kam ihre Mutter nach London und gab meine Mutter bei der Geburt zur Adoption frei, bevor sie zu ihrem Mann nach Südafrika zurückkehrte.

Meine Mutter wurde demnach bei der Geburt verlassen, und ich mit achtzehn Monaten. Und ich selbst habe meine Kinder verlassen, als sie sieben Jahre alt waren. Die Wiederholung eines bestimmten Verhaltens in Familien von einer Generation zur nächsten finde ich wirklich verblüffend. Damals dachte ich, na ja, zumindest sorgen wir dafür, daß der Abstand etwas länger wird.

Meine Mutter ist inzwischen gestorben, aber ich habe damals und während ihrer Krankheit mit ihr darüber gesprochen. Das beste Gespräch hatten wir, als sie im Sterben lag; zuvor hatte ich viel Zeit bei ihr verbracht. Meine Eltern lebten noch in derselben Wohnung, in der ich vom Alter von acht Jahren an aufgewachsen bin. Meine Mutter schlief in meinem ehemaligen Kinderzimmer, und ich bewohnte ihr früheres Zimmer. Wir waren uns des Rollentausches durchaus bewußt. Übrigens hat mein Vater nach dem Tod meiner Mutter die Untermieterin geheiratet – sie waren beide vierundsiebzig – er kam aus seinem Schneckenhaus heraus und ist heute richtig glücklich. Die Beziehung meiner Eltern war nicht gerade von gegenseitiger Zuneigung geprägt, ich habe sie oft gedrängt, sich zu trennen, aber sie haben es als ihre Pflicht angesehen zusammenzubleiben.

Nachdem ich gegangen war, kam es in der Gemeinde, in der wir lebten, offenbar zu einer Art Dominoeffekt: Ehen gerieten in Bewegung, zerbrachen, die Partner zogen aus und orientierten sich neu. Paul galt in der Gegend als höchst begehrenswerter Mann, und die Frauen umschwärmten ihn. Aber er war eine Zeitlang sehr verletzt, sehr unglücklich. Ich glaube, es war nicht nur ein Schock für ihn, sondern er empfand mein Weggehen auch als Beleidigung, denn ihm war nicht klar gewesen, wie weit wir uns voneinander entfernt hatten. Er neigt dazu, nur die positiven Seiten im Leben zu sehen, alles andere vergräbt er unter der Oberfläche. Es ergab sich bald, daß eine andere Familie bei ihm einzog, eine Freundin von mir mit ihren beiden Töchtern. Für mich war das wunderbar – ich hatte

241

eine Freundin im Haus, die es mir erleichterte, eine freundschaftliche Beziehung zu Paul aufzubauen –, und die Kinder verstanden sich recht gut. Doch inzwischen sind sie wieder ausgezogen, sie leben also nicht mehr als Familie zusammen.

Aber Paul hat auch eine starke Beziehung zur Spiritualität, und er hat versucht, auf die bestmögliche Weise mit allem fertig zu werden. Ich glaube, das hat dazu beigetragen, daß wir es geschafft haben, auch nach der Trennung einigermaßen gut miteinander auszukommen. Nicht daß ich irgendeiner spirituellen Richtung folge. Nach meiner Zeit im Internat, das von Nonnen ganz im Geiste der Kirche von England geleitet wurde, wollte ich mit Religion im engeren Sinne nichts mehr zu tun haben. Ich interessiere mich zwar für verschiedene Ideen, aber vor Dogmen schrecke ich zurück. Als wir noch in London wohnten, schloß sich Paul einer buddhistischen Gruppe an, und ich hatte das Gefühl, daß er sich von mir entfernte. Wegen des Buddhismus herrschte plötzlich eine Distanz zwischen uns, und das hat vielleicht dazu beigetragen, daß wir uns auseinanderlebten. Obwohl diese Religion wunderbare Aspekte hat, lehnte ich sie ab; vielleicht weil ich zu der Zeit in einem Windelberg unterging! Aber wir haben beide die Vorträge von Krishnamurti besucht, und damals fing ich an, die spirituelle Seite des Lebens zu sehen, die mich in den letzten Jahren immer mehr beschäftigt.

Nachdem ich gegangen war, leitete Paul schnellstens die Scheidung in die Wege. Es gab Spannungen, aber ich war entschlossen, keine Anwälte einzuschalten. Ich sagte, wenn zwei Menschen den Lehren Krishnamurtis folgen, sollten sie in der Lage sein, allein klarzukommen. Wir beschlossen, das Sorgerecht für die Kinder gemeinsam zu übernehmen, obwohl ich finanziell nicht viel beitragen konnte. Ich hatte ja Mühe, mich selbst über Wasser zu halten. Es dauerte eine Weile, bis wir uns über gewisse Punkte geeinigt hatten, zum Beispiel ein paar Antiquitäten, die ich mir vor der Ehe als Alterssicherung gekauft hatte. Aber letztendlich fanden wir für alle Probleme eine Lösung.

Eines war für mich besonders tröstlich. Ganz abgesehen von der Theorie, daß man selbst glücklich sein muß, um eine gute Beziehung zu den eigenen Kindern aufzubauen, erfuhr ich von einem Berater, mit dem ich befreundet bin, von interessanten Statistiken über zerbrochene Familien. Er zeigte mir Untersuchungen, die ergaben, daß Kinder von Eltern, die halbwegs in Freundschaft auseinandergegangen sind, viel besser zurechtkommen als Kinder einer Familie, die zwar der Form halber zusammengeblieben ist, aber unter unterschwelligen Spannungen leidet. Das war vermutlich mein größter Trost in der Zeit unmittelbar nach der Trennung: daß ich mich an eine konkrete Statistik halten konnte.

Im Grunde habe ich erst mit Ende Dreißig angefangen, kreativ zu werden. Zuerst habe ich getöpfert – als ich noch Stewardeß war, betrieb ich einen kleinen Kunsthandel und handelte auch mit orientalischer Keramik –, und dann begann ich zu malen. Ich habe es immer vermieden, mich mit Graphik zu beschäftigen, weil mein Vater auf diesem Gebiet so gut war, aber als ich in San Francisco lebte, fing ich an zu malen. Also war meine Kreativität schon zum Vorschein gekommen, als ich heiratete, aber sie mußte zwischen Kindern und Windeln ihren Platz finden. In London gelang es mir zwar noch einigermaßen, alles unter einen Hut zu bekommen, doch auf dem Land war das nicht mehr möglich. Es ist schon komisch, wie Männer sich einfach nehmen, was sie wollen, und sich durch nichts behindern lassen; doch Frauen fällt das schwer.

Es ist, als hätte ich als Jugendliche in einem endlosen Traum gelebt und wäre erst mit achtundzwanzig, neunundzwanzig allmählich aufgewacht. Bis dahin hatte ich keinerlei Selbstbild und kannte nur das Bestreben, das Image von Hollywood-Frauen zu imitieren. Ich hatte kein Selbstwertgefühl. Mir war jeder recht, jeder Mann, der mir begegnete.

Es gibt da ein Buch von Jean Shinoda-Bolen, einer amerikanischen Psychologin, mit dem Titel Göttinnen in jeder Frau. Darin geht es um die verschiedenen Göttinnen als Bilder für die Aspekte der eigenen Persönlichkeit. Und ich habe festgestellt, daß ich mich mit Aphrodite, der Göttin der Liebe, identifiziere. Aus irgendeinem Grund hege ich einen Widerwillen gegen das Bild der Mutter. Ich möchte mich nicht mit dem Archetypus der Mutter identifizieren, irgend etwas daran bereitet mir Unbehagen. Doch meine Mutter hat einmal bemerkt, wenn sie mich mit meinen Kindern sieht, würde sie sich immer freuen, wie zärtlich und liebevoll ich mit ihnen umgehe. Ich hatte immer eine starke körperliche Bindung zu den Kindern, wie meine Mutter sie zu mir nie hatte.

Meiner Mutter war ich immer dankbar für die große Freiheit, die sie mir gelassen hat. Ich war ein absoluter Wildfang und habe nie mit Puppen gespielt, eigentlich hätte ich da schon etwas merken müssen! Meine Mutter hat mich immer ermutigt zu reisen, alles zu erforschen; sie freute sich, daß ich als Stewardeß soviel von der Welt sah. Ich glaube, ich habe da etwas für sie ausgelebt. In den dreißiger Jahren ist sie auch gereist, zum Beispiel nach Ungarn, aber damit war es aus, als sie schwanger wurde. Vielleicht habe ich ja ihr Unbehagen über die Mutterrolle geerbt. Sie war nie eine besonders zärtliche Mutter. Statt mich in den Arm zu nehmen, diskutierte sie lieber alles durch; sie unterstützte mich zwar sehr, war aber dennoch distanziert und hielt Abstand.

Jetzt sehe ich, daß ich für meine Kinder die gleiche Rolle spiele; ich bin eine Mutter, die Anregungen gibt und Unterstützung anbietet; ich lasse ihnen ihre Freiheit und halte sie nicht zu fest. Meiner Meinung nach bin ich als Mutter jetzt annehmbar, aber ich verkörpere eine Mutter, die sich vom traditionellen Archetypus unterscheidet. Und die Kinder wissen das auch zu schätzen, so wie ich früher, und äußern sich sehr positiv darüber.

Mein Sohn ist in einem Alter, in dem er sich verstärkt für Mädchen interessiert, und kürzlich, als ich ihn nach seinem Liebesleben fragte, erklärte er, er habe nicht vor, früh zu heiraten. »Ich warte, bis ich die perfekte Frau finde«, sagte er, und nach einer Pause, »so eine wie dich, Mami!« Ich mußte lachen. Es klang wie ein Zitat aus einem Psychologielehrbuch. Trotzdem war es eine große Freude. Da stand ich, eine Mutter, die ihre Kinder verlassen hat, und bekam zu hören, ich sei die perfekte Frau. Das war eine herrliche Absolution für meine Sünden!

Meine Tochter will oft von mir hören, daß ich sie liebe. Bei einem Besuch hat sie vorgeschlagen, das I Ging zu befragen. Sie stellte mehrere vage formulierte Fragen, aber die führten nur zu der eigentlichen Frage hin, die sie bewegte: »Liebt mich meine Mutter wirklich?« Die Antwort lautete etwa so: »Die dunkle Seite des Mondes leuchtet, wenn auch unsichtbar. Der abnehmende Mond ist nicht immer sichtbar.« Wir interpretierten das sofort beide so, daß meine Liebe zu ihr immer leuchtet, auch wenn ich körperlich nicht immer für sie da sein kann. Es war meine Tochter, die das so in Worte faßte.

Ich weiß es jetzt zu schätzen, daß ich ohne meine Kinder lebe – die große Freiheit, die ich dadurch für meine künstlerische Arbeit und mein Leben gewinne – und daß ich gleichzeitig diese wunderbare Liebe von ihnen bekomme. Das ist überwältigend, absolut wunderbar. Auf diese Weise werden beide Seiten meines Wesens befriedigt. Ich glaube, daß mein

Exmann und ich den Kindern zwei vollkommen unterschiedliche Seiten des Lebens zeigen, und jede ist gleich wertvoll. Ich bin zu dem Schluß gekommen, daß die Kinder dich lieben, ganz gleich was du tust. Wenn du aus Verzweiflung dazu gebracht wirst, dich von deiner Familie zu trennen, dann mußt du dein neues Leben mit absoluter Überzeugung anpacken.

17

Eine verhängnisvolle Affäre:
Trennung wider Willen

»... erkennen wir mit immer stärkerer Gewißheit, daß das, was wir
Schicksal nennen, aus den Menschen heraus- und nicht über sie her-
einbricht.«

Rainer Maria Rilke, *Briefe an einen jungen Dichter*

Charlottes Geschichte ist eine der dramatischsten in diesem
Buch. Ihre vier Kinder – heute Jugendliche im Alter von neunzehn,
achtzehn, fünfzehn und vierzehn – wurden vom Vater entführt und
leben seit zehn Jahren in Costa Rica, wo Charlotte jeder physische
Kontakt zu ihnen verboten ist. Ihr Versuch, sie zurückzuholen,
endete damit, daß sie ins Gefängnis kam. In Anbetracht der körperlichen Gewalt, die sie in ihrer Ehe ertragen mußte, und der schwierigen Umstände in früheren Zeiten hätte man eigentlich meinen
sollen, daß Charlotte sich als Opfer sieht, doch sie wendet sich leidenschaftlich gegen eine solche Einstellung. Sie ist davon überzeugt,
daß wir die volle Verantwortung übernehmen müssen, und zwar
nicht nur für das, was wir tun, sondern auch für das, was uns geschieht. Obwohl die Entführung der Kinder auf einer bewußten
Ebene gegen ihren Willen stattfand und sie sich verzweifelt dagegen
wehrte, ist sie der Meinung, daß wir unbewußt bei den Ereignissen,
die für unser Leben von Bedeutung sind, eine Rolle spielen.

Demnach schildert Charlottes Bericht zwar ein Verlassen ohne
eigenes Zutun, kann uns aber trotzdem Einsichten in viele Fälle vermitteln, wo Mütter ihre Kinder verließen. Sie betont, daß wir das
Thema in einem weiteren Kontext sehen und die Schuld nicht ein-

fach »dort draußen«, also beim Ehemann oder bei den sozialen Umständen, suchen dürfen. Heute lebt Charlotte glücklich mit ihrer Partnerin im Südwesten Englands. Sie hat eine erfolgreiche Naturheilpraxis, wo sie mit chinesischer Medizin und Shiatsu arbeitet.

Ich lernte Tim an meinem ersten Tag auf der Universität kennen. Es war das, was man Liebe auf den ersten Blick nennt. Ich studierte Geographie, und er unterrichtete Spanisch und Portugiesisch. Das war 1968, und wir lebten daraufhin eine Zeitlang zusammen. Es war kompliziert, doch nach zwei Jahren gaben wir beide die Universität auf und ließen uns von einer Gruppe einfangen, die sich damals die Kinder Gottes nannte: von den Jesus People.

Es war eine Hippie-Religion im amerikanischen evangelistischen Stil, und man mußte sein gesamtes Geld und die Besitztümer der Gruppe überlassen, die dann für alles aufkam und kontrollierte, was man tat. Du lebst in der Kommune und bekehrst andere Leute zum Christentum und zum Eintritt in die Gruppe. Es ist eine Art Gehirnwäsche, und das Ziel des Ganzen besteht darin, die Welt zu bekehren.

Heute scheint es unbegreiflich, doch im Klima der späten sechziger Jahre, wo wir alle die rigiden sozialen Strukturen von uns abschütteln wollten, erschien es als gute Alternative. Ironischerweise waren die meisten Leute, die von der Gruppe angezogen wurden, ausgesprochen intelligent. So traten Tim und ich ihr bei und ließen uns unter Obhut der Gemeinschaft trauen – ich bin überzeugt, daß wir es sonst nicht getan hätten –, und zwar erst in der Gruppe und dann im Standesamt. Sie wollten uns ins Ausland schicken, und dafür mußte man verheiratet sein. Zuerst kamen wir in die Vereinigten Staaten und dann nach Mittelamerika. Zu der Zeit waren wir beide schon richtig in den Netzen der Gruppe gefangen, und es war schwierig, wieder herauszukommen. Da sie jede Form der Geburtenkontrolle verurteilen, wurde ich praktisch auf der Stelle schwanger. Unser erstes Kind kam ein Jahr nach unserer Hochzeit in Costa Rica zur Welt. Vierzehn Monate später, als wir in Kolumbien waren, kam das zweite. Damals waren wir zwar immer noch in der Gruppe, doch es wurde allmählich unangenehm. Es gab viel Gewalt; es passierten schreckliche Dinge, und alles, was ich an christlichem Glauben noch gehabt hatte, löste sich in Luft auf. Einige der Erfahrungen, die ich dort machte, waren ein richtiger Alptraum.

Wenn ich in Frage stellte, was in der Gruppe geschah, wurde mir gesagt, ich sei vom Teufel besessen. Während meiner ersten Schwangerschaft brachten sie mich in eine Hütte mitten im Urwald von Costa Rica und ließen mich dort zwei Wochen ohne Nahrungsmittel allein, um mir den Teufel auszutreiben. Heute kann ich darüber lachen – weil ich nichts zu essen hatte, fing ich mir einen Frosch. Ich brauchte den halben Tag, um ihn zu kriegen, und dann brachte ich es nicht fertig, ihn zu essen! Ich lebte von Blättern und allem, was ich finden konnte. Es ging mir dort wirklich sehr schlecht. Aber ich habe eine unverwüstliche Natur, und das alles konnte mich nicht ändern. Wenn überhaupt, dann machte es mich noch stärker. Ich stellte ihnen auch weiterhin Fragen und stritt mich, obwohl man mir verboten hatte, mit dem Rest der Gruppe zusammenzutreffen.

Schließlich kamen Tim und ich zu dem Schluß, daß wir die Gruppe verlassen mußten. 1974, als das zweite Baby 10 Tage alt war, liehen wir uns in der britischen Botschaft Geld und flogen nach England zurück. Wir fanden für uns Stellen als Sozialarbeiter. Kurz darauf hörten wir, daß man für die Leitung eines Drogenprojekts in Südwesten Englands ein verheiratetes Paar suchte. Es wurde von gemeinnützigen Trägern finanziert und hatte ein starkes christliches Element. Also zogen wir hierher und bekamen in rascher Folge die anderen beiden Mädchen. Diesmal war es eine bewußte Entscheidung. Ich habe sie mir gewünscht, weil ich Kinder liebe, und nicht wegen Tim.

Vor der Geburt meiner letzten Tochter kriselte es in der Ehe immer stärker, obwohl es auch vorher lange Zeit schon mehr ums Überleben gegangen war als um Liebe. Zwischen meinem 21. und meinem 27. Lebensjahr hatte ich vier Kinder bekommen. Wir steckten ständig in Geldschwierigkeiten, und meine Eltern hatten den Kontakt zu mir abgebrochen, als ich in die Gruppe eintrat. Tim und ich stritten uns fast ständig. Ich hatte ihn nie wirklich geliebt. Ursprünglich war ich von ihm fasziniert gewesen, dann kam die Gruppe, und schließlich hatte ich das Gefühl, mich auf einer Art Karussell zu befinden. Plötzlich bist du drauf und weißt nicht, wie du wieder herunterkommen sollst. Während meiner letzten Schwangerschaft ging es mir schlecht, und ich mußte für mehr als einen Monat ins Krankenhaus. Als das Baby da war, eröffnete mir Tim am ersten Abend nach meiner Heimkehr, daß er mit meiner besten Freundin eine Affäre hatte. Damit war für mich unsere Beziehung am Ende.

Etwa zu dieser Zeit begann Tim auch, sich wieder mit der Organisation einzulassen. Sie nannten sich nicht nur »Kinder Gottes«, sondern auch der »Kreis der Liebe«, und hatten inzwischen ihre Bestimmungen leicht abgeändert. Jetzt propagierten sie Prostitution, um Anhänger zu gewinnen. Es ging 1977/78 durch die ganze Presse, daß bei ihnen die Frauen sexuell dazu ausgenutzt wurden, um Männer zu bekehren. Tim nahm diese Situation als Ausrede, um erst mit meiner Freundin und dann mit anderen Frauen ins Bett zu gehen. Wir hatten uns ein eigenes Haus gekauft, und nun lud er Mitglieder der Religionsgemeinschaft ein, bei ihm zu wohnen – und ich konnte nicht viel dagegen tun. Da ich mich weigerte, mit ihm zu schlafen, kam es eine Zeitlang regelmäßig zu Vergewaltigungen in der Ehe. Spätnachts, wenn die Mädchen schliefen, schlug er mich zusammen. Ein paarmal wurde ich dabei bewußtlos; einmal strangulierte er mich, bis ich das Bewußtsein verlor; ein anderes Mal mußte er mich ins Krankenhaus bringen, weil er mir die Nase gebrochen hatte.

Dies ging etwa achtzehn Monate nach der Geburt des letzten Kindes so weiter. Ich war völlig verzweifelt und am Ende meiner Kräfte. Damals schluckte ich alles, was mir zur Flucht aus der Wirklichkeit verhalf: Alkohol, rezeptpflichtige Psychodrogen, Morphium. Ich wollte mich aus dem, was geschah, ausklinken. Schließlich führten all die psychischen und körperlichen Grausamkeiten dazu, daß ich zusammenklappte. An einem Samstag nachmittag, als Tim mit den Mädchen unterwegs war, sah ich in meinem Leben keinen Sinn mehr. Nachdem ich 150 Paracetamol geschluckt hatte, verlor ich das Bewußtsein. Ich überlebte nur deshalb, weil eine meiner Freundinnen gespürt hatte, daß etwas nicht stimmte, und sich mit Gewalt Zugang zum Haus verschaffte. Ich war zehn Tage in einem allgemeinen Krankenhaus, und dann brachte man mich in die Psychiatrie. An die ersten Wochen dort kann ich mich nicht mehr erinnern, weil ich mit starken Drogen vollgepumpt war. Als ich wieder klar wurde, fragte ich mich, was zum Teufel ich an solch einen Ort verloren hatte. Aber es erwies sich als schwierig, wieder herauszukommen. Sie schlugen uns vor, eine Familientherapie zu machen, doch mehr als zwei Sitzungen fanden nicht statt. Der Psychiater erklärte mir, Tim sei derjenige, der die Probleme hätte, aber da er nichts angestellt hatte, könne man ihn nicht behandeln. Tim war völlig unfähig; er war ein Mamakind und hatte bis zur Pubertät mit seiner Mutter in einem Bett geschlafen. Ich glaube, das war letztlich auch der Grund, weshalb er die Kinder nicht hergeben konnte – ohne sie kam er nicht zurecht. Und dabei sind sie mir alle wie aus dem Gesicht geschnitten: Er lebt mit vier Menschen zusammen, die ihn ständig an mich erinnern.

Insgesamt war ich zwei Monate im Krankenhaus. Als ich herauskam, verlangte Tim die Scheidung. Er wollte alle vier Kinder nach Südamerika mitnehmen und sich dort wieder der Gruppe anschließen. Als ich widersprach, verhöhnte er mich. Er sagte, es sei ein Jammer, daß es mir nicht gelungen sei, mich umzubringen, und ich solle es doch noch einmal versuchen. Weil mich die Quälerei fertigmachte, ging ich für zehn Tage zurück ins Krankenhaus. In der Zwischenzeit setzte ich mich mit einem Anwalt in Verbindung. Dieser meinte, ich hätte gute Aussichten, für alle vier Kinder das Sorgerecht zu bekommen. Als ich das nächste Mal aus dem Kranken-haus kam, erklärte mir Tim, er wolle mit den beiden älteren Mädchen verreisen und Freunde besuchen. Ich widersprach, doch er schlug mich wieder, und zwar so schlimm, daß ich ihn nicht zurückhalten konnte. Sie fuhren einfach ab. Die älteste war damals acht und die zweite sechs.

Daraufhin ging ich zum Rechtsanwalt und ließ die beiden jüngeren zu ihrem Schutz unter Amtsvormundschaft stellen, während ich das vorläu-fige Sorgerecht bekam. Dann fand ich heraus, daß Tim die beiden älteren nach Costa Rica gebracht hatte und wieder bei der Gruppe lebte. Ich hatte nicht gemerkt, daß das sein Ziel gewesen war. In einem Brief schrieb er mir, Gott habe ihm befohlen, es zu tun. Und Gott darf man schließlich nicht widersprechen! Etwa drei Monate lang lebte ich daraufhin mit den jüngeren allein: Eine ging in den Kindergarten, die andere kam in die Schule; ich arbeitete wieder, und alles pendelte sich aufs beste ein. In den kurzen Zwischenferien beschloß ich, daß wir uns einen Urlaub verdient hatten, und fuhr mit ihnen für eine Woche nach Mallorca. Es war eine schöne Zeit, aber dort hatte ich etwas, was man nur als Vision bezeichnen kann. Ich ging mit den Kindern am Strand spazieren, und ich weiß noch, wie plötzlich mein Herz so stark zu klopfen begann, das ich das Gefühl hatte, nicht weitergehen zu können. Ich wußte mit einem Mal, daß Tim kommen und mir die beiden jüngeren auch noch wegnehmen würde. Vom Verstand her war es völlig unlogisch, denn er war im Ausland, ich hatte das Sorgerecht, und die Kinder standen unter Amtsvormundschaft. Doch mein Herz wußte es besser.

Als wir zurückkamen, fuhren die beiden für ein verlängertes Wochenende zu ihren Großeltern – Tims Eltern –, was sie schon früher regelmäßig getan hatten. Ich sollte sie am Sonntag abend abholen. Sonntag mittags rief Tim mich vom Flughafen Gatwick an: Sie würden jetzt gemeinsam ins Flugzeug steigen, sagte er, und ich würde die beiden jüngeren nie wiedersehen. Seine Eltern hatten an diesem Komplott als Komplizen mitgewirkt. Ich setzte mich auf der Stelle mit meinem Rechtsanwalt in Verbindung, doch bis schließlich all die Telefongespräche getätigt worden waren, hatte das Flugzeug schon abgehoben. Kurz darauf bekam ich wieder einen Brief von Tim, in dem hieß, Gott habe ihm befohlen, diese Kinder auch zu sich zu holen. Einen anderen Grund gab er nicht an. Den Kindern erklärte er, ich sei geisteskrank und könne sie nicht versorgen. So kam es, daß sie ab dem Jahre 1981 alle in Costa Rica wohnten.

Es dauerte ungefähr sechs Monate, bis ich begriff, was geschehen war. Davor war ich wie betäubt. Ich konnte einfach nicht glauben, was geschehen war. Ich kam mir vor wie ein Roboter. Ich bin nicht nahe am Wasser gebaut und habe nie – auch nicht in der Therapie – darüber geweint, daß ich die Kinder verloren habe. Aber es ist ein merkwürdiges Gefühl: In dem einen Moment bist du noch rund um die Uhr Mutter, und im nächsten ist nichts mehr da! Du wirst völlig aus der Bahn geworfen. Welche Rolle hast du im Leben zu erfüllen? In welche Richtung soll es gehen? Was fängst du nun an?

Zuerst stolperte ich von einer katastrophalen Beziehung in die nächste, weil ich das Alleinsein nicht ertragen konnte. Dann lernte ich am 1. Januar 1982, vier Monate nachdem die Kinder abgereist waren, Kate kennen. Zuvor hatte ich noch nie eine Beziehung zu einer Frau gehabt und war eigentlich auch nicht auf der Suche danach. Doch es kam mir richtig und natürlich vor, und seitdem sind wir zuammen. Es war keine bewußte oder ideologische Entscheidung, und es ging mir auch nicht darum, mich von Männern abzuwenden. Ich habe unter Männern viele gute Freunde, aber ich weiß, daß diese besondere Art der Beziehung mit einem Mann nicht möglich wäre.

Wenn die Leute erfahren, daß ich mit Kate zusammenlebe, gehen sie unweigerlich davon aus, daß mir mein Mann die Kinder fortgenommen hat, weil ich eine Beziehung zu einer Frau habe. Und dann schwingt sofort diese unausgesprochene Schuldzuweisung mit. Daraufhin weichen sie dem Thema aus, oder sie verkneifen sich die Frage, wie es den Kindern geht, um mich nicht aufzuregen. Es bedrückt die Leute. Besonders Frauen, die selbst Mütter sind, identifizieren sich sofort mit meinem vermeintlichen Schmerz. Sie stellen sich vor, ich würde so sehr leiden, daß ich kaum noch an etwas anderes denken kann. »Ich habe selbst auch Kinder, und ich weiß nicht, wie ich damit fertig werden würde, wenn ihnen etwas zustoßen sollte …« Und dabei rede ich gern über die Kinder!

Kate spielte auch eine Rolle bei dem Versuch, die Kinder zurückzubekommen, denn sie hat mir dabei geholfen und mich finanziell unterstützt. Nachdem wir eine Fernsehsendung über einen ähnlichen Fall gesehen hatten, engagierten wir den darin vorgestellten Privatdetektiv, um die Kinder aufzuspüren und sie zurückzufordern. Durch die große Entfernung zwischen England und Mittelamerika gestaltete sich das allerdings ziemlich schwierig. Die Verhandlungen mit den Behörden waren ein Alptraum – unvorstellbar, wie viele Papiere dafür nötig waren. Schließlich konnte der Detektiv die Kinder finden, und ein Jahr nachdem sie England verlassen hatten, fuhren wir ebenfalls nach Costa Rica – der Detektiv, sein Assistent, Kate und ich.

Wir hatten geplant, die Kinder abzuholen, wenn Tim geschäftlich nach Panama fuhr. Das klingt einfacher, als es war! Weil für dieselbe Woche zufällig ein Staatsbesuch von Ronald Reagan angesagt war, waren die Behörden überempfindlich, was Ausländer betraf. Außerdem hatte Tim wahrscheinlich Beziehungen zur Polizei von Costa Rica und wohl einen Hinweis erhalten, daß wir da waren. Jedenfalls stürmte die Polizei plötzlich in unser Hotel, nahm uns vier wegen versuchter Entführung fest und warf uns ins Gefängnis.

Man brachte uns ins Polizeihauptquartier und sperrte uns in Einzelzellen. Darin gab es kein Fenster, kein Licht, keine Pritsche, nur den blanken Fußboden. Nach ungefähr fünf Stunden führte man mich der Waffe im Anschlag zum Polizeichef, der mit einem Übersetzer auf mich wartete. Da sie unsere Papiere hatten, fragte ich, wieso man mich der Entführung beschuldigen würde – es seien ja wohl offensichtlich meine eigenen Kinder. Doch der Polizeichef wiederholte immer nur, die Papiere seien gefälscht, und ich müsse mit acht bis zehn Jahren Gefängnis rechnen. Ich weiß, das klingt wie im Kino, aber es lief tatsächlich so ab. Ich hatte das Gefühl, es sei alles nur ein böser Traum. Man behielt uns über Nacht dort, und am kommenden Tag wurden Kate und ich gemeinsam in ein Hochsicherheitsgefängnis für Frauen und der Detektiv und sein Assistent in die entsprechende Einrichtung für Männer gebracht. Bis dahin hatte man keine Anklage gegen uns erhoben.

Das Gefängnis war relativ human; es wurde von Nonnen betreut, an der Außenmauer allerdings von bewaffneten Wachen gesichert. Da wir vorgaben, kein Wort Spanisch zu verstehen, brauchten wir wenigstens nicht an den ganzen Putzarbeiten teilzunehmen. Aber das Essen war schrecklich und das Gefängnis für mich ein Alptraum, wegen seiner entsetzlichen Atmosphäre. Es waren dort viele Terroristinnen mit hohen Strafen inhaftiert. Schließlich fanden wir durch eine andere Gefangene eine Rechtsanwältin, die es schaffte, uns freizubekommen.

Eine der Bedingungen für unsere Freilassung lautete, daß wir sofort das Land verließen. Man gestattete mir, mich noch einmal für drei Stunden mit den Kindern zu treffen, allerdings im Beisein ihres Vaters und seines Rechtsanwalts. Diese Begegnung läßt sich nur schwer beschreiben. Es war schwierig, da die Situation so ungewöhnlich war, doch ich versuchte, mich so normal wie möglich zu verhalten. Wir hatten gerade zwei Wochen Gefängnis unter schrecklichen Bedingungen hinter uns, mußten uns dann unvermittelt in diese Begegnung stürzen und durften nichts tun, was zu einer erneuten Verhaftung führen konnte. Die Kinder waren durcheinander – die Jüngste war ja erst drei – und aufgeregt, weil sie von Tim gehört hatten, ich sei psychisch krank. Trotz der außergewöhnlichen Umstände mußte ich mich also normal verhalten, wenn ich sie davon überzeugen wollte, daß ich das nicht war. Und deshalb gab es dabei keine Gefühlsausbrüche, keine Schauspielerei, keine Tränen, nichts in der Art.

Das war der Punkt, wo ich im Unterbewußtsein die Entscheidung traf, nie wieder zu versuchen, die Kinder zurückzuholen. Mir erschien es ihnen gegenüber nicht fair, sie dem seelischen Druck eines Krieges zwischen ihren Eltern auszusetzen. Wenn ich es noch einmal versucht hätte, wäre Tim mit ihnen fortgezogen, und ihnen diese Unannehmlichkeit zuzumuten war nicht gerecht. Wir erfuhren, daß Costa Rica und andere lateinamerikanische Länder britisches Recht nicht anerkennen, so daß die gerichtliche Verfügung und die Amtsvormundschaft hier keinerlei Bedeutung hatten. Außerdem zählten hier die Rechte der Männer auf ihre Kinder stärker als bei uns.

Nach unserer Rückkehr hatte ich nur noch sporadischen Kontakt zu meinen Töchtern. Zwar schrieb ich ihnen regelmäßig, aber ich konnte nicht abschätzen, inwieweit Tim sich einmischte. Manchmal brauchten ihre Briefe an mich Monate. So blieb es etwa zehn Jahre lang. Doch inzwischen hat sich der Kontakt spürbar verbessert, seit sie alt genug sind, um ihre Briefe selbst aufzugeben. Wenn eine von ihnen Geburtstag hat und zu Weihnachten telefoniere ich mit ihnen, doch alles andere ist viel zu teuer. Zwanzig Minuten oder eine halbe Stunde kosten ein Vermögen. Außerdem habe ich mir beigebracht, mich nicht danach zu fragen, wann ich sie wiedersehen werde.

Offiziell lebe ich getrennt, aber ich habe nie die Scheidung eingereicht. In diesem Fall hätte ein Richter nämlich eine Entscheidung für die Kinder treffen müssen – und ich bin nicht bereit zu sagen, gut, sollen sie bleiben, wo sie sind. Soweit ich weiß, ist es möglich, daß Tim sich in Costa Rica hat von mir scheiden lassen. Hier in England läuft immer noch ein Haftbefehl gegen ihn, weil er die Kinder entführt hat, aber trotzdem kann er jederzeit ins Land schlüpfen. Er hat die Jesus People inzwischen verlassen und leitet jetzt ein eigenes Übersetzerbüro. Zwischenzeitlich lebte er auch mit einer Frau zusammen, doch ich frage die Mädchen nicht nach seinen Beziehungen. Ich will sie nicht in diese Rolle drängen. Mit Tim spreche ich nie; ich habe auch kein Bedürfnis danach.

Normalerweise gebe ich nicht so schnell auf. Doch bald nachdem die Mädchen fort waren, wurde mir klar, daß ich Tim entweder die Möglichkeit geben konnte, mich zu zerstören – was er womöglich vorhatte –, oder daß ich ein eigenes Leben aufbauen konnte. Ich entschied mich, etwas Positives zu tun. Ich schrieb mich an der Universität ein und belegte Geographie, also das, was ich eigentlich mit achtzehn hatte studieren wollen. Mir kommt vor, als hätte ich zwei Leben: Das eine war geprägt von der Mutterrolle, die ich ausfüllte, bis die Kinder fortgebracht wurden, und anschließend fing ich für mich allein wieder ganz von vorn an. Als ob ich solch drastische Erlebnisse gebraucht hätte, um zu mir selbst zu finden und mir ein eigenes Leben aufzubauen. Ich machte meinen Abschluß, aber zu dieser Zeit hatte ich schon angefangen, mich mit chinesischer Medizin und Shiatsu zu beschäftigen. Außerdem ging ich viereinhalb Jahre in eine Psychotherapie, und das hat mein Leben verändert. Bis dahin hatte ich immer unter Depressionen gelitten. Durch die Situation mit den Kindern wurden sie schlimmer, aber sie stammten schon aus der Zeit davor.

Ich hatte eine äußerst unglückliche Kindheit. Die Beziehung zu meiner Mutter war ein einziger Kampf; ich mag sie nicht besonders gern. Als ich vier wurde, ging sie wieder arbeiten, und ich blieb die meiste Zeit allein, wenn ich mich nicht um meinen kleineren Bruder kümmern mußte. Körperlich und gefühlsmäßig war meine Mutter völlig unzugänglich; sie zeigte uns beiden keinerlei Zuneigung. Ich verbrachte meine Freizeit lieber in der Schule als zu Hause, und später konnte ich es kaum erwarten fortzuziehen. Als ich mit der Universität begann, war ich so unglücklich und sehnte mich so sehr nach Zuneigung, daß es mir praktisch gleich war, von wem ich sie bekam. Das war wohl auch der Grund, weshalb ich mich so leicht von Tim und der Religionsgemeinschaft einfangen ließ. In meiner Therapie hatte ich einen lebhaften Traum, in dem ich Kind war und von meiner Mutter mißhandelt wurde. Ich bin sicher, daß es so geschehen ist: Warum sonst kann ich es nicht ertragen, mit ihr allein zu sein? Warum sonst leide ich unter körperlichem Unwohlsein, wenn sie mit mir im gleichen Raum ist? Sie wußte von meinem Zusammenbruch, aber sie hat mich nicht einmal besucht. Und als ich die Kinder verlor, taten meine Eltern so, als seien sie entsetzt, aber keiner kam, um mich zu trösten.

Zwischen meiner Mutter und mir besteht keinerlei emotionale Bindung. Aber viel wichtiger ist, daß sich dieses Muster in der Beziehung zu meinen Kindern nicht fortsetzt, daß es mit ihnen völlig anders ist. Ich war immer für sie da, habe sie überallhin mitgenommen, wir haben alles gemeinsam gemacht. Weil mir ständig bewußt war, was mir gefehlt hatte, war es mir wichtig, daß ich es ihnen geben konnte. Deshalb ist die Bindung zwischen uns stark, trotz allem, was geschehen ist, und trotz der räumlichen Trennung. Ich weiß, daß ich eine gute Mutter bin. Und das Paradoxe daran ist: Obwohl ich nicht den Alltag als Mutter mit ihnen teilen kann, ist die Bindung zu meinen Kindern sehr solide. In absentia bin ich meinen Kindern eine bessere Mutter, als meine Mutter es mir je gewesen ist.

Und die Kinder wissen Bescheid; sie haben es nicht vergessen. Die Briefe, die sie mir schreiben, sind überwältigend. Die beiden älteren erinnern sich noch an die kleinsten Kleinigkeiten wie Filme, die wir uns im Kino angesehen haben, als sie vier waren. Sie schicken mir kleine Geschenke; Karten und Bilder, auf denen steht: »Ich habe dich lieb«, und alles ganz spontan. Diese Liebe ist nie versiegt; im Gegenteil, je bewußter und unabhängiger die Mädchen wurden, desto stärker wuchs sie. Wir haben einen unheimlich guten Draht zueinander. Wenn sie mir schreiben, erzählen sie mir, daß sie sich verliebt haben, welche Kleider sie sich kaufen, oder sie berichten von ihren Problemen.

Es ist wichtig, daß wir uns klarmachen, wie diese Dinge von einer Generation an die nächste weitergegeben werden. Meine Mutter wurde als Kind geschlagen, geschlagen von ihrer eigenen Mutter. Zweimal brach sie ihr den Arm. Mein Vater war bei der Polizei. Zwar schlug er meine Mutter nicht, doch er war sehr aufbrausend und sprach manchmal wochenlang nicht mit ihr. Und ich wurde wiederum von meinem Mann geschlagen. Wie also meine Mutter nicht in der Lage war, mich zu lieben – oder ihre Gefühle nur als Mißhandlung zum Vorschein kamen –, so wurde es auch mir durch Mißhandlungen unmöglich gemacht, meinen Kindern eine gute Mutter zu sein.

Ich bin deswegen nicht wütend. Es ist schwer zu erklären, und die Leute denken, ich bin verrückt, wenn ich es so sehe, aber ich glaube wirklich, es war richtig, daß meine Kinder fortgingen. Denn um den destruktiven Zirkel zu durchbrechen, den ich von meiner Mutter geerbt hatte, brauchte ich eine dermaßen extreme Erfahrung. Zwar war es schmerzlich, aber trotzdem richtig, damit dieser ganze negative Kreislauf, der von der Mutter an die Tochter weitergegeben wird, durchbrochen werden konnte. Deshalb mußte das alles einfach geschehen. Andernfalls hätte ich nie die Initiative ergriffen und mich nicht geändert. Ich wäre nie glücklich geworden. Die Trennung von den Kindern hat aus mir einen besseren Menschen gemacht. In meinen Dreißigern konnte ich Dinge tun, die mir in meinen Zwanzigern wegen der Kinder nicht möglich gewesen waren, und ich habe sie genossen. Ich glaube nicht, daß ich mich selbst dermaßen gut auf die Reihe bekommen hätte, wenn die Kinder die ganze Zeit bei mir gewesen wären. Dann hätte ich auch nicht die Möglichkeit gehabt, in meiner Berufslaufbahn eine völlig andere Richtung einzuschlagen, was eine gute Entscheidung war. Ich bin fest davon überzeugt, daß sie mir zum Teil deshalb fortgenommen wurden, und daß es vom Schicksal für mich vorgesehen war, daß ich diese Arbeit tue.

Durch die chinesische Medizin habe ich gelernt, daß wir einen Großteil dieser Themen erben, insbesondere von unseren Müttern. Wir tragen die Dinge mit uns herum, die sie an uns weitergegeben haben: Wir erben die Wut unserer Mütter, wir erben ihre Aggressionen. Das ist meine tiefe

Überzeugung, und in meiner Arbeit stoße ich ständig auf neue Hinweise für diesen Mechanismus. Negative Verhaltensmuster und Gefühle werden von einer Generation an die nächste weitergegeben. Überall stoße ich auf Frauen, die das Zeug ihrer Mütter mit sich herumschleppen, und unsere Mütter tragen das, was sie von ihren Müttern bekommen habe. Das müssen wir erkennen; wir müssen uns klarmachen, daß wir es durchbrechen können und nicht darin festsitzen. Und das sind nicht einfach nur die sozialen Bedingungen oder politische Themen. Es gibt einen tieferen Bereich der Mutterschaft, wo unbewußtes und ererbtes Material, also Gefühle und Komplexe, auf versteckte Weise weitergegeben werden. Wichtig ist nur, uns klarzumachen, daß wir daran etwas ändern können, daß wir aus dem Schema ausbrechen, bevor wir es an unsere Kinder weitergeben. Den Kreislauf zu durchbrechen, das gehört dazu, wenn wir die Zeiten ändern und die Leute heilen wollen.

Meine Arbeit mit Menschen – also das körperliche und geistige Heilen – ist sehr intuitiv. Ich glaube nicht, daß du das leisten kannst, wenn du selbst nicht durch dein Leiden hindurchgegangen bist. Meine Erfahrungen brachten mir Zugang zu einer tieferen Ebene, als viele Leute sie je erleben, und das war wohl Teil des Sinnes, den sie hatten. Ich glaube daran, daß wir uns unsere Lebensbedingungen selbst schaffen, daß ich also in gewisser Hinsicht mein Drehbuch schrieb und mir die Umstände suchte, die mich schließlich zu meiner Arbeit als Heilerin führten. Ich halte nichts von der Vorstellung, mich als Opfer zu sehen; ich glaube vielmehr, daß die Situation mit meinen Kindern in gewisser Weise von mir geschaffen wurde – ich schuf sie, um an den ererbten Mustern arbeiten zu können, um daraus auszubrechen und sie zu ändern. Unbewußt brauchte ich es, daß dies alles geschah, damit ich mich verändern konnte. Daran ist nichts Passives: Es ist mein Schicksal, das ich mir unbewußt selbst geschaffen habe. Wir müssen die Verantwortung dafür übernehmen, daß wir unser eigenes Drehbuch schreiben, und wir müssen verstehen, daß es in unserer Hand liegt, die Lebensumstände zu schaffen und zu verändern. Und weil ich meine Umstände geschaffen habe, weiß ich, daß ich die Kinder wiedersehen werde, wenn es an der Zeit ist – und dann ist es gut so.

Ich weiß, daß viele Leute diese Deutung ablehnen. Viele Mütter, die ihre Kinder verlieren, weigern sich, ihr Leben auf diese Weise zu sehen, und natürlich tragen die Medien dazu bei, daß sie in der alten Sichtweise gefangen bleiben. Frauen in ähnlichen Umständen wie ich werden meistens so dargestellt, daß sie sich mit nichts anderem beschäftigen – und beschäftigen sollten –, als ihre Kinder zurückzukriegen. Ihr ganzes Leben dreht sich nur um die Kinder, die schon seit Jahren fort sind. Diese Art der Darstellung macht mich immer furchtbar wütend. Ich habe noch nie im Fernsehen oder in der Zeitung eine Geschichte gefunden, wo die Frau, die von ihren Kindern getrennt war, nicht davon beherrscht wurde. Die Medien wollen es so, daß Mütter davon besessen sind, ihre Kinder zurückzukriegen, oder daß sie, wenn sie sie selbst verlassen haben, von Schuldgefühlen beherrscht werden. Als ob es sonst nichts gäbe! Und es ist auch gar nicht so: Es gibt eine Menge Frauen, die ihr eigenes Leben leben, nachdem sie ihre Kinder verloren haben, und etwas Positives daraus machen.

Es gibt viele festgefahrene Vorstellungen davon, wie Frauen sich in dieser extremen Situation verhalten sollen. Ich habe oft das Gefühl, daß man von mir auch solch eine stereotype Reaktion erwartet. Ich muß doch zusammenbrechen und auf jede Menge Hilfe angewiesen sein! Ich muß kreischen und weinen wie eine nutzlose und hilflose Person! Doch ich bin nicht der Typ für so etwas. Natürlich fehlen mir die Mädchen, und es ist schlimm, wenn ich beispielsweise mit Kindern in einem Alter zu tun habe, in dem ich die meinen nicht erleben konnte. Es versetzt mir einen Stich, und ich frage mich, wie es gewesen wäre. Manchmal fühle ich mich darum betrogen, sie aufwachsen zu sehen, und dann merke ich, daß mir etwas entgangen ist. Doch so ist die Situation nun einmal. Und ich brauche deswegen nicht zu verzweifeln.

Ich habe mir vorgenommen, zu Weihnachten hinüberzufahren und sie zu besuchen. Der Zeitpunkt scheint mir richtig, und ich will sie einfach nur sehen. Tim kann sie nicht festhalten, wenn sie erst einmal achtzehn sind, und da sie zweisprachig aufgewachsen sind und den Wunsch geäußert haben, nach England zu kommen, werden sie vielleicht einmal hier leben oder studieren. Es sind jetzt mehr als zehn Jahre, daß ich sie nicht mehr gesehen habe, doch ich weiß, wenn es soweit ist, wird es wunderschön.

Alma Mater: Die eigene Stimme finden

> Wie jeder Archetypus, so hat auch derjenige der Mutter eine schier un-
> absehbare Menge von Aspekten. Ich erwähne nur einige typischere For-
> men: … die Jungfrau (als verjüngte Mutter, zum Beispiel Demeter und
> Kore), Sophia (als Muttergeliebte eventuell auch Typus Kybele-Attis,
> oder als Tochter-Geliebte); das Ziel der Erlösungssehnsucht (Paradies,
> Reich Gottes, himmlisches Jerusalem) …
>
> C. G. Jung, »Der Mutterarchetypus«, *Gesammelte Werke* 9/I

Leonie ist Sängerin und Sprachtherapeutin und hat autobiographische Texte veröffentlicht. Als ich mit ihr zusammentraf, lebte sie
mit ihrem Partner in einer britischen Kleinstadt. Nur ein paar hundert Meter weiter wohnte ihr einziges Kind Elizabeth. Die Zehn-
jährige wächst bei Leonies Exmann Francis auf.

Seit unserem Gespräch ist Leonie jedoch einige Kilometer weiter
weg aufs Land gezogen. Dadurch stellte sich das Problem der Trennung von Elizabeth neu, denn die Tochter hatte die Wahl, ob sie lieber beim Vater bleiben oder zu Leonie und ihrem neuen Partner ziehen wollte. Nachdem sich die Tochter zunächst nicht entscheiden
konnte, gab ein Stipendium in der Stadt, in der der Vater lebte, den
Ausschlag zu seinen Gunsten. Leonie meint, daß diese Episode für
alle Beteiligten einen Wendepunkt darstellte, durch den ein wahrer
Berg von Schuldgefühlen ihrerseits beseitigt wurde (denn diesmal
hatte die Tochter, nicht sie, eine bewußte Entscheidung getroffen).
Außerdem wurden etwaige Zweifel Elizabeths getilgt, denn nun
wußte sie, daß ihre Mutter sie bei sich haben wollte und nötigenfalls
bereit gewesen wäre, deshalb vor Gericht zu gehen. Jetzt sehen sich
Mutter und Tochter regelmäßig alle ein bis zwei Wochen.

Zur Einstimmung vor unserem Gespräch zeigte mir Leonie einige Fotografien der indischen Heiligen Anandamayi Ma (1896–1982), die sie als ihre geistige Mutter betrachtet. Leonies Erklärung dafür, warum Anandamayi Ma eine so zentrale Rolle in ihrem Leben spielt, wirft ein interessantes Licht auf die gesamte Frage der Mutterschaft. Denn während die Tradition des psychoanalytischen Denkens, von Freud bis hin zu Melanie Klein, davon ausgeht, daß die Suche nach der guten Mutter (einschließlich Leonies eigener) auf dem individuellen Unbewußten basiert – einer nostalgischen Sehnsucht nach Ganzheit und verlorener Einheit mit der Mutter –, stellt Leonie diese Vorstellung auf den Kopf. Ähnlich wie eher transpersonale Denker, etwa C. G. Jung, faßt sie das Ideal der guten Mutter als Inbild verlorener spiritueller Ganzheit auf. Im Gegensatz zu einer ich-orientierten Psychologie, die daran festhält, daß die idealisierte Mutterfigur ein entrücktes persönliches Ziel darstelle, sieht eine solche transpersonale Psychologie in ihr das Inbild verlorener geistiger Vollkommenheit. Leonies Bericht ist von diesem eher archetypischen Denken zutiefst durchdrungen.

Elizabeth wurde 1982 geboren. Zur Zeit ihrer Geburt war meine Ehe bereits stark von Zweifeln belastet, aber ich wurde damals noch von meiner eigenen Konditionierung beherrscht. Im Gegensatz zu jeder anderen Beziehung, die ich vorher oder nachher hatte, war meine Ehe sehr konservativ. Der Grund dafür war, glaube ich, mein starker Wunsch, dem Erbe meiner Eltern gerecht zu werden und somit in den Schoß der Familie zurückzukehren. Deshalb empfand ich damals gleichzeitig tiefes Unbehagen und in gewisser Hinsicht auch den Wunsch, die Ehe zu retten.

Meine Erfahrung mit der realen, faßbaren Welt – Mutter, Mater, der materiellen Welt – war buchstäblich gleich Null. Ich lebte praktisch außerhalb meines Körpers. Dennoch verspürte ich den intensiven Wunsch nach einem Baby. Der Kern meines Bewußtseins schien sich darauf zu konzentrieren; dieser Wunsch und meine eigene Konditionierung bewirkten, daß ich das Gefühl bekam, ich sollte eigentlich schon ein Kind haben. Ich war gerade achtundzwanzig. Ich glaube, der Wunsch nach einem Baby hatte damit zu tun, daß mich das Unbewußte auf die Erde herunterholen wollte. Und die Geburt meiner Tochter war bestimmt die erste echte körperliche

Erfahrung, die ich machte – abgesehen von einer außergewöhnlichen ersten Liebe, durch die meine Sexualität erwachte. Doch etwas an der Geburt an sich ließ mich ganz und gar aufwachen und den Schmerz und die Schönheit des Daseins auf diesem Planeten wahrnehmen. Allerdings war es ein unsanftes Erwachen.

Als wir uns das erste Mal sahen, nachdem sie geboren war, geriet mein System aus den Fugen. Es versetzte mir einen Schock, als ich sah, wie fremd sie mir war. Irgendwie hatte ich erwartet, daß sie mir völlig vertraut sein würde. Doch obwohl ich mich ihr vollkommen zuwandte, empfand ich überraschenderweise keine richtige Bindung zu ihr, als sie ein Baby war. Ich stillte sie dreizehn Monate lang; es machte mir Freude, sie zu stillen, und ich richtete mich ganz nach meinen natürlichen Reaktionen auf ihr Leben. Doch ich erlebte es als Schock, als mir klar wurde, daß sie nicht in mein Leben getreten war, um die Wogen zu glätten und alles in Ordnung zu bringen, sondern um mich wirklich aufzuwecken und mich auf die Konflikte und Spannungen aufmerksam zu machen, die in meinem Unbewußten so lebendig waren und die ich auf geradezu sublime, sublimierte Weise ausgeblendet hatte. Ich hatte in einer anderen, völlig abgehobenen Welt gelebt. Elizabeths Geburt ist da hineingeplatzt. Astrologisch gesehen war es die Zeit der Wiederkehr von Saturn. Es gab ganze Bereiche meines Selbst, die ich mir nicht eingestand, die ich nicht wirklich lebte oder mir zu leben erlaubte, und Elizabeth hat mir das klar zu Bewußtsein gebracht. Durch ihre Ankunft wurden eher die Schwächen als die Stärken unserer Ehe erhellt und betont.

Die Verständigung in unserer Ehe klappte sehr schlecht. Francis und ich hatten nie darüber gesprochen, wie wir Elizabeth aufziehen wollten, und wir hatten sehr unterschiedliche Vorstellungen. Er meinte, ich sollte Hausfrau sein und mich ganz Elizabeths Erziehung widmen, während er weiter als Universitätslehrer arbeiten würde. Die Folge war eine vernichtende Desillusionierung, vor allem meinerseits. Außerdem lebten wir in einem Haus, das im Umbau war. So fanden auf all diesen verschiedenen Ebenen Abbruch und Erneuerung statt.

Zudem bestand eine Disharmonie im Verhältnis zu meiner eigenen Mutter, und ich ließ sie nicht an meine Tochter heran. Das tat sehr weh. Aber ich konnte sie einfach nicht an sie heranlassen. Ich habe schon seit langem Schwierigkeiten mit meiner Mutter, es ist eine ungute Beziehung.

Meine Mutter ist ein sehr komplizierter, zerrissener Mensch. Sie hatte einen wesentlich älteren Mann geheiratet – mein Vater war Bischof, jetzt ist er im Ruhestand –, wir waren eine große Familie. Sie mußte fünf Kinder praktisch allein aufziehen und mit wenig Geld auskommen. Wir hatten keinerlei Privatvermögen. Und im Widerspruch zu ihrer unbewußten Natur, ihrer Intelligenz und ihrem leidenschaftlichen, künstlerischen Wesen ordnete sie ihr Leben ihrem Mann unter. Sie ließ sich in dieses doktrinäre, autoritäre, patriarchalische System pressen und bemühte sich ernsthaft, sich der Autorität zu beugen. Ich weiß noch, wie ich mit ihr in der Kirche war und sie sich verneigte, wenn er den Mittelgang hinaufschritt – der archetypische Priester, der Hohepriester sozusagen. Das hatte mit der Beziehung zu ihrem Vater zu tun, die sehr stark war und nie bewußt gelöst wurde.

Mein Vater war kaum da, ständig beschäftigte er sich mit seinen Predigten. Im Grunde war er abwesend, geistig war er jedoch sehr rege und auf dieser Ebene auch interessant. Aber er lebte nicht im Körper und war körperlich gehemmt. Ich vergötterte ihn und projizierte meine Liebe zum Geistigen auf ihn. Meine Eltern waren Protestanten, sie praktizierten Selbstverleugnung und Askese. Ich flüchtete mich in geistige Dinge, insbesondere die Musik. Die Musik war meine Mutter. Meine Mutter selbst war nicht musikalisch, also konnten wir uns auch auf dieser Ebene nicht verständigen. Sie besuchte Konzerte, in denen ich auftrat, und ich wußte, daß sie weinte. Sie wird von ihren Emotionen beherrscht, aber so, daß es keine kathartische Wirkung auf sie hat. Ich glaube, sie hat sogar Angst vor dem Wahnsinn. Und meiner Meinung nach wurde ihre Sexualität niemals befriedigt. Sie ist immer noch ein kleines Mädchen, und ich konnte mich ihr nie anvertrauen. An eine seelische Annäherung zwischen uns kann ich mich nicht erinnern, und ich bin mir bewußt, daß es ihr schwerfiel, sich darauf einzulassen. Ich habe den Eindruck, daß meine Mutter als Persönlichkeit unreif ist, sehr unreif.

Wir waren fünf Kinder, alles Mädchen, und ich war die mittlere, die Vermittlerin, die versuchte, alles in Ordnung zu bringen, weil ich die emotionale Atmosphäre fürchtete, die meine Mutter verbreitete. Was körperliche Zärtlichkeit betrifft, Umarmungen – das hat es kaum gegeben. Die Erfahrung, was es heißt, bei der »Mutter« zu sein und bemuttert zu werden, verdanke ich vor allem einem der Kindermädchen, die wir hatten. Diese eine, Margy, hat mir zum erstenmal das Gefühl vermittelt, bemuttert zu werden, diese nährende Mutter zu spüren. Ich muß damals fünf oder sechs gewesen sein. Zudem war ich mehr in der Natur zu Hause; das war meine zweite Erfahrung des Bemuttertwerdens in einem universalen Sinne, eine Natur, die Freude statt Furcht weckte.

Diese Mutter-Tochter-Beziehung ist nun ins nächste Stadium getreten, denn bei Elizabeth habe ich das Gefühl, daß sich die Geschichte wiederholt, aber viel offener und unkonventioneller. Unsere Generation hat es zugelassen, daß die Dinge zum Vorschein kommen und nicht überdeckt werden, aber natürlich wird dadurch auch der ganze Schmerz viel deutlicher. Ich habe eine Psychoanalyse hinter mir und mich selbst analytisch mit dem Thema auseinandergesetzt. Nun bin ich allmählich in der Lage, meine Gefühle für Elizabeth offener und ehrlicher auszudrücken, ihr zu zeigen, wie sie manchmal mein Leben eingeengt hat, aber auch, wie sehr ich sie liebe. Es ist mehr eine Freundschaft als eine Mutter-Tochter-Beziehung.

Dann zeigte mir Leonie ein wunderschönes Pastellporträt von ihr selbst und ihrer Tochter. Elizabeth schaut geradeaus und blickt den Betrachter mit großen Augen an, während Leonie im Hintergrund im Halbprofil gezeigt wird. Ihr Blick richtet sich auf irgendeinen Punkt außerhalb des Rahmens.

Wenn Sie die beiden Menschen auf diesem Porträt betrachten, scheint es, als hätten sie keine Beziehung zueinander. Die eine ist verträumt, sie schaut weg, nach draußen, während der Blick der anderen, Elizabeth, direkt ist. Sie kann dem Leben, den Menschen, auch mir gegenüber sehr fordernd sein, sie hat Wettbewerbsgeist, steht mit beiden Beinen auf der Erde, interessiert sich für alles, was passiert, sie engagiert sich in der Schule, begeistert sich für Musik, sie will alles meistern und lebt ohne Wenn und Aber in der Welt.

Ich habe immer alles vergeistigt und mich mit einem allumfassenden geistigen Kokon geschützt. Was meine Beziehung zu Elizabeth betrifft, können wir also unheimlich viel voneinander lernen. Das ist wie eine Ehe zwischen Geist und Materie, wo man wieder einmal beobachten kann, wie sich diese beiden Welten begegnen. Und das zieht sich durch die Generationen: Sie hat mich zurückgeholt, sie hat erweckt, was in mir geschlummert hat – dasselbe, was auch in meiner Mutter geschlummert hatte und von mir übernommen wurde. Es war, als könnten wir dem Schmerz nicht mehr ausweichen, als müßte er seine Form finden und zum Ausdruck kommen. Doch in diesem Licht betrachtet ist für mich immer noch eine andere entscheidende Frage offen, und die lautet: Warum habe ich sie bei ihrem Vater gelassen? Wenn wir diese wichtige Arbeit miteinander leisten müssen, wie konnte ich sie da nur zurücklassen?

Weil meine Mutter so ins Familienleben verstrickt war, konnte sie nicht zu sich selbst finden. In diesem Kontext konnte sie nicht genug hara, nicht genug Intention, das heißt zielgerichtete Kraft, aufbringen, um sich selbst zu helfen. Wenn ich die Frage also in Relation zu meiner eigenen Mutter betrachte, weiß ich, daß ich gehen mußte. Zunächst einmal mußte ich mir zu meinem Entsetzen eingestehen, daß ich vielleicht bis ans Ende meiner Tage in dieser Ehe würde leben müssen. Ich erinnere mich, wie einsam ich mich fühlte, als ich dachte: »Mein Gott! Wird es für den Rest meines Lebens so weitergehen?« Nachts neben jemandem im Bett zu liegen, mit dem du diese grenzenlose Einsamkeit erlebst. Ich weiß, daß es vielen Frauen ähnlich geht, die versuchen, eine Ehe durchzuhalten. Aber ich will meinen Exmann nicht schlecht machen. Ich sage das alles nur deshalb, weil ich diese Geschichte ehrlich erzählen will, und es ist im Kontext einer Freundschaft zu verstehen, die Bestand hat. Ich empfinde sehr große Achtung für Elizabeths Vater. Er hat viele gute Eigenschaften. Er war und ist ein hervorragender Vater. Er ist sehr stabil, körperlich kerngesund, aktiv und fürsorglich. Für das Alltagsleben ist er viel besser gerüstet als ich; auf der materiellen Ebene kommt er gut zurecht, und das ist eine große Gabe, die er an Elizabeth weitergegeben hat.

Wenn ich es über mich gebracht hätte, mich versorgen zu lassen, eine schöne Atmosphäre in seinem Haus zu schaffen und dort meine Tochter aufzuziehen, mit all den reizenden, wohlmeinenden Freunden, wenn ich eine Stütze der Gesellschaft geworden wäre und in diesem Kreis geistige Anregungen vermittelt hätte … aber das konnte ich einfach nicht. Francis war völlig außer sich, als wir uns trennten, er war wahnsinnig traurig, und ich bin mir nicht sicher, ob er darüber hinweggekommen ist. Er ist immer noch wütend. Und er stellte eindeutig klar, daß er Elizabeth auf keinen Fall mit mir gehen lassen würde, er wollte nicht nur Wochenendvater sein. Das war der wichtigste Grund, warum Elizabeth im Haus ihres Vaters blieb: weil er darauf bestand. Er brauchte sie, und er hat gelernt, als Vater in vielen Bereichen gut für sie zu sorgen. Sie ist absolut loyal ihm gegenüber. An dieser Situation war nicht zu rütteln, es sei denn durch Konfrontation und Auseinandersetzungen vor Gericht, und ich war nicht stark genug, um ihn auf dieser Ebene anzugreifen.

Auch hätte ich, wenn ich sie genommen hätte, zu einem konventionelleren Lebensstil zurückkehren müssen, und etwas in mir wollte das nicht. Es hätte mich sehr viel Überwindung gekostet. Ich mußte Elizabeth verlassen, um mich selbst zu finden. Sie war dreieinhalb – also noch sehr klein. Interessanterweise bin ich jedoch nicht weiter als zweihundert Meter die Straße hinunter gezogen! Ich wußte, daß sie das Gefühl brauchte, nicht im Stich gelassen zu werden. Es war wirklich seltsam – ich zog zwar körperlich aus, war aber innerhalb von zwei Minuten zu erreichen. Praktisch hatte ich so die Illusion geschaffen, immer noch mit Francis zusammenzuleben, indem ich Elizabeth das Gefühl gab, noch ganz nah zu sein.

Bevor ich ging, war ich verzweifelt und furchtbar einsam. Zwei Jahre vor Elizabeths Geburt hatte ich einen Schlaganfall gehabt, einen Zusammenbruch, von dem mein ganzer Körper betroffen war. Während dieser Zeit schrie mein ungeborenes Selbst verzweifelt um Hilfe, wußte aber nicht, woher sie kommen sollte. Ich reagierte mit einer Lähmung vom Hals abwärts, so daß mir nur der Kopf blieb. Drei Monate lang mußte ich herumgetragen werden. Wahrscheinlich habe ich auf diese Weise jene Wut und Verzweiflung zum Ausdruck gebracht, die meine Stimme viele Jahre lang nicht äußern konnte.

Nach meiner Lähmung begann für mich ein neues Leben. Ich ging mit einem Kindertheater auf Tournee und entwickelte einen Einfallsreichtum und eine ungeheure Vitalität, die ich vorher nicht hatte anzapfen können. Ich fand es toll, wieder draußen in der Welt zu arbeiten und etwas Phantasievolles zu machen, das mir Kraft gab. Dann engagierte ich mich für die Friedensbewegung im Erziehungswesen und richtete mir in unserem Haus ein Büro ein, was Francis als sehr störend empfand. Er wünschte sich ein ruhiges Heim, in dem seine Frau wohnen und die Kinder aufziehen sollte. Das ist in Ordnung, viele Menschen leben so, aber für mich war es die absolute Gefangenschaft. Deshalb bekam ich damals wieder stärkere Depressionen; meine Seele schrie um Hilfe, obwohl ich nach außen hin darum kämpfte, eine gute Ehe zu führen.

Ich schrieb viel, und ich weinte viel. Um halbwegs bei Verstand zu bleiben, schrieb ich Gedichte. Außerdem fand ich den Gedanken, aus der Ehe auszubrechen, ehrlich gesagt ziemlich belebend. Das Gefühl der Erregung, das sich einstellt, wenn man Neuland betritt – die Vorstellung, wieder frei zu atmen, sich draußen in der Welt zu entfalten, ein neues Leben anzufangen. Und ich erinnere mich, wie erleichtert ich mich nach der Trennung fühlte. Aber gleichzeitig überfielen mich heftige Schuldgefühle. Wenn man einen Draht dazu hat, liegen Schuldgefühle praktisch in der Luft, und das hat mich verfolgt. Schuldgefühle, weil ich Francis und meine Bindung an ihn und unser Ehegelübde verraten hatte. Wir hatten eine wunderschöne Quäker-Hochzeit gehabt. Es ist erstaunlich, welche Macht die Institution Ehe ausübt, eine sehr reale Macht, wenn sie authentisch ist. Wir lebten von 1985 bis 1990 getrennt und ließen uns dann nach meiner Rückkehr aus Indien scheiden. Francis erhielt das Sorgerecht.

In den letzten zehn Jahren habe ich mich verstärkt mit inneren, spirituellen Dingen und Meditation beschäftigt und im Grenzbereich zwischen stimmlichem Ausdruck und Zuhören gearbeitet. Das hat mich fasziniert, wahrscheinlich weil mir diese Erfahrung fehlte – zuzuhören und sich selbst authentisch auszudrücken, ohne die doppeldeutigen Botschaften und das gesellschaftliche Brimborium, das meine Erziehung prägte. Mit der Stimme zu arbeiten ist heute für mich das Wichtigste überhaupt. Menschen, die ihre eigene Stimme finden. Natürlich ist die Mutter das Instrument dafür: Wenn du bei der richtigen Mutter landest, geschieht das ganz von selbst. Ich weiß, daß es im Westen selten vorkommt, aber es ist vorhanden in der viel stärker instinktgesteuerten Weise, wie etwa eine afrikanische Mutter ihr Kind stillt und hält, so ganz bedingungslos. Das ist eine zutiefst körperliche Erfahrung – das bedingungslose Halten.

Wenn es zwischen Mutter und Kind zu dieser Erfahrung kommt – oder wenn diese stützende Kraft und Nähe anderswo gegeben wird, etwa in der Therapie –, so entsteht unweigerlich etwas Neues. Die Persönlichkeit hat die Chance, sich aufzulösen und etwas anderes zu entdecken, das aus dem Chaos ihrer eigenen Konditionierung hervorgeht. Jede und jeder hat eine innere Stimme, die vollkommen natürlich zum Ausdruck bringt, wer sie oder er ist. Das ist nichts Dramatisches, außer es handelt sich um einen Menschen, der zum erstenmal zu ihr Verbindung bekommt. Diese Menschen haben vergessen, um was es geht und wer sie sind. Doch durch das Medium der Stimme entdecken wir, daß Materie und Geist ein und dasselbe sind. Inzwischen versuche ich, mit meinem Gesang meinen Lebensunterhalt zu verdienen, und habe gerade eine LP aufgenommen.

Musik und Schweigen haben mir über meine Scheidung hinweggeholfen. Und außerdem einige wichtige Frauenfreundschaften. Bevor ich wegging, hatte ich eine kurze Liebesbeziehung zu einer Frau, die mich mit der Kraft meines weiblichen Körpers in Kontakt gebracht hat. Es war eine sehr schöne Beziehung, die seither zu einer engen Freundschaft gereift ist. Sie hat mir viel Kraft und Selbstvertrauen gegeben. Zu der Zeit gründete ich als schützendes Netzwerk auch eine Frauengruppe.

Gelegentlich meldet sich in mir eine Stimme, die fragt, ob ich besser zurückgehen sollte – vor allem nach der Erfahrung meines Indienaufenthalts, als mir meine »persönliche Entwicklung« so vollkommen gleichgültig wurde. Ich erkannte, daß das äußere Karma eigentlich gar keine Rolle spielt – du kannst ebensogut ausleben, was dir aufgetragen ist, ganz gleich, was es ist. Alles entwickelt und offenbart sich von selbst – wir brauchen weiter nichts zu tun, als unsere Bindungen und Abneigungen loszulassen. All diese persönlichen Fragen und Veränderungen sind nur Aktivitäten des Ich! Der Versuch, über das Ich hinaus zum unpersönlichen Selbst zu gelangen – im Grunde geht es bei meiner Lebensreise nur darum. Dennoch weiß ich, daß ich mich im tiefsten Innern selbst belogen hätte, wenn ich zurückgegangen wäre.

Die Psychoanalyse hat mir enorm geholfen. Sie hat mir allmählich ermöglicht, mit Elizabeth über meine Wahrheit zu sprechen, ihr zu sagen, warum es mir unmöglich war zu bleiben, und nicht alles mit künstlicher Freundlichkeit schönzumalen. Sie hat mir auch die Kraft gegeben, meine Arbeit als Sängerin richtig ernst zu nehmen. Außerdem wurde mir durch sie klar, daß mein Unbewußtes genau die Bedingungen geschaffen hat, die ich in meinem Leben brauche.

Doch im Grunde war es meine Begegnung mit Amandamayi Ma vor einigen Jahren in Indien, die mir einen Weg gewiesen hat. Was ich durch Indien gelernt habe und wo ich von der Psychoanalyse abweiche, ist, daß die Seele ganz klar eine Aufgabe zu erledigen hat. Sie wählt sich einen Kontext, in den sie hineingeboren wird, einen Kontext, der eine gewisse Art von Leiden erzeugt, eine besondere Abfolge schmerzlicher Ereignisse. Wenn in dem Menschen, der in diesen Umständen lebt, genug kreativer Wille oder Intention vorhanden ist, kann er einsehen, daß seine Lebenssituation genau die Bedingungen vorgibt, die er für seine Entwicklung braucht. Die Situation mit Elizabeth betrachte ich nun von diesem Standpunkt aus. Sie ist eingetreten, um mich auf diese Dinge aufmerksam zu machen.

Im Augenblick kann ich mir nicht vorstellen, noch mehr Kinder zu bekommen, ich sehe nicht, wie ich in diesem Leben die nötige Zeit aufbringen sollte. Letztes Jahr hatte ich einen Traum, in dem Elizabeth unmittelbar anwesend war. Ich sagte: »Du bist mein Kind«, und war sehr stolz darauf, ohne Wenn und Aber. Es hatte nichts mit Besitz zu tun, sondern es war das Gefühl, daß wir von einem Fleische sind, und ich freute mich wirklich, daß ich für sie sorge, sie beschütze, sie nähre und bemuttere. Marion Woodman sagte damals zu mir: »Reden Sie vielleicht von Ihrem eigenen inneren Mädchen?«[1] Und natürlich paßt das zusammen. Die eigene Tochter ist in gewisser Weise eine Manifestation dessen, wo man innerlich steht, dessen, was entweder im Verborgenen liegt oder angesagt ist. Kinder sind wirklich der endgültige Spiegel, und Elizabeth ist das für mich ganz gewiß.

19

Wasser auf meine Mühlen:
Mutter auf Entfernung

Und jetzt weiß ich genau, nichts kann
dich je aus dem Land herausreißen, in dem
du geboren bist …

… wir können es nicht ausradieren:
das Bewußtsein von dem, was wir
dem anderen bedeuten, das Wäldchen der Rituale.
Ich habe dir meinen Stempel aufgedrückt.

Ich sage:
Du wirst ein Kind der Mutter sein
wie von alters her, und du wirst dein Gesicht
nicht von mir abwenden …

Robin Morgan, *Lady of the Beast*

Maggie ist gleichfalls eine der Frauen, die der Erfahrung, (un-willentlich) ein Kind verlassen zu haben, nach harten Kämpfen Sinn und Nutzen abgewinnen konnte. Sie hat zwei Söhne: Paul von ihrem ersten Mann und Joe von ihrem gegenwärtigen Partner. Maggie war viele Jahre von Paul getrennt, weil sein Vater darauf bestand, daß er bei ihm im Ausland lebte.

Der folgende Bericht beschreibt ihre Trennung, die persönlichen Folgen und wie Maggies Arbeit dadurch eine neue Bedeutung ge-wann. Sie schreibt Prosa und Theaterstücke, die im ganzen Land auf-geführt werden.

Mein älterer Sohn ist siebenundzwanzig. Er wohnt jetzt endlich in England, so daß wir besser Kontakt halten können. Doch zur Zeit unserer Trennung lebten wir in zwei verschiedenen Ländern, und die Sache sah völlig anders aus. Die Geschichte umspannt Tausende von Kilometern.

Paul war sechs oder sieben, als unsere Trennung begann. Ich war seit einigen Jahren mit seinem Vater verheiratet, und er war mein einziges Kind. Obwohl mein Exmann ein liberaler Mensch war und ist und mir viel Raum zur persönlichen Entfaltung ließ, fiel es mir unheimlich schwer, mich mit einer konventionellen Ehe abzufinden.

Lange Zeit versuchte ich immer wieder auszubrechen und stürzte mich in die verschiedensten Aktivitäten. Wenn ich heute zurückblicke, ist mir klar, was ich suchte, doch damals hatte ich nur ein paar verschwommene Vorstellungen. Ich dachte, ich bräuchte sexuelle Freiheit und die Möglichkeit, mich auf so viele Beziehungen einzulassen, wie es mir gefiel. Aber heute weiß ich, daß ich mich in einem tieferen Sinne befreien wollte. Ich brauchte Raum für mich. Ich wollte mein Selbst finden, und das hat mit meiner Kreativität zu tun. Ich schreibe inzwischen – als Beruf – seit siebzehn Jahren, doch damals war es mir noch nicht möglich. Dabei hatte ich mir das schon als Kind immer gewünscht, bloß war ich dann eben nicht in der Lage, meinen Traum zu verwirklichen. Im Rückblick weiß ich, daß ich damals auf der Suche nach meiner eigenen kreativen Energie war und nach einem Ausdruck dafür suchte. Doch wenn überhaupt, dann kam sie nur auf ganz wilde und verrückte Weise zum Vorschein, was mich nicht im geringsten befriedigte.

Die Entscheidung stand an, als ich mich auf eine Beziehung zu einem jüngeren Mann einließ. Sie war viel intensiver als alle meine früheren Beziehungen. Heute, nach meiner Therapie und nach gründlichem Nachdenken über all meine Verhaltensmuster, glaube ich nicht, daß es besonders viel mit dem fraglichen jungen Mann zu tun hatte. Viel eher projizierte ich in ihn hinein, was ich mir für mich selbst oder aus mir selbst heraus wünschte, und stattete ihn damit aus. Doch die Geschichte entwickelte sich zu einer amour fou, der wir beide nicht widerstehen konnten, zu einer dieser verhängnisvollen Beziehungen, die den Stoff für Opern oder griechische Tragödien abgeben.

Wenn ich mir jedoch vorstellte, ich müßte meinen Mann verlassen, geriet ich in einen schrecklichen Konflikt. Dann verwarf ich diese Gedanken rasch. Ich arbeitete damals als Schauspielerin in einem Kulturzentrum, und während der Proben traf ich ständig eine Entscheidung und verwarf sie dann wieder; einmal war ich kompromißlos für die eine Möglichkeit und dann wieder für die andere. Ich wurde fast verrückt, fühlte mich hin und her gerissen, und das erschöpfte mich so, daß ich schließlich völlig zusammenklappte. Nach all diesen tragischen – und manchmal komischen – Vorfällen, zu denen auch ein Selbstmordversuch meines Liebhabers gehörte, wurde mir schließlich klar, daß ich den Verrücktheiten ein Ende setzen und bei meinem Mann und meinem Sohn bleiben mußte. Mein Sohn war zu der Zeit acht. Daher faßten wir den Entschluß auszuwandern und wagten den Sprung in ein mehr als fünftausend Kilometer entferntes Land.

Aber ich hatte mir nicht klargemacht, was das bedeutete, und als ich dort ankam, sehnte ich mich nach Hause. Ich merkte, daß ich in übertriebener Form wiederholte, was ich vorher angestellt hatte. Ich konnte nicht mehr essen und nahm stark ab. Schlafen konnte ich auch nicht. Nach einer Weile war ich so durcheinander und krank, daß ich nicht mehr bleiben konnte. Zur gleichen Zeit lernte mein Mann eine andere Frau kennen. Das war wohl nicht der ausschlaggebende Faktor, doch auf diese Weise fand er bei unserer Trennung Rückhalt – besonders da die andere Frau aus einem konventionellen Umfeld kam und sich nicht mit einem Mann einlassen wollte, der noch verheiratet war. Er schlug vor, ich sollte nach England zu dem jüngeren Mann zurückkehren, während er im Ausland bleiben wollte.

Dann machte ich den entscheidenden Fehler und ließ mich davon überzeugen, daß es für Paul besser sei, wenn er zurückbliebe, bis alles geregelt war. Also kehrte ich nach England zurück. Und natürlich war dieser Schritt ein schrecklicher Irrtum. Kaum war ich fort, leitete mein Mann die Scheidung ein und begründete seine Klage mit böswilligem Verlassen. Natürlich sah es ganz danach aus, und wenn man die nackten Tatsachen betrachtete, dann war es das auch. Als ich in England angekommen war, änderte ich meine Meinung und wollte wieder ins Ausland zurückkehren, aber da war es schon zu spät. So stand ich es durch, aber fragen Sie nicht, wie.

Ich versuchte, das Beste daraus zu machen und mir mit dem jungen Mann ein Zuhause einzurichten, doch ich sehnte mich nach Paul und begann erst jetzt, die ungeheure Bedeutung und die möglichen Folgen meiner Situation zu erkennen. Zum Scheidungsprozeß fuhr ich zurück, und ich verlor das Sorgerecht. Dies liegt fast zwanzig Jahre zurück, und ich machte in dem Prozeß keine gute Figur. Ich wurde als schillernde Person eingeschätzt, und war nicht in der Lage, mich zu verteidigen. Ich konnte die Landessprache nicht, hatte dort weder Freunde noch Verwandte, nicht einmal einen Anwalt, und in jenem Land stehen Männer vor dem Gesetz ohnehin besser da. Ich weiß noch, wie ich im strahlenden Sonnenschein auf den Stufen des Gerichtsgebäudes stand und mich fragte: »Was nun?« Meine Situation war bedrückend: allein in einem fremden Land, frisch geschieden, das Kind verloren, kein Geld und kein Dach über dem Kopf. Es war einfach zu viel. Ich hing völlig in der Luft.

Ich hielt es noch eine Weile in dem Land aus, doch mehrere Monate lang war ich halb wahnsinnig. Nach außen hin führte ich ein scheinbar normales Leben; ich ging zur Arbeit und traf mich mit Bekannten, doch innerlich hatte ich den Boden unter den Füßen verloren. Es konnte passieren, daß ich im Bus saß – und plötzlich war es, als wäre ein Damm gebrochen. Dann flossen plötzlich die Tränen in Strömen. In dem Kurs, in dem ich die Landessprache lernte, kippte ich manchmal plötzlich um und fiel zu Boden. Es wollte einfach nicht in meinen Kopf. Und so ging es weiter ...

Ich traf mich mit Paul, doch zu Beginn war es der glatte Wahnsinn. Ich war hysterisch. Mein Exmann hatte gerade wieder geheiratet, und ich durfte das Haus nicht mehr betreten. Denn wenn ich drinnen war, riß ich Bilder von den Wänden, zerschlug Teller, schrie und kreischte und veranstaltete einen Riesenaufstand. Deshalb wurde ich verbannt. Paul mußte also zu mir kommen, doch ich lebte in erbärmlichen Verhältnissen, was er beschämend fand. In dem Land war es schwer, sich allein über Wasser zu halten, und zu allem Überfluß herrschte auch noch Krieg. Wegen des Sprachproblems konnte ich mir als Schriftstellerin keine Karriere aufbauen. Nach etwa zwei Jahren wurde mir klar, daß ich mit diesem Leben in Wartestellung nicht weitermachen konnte, immer nur mit der vagen Hoffnung, daß es einmal besser werden würde. Ich sah mich selbst als verbitterte alte Frau, die für ihren Sohn alles aufgegeben und ihm damit jede Menge Schuldgefühle aufgehalst hatte. Allmählich sah ich ein, daß es für mich wohl das beste wäre, wenn ich nach England zurückkehrte.

Es war bestimmt keine voreilige oder leichtfertige Entscheidung. Ich reiste erst einmal nach England zurück, um zu sehen, wie ich mich dabei fühlte, und um sicher zu sein, daß es das war, was ich wollte. Dann fuhr ich wieder in das andere Land, um dort alles zu regeln und meinen Sohn von meiner Absicht zu informieren, was mir sehr schwerfiel. Mir wurde klargemacht, daß ich alle Kosten und sonstigen Maßnahmen, um den Kontakt zu ihm aufrechtzuerhalten, allein tragen mußte. Niemand würde mir helfen, daß ich ihn wiedersehen konnte. Ich wußte also, woran ich war, als ich nach England zurückkehrte.

Diese Abreise war vielleicht das Schwierigste, was ich je bewältigen mußte. Ich wußte, daß mich in England noch eine ganze Menge anderer Probleme erwarteten. Und da ich mir an einem neutralen Ort alles, was geschehen war, noch einmal durch den Kopf gehen lassen wollte, machte ich auf der Rückreise einen Abstecher nach Griechenland. Ich fuhr auf eine griechische Insel. Schließlich gab es nichts, was auf mich wartete, keine Beziehung – das wußte ich inzwischen – und kein Job. Ich hatte nicht die geringste Ahnung, was ich tun würde, außer daß ich mich darum kümmern wollte, Kontakt zu meinem Sohn zu halten und ihn so oft wie möglich zu besuchen. Insofern war mir bewußt, daß ich eine sehr gut bezahlte Arbeit brauchte.

In gewisser Weise verbrachte ich in Griechenland eine schöne Zeit, da der ganze Druck und die wahnsinnigen Sorgen, die ich mir vorher gemacht hatte, von mir abfielen. Ich bin inzwischen gern mit mir allein, und das erlebte ich damals zum erstenmal. Praktisch ohne Geld durchwanderte ich die Insel und führte ein ganz einfaches Leben, bis ich mich bereit fühlte, zurückzukehren. Die Rückreise finanzierte ich, indem ich in Athen Blut spendete und mir von dem Geld die Fahrkarte für den Überlandbus kaufte. Meine Eltern erkannten mich kaum wieder. Ich war dünn und braun, abgebrannt und abgerissen. Als anständige Mutter und Ehefrau eines soliden Geschäftsmanns war ich aufgebrochen, und zurück kam ich als heimatlose Streunerin.

Ich fand rasch eine feste Anstellung mit einem, wie mir schien, königlichen Gehalt und eine Wohnung und begann die nächste Etappe. Nun widmete ich mich voll und ganz der Aufgabe, so oft wie möglich meinen Sohn zu sehen. Zur gleichen Zeit ging ich eine liebevolle und konstruktive Beziehung zu dem Mann ein, mit dem ich noch heute zusammen bin. Damals glaubte ich wohl, wenn ich eine schöne Wohnung und eine anständige Arbeit gefunden hätte, könnte ich mich in den Augen des Gesetzes als würdig erweisen und das Sorgerecht beantragen. Doch ob es sich dabei lediglich um einen frommen Wunsch oder eine reale Möglichkeit handelte, ist gleich; mit der Zeit rückte der Plan immer mehr in den Hintergrund. Er schien ohnehin über einige Jahre hinweg nicht durchführbar, und danach hatte Paul offensichtlich nicht mehr den Wunsch, hierherzukommen. Deshalb erschien es mir ungerecht, ihn in den Streit um das Sorgerecht hineinzuziehen. Allmählich hatte ich mich mit der Tatsache abgefunden, daß er nicht bei mir lebte.

Ich sah Paul ungefähr zweimal im Jahr. Gewöhnlich kam er Weihnachten zu mir, und manchmal fuhr ich im Sommer für sechs Wochen zu ihm. Wenn ich gut bei Kasse war, machte ich noch eine zweite Reise. Wir fanden einen festen Rhythmus, und alles gestaltete sich sogar recht erfreulich. Ich fuhr gern in das Land und schloß dort Freundschaften. Zudem avancierte ich seltsamerweise von der Ausgestoßenen im Haus meines Exmanns zur Busenfreundin seiner Frau: Zwischen uns entwickelte sich eine echte Freundschaft. Wir schreiben uns heute noch. Mir gefällt das alles, es entspricht meinem Sinn für das Unkonventionelle.

So vergingen die Jahre. Es sieht zwar so aus, als hätte ich frei und ungebunden gelebt, und im Rückblick scheint es romantischer und lustiger, als es damals war, doch ich will keineswegs die inneren Qualen, unter denen ich damals litt, herunterspielen. Es war äußerst schmerzlich. Mir machte es großen Spaß, zu Paul in sein Land zu fahren, ich war gern dort, doch es tat weh, wenn es ans Abreisen ging. Paul und ich schlossen ein Abkommen. Wir hatten den Spruch: »Keine Tränen am Flughafen.« Da wir es beide nicht ertragen konnten, unsere Gefühle zur Schau zu stellen, hatten wir abgemacht, mit dem Weinen zu warten, bis wir allein waren.

Zwar verheimlichte ich nicht, was geschehen war, aber ich breitete es auch nicht in der Öffentlichkeit aus. Ich habe wahrscheinlich eine Erklärung entwickelt, die mich in möglichst gutem Licht dastehen läßt, wie man sich eben verhält, wenn man sich in der Defensive fühlt. Denn ich habe gemerkt, daß die anderen meine Situation ausnahmslos verdammen, ohne auch nur zu versuchen, den Schmerz oder den Preis, den mich meine Freiheit gekostet hat, zu verstehen. Oder aber, wenn sie es ansatzweise verstehen und gutheißen, dann verurteilen sie mich unterschwellig. Sie sehen es so, daß ich mir meine Freiheit erkämpft habe, und wenn ich ehrlich bin, war es auch so. Ich empfand es als mein Recht, frei zu sein; ich brauchte meine Freiheit, um mich ausdrücken zu können. Aber die andere Seite kennen die Leute nicht.

Es gab Menschen, die verhielten sich außerordentlich gemein und unsensibel. Einige gingen davon aus, ich hätte mich selbst dafür entschieden, mein Kind wegzugeben, und meinten, ich würde es mir dabei recht gut gehen lassen. Doch sie sahen nicht, daß ich Jahre meines Lebens jeden Ort gemieden habe, an dem Kinder im Alter meines Sohnes hätten sein können. Ich konnte es nicht ertragen, vor einer Schule zu stehen, in einen Supermarkt zu gehen – wo ich wahrscheinlich Kinder antreffen würde. Ich führte also ein ziemlich verschrobenes Dasein.

Seltsamerweise kamen die größten Schwierigkeiten, als Paul mit einundzwanzig nach England zog. Wir mußten uns beide erst auf die neue Situation einstellen. Er hatte eine Beziehung zu einem Mädchen im Ausland – in einem dritten Land –, und es gab eine Zeit, da wollte er zu ihr ziehen, also wieder woanders leben. Das rief die gleichen traumatischen Gefühle in mir wach wie alles, was ich vorher durchgemacht hatte.

Ich habe einen zweiten Sohn, der mittlerweile zwölf ist. Als er in das Alter kam, in dem mein erster Sohn gewesen war, als ich das Sorgerecht verlor, wurde ich von irrationalen Gefühlen überwältigt. Ich unterdrückte meine Emotionen; ich hatte Angst, mich richtig auf ihn einzulassen, als fürchtete ich, er würde mir gleichfalls weggenommen werden. Weil es so schwierig und schmerzhaft war, wurde mir klar, daß ich Hilfe brauchte. Ein Jahr ging ich in eine Beratung, und anschließend machte ich eine Psychotherapie, um nach den Ursachen zu suchen, die das Ganze ursprünglich ausgelöst hatten. Außerdem mache ich Tai Chi. In der Sicherheit der Therapie, die fast zwei Jahre dauerte, erlebte ich eine Art kontrollierten Zusammenbruch. Danach fühlte ich mich viel stärker und konnte das Geschehene besser einordnen. Es war äußerst konstruktiv.

Die Beziehung zu meinen Eltern war immer recht kompliziert gewesen. Aufgewachsen bin ich in einer traditionellen jüdischen Arbeiterfamilie, und die Hoffnungen, die meine Mutter für uns – meine Schwester und mich – hatte, bewegten sich im konventionellen Rahmen. Meine Schwester litt mehrere Jahre unter Anorexie. In der Schule war ich gut, in einigen Fächern sogar brillant, und wegen meiner Intelligenz schickte man mich auf die Universität. Trotzdem hofften meine Eltern, ich würde bald heiraten. Den Gefallen tat ich ihnen dann auch, noch bevor ich meinen Abschluß gemacht hatte. Nicht weil ich schwanger war, sondern weil meine Eltern so starken Druck auf mich ausübten. Ich war damals erst neunzehn. Kurz nach der Hochzeit merkte ich, daß es eigentlich nicht das war, was ich wollte, doch ehe ich mich versah, war ich schwanger. Ich weiß noch, wie ich mich dagegen stemmte, weil ich das Gefühl hatte, das Leben müßte mehr zu bieten haben. Und das, obwohl ich mit einem Mann verheiratet war, der mich nicht unterdrückte, ganz im Gegenteil. Das war also die Vorgeschichte.

Meine Eltern unterstützen meine Arbeit zwar, doch selbst heute noch habe ich das Gefühl, daß ich es ihnen nicht recht machen kann. Ständig schwebt im Hintergrund, daß ich sie letztlich doch irgendwie enttäuscht habe. Zeit meines Lebens habe ich mich dagegen gewehrt, mich von ihren Erwartungen erdrücken zu lassen, und auch als Erwachsene habe ich ständig dagegen angekämpft und mich ihnen und ihrer Welt widersetzt. Ich wollte nie ein Teil der breiten Masse sein, sondern war immer wild, verrückt, am Rande der Gesellschaft. Früher nannte man mich oft »Zigeunerin«, und ich weiß nicht, wie sie es schafften, mich zu bändigen.

Mittlerweile ist es mir gelungen, zwischen meiner Kreativität und meinem Privatleben eine Balance herzustellen. So kann ich ein Leben führen, das einem »normalen« nahekommt, und mich gleichzeitig auf befriedigende Weise ausdrücken. Darauf bin ich stolz, denn ich hätte nie gedacht, daß mir dieses Kunststück einmal gelingen würde; es ist mit ständiger Arbeit verbunden. Ich habe den Eindruck, daß ich aus alledem gestärkt hervorgegangen bin, aber ich mußte dafür auch meinen Preis zahlen. Für jeden Schritt vorwärts. Ich glaube, wir beide haben gezahlt – Paul ebenso. Und wir müssen auch weiterhin zahlen.

Paul und ich kommen jetzt prima miteinander aus; wir haben einen guten Draht zueinander. Wir sind ein eingeschworenes Team, und man kann uns nur schwer auseinanderreißen. Meiner Überzeugung nach stehen wir uns so nahe, weil wir so viel miteinander durchgemacht haben. Aber es gibt auch unterschwellige Schwierigkeiten. Ich beobachte ihn mit Argusaugen. Sobald bei ihm irgendwas schiefläuft, besonders in Beziehungen, gebe ich mir die Schuld. Und ich bin nicht in der Lage, ihm etwas zu verweigern. Kein Mensch schafft es, meine Gefühle, meine Zeit oder meine Kräfte so in Anspruch zu nehmen; von allen Menschen auf der Welt ist er derjenige, der mich am meisten in der Hand hat. Ich bin dagegen machtlos; schon beim geringsten Anlaß tue ich alles für ihn. Das würde ich gern ändern und ein ausgewogeneres Verhältnis zu ihm finden.

Wenn ich in guter Stimmung bin, dann sage ich mir: Ja, es gibt verschiedene Möglichkeiten, Mutter zu sein. Zwar habe ich meinen Sohn nicht aufgezogen, wir haben uns nur zweimal im Jahr gesehen, und jetzt ist er erwachsen, aber trotzdem haben wir eine so gute Beziehung zueinander, eine viel engere als andere Mütter und Söhne. Wir sprechen offen miteinander über unsere Gefühle; er kommt ausgesprochen gut mit meinem anderen Sohn aus, und all das beweist, daß du nicht ununterbrochen mit deinem Kind zusammenleben mußt, usw. usw. ... Und wenn ich gut drauf bin, dann glaube ich das in gewisser Hinsicht auch.

Doch ehrlich betrachtet ist mir auch bewußt, daß das Ganze eine ausgesprochen neurotische Komponente hat, und ich glaube nicht, daß ich damit je ins reine kommen werde. Meistens allerdings ist es äußerst befriedigend. Paul ist ein kreativer Mensch, und wenn wir uns gemeinsam mit einem Projekt befassen, was wir bei meiner literarischen Arbeit gelegentlich schon getan haben, dann ist es wunderbar.

Die Leute fragen mich oft, ob ich es bedaure, ob ich es anders machen würde, wenn ich mein Leben noch einmal leben könnte. Aber das würde ich nicht. Gewiß fühle ich mich verantwortlich für alles, was nach unserer Trennung mit Paul passiert ist, aber ich fühle mich nicht schuldig. Das sind zwei Paar Stiefel. Also bedaure ich es nicht, nicht eine Sekunde. Erstens, weil alles, was ich damals tat, notwendig war, weil ich es einfach tun mußte. Mir kam es so vor, als hätte ich keine andere Wahl. Ich hatte das Gefühl, ich müßte sterben, wenn ich es nicht täte. Ich hatte keine Wahl. Es war wie der Sauerstoff, den ich zum Atmen brauche.

Und wenn ich mir zweitens vor Augen führe, wie intensiv und komplex das war, was folgte, der Schmerz, der Spaß, das Vergnügen, die Anteilnahme, dann bedaure ich erst recht nichts. Es war das ganze Spektrum der Gefühle und hat meinem Leben etwas gegeben, was ich sonst nicht erfahren hätte. Abgesehen davon hat es mich als Schriftstellerin reichlich mit Stoff versorgt. Das ist nicht zynisch gemeint, sondern ich denke eher, daß es vielleicht deshalb geschehen ist. Das alles gehört zu mir; zu der Person, die ich war und bin und sein werde. Aus buddhistischer Sicht wäre es Teil des Mandalas, Teil des komplexen Musters, das unser Leben ausmacht. Und die Buddhisten glauben an das Karma; ich könnte auch sagen, daß diese komplizierten und schmerzlichen Erfahrungen in gewisser Hinsicht für mich vorgesehen waren und durchgearbeitet werden mußten.

Dabei halte ich mich keineswegs für ein Opfer, und ich sehe es nicht so, daß das Leben hart mit mir umgesprungen ist. Ich führe ein sehr gutes und kreatives Leben. Ich habe eine befriedigende und konstruktive Beziehung. Meine Arbeit ist gefragt. Außerdem habe ich das Gefühl, daß ich ehrlich zu mir selbst bin und das tue, was ich gern tun möchte. Mir ist klar, daß viele Menschen ein armseliges Leben ohne Höhen und Tiefen führen, wärend meines so intensiv und abwechslungsreich ist. Manchmal war es schwierig und schmerzlich, aber trotzdem intensiv. Und dafür bin ich dankbar. Ich hatte wirklich Glück, daß all dies geschehen ist.

Als ich mit dem Schreiben begann und einige Anerkennung fand, sah ich das als eine Art Ausgleich. Und allmählich erkannte ich, daß alles seinen Sinn hatte. Mein Leben ist nicht nach dem Muster verlaufen, das andere dafür vorgesehen hatten, und dennoch ist all dies dabei herausgekommen. Wie hätte ich so schreiben und gleichzeitig ein »normales« Leben führen können? Letztlich hat alles nur Vorteile gebracht.

Teil 4

Seelendrama –
das Unbewußte bewußt machen

Die Mutter in der Phantasie:
Schatten, Ängste, Projektionen

In deinem schrecklichen Haß hast du dir ein Bild von mir gemacht,
aber ist es richtig? Glaubst du ernsthaft, daß es die ganze Wahrheit ist?

Charlotte Andergast in Ingmar Bergmans *Herbstsonate*

Die weitverbreitete Feindseligkeit gegenüber Müttern, die ihre
Kinder verlassen, ist weitgehend darauf zurückzuführen, daß sie sich
gegen eine gesellschaftliche Institution versündigen, die manche für
heilig halten. Aber die durchgängig negative Darstellung in der Literatur, im Film und in der Unterhaltungskultur und die Hysterie,
von der die Reaktion auf diese Mütter so oft durchdrungen ist, lassen
vermuten, daß in dieser Reaktion mehr als nur die Gesamtheit der
sozialen Konditionierungen wirksam ist. Es ist nicht nur das *bewußte*
Vorurteil, Frauen sollten an ihrem angestammten Platz im Haus und
bei der Familie bleiben, das seinen Schatten auf das Bild dieser Mütter wirft, sondern es sind die tiefer verwurzelten *unbewußten* Ängste
und Phantasien.

Für andere Frauen verwirklicht eine Mutter, die geht, deren eigenen (verbotenen, verleugneten) Wunsch, dasselbe zu tun. Wir
verkörpern uneingestandene Gefühle und Impulse. Wir zeigen
verbotene Möglichkeiten auf, die in der Regel heftig verleugnet
werden – den Traum, aus einer unmöglichen Situation auszusteigen,
das Verlangen wegzulaufen, den Hunger nach Freiheit und einem
erfüllten Leben. Die Fülle des Daseins sei, so hat man die Frauen
glauben gemacht, in Ehe und Mutterschaft zu finden, aber sie stellen
manchmal fest, daß das nicht immer der Fall ist. Ganz gleich, aus
welchem Grund eine Frau geht, sie verwandelt sich in eine Figur, die

als Doppelgängerin der »guten« Mutter fungiert und deren unterdrückten anderen Aspekt – die böse, die Schattenseite – repräsentiert.

Der Feminismus hat es endlich möglich gemacht, die Ambivalenz, mit der die Erfahrung der Mutterschaft behaftet ist, zumindest teilweise zu benennen. In ihrem Buch *Das andere Geschlecht* äußert Simone de Beauvoir vorbehaltlos ihre Zweifel in bezug auf die Motivation und das Verhalten von Frauen in ihrer Rolle als Mutter (sie selbst zog es vor, diese Erfahrung nur aus der Perspektive der Tochter zu machen). Ihr fällt auf, wie die Mutterrolle durch »die Religion der Mutterschaft« entstellt wird, und sie zerschlägt den Mythos der heiligen oder guten Mutter:

> Denn die Hingabe der Mutter kann völlig authentisch sein, was jedoch in Wirklichkeit selten der Fall ist. Meist ist die Mutterliebe eine seltsame Mischung aus Narzißmus, Altruismus, Traum, Aufrichtigkeit, Unaufrichtigkeit, Hingabe und Zynismus.
>
> Die große Gefahr, der unsere Sitten ein Kind aussetzen, besteht darin, daß die Mutter, der es wehrlos ausgeliefert wird, beinahe immer eine unbefriedigte Frau ist … Im Kind sucht sie nunmehr all diese Enttäuschungen auszugleichen.[1]

Die zweite Welle des Feminismus hat diese Infragestellung des Mythos weiter vorangetrieben und sich zu gemischten Gefühlen angesichts der Mutterschaft bekannt. Wie Adrienne Rich in ihrer exemplarischen Untersuchung *Von Frauen geboren*, so bringt auch Jane Lazarre in ihrem Buch *Der Mutterschaftswahn* – einer schonungslos offenen autobiographischen Schilderung von Geburt und Kinderbetreuung – die innere Ambivalenz zum Ausdruck, von der ein lückenloser, aufrichtiger Bericht über die Erfahrungen einer Mutter stets begleitet wird.

Was Rich, Lazarre und andere zuzugeben gewagt haben, ist die Tatsache, daß die Tätigkeit der Mutter keineswegs nur so positiv erlebt wird, wie es die Medien propagieren, sondern teilweise oder sogar ständig eine negative Erfahrung bedeuten kann. Gesellschaftliche und persönliche Bedingungen werden unter Umständen so unerträglich, daß nur noch mit äußersten Mitteln Abhilfe geschaffen werden kann. Angesichts entsetzlicher Not – äußerer, innerer oder beides –, aus der sie keinen Ausweg mehr finden, werden viele Mütter in die Depression, den Wahnsinn, zum Selbstmord oder gar zum Mord getrieben.[2] Im Vergleich zu diesen grausamen Alternativen erscheint das Zurücklassen der Kinder als relativ gesunde, kluge und rationale Lösung. Die Nachricht, Silvia Plath habe ihre kleinen Kinder verlassen, wäre wesentlich erfreulicher gewesen als die, daß sie den Kopf in den Gasherd gesteckt hat.

Dennoch ist die Verleugnung ein so fester Bestandteil der mütterlichen Interaktion geworden – das heißt Frauen verleugnen jegliche Unzufriedenheit, jeden Groll oder Mangel an bedingungsloser Liebe –, daß die plötzliche Konfrontation mit einer Mutter, die tatsächlich ihre Kinder verlassen hat, immer noch so beunruhigend sein kann wie das Auftauchen eines Marsmenschen. Wie C. G. Jungs Vorstellung von der Schattenseite, die all jene Aspekte verkörpert, die das Subjekt sich nicht eingestehen will, so wird auch die Mutter, die geht, geächtet, weil sie so unangenehm nah und (trotz aller Leugnung) so vertraut ist. Sie ist der Teil des Selbst, für den sich Frauen angeblich schämen müssen.

Sophie, eine der Frauen von MATCH, die ich interviewt habe, formuliert es so: »Ich glaube, ich habe etwas getan, wovor viele Frauen Angst haben. Ich glaube, es gibt in diesem Land kaum eine Frau, die nicht irgendwann einmal, ganz ehrlich gesagt, ihre Kinder am liebsten verlassen möchte, sie geben es nur nicht zu. Sie haben schon so lange soviel geschluckt.«

Vielleicht sind die Frauen, die ihr abschätziges Urteil besonders freimütig äußern – »Für mich stehen die Kinder jedenfalls an erster Stelle«, »Ich würde meine Kinder nie im Stich lassen« –, auch besonders gehemmt und intolerant gegenüber ihren eigenen Gefühlen; von allen subversiven Möglichkeiten ziehen sie sich auf unangreifbare (und selbstgerechte) Positionen der guten Mütterlichkeit zurück. Wie Adrienne Rich schreibt:

Wenn die »guten« Mütter von der verzweifelten Reaktion der »schlechten« Mutter auf einen unsichtbaren Angriff auf ihre Existenz lesen, beschließen sie, besser zu werden, geduldiger und langmütiger, sich mehr danach zu richten, was als gesund und normal gilt.[3]

Die abwesende Mutter wird dann zu einer Art Sündenbock, sie fungiert als Schattenfigur, die die kollektive weibliche Negativität auf sich nimmt. Das aggressive Vorgehen gegen unerwünschte Teile des eigenen Selbst ist als klassischer Abwehrmechanismus der Psyche wohlbekannt, und deshalb werden solche Frauen geächtet – nicht wegen ihrem Anderssein, sondern wegen ihrer Ähnlichkeit, der Tatsache, daß sie ein unzulässiges Bestreben repräsentieren, das die individuelle oder kollektive weibliche Psyche nur schwer akzeptieren kann.

Auch die Psychoanalyse hat zu einem besseren Verständnis dieser anderen – komplizierteren – Aspekte der Mutterrolle beigetragen, denn sie hat uns ermöglicht, einige der Phantasien über die Mutter, die wir in uns tragen, zu benennen. In diesem Sinne kann sie uns helfen, die Mythen aufzulösen, statt sie zu verstärken.

Freuds Tochter Anna, die sich eingehend mit Kindern beschäftigt hat, mußte schließlich zugeben, daß die Vorstellung von der vollkommenen elterlichen Liebe eine Illusion sei. »Kein Kind«, räumte sie ein, »wird ganz und gar geliebt.« Doch (wie bei allen Beziehungen) fällt es nach wie vor schwer, diese naturgemäß unvollkommene Seite in die Mutter-Kind-Beziehung einzubringen, da Frauen sie sich nur höchst ungern eingestehen. Sie wagen es nicht zuzugeben, daß sie ihre Kinder nicht bedingungslos und unbeirrbar lieben, weil sie fürchten, als »schlechte« Mutter dazustehen (oder von ihren Kindern dafür gehalten zu werden). Doch je mehr die Mutter ihre eigenen Gefühle, ihre Bedürfnisse, ihre uneingestandenen oder angestauten Aggressionen unterdrückt, umso größer ist die Wahrscheinlichkeit, daß ihre Liebesbeweise auf das Kind unklar und irreführend, wenn nicht geheuchelt wirken.

Der Kinderanalytiker Donald Winnicott wußte nur zu gut, daß in vielen Fällen die Mutter einfach nicht in der Lage ist, ihrem Kind die bedingungslose Liebe oder auch einfach nur die »ausreichend gute« mütterliche Fürsorge zu geben, die es braucht, und daß dies nicht die Schuld der Frau ist. In einem Aufsatz – der sich untypischerweise auf die Mutter statt auf die Entwicklung des Kindes konzentriert – lenkt Winnicott die Aufmerksamkeit auf die Lage der Mutter selbst und zählt einige Probleme auf, die sie daran hindern können, eine positive Beziehung zu ihrem Kind aufzubauen. Und er spricht nicht über Ausnahmefälle oder gestörte Mütter, sondern über ganz normale. Hier wird gezeigt, daß Entfremdung und Ambivalenz keine Phänomene sind, die neurotischen oder psychotischen Frauen vorbehalten bleiben, sondern jeder Mutter-Kind-Beziehung innewohnen.

Um zu demonstrieren, daß es durchaus natürlich ist, wenn eine Mutter ihrem Kind gegenüber ambivalente Gefühle hegt, legt Winnicott eine beeindruckende Liste spezifischer Gründe vor, warum eine Mutter tatsächlich Haßgefühle gegen ihr Baby empfinden kann. Zum Beispiel:

Das Baby ist kein Wunschkind.

Es ist nicht das Baby des Kinderspiels, das Kind des Vaters, das Kind des Bruders usw.

Das Baby ist nicht auf magische Weise zustande gekommen.

Das Baby bedeutet während der Schwangerschaft und bei der Geburt eine Bedrohung ihres Körpers.

Das Baby ist eine Störung ihres Privatlebens; sie kann sich um nichts anderes mehr kümmern …

Es ist erbarmungslos, behandelt sie wie Dreck, wie eine unbezahlte Magd, eine Sklavin.

Sie muß es lieben, selbst seine Exkremente … Es versucht ihr wehzutun, beißt sie von Zeit zu Zeit … Es zeigt Enttäuschung über sie.

Seine Liebe ist unaufrichtig und gewinnsüchtig, so daß es, wenn es bekommen hat, was es wollte, sie wegwirft wie eine Bananenschale …

Zunächst weiß es überhaupt nicht, was sie tut oder was sie für es opfert. Es kann insbesondere ihren Haß nicht begreifen.

Es ist mißtrauisch, verweigert die gute Nahrung, die sie ihm bietet, und erweckt in ihr Zweifel an sich selbst, ißt aber bei der Tante mit gutem Appetit. Nach einem grauenhaften Morgen geht sie mit ihm hinaus, und es lächelt einen Fremden an, der sagt: »Ist es nicht süß?«[5]

Und so weiter. Der Autor stellt fest, daß sich diese Gefühle noch verstärken können, wenn in der Beziehung der Frau zum Vater des Babys irgendwelche Schwierigkeiten auftreten, denn das Kind ist eine Erweiterung des Vaters und trägt deshalb symbolisch jede negative Assoziation, die sich mit ihm verbindet.

Dieser bemerkenswert unromantischen Einschätzung, die einräumt, daß »die Mutter ihren Säugling von Anfang an haßt«, würden wahrscheinlich viele Frauen hastig widersprechen. Doch Winnicott betont, wie gefährlich es ist, negative Gefühle zu verleugnen oder zu unterdrücken: Nur in einer Beziehung, in der es möglich ist, Haßgefühle ganz und gar zuzugeben, können diese einerseits gezügelt und andererseits zu einer wahrhaft fürsorglichen Empfindung weiterentwickelt werden (im Gegensatz zu der gesäuberten, sentimental kitschigen Version von Muttergefühlen, die so viele Leuten propagieren und praktizieren). Mütter, die behaupten, ihre Kinder ständig zu lieben, schenken ihnen wahrscheinlich weniger echte Liebe als jene, die ihre Ambivalenz voll eingestehen und akzeptieren können, denn Liebe, die auf Verleugnung oder Unterdrückung (oder Phantasie) beruht, muß zwangsläufig versagen und dazu führen, daß das Kind auf andere Weise Schaden nimmt.

Kinder wecken in ihren Eltern naturgemäß sowohl negative als auch positive Gefühle. Ärger, Frustration und Haß sind genauso real und haben ebenso ihre Berechtigung wie Zuneigung, der Wunsch zu beschützen und Liebe. Doch das Verbot, beides zu empfinden, geschweige denn auszudrücken, ein Tabu, das mit der Romantisierung des Kindes und der Sentimentalisierung der Mutterschaft zusammenhängt, führt zu einer gehemmten und daher potentiell gefährlichen Beziehung.

Winnicott meint, es sei am wichtigsten, sich Gefühle bewußt zu machen und ohne Verstellung zu reagieren: Ein Element von (gezügeltem) Haß ist besser als eine falsche Sentimentalität, mit der negative Empfindungen versteckt und vertuscht werden sollen.[6] Er tritt aber keineswegs dafür ein, diese Emotionen blind abzureagieren; seine Argumentation macht uns vielmehr auf die Gefahren der falschen Muttergefühle aufmerksam: die angebliche Anwesenheit, die so viele Mütter vorspiegeln. Diese Warnung ist eine starke Argumentationshilfe für die Mutter, die liebt und trotzdem geht.[7]

> Wieder macht Sophie diese Gefühle deutlich: »Ich muß sagen, daß ich meine Kinder nicht immer mag. Ich liebe sie, aber oft mag ich sie einfach nicht, und heute wünsche ich mir nicht mehr, daß sie zu mir kommen und bei mir leben … ich möchte nicht für sie kochen und saubermachen. Warum geht man immer davon aus, daß ich ein so fürsorglicher Mensch sein sollte? Wenn ich ein Mann wäre, sähe die Sache anders aus.«

Auch die »beste« Mutter ist gleichzeitig eine Frau, die das Bedürfnis hat, sich zu entwickeln, und ihr Gefühlsleben wird von der eigenen Geschichte, ihrer Beziehung zum Vater des Kindes sowie von sozialem und wirtschaftlichem Druck beeinflußt. Folglich treten zwangsläufig wechselnde, komplexe Gefühle auf, die wesentlich zum Mutter-Kind-Verhältnis gehören – Groll ebenso wie Liebe, Zweifel, Sorge und Neid genauso wie Freude oder Altruismus. Deshalb ist es der Frau unmöglich, auf ewig ein und dieselbe Figur darzustellen, die der Mythos der Mutter heraufbeschwört – dieses eine stabile, allgegenwärtige, unwandelbare Wesen.

Auf einer tieferen Bewußtseinsebene weckt die Mutter, die geht, in Männern und Frauen gleichermaßen jedoch ein Gefühl, das für die verbreitete hysterische Reaktion auf sie verantwortlich ist. Dieses Gefühl gehört zu den primitivsten aller Ängste: die Angst vor dem Verlassenwerden. Aus diesem Grund neigen wir spontan dazu, uns unbewußt mit dem zurückgelassenen Kind oder den Kindern zu identifizieren und nicht mit der erwachsenen Frau.

Die Urangst, verlassen zu werden, greift im Seelenleben eines jeden Menschen, und sei er noch so »normal« und behütet aufgewachsen, auf derselben Ebene. Denn wie die Psychoanalyse gezeigt hat, muß jedes Kleinkind lernen, damit zurechtzukommen, daß die

Mutter weggeht. Das ist ein entscheidender – und oft furchtein-
flößender – Bestandteil der frühkindlichen Entwicklung. Aus einem
Zustand der völligen Einheit mit der Mutter heraus – zunächst liegt
es geborgen in ihrem Körper, dann wird es als Erweiterung des mütterlichen Körpers zum Füttern und Stillen gehalten – muß das Kind
allmählich lernen, immer längere Trennungen auszuhalten. In dieser
Phase kann die körperliche Abwesenheit der Mutter als unerträglich
und unbegreiflich erlebt werden, und dem abhängigen Säugling
erscheint diese Erfahrung absolut lebensbedrohlich.

Winnicott bezeichnet dieses Verlassenheitsgefühl des Kindes als
primitive agony – der ursprünglichste, schmerzlichste Zustand, den
man sich vorstellen kann. Und in der Psyche des Kindes verknüpfen
sich unbewußte Prozesse mit der Mutter, die den Säugling in diesem
Zustand allein gelassen hat. Im Unbewußten des Kindes erfolgt sogar
eine Aufspaltung der wirklichen Mutter in eine »gute Mutter« (die
in Wirklichkeit nicht existiert außer auf der Phantasieebene), die all-
ernährende, allgegenwärtige, liebevolle Mutter, die niemals weggehen darf, und in eine »böse Mutter« (die ebenfalls nur in der Phantasiewelt des Unbewußten existiert), die das absolute Gegenteil der
guten darstellt, insgeheim plant, das Kind zu quälen, und bereit ist,
es im Schmerz seiner Urangst sterben zu lassen.

Diese Phantasien erklären die tiefsitzenden Vorurteile gegen Mütter, die Kinder verlassen. Es ist, als würde eine irrationale Reaktion
ausgelöst, und es erfolgt dieselbe primitive Aufspaltung wie beim
Säugling – so als wäre man wieder in der verständnislosen Lage des
Kindes, das sich nicht erklären kann, warum die Mutter nicht da ist,
so daß ihre Abwesenheit als Ausgesetztwerden erlebt wird und un-
faßbar erscheint.

Diese Aufspaltung in zwei Mütter, zwei Elternfiguren – gut und
böse – ist im Werk der Kinderanalytikerin Melanie Klein in allen
Einzelheiten ausgearbeitet. Sie fand heraus, daß im frühkindlichen
Seelenleben auf der Phantasieebene eine Aufspaltung stattfindet.
Zum Schutz vor der eigenen Ambivalenz gegenüber den Eltern und
seiner eigenen Wut und Aggressivität spaltet das Kind sämtliche negativen Gefühle von sich ab und projiziert sie nach außen auf eine
externe, oft peinigende Gestalt. Der Aggression gegen die echte

Mutter (die in der Phantasie des Kindes zum Tod der Mutter führen würde, so daß es, das Kind, völlig hilflos zurückbleiben müßte) begegnet das Kind durch Verleugnung und Festhalten an einer idealisierten, perfekten Phantasiemutter. Daher kommt es zur Aufspaltung der inneren Eltern – insbesondere der Mutter – in zwei extreme Gegensätze: die gute, die das Kind zu internalisieren versucht, und die böse, die es wegschieben will. Die böse Mutter ist also eine Manifestation sämtlicher primitiver Gefühle, Feindseligkeiten und Aggressionen, die das Kind im tiefsten Innern hegt.

Da diese Abläufe mehr oder weniger ausgeprägt in der seelischen Entwicklung eines jeden von uns stattfinden, sind wir alle – zumindest auf der Ebene der unbewußten Phantasie – mit Bildern rächender, quälender Elternfiguren vertraut, die Stoff für Alpträume abgeben können. In der Welt der unbewußten Phantasie – die zeitlos ist und deshalb jederzeit abgerufen und reaktiviert werden kann – geht immer noch dieses grausige, destruktive und rachsüchtige Weib um – die verhängnisvolle böse Mutter, die ihr Kind aussetzt.

Dies erklärt die unglaubliche symbolische Last, mit der Mütter, die ihr Kind »verlassen«, befrachtet sind, und es erklärt, warum sie auf imaginärer Ebene mit Hexen, Dämonen, Vampiren, ja dem Tod selbst assoziiert werden. Ganz gleich, wie sehr wir uns als Erwachsene bemühen, rational über die Mutterrolle nachzudenken, diese frühen, unbewußten Phantasien liegen nach wie vor auf Abruf bereit und trüben das Urteil eines Großteils der Öffentlichkeit. So wie im Phantasieleben des Kindes eine Frau, die nicht dem idealisierten Bild der allgegenwärtigen guten Mutter entspricht, automatisch eine quälende böse Mutter ist, die alles zugrunde richten will, so verwandelt sich auch im kollektiven Unbewußten eine Mutter, die geht, über Nacht in ein Ungeheuer, das dem Kind keinesfalls wohlgesonnen sein kann.

Aus der Sicht der Jungschen Psychologie wird hier die negative Seite des Archetyps der Großen Mutter aktiviert. Jung zufolge haben alle Archetypen einen positiven und einen negativen Aspekt, und der Archetyp der Mutter macht da keine Ausnahme: Jung definierte ihre ambivalenten Attribute und bezeichnete sie als »die liebende und die schreckliche Mutter«. Auf der positiven Seite ist sie »die

Göttin, speziell die Mutter Gottes, die Jungfrau«, Mädchen, Geliebte; sie repräsentiert »das Gütige, Hegende, Tragende, Wachstum, Fruchtbarkeit- und Nahrungspendende« und »das Ziel der Erlösungssehnsucht (Paradies, Reich Gottes, himmlisches Jerusalem)«.

Auf der negativen Seite wird sie zur »schrecklichen Mutter«, zur unheilvollen Schicksalsgöttin, Hexe oder Lilith, und ihre Symbole sind verschlingende Tiere, Drachen, Gräber, Dämonen, Vampire und der Tod selbst; sie ist der »Abgrund, die Totenwelt, das Verschlingende, Verführende und Vergiftende, das Angsterregende und Unentrinnbare«.[8] In der griechischen Mythologie erscheint sie als Medea, die bereit ist, ihre Kinder zu opfern, und im Hinduismus als die Göttin Kali, von der es heißt, sie habe Reißzähne und eine herausgestreckte Zunge, von der Blut tropft.

Aus diesem Grund ist es schwierig, das Thema rational zu erörtern. Eine Mutter, die geht, wird nicht mehr als wirklich vorhandene Frau wahrgenommen, sondern als Phantasiegestalt, auf die archetypische Eigenschaften projiziert werden und die deshalb außerhalb der Realität steht. Sie ist die »böse« Mutter, die bedrohliche, vernachlässigende Mutter, die der Stiefmutter im Märchen nahesteht, die an die Stelle der (ersehnten) guten Mutter getreten ist, den schützenden Vater zurückdrängt und insgeheim den Tod des Kindes plant. Gängige Projektionen machen die Frau, die vor der »wahren« Mutterschaft flieht, genau zu dieser bösen Fee – zu einer ungehorsamen Hexe, deren vermeintlich destruktive Fähigkeiten Angst auslösen.

Gerade diese Projektionen machen es so schwer, die Lebensrealität der Mütter, die gehen, zu erfassen, denn die vielen Schichten des Mythos, die sich um die »böse« Mutter ranken, müssen zunächst einmal abgelöst werden. Von den wirklichen Frauen und ihrem Umfeld haben archetypische Bilder Besitz ergriffen und sie in Symbole verwandelt – Frieda Lawrence, das unwillkommene Gespenst, Margaret Trudeau, das Ungeheuer, Ingrid Bergman, die in Amerika als »machtvolle Kraft des Bösen« diffamiert wurde. Solche Mütter wurden Schicht um Schicht mit Mythen und Phantasien zugedeckt, die es erschweren, über sie – und uns selbst – als wirkliche Menschen mit einer individuellen Geschichte nachzudenken.

Man könnte einwenden, daß die Aufspaltung in gute und böse

Mütter an sich und das Postulat einer archetypischen Großen Mutter nicht gerade hilfreich sind – wieder handelt es sich nur um abstrakte Phantasiekonstrukte. Doch Jung betont, daß nicht der Archetyp an sich das Problem darstellt, sondern die Projektionen, die daraus hervorgehen. Wir müssen nicht notwendigerweise die Archetypen zerstören, sondern nur die Projektionen auflösen – und aufhören, andere mit unseren unbewußten Vorstellungen zu besetzen.

Manche Frauen haben jedoch gerade die konstruierte Idee von der Mutter, die wir in unserem Unbewußten tragen, in Frage gestellt. Denn nicht nur die gute und die böse Mutter sind Konstrukte, die wir aus der unbewußten Prägung während der Kindheit mitgebracht haben, sondern auch die Vorstellung von der Mutter und der Mutterschaft an sich ist zutiefst mit spezifischen unbewußten Assoziationen besetzt, die dem Rollenbild, auf das Mütter festgelegt sind, noch mehr Nahrung geben.

Wie ich in Kapitel 23 weiter untersuchen werde, ist es gerade die Idee der »Mutter«, die eine Phantasie der Ganzheit heraufbeschwört. Der Traum von der Mutter als Zustand ursprünglicher Einheit und Seligkeit, von einer Zeit vor der Trennung, vor der Herausbildung von Sprache und Kultur, lebt in unserer Vorstellungswelt fort und färbt unsere Sicht der realen Mütter. Die imaginäre Mutter repräsentiert eine Utopie der Vollkommenheit und Totalität. Sie ist das verlorene Paradies, die Unschuld, die unserem menschlichen Erleben vorausging. Die Mutter ist das verlorene Reich, ein kaum erinnertes Eden.[9]

In dieser Hinsicht ist es kein Wunder, daß Mütter, die gehen, soviel Groll und Mißbilligung auf sich ziehen. Denn sie drohen, und das ist ihre eigentliche Schattenseite, uns aus diesem kollektiven Traum zu wecken. Sie bringen eine besonders tief sitzende nostalgische Phantasie ins Wanken und erinnern uns daran, daß diese ideale Mutter letztlich nicht existiert. Durch sie erkennen wir, daß es nach Auflösung aller Projektionen und Archetypen nur einzelne Frauen gibt, die Mütter sind.

Trennung: Die Wiederholung gestörter Mutterbeziehungen

Und es zeigte sich, daß ich nie dort war
wo sie war *wo war sie?*
All meine Wochen und Monate ohne sie;
ohne Staunen, ohne Erinnerung *wo war sie?*

wo war sie? Ihr Gesicht, dessen Duft
mir fremd war, deren Tag
ich nie ergründete, deren Leben mir
verborgen blieb *wo war sie?*

Und wo war ich, als mein Bauch mir
schwoll? Die Übelkeit und diese Kämpfe
mit mir selbst. Da war keine Mutter in mir
gut genug oder bereit *wo war sie?*

Sarah Hopkins, *Not There*

Aus den Berichten in Teil 2 und 3 wird deutlich, daß an der Trennung von Mutter und Kind viele Faktoren beteiligt sind, und deshalb wäre es irreführend, nur eine Ursache dafür verantwortlich zu machen. Psyche und Gesellschaft, Persönliches und Politik greifen auf komplexe Weise ineinander und sind untrennbar miteinander verbunden.

Dennoch gibt es einen gemeinsamen Faktor, der offensichtlich immer wieder auftaucht. Trotz der unterschiedlichen Lebensumstände, trotz des grundsätzlich andersgearteten gesellschaftlichen, schulischen und sozialen Hintergrunds zeigt sich bei nahezu allen Frauen, deren Geschichten wir kennengelernt haben, in welchem Maße die von Mutter und Vater übernommenen Verhaltensmuster von einer Generation an die nächste weitergegeben werden. Mein erstes Interview führte ich mit Meredith, der jungen Frau, die ihre drei Kinder im Lauf der Jahre eines nach dem anderen »fortgegeben« hat. Die Grundstruktur ihres persönlichen Dramas haben meine Überlegungen zum Thema Trennung von Mutter und Kind maßgeblich beeinflußt.

Meredith war ein Adoptivkind, und die Bindung zu ihrer Adoptivmutter erwies sich als äußerst schwach, eine Schädigung, die in den unterschiedlichsten Formen seelischer und sexueller Mißhandlung Ausdruck suchte und fand. Merediths Erwachsenenleben war daraufhin von einem zwanghaften Kreislauf bestimmt, der so aussah, daß sie immer wieder Kinder bekam und fortgab. Für andere Frauen war der Bruch mit der leiblichen Mutter vielleicht weniger kraß oder dramatisch, doch auch bei ihnen zeigt sich das gleiche Muster. Wie ein roter Faden zieht sich durch fast alle dieser persönlichen Berichte die Erfahrung einer gestörten, negativen oder problematischen Mutterbeziehung.

Als mir diese Tendenz bewußt wurde, erkannte ich immer deutlicher, daß das Muster der Mutterbeziehung von einer Generation an die nächste weitergegeben und eine Störung in diesem Bereich oft reproduziert wird. Es war geradezu unheimlich, wieviel von einer Generation an die nächste überging. Die Parallelen und Spiegelungen zwischen der Mutterbindung, die wir erlebt hatten, und der, die wir zu unseren Kindern aufbauten, waren nicht zu übersehen. Mütter verließen ihre Kinder in einem Alter, in dem sie selbst einst verlassen worden waren – entweder im wörtlichen Sinn durch Adoption, Krankheit oder Tod der Mutter oder im übertragenen Sinne durch ihren emotionalen Rückzug. Die Wiederholung gestörter Mutterbeziehung erschien mir bald schon wie ein Zwang mit unglaublichen Parallelen, Übereinstimmungen, Spiegelungen und Wiederholungen – als würden bestimmte unbewußte Eindrücke von einer Generation an die nächste weitergegeben, um immer wieder aufzutauchen und ausgelebt zu werden.

Als Kind verlor Ingrid Bergman sowohl ihre leibliche Mutter als auch ihre Ersatzmutter – und wiederholte diesen Verlust von zwei Mutterfiguren auf nahezu unheimliche Weise, als sie selbst Mutter war und für ihre Kinder aus zwei Ehen jeweils unabhängig voneinander auf das Sorgerecht verzichtete. In den Erfahrungsberichten in Teil 3 erzählt Siobhan, wie sie schon früh auf die Bedürfnisse ihrer psychisch abwesenden, alkoholkranken Mutter eingehen mußte und wie dadurch eine innere Dynamik entstand, die Siobhan als Erwachsene auslebte. Es wurde ihr zum Bedürfnis, für die Befriedigung der Bedürfnisse der anderen zu sorgen – durch die Sorge um Figuren, die ihr als Ersatzmutter dienten, versuchte sie, das in der Beziehung zur eigenen Mutter Versäumte nachzuholen. Ihre Bindung an die eigenen Kinder (besonders an ihre Tochter) wurde gekappt, so wie es ihr als Kind in der Beziehung zu ihrer Mutter ergangen war.

Eine Frau, die Mutter wird, ist nicht selten Tochter einer Mutter, die selbst noch ein Kind ist. Es wird von uns erwartet, daß wir unsere Mutter bemuttern und unsere Kinder versorgen, bevor wir uns über die beiden Rollen im klaren sind und bevor wir ahnen, was Mutter sein heißt. Die Analytikerin Nini Herman schreibt in ihrer Autobiographie: »›Wer ist die Mutter? Und wer ist das Kind?‹ schrie mein Entsetzen wiederholt. ›Seht her, all ihr Erwachsenen, meine Mutter wird einfach nicht damit fertig!‹«[1]

In den persönlichen Berichten von Teil 3 finden wir noch viele weitere Beispiele für eine problematische Mutterbeziehung. Daphnes Mutter zog sich vor der Tochter in Krankheit und Depressionen zurück, die Ehe ihrer Eltern zerbrach, und ihre Mutter (die selbst ein Adoptivkind war) verließ das Heim der Familie – ebenso wie Daphne eine Generation später. Charlotte interpretiert die erlebten Mißhandlungen und die gestörte Beziehung zu ihren Kindern als Wiederholung dessen, was sie als Kind gesehen und erlebt hatte, als Mangel an gefühlsmäßiger Bindung an ihre Mutter, die von einer Generation an die nächste weitergegeben wurde. Leonie berichtet von einer stark belasteten Beziehung zu ihrer Mutter und fand es dann schwierig, zwischen ihrer kleinen Tochter und ihr Nähe entstehen zu lassen. Ruth erzählt, ihre Mutter habe keine Nähe zugelassen und keine körperliche Zuneigung gezeigt; und sie glaubt, daß die Muster einer gestörten Mutterbeziehung vererbt werden. »Ich finde diese Wiederholungen, die in den Familien von einer Generation an die nächste weitergegeben werden, äußerst erstaunlich … meine Mutter wurde bei ihrer Geburt im Stich gelassen; mich ließ man mit achtzehn Monaten im Stich, und ich verließ meine Kinder, als sie sieben waren.«

Andere Mütter, die von ihren Kindern getrennt leben, haben meine Vermutung bestärkt, daß eine gestörte Mutterbeziehung sich selbst reproduziert. Liz, die ihr fünftes – und autistisches – Kind verließ, gesteht offen ein, daß sie auf die Mutterrolle nicht vorbereitet war und keine Ahnung hatte, wie sie ihr eigenes Erbe einer im Grunde abwesenden Mutter bewältigen sollte. »Selbst wenn sie (die Mutter) da war, war sie nicht wirklich bei uns. Da ich in einer derart gestörten Familie ohne jeden äußerlich sichtbaren Beweis der körperlichen Zuneigung aufgewachsen bin, fiel es mir schwer, meine Kinder in den Arm zu nehmen.«

Sophie aus Westminster stammt aus einer »gestörten Familie der Arbeiterklasse. Meine Mutter hatte Alkoholprobleme und mehrere Zusammenbrüche. Sie entzog uns ihre Liebe immer mehr – nicht aktiv, sondern durch das Trinken, durch ihre Krankheiten, durch die ständigen Einweisungen in Heilanstalten.« Ebenso wie ihre ältere Schwester heiratete Sophie jung und bekam früh Kinder, brach aber nach einigen Jahren ihre Ehe ab, um allein zu leben – und beide Frauen ließen bezeichnenderweise ihre Kinder zurück.

Paddy, die ihre Kinder aufgrund ihrer lesbischen Beziehungen verlor, hatte eine Mutter, die sie als dominant, kritisch, wenig konstruktiv und unnahbar empfand. »Meine Brüder gaben ihr den Spitznamen Ayatollah!« Sie meint, sie sei viel zu früh in die Ehe gedrängt worden, sowohl um ihre Mutter zufriedenzustellen, als auch, um ihr zu entkommen.

Jan aus Liverpool schreibt: »Ich lebe seit sechs Jahren von meiner Tochter getrennt, und auch ich war als Kind eine Zeitlang von meiner Mutter getrennt.« Ähnlich Linda aus Sussex: »Soweit ich weiß, wurde meine leibliche Mutter im Stich gelassen, als sie sieben Jahre alt war. Meine Mutter ließ mich adoptieren, gab mich fort. Und jetzt habe ich meinen Sohn (im gleichen Alter) gehen lassen.« Maureen aus Wells: »Meine Mutter war ein Adoptivkind. Sie hatte keine Ahnung, wie sie mir eine Mutter sein sollte.«

Ähnlich war es im Fall von Charlotte Perkins Gilman. Da ihre Mutter unübersehbar vor Liebesbeweisen zurückschreckte, litt Char-

lotte Gilman unter Depressionen, die die Beziehung zu ihrer eigenen
Tochter stark belasteten – als wäre nach der Geburt ihrer Tochter das
in ihr schlummernde Gefühl des Verlassenseins und der Verzweiflung
ins Bewußtsein zurückgerufen worden. Bei Frauen, die unter einer gestörten Mutterbeziehung gelitten haben, sind Depressionszustände
nach der Geburt mehr als nur die typische postnatale Depression.
Die junge Mutter reagiert selbstzerstörerisch, wendet sich gegen sich
selbst und ihr Kind, regrediert auf eine frühe unbewußte Stufe.[2]

Unter all den Frauen, die ich traf, konnte nur eine auf eine positive Beziehung zu ihrer Mutter zurückblicken, und keine wurde nach
der Trennung von den Kindern von ihrer eigenen Mutter tatkräftig
unterstützt. Dieses gestörte Verhältnis zur Mutter tauchte dermaßen
regelmäßig auf, daß es nicht mehr auf Zufall beruhen konnte, und ich
begann nach den Ursachen dafür zu suchen: Welche seelischen Prozesse waren dafür verantwortlich, daß die Erfahrungen mit der eigenen Mutter so häufig reproduziert wurden?

Der Psychoanalyse und den verschiedenen Schulen der Psychologie ist dieser Prozeß, in dem wir unbewußt unsere emotionalen
Erfahrungen mit den Eltern oder Elternfiguren wiederholen, nicht
unbekannt. Und nirgends kommt diese Art der Wiederholung deutlicher zum Vorschein als in dem Augenblick, in dem wir selbst Eltern
werden und unbewußt unsere eigene Kindheitsprägung ausagieren.
Entweder wir wiederholen seelische und körperliche Mißhandlungen, oder wir kompensieren zu stark und zwingen uns, den Kindern
das zu geben, was uns versagt geblieben ist.

In seiner Untersuchung *Mutterliebe, Zuwendung und geistige Gesundheit* stellt John Bowlby eine zentrale These auf: Sobald ein
Mensch, der als Kind unter Mangel an Zuwendung litt, Vater oder
Mutter wird, zeigt er die Tendenz, die Umstände, die zur eigenen Deprivation geführt haben, zu reproduzieren. Michael Rutter trifft in
seiner neueren Untersuchung *Maternal Deprivation Reassessed* eine
ähnliche Feststellung, wenn er von dem »generationsübergreifenden
Kreislauf des Verlusts« spricht, einem starken Drang nach Konti-
nuität; das heißt, die Art, wie Frauen und Männer in späteren Jahren
die Elternrolle ausfüllen, wird von ihren konkreten Kindheitserfah-
rungen beeinflußt. Schwierigkeiten, die Elternrolle zu bewältigen,

lassen sich eindeutig auf die kindlichen Erfahrungen seelischer oder körperlicher Gewalt zurückführen. Früh erlebte Zurückweisung kann dazu führen, daß man später nicht mehr liebesfähig ist. Daher fällt es Frauen mit einem problemfreien familiären oder gesellschaftlichen Hintergrund meist nicht schwer, die Mutterrolle auszufüllen: Wie wir an Merediths Fall sehen, sind die Probleme um so größer, je stärker die in der Vergangenheit erlebte Zurückweisung war.

Umfangreiche Untersuchungen beweisen, daß die Art der Zuneigung, die eine Mutter zeigt, sich tatsächlich an ihren entsprechenden Erfahrungen als Kind orientiert. Rutter zieht daraus die Schlußfolgerung, daß die »Erfahrungen einer Frau in der Kindheit eng mit ihrem Verhalten als Mutter zusammenhängen«.[3] Sie neigt dazu, zu ihren Kindern dieselbe Beziehungsstruktur aufzubauen, die sie in ihrer frühen Kindheit kennengelernt hat. »Die Art und Weise, wie die Liebesfähigkeit eines Menschen in seine Persönlichkeit integriert wird, beeinflußt das Muster seiner Affektbeziehungen, die er im Laufe seines Lebens eingeht. Weil Kinder unbewußt dazu neigen, sich mit ihren Eltern zu identifizieren, besteht die Tendenz, sich als Eltern den eigenen Kindern gegenüber auf die gleiche Weise zu verhalten.«[4]

Dieses erstaunliche Widerspiegeln und Ausagieren, das in der Mutterrolle sichtbar wird, ist daher eher ein gesellschaftliches Phänomen als genetisch oder biologisch bedingt. Wir bekommen von unseren Müttern einen Stempel aufgedrückt, und wenn die Mutter unter Störungen im Gefühlsbereich litt, krank oder depressiv war, nimmt die Tochter dies in ihrer Kindheit auf und wird es später, wenn sie selbst Mutter ist, weitergeben. Es scheint, als werde in der Beziehung zur Mutter ein unsichtbares Erbe aufgegriffen, und die künftigen Eltern geben die gemachte Erfahrung unbewußt an ihre Kinder weiter.

Ob wir es wollen oder nicht, die Art und Weise, wie unsere Mutter ihre Mutterrolle ausgefüllt hat, hinterläßt in uns einen tiefen Eindruck, der bestimmt, wie wir uns als Mutter zeigen. Das Verhältnis zwischen Mutter und Tochter hat auf die Beziehungen, die wir als Erwachsene eingehen, einen starken Einfluß.

In ihrer Studie über die Mutter-Kind-Dyade, *Too Long a Child*, beschreibt Nini Herman, daß sich eine Störung in der Mutter-Tochter-

Beziehung oft über Generationen hinweg zurückverfolgen läßt. Und Judith Arcana schildert das Phänomen in *Our Mothers' Daughters* folgendermaßen: »Da wir vorwiegend durch das Vorbild unserer Mutter geprägt werden, erziehen die meisten von uns ihre Kinder, indem wir die Dynamik der Gefühle reproduzieren, die wir als Töchter unserer Mütter erlebt haben ... in der Art und Weise und in den Methoden orientiert sich unser eigenes Muttersein äußerst streng an dem Modell, das unsere Mütter uns vorgegeben haben ...«[5]

Susie Orbach betont, daß die Beziehung zu unserer Mutter die bedeutendste und prägendste im Leben ist, ein Erbe, das untrennbar mit unserem Gefühlsleben verknüpft ist und unbewußt unsere Identität, unsere Entscheidungen und unsere Aussichten bestimmt. Ihre Struktur ist die Gußform, die alle unsere späteren Erlebnisse bestimmt. Die Bindung zwischen Mutter und Tochter ist äußerst komplex und von ambivalenten Gefühlen durchsetzt, da Mutter und Tochter eine gemeinsame Identität haben, die eine emotionale Abnabelung äußerst problematisch gestaltet. »Das Bedürfnis der Mutter nach Bindung, kombiniert mit ihrer Identifizierung mit ihrer Tochter, schafft eine Vereinigung zwischen beiden (die Verschmelzung zu einer Einheit). Die Mutter ist nicht von ihrer Tochter getrennt ... und auch die Tochter ... fühlt diese Bedürfnisse.«[6]

Auch Nor Hall beschreibt »die ursprüngliche Erfahrung einer Frau in der Beziehung zu ihrer Mutter (als) die der Identität, als Fortbestehen der Blutsbande, die in der Schwangerschaft da waren.«[7] Und für Adrienne Rich trägt diese Beziehung das Potential für die größte Freude, aber auch für den größten Schmerz einer Frau in sich. »Diese – wesentliche, verzerrte, mißbrauchte – Kathexis zwischen Mutter und Tochter ist die große ungeschriebene Geschichte. Wahrscheinlich ist nichts nachhaltiger befrachtet in der menschlichen Natur als der Energiefluß zwischen zwei sich gleichenden Körpern, von denen der eine in Fruchtwasser-Seligkeit im Innern des anderen gelegen hat, von denen der eine den anderen unter Schmerzen geboren hat. Die Körper stehen hier für tiefste, auf Gegenseitigkeit beruhende Beziehung und schmerzvollste Entfremdung.«[8]

Dies bestätigt auch die Arbeit der Psychoanalytikerin Melanie Klein, die mehrfach aufzeigte, daß die Einstellung und Beziehung einer Mutter zu ihrem Kind sehr viel mit der Bindung gemein hat, in der sie als Kind zur eigenen Mutter lebte: Alle ungelösten negativen Gefühle und Todeswünsche, die sie als Kind gegenüber der eigenen Mutter verspürte, überträgt sie auf ihr Kind, sobald sie selbst Mutter wird. Die Probleme, die sie als Kind in der Beziehung zu den Eltern – oder auch zu den Geschwistern – hatte, werden sich höchstwahrscheinlich in ihrem Erwachsenenleben in konfliktträchtigen und ungelösten Gefühlen zu ihrem Ehemann und ihren Kindern reproduzieren.[9]

Eine Frau mit einer schwierigen Beziehung zur Mutter – wenn diese beispielsweise nicht in der Lage war, mit den gesunden aggressiven Impulsen und Phantasien des Kindes umzugehen und ihm deshalb nicht helfen konnte, die daraus resultierenden Schuldgefühle und Ängste zu bewältigen – wird sich wahrscheinlich nicht problemlos in die Mutterrolle einleben können. Und weil zwischen der Beziehung einer Mutter zu ihrem Kind und der Beziehung, die sie selbst als kleines Kind zur eigenen Mutter hatte, ein so enger Zusammenhang besteht, entwickelt sich daraus die Tendenz, Probleme mit der Mutterrolle von einer Generation an die nächste weiterzugeben.

In der Art und Weise, wie eine Mutter ihr Kind behandelt, spiegelt sich also – wenn auch unbewußt und unwillentlich – wider, wie sie selbst als Kind von ihrer Mutter behandelt worden ist (daher auch Charlotte Perkins Gilmans Trauer, daß sie ihrem Kind nicht die Mutter sein konnte, die sie gern gewesen wäre) – fast so, als wäre sie ihr eigenes Kind. Allerdings handelt es sich dabei nicht um bewußtes Nachahmen oder um eine intellektuell gesteuerte Konditionierung, sondern um den Ausdruck zutiefst unbewußter Verhaltensmuster und Eindrücke, die reproduziert worden sind. »Das Unbewußte der Kinder korrespondiert oft mit dem Unbewußten der Mutter ...«[10]

Wenn eine Mutter also ihr Kind verläßt oder aufgibt, dann beruht dies höchstwahrscheinlich auf der Wiederholung und dem Ausagieren dessen, was sie selbst erlebt hat, oder vielmehr dessen, was ihr von ihrer Mutter dem (subjektiven) Empfinden nach angetan worden ist.

Nancy Chodorows ausführliche und fundierte Studie *The Reproduction of Mothering: Psychoanalysis and the Sociology of Gender* zeigt, daß Elternverhalten im wesentlichen nicht auf Nachahmung oder Erwerben von Verhaltensmustern beruht, sondern auf Vorgängen, die in die tiefe, komplexe Dynamik der zwischenmenschlichen Beziehungen eingreifen und keinesfalls durch Übung erlernt werden können. Die Mutterrolle, so Nancy Chodorow, wird nicht durch simple Konditionierung an die Tochter weitergegeben, zum Beispiel durch das Spielen mit Puppen und das Vorbild mütterlichen Tuns. So stark der Nachahmungsdrang auf der Verhaltensebene und der Druck der patriarchalischen Ideologie auch sein mögen, geht dieser Prozeß doch viel tiefer. Was die Mütterlichkeit einer Frau prägt, sind Vorgänge tief in ihrem Innern – die Wahrnehmung des Ichs als das eines mütterlichen Ichs. Daher wird eine Tochter nur dann in der Lage sein, die Mutterrolle auszufüllen, wenn sie dies auf einer unbewußten Ebene von ihrer Mutter aufgenommen hat. Und Mütter, die gegangen sind, bestätigen Chodorows These. Selbst der stärkste Druck gesellschaftlicher Erwartungen hinsichtlich der Versorgung des Kindes reicht nicht aus, um aus einer Frau eine »gute« Mutter zu machen. Das kann nur gelingen, wenn die Frau »bis zu einem gewissen Grade und auf einer unbewußten oder bewußten Ebene über die Fähigkeit verfügt, sich selbst als Mutter wahrzunehmen«.[11]

Nancy Chodorows Feststellung ist für meine Aussagen von zentraler Bedeutung. Zwar mußten viele der Frauen, von denen wir gehört haben, mit belastenden und bedrückenden Lebensumständen fertig werden, doch viele andere Frauen leben unter ähnlich schweren Bedingungen – und haben nicht das Gefühl, sie müßten gehen. Daher spielt die Reaktion auf die äußeren Umstände (finanzielle Situation, Ehe und gesellschaftliche Stellung – die nicht zu leugnen sind) durchaus in die inneren Prozesse mit hinein. Außerdem kann es passieren, daß die Mutter bis zu einem gewissen Grade nicht in der Lage ist, das innere Mutterbild zu aktivieren – also jene Mutterfigur, die es einer Frau erst möglich macht, die Mutterrolle auch unter schwierigen Bedingungen über längere Zeit auszufüllen. Für viele Frauen, die aus der traditionellen Mutterrolle ausgebrochen sind – wie im Fall von Meredith, Sophie, Alice und Siobhan –, war dieses innere Mutterbild schlichtweg nicht zugänglich.

Symbolisch ist in der inneren Welt dieser Frauen die »gute« Mutter nicht vorhanden. Das Gefühl, nicht bemuttert worden zu sein, kann eine Frau also dazu bringen, ihre Kinder zurückzulassen, so wie sie selbst im Stich gelassen wurde. Eine Frau, die sich von ihrer Mutter auf einer elementaren Ebene betrogen fühlt, wird sich schwer tun, nicht auch ihre eigenen Kinder zu »verraten«, denn sie verfügt nicht über das notwendige innere Bild von der guten Mutter, auf das sie sich beziehen kann. Dies untermauert die These, daß eine Frau sich nicht dafür »entscheidet«, ihre Kinder zurückzulassen; sie also nicht bewußt zurückweist, sondern daß sie – aus einer Reihe von inneren und äußeren Gründen –, ohne es zu wollen, aus der Mutterrolle herausgestoßen wird.

Wir können die Handlungen einer Frau – als Mutter – keinesfalls von ihrem komplexen Verhältnis zu ihrer eigenen Mutter isoliert betrachten. Und um Frauen, die von ihren Kindern getrennt sind, zu verstehen, müssen wir sie vor dem Hintergrund der Lebensgeschichte ihrer Mutter sehen – oft auch über Generationen hinweg, wie uns Töchter von adoptierten Müttern – beispielsweise Ruth – beweisen. Wenn eine Frau aus der Mutterrolle ausbricht, steckt dahinter oft auch der unbewußte Wunsch, die eigene Muter zurückzustoßen – sie weist ihre Mutter zurück, indem sie die Stellung und Funktion ablehnt, die die Mutter repräsentiert.

Diese Deutung steht im Mittelpunkt der Psychologie C. G. Jungs. Für Jung ist der »Mutterkomplex« einer Frau – also jene unverarbeiteten Gefühle, die sie zur Mutterfigur hegt – irgendwo zwischen zwei Polen angesiedelt. Das eine Extrem ist die Überidentifikation mit der Mutter und das andere die totale Ablehnung: entweder die krasse Übertreibung des Femininen (Mütterlichen) oder seine Verkümmerung. Im Fall der Ablehnung des Mütterlichen, was Jung den »deutlichsten Ausdruck eines negativen Mutterkomplexes« nennt, läßt sich die Frau (im wesentlichen unbewußt) von dem Motto leiten »Alles, solange es nicht ist wie bei Mutter!« Nach Jung drückt sich hierin die Ablehnung all dessen aus, worin sich der Mutterarchetypus manifestiert:

… indem einzig und allein die nachhaltige Abwehr der Muttermacht in jeglicher Form den höchsten Lebenszweck bildet …

Zum Beispiel verursacht die Mutter als Familie oder Clan heftige Widerstände gegen oder Interesselosigkeit für alles, was Familie, Gemeinschaft, Gesellschaft, Konvention und dergleichen heißt … Alle instinktiven Vorgänge und Notwendigkeiten begegnen unerwarteten Schwierigkeiten; entweder funktioniert die Sexualität nicht, oder die Kinder sind unwillkommen, oder die Mutterpflichten erscheinen unerträglich, oder die Anforderungen des ehelichen Zusammenlebens werden mit Ungeduld und Irritation beantwortet.[12]

Jung sieht in dieser Abwehr die Ursache für Menstruationsbeschwerden, Problemschwangerschaften, Fehlgeburten, Schwierigkeiten mit der Mutterrolle oder für eine »maskuline« Ausbildung des Intellekts »zu dem Zweck, sich eine Interessensphäre zu schaffen, in der die Mutter keinen Platz hat«.

Ob eine Frau, die sich der konventionellen Mutterrolle entzieht, nun nicht in der Lage ist, das Bild von der Mutter zu aktivieren, wie Nancy Chodorow es beschreibt, oder ob sie von einem unbewußten Widerstand gegen den Mutterarchetypus geleitet wird, wie Jung es darstellt, eines ist sicher: Sie kämpft um die Ablösung von der Mutter und gegen den negativen Eindruck, den sie von ihr hat.

Keine der Frauen, die ich kennenlernte, hatte eine Mutter, die ein besonders glückliches oder erfülltes Leben führen oder die sich selbst verwirklichen konnte. Im Gegenteil, sie alle boten ein krasses Beispiel für Unselbständigkeit, hatten oft ihre eigenen Bedürfnisse unterdrückt und suchten ihre Erfüllung stellvertretend in den Kindern. So waren die Beziehungen zur Tochter von vornherein zwiespältig, und nahezu zwangsläufig entwickelte die Tochter ambivalente Gefühle gegenüber der Mutter und der Mutterrolle. Die meisten Frauen berichteten von einer Mutter, die außerordentlich gefühlsarm, depressiv, krank, manipulativ und unzufrieden war.

Wenn wir diesen Gedanken fortführen, könnten wir sagen, daß die Töchter, um die es uns hier geht, die Ambivalenz ihrer Mütter ausagieren. Es scheint, als würde die verworrene Haltung ihrer Mütter zur Mutterrolle endlich zum Vorschein kommen und deren unterdrückte Gefühle in der nächsten Generation Ausdruck suchen.

Zum besseren Verständnis der Interaktion zwischen Mutter und Kind, durch die das innere Bild von der Mutter geprägt wird – oder auch nicht –, können wir noch einmal die Arbeit von Donald Winnicott heranziehen. Winnicott vertritt die Ansicht, daß die gesunde Entwicklung eines Kindes davon abhängt, ob es die gefühlsmäßige Präsenz der Mutter (oder der Mutterfigur) vollständig internalisieren konnte. Damit dies geschieht, muß die Mutter in der Lage sein, sich in einen Zustand zu begeben, den er »mütterliche Träumerei« nennt und in dem ihre eigenen Bedürfnisse (vorübergehend) gänzlich in denen des Kindes aufgehen. Außerdem muß sie ihre persönlichen ambivalenten und feindseligen Gefühle gegenüber dem Kind bewältigen – das heißt sowohl akzeptieren als auch kontrollieren. Und diese Gefühle können, wie wir im vorigen Kapitel gesehen haben, sehr stark sein.

Wenn diese Selbstaufgabe zugunsten des Kindes – aus welchem Grund auch immer – nicht stattfindet, wie es bei Müttern vorkommt, die unter Depressionen leiden, psychisch abwesend oder krank sind, gibt es nichts, was das Kind internalisieren kann – und daher auch keine Internalisierung des notwendigen inneren Bildes von der »guten« Mutter. Anstatt ein stabiles Ich- und Selbstwertgefühl zu entwickeln, entsteht in dem Kind der Eindruck, bedeutungslos zu sein, und damit der Wunsch nach Selbstzerstörung. Und dieses Gefühl wird in dem Kind immer stärker, je länger die Depression oder die innere Zurückgezogenheit der Mutter oder Mutterfigur andauert – Winnicott meint, eine seelisch abwesende Mutter habe auf das Kind den gleichen verheerenden Einfluß wie die tatsächliche Trennung von der Mutter und könnte bedeutende psychische Schädigungen auslösen.

Dies klingt wie die Untermauerung der gängigen Forderung, ein Kleinkind müsse in erster Linie von seiner Mutter betreut werden, doch Winnicott (wie auch Bowlby und Rutter) benutzt den Begriff »Mutter« als Synonym für die erste wichtige Bezugsperson des Kindes. Außerdem kennt er den Preis, den die Mutter dafür zu zahlen hat – und er macht der Mutterfigur keinerlei Vorwürfe, wenn sie nicht in der Lage ist, ihrem Kind dieses förderliche Umfeld zu bieten. Ihm ist klar, daß die Ursache dafür in ihrem eigenen sozialen und gefühlsmäßigen Umfeld zu suchen ist. Er ist sich des heiklen Spiels der Kräfte bewußt, von dem es abhängt, ob eine Frau die Bedürfnisse ihres Kindes erfüllen kann oder nicht, und er weiß, daß viele Faktoren daran beteiligt sind – zum Beispiel, ob sie glücklich ist, wie die Beziehung zum Vater des Kindes, ihre Stellung in der Gesellschaft, ihre Gesundheit, ihre Erfahrungen mit der eigenen Mutter aussehen. Werturteile werden hier nicht gefällt. Wenn eine Frau nicht in der Lage ist, in der von ihm beschriebenen »Träumerei« aufzugehen oder dem Kind eine passable Mutter zu sein, ist dies für ihn kein Ausdruck bewußter Vernachlässigung, sondern vielmehr ein Symptom für ihren inneren Zustand (und damit für die Erfahrungen, die sie selbst mit ihrer Mutter gemacht hat).

Die Mutter-Kind-Beziehung entwickelt sich nicht in einem Vakuum, sondern wird zudem von wirtschaftlichen, gesellschaftlichen und gefühlsmäßigen Bedingungen bestimmt. Sobald diese von der Frau als Belastung empfunden werden – wie bei Armut, Eheproblemen, Isolation, mangelnder Unterstützung, Arbeitslosigkeit, dem Gefühl, unglücklich zu sein –, steigt die Wahrscheinlichkeit, daß die Beziehung zu ihrem Kind Schaden nimmt. Daher die Schwierigkeit, in einer Gesellschaft eine gute Mutter zu sein, in der Frauen von vornherein benachteiligt werden.

Da zu allem Überfluß durch die Erfahrung, Mutter zu sein, Erinnerungen an die Zeit wachgerufen und wieder aufgegriffen werden, als wir selbst bemuttert wurden, leidet eine Mutter, die geht, unter einem doppelten Trauma. Denn in dieser Situation erlebt sie nicht nur den Verlust des eigenen, realen Kindes, sondern darüber hinaus noch einmal aufs neue das Verlassenheitsgefühl des »inneren Kindes« in ihr selbst. Zum Schmerz über die Trennung von ihren Kindern gesellt sich noch das Gefühl, daß ihre innere Welt zerstört wurde. Die große Orientierungslosigkeit, die der Trennung oft folgt, entsteht also im wesentlichen aus dem Eindruck, den Verlust von einst noch einmal zu erleben. Und obwohl der Mangel an mütterlicher Zuwendung (oder der einer Elternfigur) reale Auswirkungen hat, kann auch auch der Mangel an Zuwendung durch das Kind traumatisch sein. Auch wenn die Mutter dem Anschein nach mit der Trennung von dem Kind einverstanden ist oder sie sogar eingeleitet hat, ändert das nichts daran, daß der Abbruch des regelmäßigen Kontakts einen großen Schmerz in ihr auslöst. In der Folge kann es zu Schockzuständen, Sehnsucht, Trauer und Depressionen kommen, die manchmal lähmende und selbstzerstörerische Formen annehmen.

Mütter, die von ihren Kindern getrennt leben, leiden meist unter einem doppelten Mangel. Denn gerade jene Frauen, die als Kind keine (gute) Mutter hatten, machen oft die Erfahrung, daß sie ihren eigenen Kindern gegenüber gehemmt und blockiert sind. Sie haben den Eindruck, nicht nur als Tochter, sondern auch als Mutter versagt zu haben.

So deutet alles darauf hin, daß die Art und Weise, wie die Elternrolle ausgefüllt wird, von einer Generation an die nächste weitergegeben und Schäden in der Mutterbeziehung reproduziert werden. Das soll aber nicht heißen, daß dieser Zustand auf immer und ewig so bleiben muß. Untersuchungen über den Mangel an mütterlicher Zuwendung haben gezeigt, daß auch die schwer geschädigte Psyche eine erstaunliche Anpassungsfähigkeit und den Drang zur Heilung besitzt. Zudem deuten die positiven unter den Erfahrungsberichten in Teil 3 darauf hin, daß der Kreislauf unterbrochen werden kann und nicht ad infinitum und ungewollt reproduziert werden muß.

Die Störungen auf der Gefühlsebene, die wir – und vor uns unsere Mütter – geerbt haben, können geheilt werden. Und damit ändern sich auch die Verhaltensmuster. Dies wird erreicht, indem wir uns den Kreislauf der gestörten Mutterbeziehung bewußt machen, ihn ins Zentrum unserer Aufmerksamkeit rücken und alles unternehmen, um die Beziehung zu uns selbst, unseren Kindern und unseren Müttern zu heilen. Außerdem müssen wir uns klarmachen, daß diese negativen Verhaltensmuster nicht aus einer bestimmten, auf schlechtes Muttersein gepolten weiblichen Psyche stammen, sondern daraus resultieren, daß wir als Frauen in einer Gesellschaft leben, die unser Dasein und damit auch die Mutterrolle höchst schwierig macht.

Wiedergutmachung: Wiedervereinigung von Mutter und Kind

Wenn wir es, tief im Unbewußten, geschafft haben, unsere Gefühle unseren Eltern gegenüber bis zu einem gewissen Grade vom Groll zu befreien, und ihnen die Enttäuschungen, die wir ertragen mußten, verziehen haben, dann können wir mit uns selbst im Frieden leben und die Fähigkeit erlangen, andere im wahren Sinne des Wortes zu lieben.

Melanie Klein, *Seelische Urkonflikte*

Eines der wenigen sensiblen Kinoporträts einer Mutter, die geht, der Film *Herbstsonate* (der ironischerweise ebenso wie der Roman *Kramer gegen Kramer* im Jahr 1978 herauskam) stammt von dem schwedischen Regisseur Ingmar Bergman. Die Originalität von *Herbstsonate* beruht darauf, daß der Film beide Seiten der Geschichte einer Mutter und ihres Kindes erzählt, deren emotionale Beziehung durchschnitten wurde. Charlotte Andergast, eine gefeierte Konzertpianistin, nunmehr in fortgeschrittenem Alter, besucht ihre erwachsene Tochter Eva, die ihrer Mutter nicht verzeihen kann, daß sie als Kind von ihr verlassen wurde. Eva erinnert sich, daß ihre Mutter ständig abwesend war – auf Tourneen oder zu Hause in ihre Arbeit vertieft. Nun schleudert die Tochter der Mutter all den angestauten Zorn entgegen, den ein abgelehntes Kind empfinden kann. »Menschen wie du«, wirft sie Charlotte vor, »sind eine Gefahr, du solltest eingesperrt und unschädlich gemacht werden.«

Doch Bergman mit seiner charakteristischen Aufmerksamkeit für die Feinheiten komplexer menschlicher Beziehungen beschränkt sich nicht auf die einseitige Identifikation mit dem verlassenen Kind.

Wir erfahren, daß auch Charlotte ihren seelischen Schmerz, ihre eigene schwierige Geschichte hat, und hören wieder einmal von einer Frau, deren eigene gestörte Beziehung zur Mutter sich wiederholt, als sie selbst Töchter zu versorgen hat. Charlotte berichtet, daß ihre eigenen Eltern, beide erfolgreiche Mathematiker, nie Zärtlichkeit gezeigt oder mit ihr gespielt hatten, so daß die künstlerische Leistung für sie der einzige Weg war, die Zuneigung ihrer Eltern zu gewinnen. Wie sie nun erkennt, hat sie all ihre kindlichen Bedürfnisse und Gefühle in ihrer Arbeit sublimiert:

> Alles, was mit Liebe zu tun hat – Zärtlichkeit, Kontakt, Nähe, Wärme –, war mir unbekannt ... [Ich habe das Gefühl,] als wäre ich nicht lebendig, als wäre ich nie geboren worden. Ich wurde aus dem Körper meiner Mutter herausgepreßt. Er verschloß sich wieder und wandte sich sofort meinem Vater zu. Ich existierte gar nicht ... ich bin nie groß geworden – mein Gesicht und mein Körper altern, Erinnerungen und Erfahrungen sammeln sich an, aber im Innern des Schneckenhauses bin ich gleichsam ungeboren.[1]

Es ist, als wäre sie aufgefordert worden, Mutter zu sein, obwohl sie innerlich, emotional praktisch noch ein Kind war – ein wiederkehrendes Dilemma, vor dem viele Mütter (und vor ihnen ihre Mütter) in diesem Buch standen. Und *Herbstsonate* zeigt eindrucksvoll, wie schwer es ist, diese ererbten Verhaltensmuster, die von einer Generation an die nächste weitergegeben werden, zu verändern. Wie Eva neigen wir dazu, der einzelnen Mutter Vorwürfe zu machen, weil sie nicht perfekt ist und hilflos die gestörten oder unzureichenden Formen elterlichen Verhaltens reproduziert.

Erst gegen Ende des Films beginnt Eva nach langem Ringen einzusehen, daß es keine Lösung ist, ihre Mutter immer nur anzuklagen: Sie erkennt, daß die Mutter genausoviel gelitten hat wie die Tochter und ebensoviel Mitgefühl braucht. In einem Brief an Charlotte versucht sie schließlich, die Wunde, die in ihrem Verhältnis zur Mutter offengeblieben ist, zu benennen und zu heilen, und gibt zu, sie habe ihr Unrecht getan, indem sie ihr mit »Forderungen statt Zuneigung [begegnet ist]. Ich habe Dich mit einem alten, verbitterten Haß gequält, der schon nicht mehr real ist. Alles, was ich tat, war falsch, und ich möchte Dich um Verzeihung bitten ... Letzten Endes gibt es eine Art Gnade. Ich meine die große Chance, sich um den andern kümmern zu können, sich gegenseitig zu helfen, Zuneigung zu zeigen. Es muß noch nicht zu spät sein.«

Nach dem seelischen Schmerz, den Mutter und Kind erlitten haben, ist das eine großartige Geste der Wiedergutmachung. Sie verweist auf den unausweichlichen Kampf, der stattfinden muß, bevor wir voll und ganz verzeihen und verstehen können. Außerdem verweist sie auf die uns allen gestellte schwierige Aufgabe, unsere Lebensgeschichte von Grund auf zu akzeptieren, ganz gleich wie sehr sie auch von feindseligen Umständen und unbefriedigenden Bedürfnissen geprägt sein mag, statt in einem immerwährenden zornigen Aufbegehren steckenzubleiben. Und Bergman weiß, daß dies nicht leicht ist. Klugerweise vermeidet er in *Herbstsonate* ein oberflächliches Happy-End: Wir wissen zwar, daß Eva zuletzt guten Willens ist, aber es bleibt unklar, ob Mutter und Tochter sich auf Dauer versöhnen. Die Zukunft ist offen und unsicher und muß immer wieder erarbeitet werden. Im Gegensatz zu den von Hollywood verabreichten Beruhigungsmitteln gibt es hier keine Garantien.

Zum erstenmal in der Filmgeschichte wird in *Herbstsonate* eine Mutter, die ihre Kinder verlassen hat, als Mensch gezeigt, der eine eigene komplizierte Geschichte und Lebenswirklichkeit und ein schwieriges seelisches Erbe zu bewältigen hat. Und diese Auseinandersetzung mit der Thematik ist sowohl auf wörtlicher wie auf symbolischer Ebene gelungen. Denn die Schauspielerin, die für die Rolle der Charlotte Andergast gewählt wurde, war keine andere als Ingrid Bergman – die, wie wir gesehen haben, nur allzu gut wußte, wie hoch der Preis ist, den eine Frau bezahlt, wenn sie sich der traditionellen Mutterrolle entzieht. Tatsächlich war *Herbstsonate* der letzte Film, in dem Ingrid Bergman vor ihrem Tod mitwirkte – mit dem sie auch zur schwedischen Sprache, ihrer »Mutter«sprache, zurückkehrte – und der eine Abrundung ihrer Karriere darstellte. Durch die Gegenwart Ingrid Bergmans verwischen sich die Grenzen zwischen Fiktion und Wirklichkeit (oder Assoziation), wodurch sich die Resonanz ver

stärkt und die Mutter, die geht, in mehr als einer Hinsicht eher ent-
als belastet wird.

Dennoch protestierte Ingrid gegen Bergmans schwermütigen Ton
– sie erklärte mit Nachdruck, der Film hätte freundlicher ausfallen
sollen, denn im Verhältnis zu ihren eigenen Töchtern, von denen sie
bekanntlich getrennt gelebt hatte, hätte es auch Witze und Humor
gegeben. Sie war nicht damit einverstanden, daß Charlottes Charakter so schroff dargestellt wurde – »Sie ist viel zu brutal in ihrer
Ausdrucksweise!« –, und wandte sich vehement dagegen, daß die
Mutter im Film ihre Kinder sieben Jahre lang nicht gesehen hatte –
»Ich stritt die ganze Zeit mit ihm. ›Sieben Jahre! Sieben Jahre lang
von ihren Kindern wegbleiben! Unmöglich!‹«[2]

Trotz seiner Sensibilität gegenüber den emotionalen Abgründen
in der Beziehung zwischen Mutter und Kind konnte sich Bergman
scheinbar den (männlichen) Vorurteilen über solche Frauen nicht
ganz entziehen – dem Vorurteil, sie seien hartherzig, kalt und ihre
Beziehung zu ihren Kindern sei, sofern sie nicht ganz abreißt, zwangsläufig von Düsterkeit und verhängnisvoller Schwermut geprägt.

Berichte über die Wiedergutmachung zwischen Müttern und Kindern, die nicht in den Bereich dieser männlichen Fiktionen gehören,
sind wesentlich ermutigender. Insbesondere einer, nämlich die Geschichte der Beziehung zwischen Elizabeth Fowles, der verstorbenen
Frau des Romanautors John Fowles, und ihrer Tochter Anna, ist ein
ergreifendes Beispiel dafür, daß – trotz langer Trennung – eine tiefe
und intensive Bindung zwischen Mutter und Kind überdauern und
wiederhergestellt werden kann.[3]

Elizabeth Fowles (geborene Whitton) wurde 1925 als Tochter einer Arbeiterfamilie in den Midlands geboren. Ihr Vater war als Elek-
triker beim Theater beschäftigt und weckte in Elizabeth eine tiefe
Liebe zur Bühne und den Wunsch, Schauspielerin zu werden. Sie
ging mit vierzehn von der Schule ab, schloß sich während des Krieges der Luftwaffe an – eine Zeit, die paradoxerweise positiv für sie
war, da sie von zu Hause wegkam und ihren Horizont erweitern
konnte. Nach dem Krieg besuchte sie, wie viele andere, die einen
Beruf ergreifen wollten, ein Lehrerkolleg. Die Ausbildung erwies sich

jedoch als ungeeignet für sie, und Ende der vierziger Jahre zog sie nach London, um eine ihr gemäßere, kreativere Tätigkeit zu finden. Kurz nach ihrer Ankunft in London lernte sie Roy Christy kennen, der damals im Fachbereich Architektur in Kingston unterrichtete. Elizabeth wurde ziemlich bald von ihm schwanger, heiratete ihn und bekam im November 1950 ihre Tochter Anna.

Als Christy, ebenso wie einige andere Dozenten in Kingston, aus politischen Gründen entlassen wurde, lud ihn ein alter Freund, Dennis Sharrocks, auf die griechische Insel Spetsai ein, denn an der dortigen Schule war eine Stelle frei. Elizabeth, Roy und Anna kamen 1952 nach Spetsai, und dort lernte Elizabeth John Fowles kennen, der an derselben Schule Englisch unterrichtete. Als die Vier im folgenden Jahr nach England zurückkehrten, verließ Elizabeth Roy nach kürzester Zeit, und Anna blieb beim Vater.

Die Ereignisse rund um die Begegnung und Beziehung von Elizabeth und John Fowles und die Geschichte von Elizabeths anschließender Trennung von Roy und Anna sind für die Erörterung von John Fowles' Leben und Werk offensichtlich von entscheidender Bedeutung. Elizabeth war beispielsweise das Vorbild für die Figur der Alison in *Der Magus*, und wir müssen eine ausführliche biographische Studie abwarten, um zu einem besseren Verständnis ihrer Rolle und ihrer Kämpfe zu gelangen.[4] Da Elizabeth Fowles im März 1990 verstorben ist und ihr Nachlaß nur sehr wenige schriftliche Zeugnisse enthält, fehlt zudem unglücklicherweise eine unmittelbare Darstellung der Ereignisse aus ihrer Sicht.

Elizabeths Tochter Anna Christy erinnert sich jedoch noch an vieles, und ihr Bericht über die Ereignisse jener Jahre und über ihr Verhältnis zu Elizabeth zeigt in ermutigender Weise, daß die Beziehung zwischen Müttern und Kindern, auch wenn sie schwer beeinträchtigt ist, wieder neu aufgebaut werden kann. In Elizabeths Lebensgeschichte, soweit sie sich aus Annas Erinnerungen und den erhaltenen Papieren rekonstruieren läßt, wird das Bild einer Frau lebendig, die durch die Trennung von ihrem Kind zutiefst verletzt wurde, aber unablässig um eine Versöhnung kämpfte.

Wie Ingrid Bergman mußte Elizabeth Fowles sowohl den Seelenschmerz ertragen, von ihrem Kind getrennt zu sein, als auch die gesellschaftliche Stigmatisierung erdulden, die in den frühen fünfziger Jahren, dem Jahrzehnt der Mutterschaft und des weiblichen Eunuchen, damit einherging. Aber das Verhältnis, das zwischen Elizabeth und Anna entstand, ist auch ein ermutigendes Beispiel einer Wiedergutmachung, bei der Mutter und Kind zusammenfinden und sich durch das frühe Trauma der Trennung vielleicht sogar noch näher kommen. Hier entwickelte sich in späteren Jahren eine unglaublich starke, enge Beziehung zwischen Mutter und Tochter, eine Beziehung, die darauf schließen läßt, daß eine so intensive, tiefe Verbundenheit und Liebe auch nicht durch die feindlichsten Umstände ganz zerschnitten oder ausgelöscht werden kann.

Auf den folgenden Seiten ist ein Interview mit Anna Christy festgehalten, in dem sie mir die Geschichte vom Zeitpunkt ihrer frühesten Erinnerung an berichtet.[5] Sie führt uns Anfang der fünfziger Jahre zunächst auf die Insel Spetsai, dann zurück nach England, wo sich ihre Eltern trennen. Sowohl Roy als auch Elizabeth hatten Schwierigkeiten, Arbeit und Unterkunft zu finden, vor allem mit einem kleinen Kind, denn damals gab es noch keine Vergünstigungen für alleinerziehende Eltern. Als John Fowles als Englischlehrer ans Ashridge-College bei Berkhamsted ging, kehrte Elizabeth für einige Zeit allein nach Birmingham zurück und wohnte bei ihren Eltern.

Während der nächsten Jahre brachte Roy Anna bei verschiedenen befreundeten Familien unter und machte es ihrer Mutter schwer, sie zu sehen. Erst als Anna schließlich auf Dauer zu Pflegeeltern in London zog, durfte Elizabeth sie wieder regelmäßig besuchen, und von da an blühte ihre Beziehung auf. Hier ist Annas Bericht:

Wir müssen etwa ein Jahr auf der Insel verbracht haben, und in dieser Zeit lernte meine Mutter John [Fowles] kennen, der an derselben Schule unterrichtete. Wir teilten ein Haus mit einer griechischen Familie, einer Witwe mit ihren Kindern, und sie wurde praktisch mein Kindermädchen, kümmerte sich um mich, bemutterte mich. Inzwischen ist sie gestorben, doch ich bin seither wieder dort gewesen und habe mit dem Rest der Familie noch Kontakt. Ich blieb bei der Frau, während Liz, Roy und John gemeinsam Griechenland und Kreta bereisten. Doch ich habe kürzlich festgestellt – durch Briefe, die Liz an meine Patin schrieb –, daß sie innerlich zerrissen war, weil sie mich auf diese Reisen nicht mitnehmen konnte. Sie hat mich nur sehr ungern zurückgelassen, denn sie machte sich schreckliche Sorgen, daß ich einen Unfall haben oder in den Brunnen hinterm Haus fallen könnte. Das beunruhigte sie ständig.

Wir kehrten etwa 1953 nach England zurück. Mein Vater und ich zogen nacheinander zu verschiedenen Familien – er fragte seine Schwester, meine Tante, ob sie mich adoptieren und zu sich nehmen würde, aber sie lehnte ab. Mein Vater ist ein höchst schwieriger, egozentrischer Mensch. Jahrelang war er manisch-depressiv und alkoholabhängig, und inzwischen wurde er sogar für einige Zeit in einer therapeutischen Einrichtung untergebracht. Bevor er meine Mutter kennenlernte, war er schon einmal verheiratet gewesen, doch das ging schief, und auch eine spätere dritte Ehe ist gescheitert.

Als sich meine Mutter von ihm trennte, übernahm er nicht im eigentlichen Sinne die Elternrolle. Ich wurde ständig bei Familien untergebracht, mit denen mein Vater befreundet war. Wir wohnten bei zwei oder drei verschiedenen Familien, und einmal, als ich noch ziemlich klein war, kam ich für einige Zeit in ein Kloster. Mein Vater versuchte zwar, sich um mich zu kümmern, aber letztendlich vertraute er immer auf die eine oder andere Familie, die sich meiner annahm.

In dieser Zeit hatte meine Mutter absolut nichts, und ich glaube, daß sie schrecklich litt. Sie mußte mit der qualvollen Trennung von mir fertig werden, versuchen, sich in ihrer Ehe mit John einzurichten, was einige Zeit dauerte, und sich darüber hinaus bewußt machen, daß sie die Aussicht, zu meinem Vater zurückzukehren, trotz seiner vorwurfsvollen Briefe nicht ertragen konnte. Er war konvertierter Katholik (er hatte darauf bestanden, daß ich katholisch getauft wurde), und der religiöse Aspekt der Angelegenheit wurde eine schreckliche Belastung. Es ist ein schmerzlicher Brief erhalten geblieben, den ich angeblich an meine Mutter geschrieben hatte, aber in Wirklichkeit hat mein Vater eine kindliche Handschrift nachgeahmt – ich war damals erst drei, konnte also noch gar nicht schreiben! Darin stand zum Beispiel: »Bitte verzeih Daddy, ich möchte nicht, daß er unglücklich ist ...« Es war eine schreckliche Methode, jemanden zu erpressen, und meine Mutter mußte solche Briefe lesen. Oder er ließ mich einen Strauß Primeln pflücken, die er meiner Mutter per Post schickte, so daß sie den zerdrückten, verwelkten Blumenstrauß fand ...

Ich kann mich nicht erinnern, daß ich meine Mutter damals gesehen hätte, mein Vater ließ sie nicht zu mir. Erst als ich älter war, so fünf oder sechs, und von einer anderen Familie aufgenommen wurde, sah ich meine Mutter häufiger. Inzwischen hatte mein Vater Arbeit, er unterrichtete Architektur, und ein Kollege und dessen Frau nahmen mich zu sich, nach Forest Hill, im Südosten Londons. Dort, also praktisch bei Pflegeeltern, habe ich wohl etwa vier Jahre gelebt. Mein Vater wohnte nicht bei uns, er führte damals ein Junggesellendasein, also durfte meine Mutter ab und zu kommen und mich besuchen und mitnehmen. Für sie war es hart; manchmal sagte er eine Verabredung in letzter Minute ab. Ich weiß, daß er ihr sowohl das Besuchs- als auch das Sorgerecht verweigerte. Es war schrecklich schwer für sie, sie hatte einen langen Weg, bis sie bei mir war und mich abholen konnte. Aber ich erinnere mich gut an diese Besuche. Wir haben wunderschöne Sachen unternommen, sind zum Beispiel auf dem Fluß Boot gefahren oder haben Picknicks gemacht. Aber damals gestand ich es mir nicht ein oder begriff nicht, daß sie meine Mutter war. Sie war sehr schön – vor ihrer Heirat hatte sie auch einmal als Modell gearbeitet – und so ruhig, eine wunderbare Erscheinung!

Liz und John heirateten im April 1954 und lebten danach einige Jahre in Hampstead, und wenn mich meine Mutter damals abholte, gingen wir ins Theater, ins Ballett oder ins Kino. Sie machte mich mit Kunst und Kultur vertraut. Wir fuhren oft mit dem Bus, machten Ausflüge in die Umgebung von London, und dann brachte sie mich dorthin zurück, wo ich wohnte. Das waren wunderschöne Ausflüge, aber es fehlte die Basis – wir hatten kein gemeinsames Zuhause, in das wir zurückkehren konnten.

Erst als mein Vater wieder heiratete – ich war damals zehn – und ich zu ihm und seiner neuen Frau zog, sah ich meine Mutter viel regelmäßiger. Ich erinnere mich noch gut an die Hochzeit meines Vaters, als ich die Familie meiner Stiefmutter kennenlernte und in der Menge nach jener anderen, jener schönen Frau suchte, und ich begriff nicht, warum sie nicht da war.

Diese ersten Jahre der neuen Ehe meines Vaters waren für mich am stabilsten, es war eine ziemlich schöne Zeit. Ich lernte zum erstenmal ein richtiges Familienleben kennen, und es gefiel mir, einen kleinen Stiefbruder und eine Stiefschwester zu haben. Aber es wurde wieder schlimmer, als mein Vater nach dem zweiten Kind erkrankte und nur noch an sich dachte.

Ich habe ihm gegenüber immer noch mit schwierigen Gefühlen zu kämpfen; es fällt mir schwer, ihn zu besuchen, und meine Kinder hat er erst einmal gesehen. Als Liz starb, zeigte er mir gegenüber kein Mitgefühl, ja er war geradezu schadenfroh. In einem Brief an John schrieb er: »Pech gehabt, jetzt haben wir sie beide verloren.«

Als ich alt genug war, um allein unterwegs zu sein, fuhr ich regelmäßig zu meiner Mutter und John nach Hampstead und blieb auch über Nacht. Diese Wochenenden waren göttlich, aber es war schrecklich, wieder nach Hause zu kommen und diese Erlebnisse unterdrücken und verbergen zu müssen. Was mir fehlte, war, daß Liz mich nie in irgendwelchen Schulaufführungen sehen konnte – der Riß ging zu tief, als daß sie an solchen Veranstaltungen hätte teilnehmen können, sie wurde nie dazu eingeladen.

In den sechziger Jahren, als John berühmt geworden war, zogen sie nach Lyme Regis in Dorset, und daraufhin entwickelte sich zwischen uns eine immer tiefere Bindung. Ich war damals um die Fünfzehn, also konnte ich hinfahren und Wochenenden und die Ferien bei ihnen verbringen. Wir hatten viel mehr Zeit füreinander, und die Beziehung wurde gefestigter. Das war ein wunderbarer Gegensatz zu den Umständen, unter denen wir uns früher hatten treffen müssen, diese Fahrerei quer durch London, das Herumsitzen im Café und Eisessen. Nun konnten wir tun, was wir zuvor gemeinsam nie hatten tun können, und unsere Aktivitäten wurden viel häuslicher. Die Hausarbeit machte uns beiden Spaß; wir kauften miteinander ein, kochten, machten Marmelade ein, unternahmen lange Spaziergänge, schauten uns Kirchen an und polierten Messing, ganz einfache Sachen, die Mütter und Töchter miteinander tun. Und jetzt war ich älter, und da war es auch mit John leichter.

Die Gewohnheit, viel Zeit miteinander zu verbringen, behielten wir auch bei, als ich aufs College ging und Graphik studierte, anfangs in Exeter, dann in Bristol. Liz kam öfter zu mir, oder ich fuhr zu ihr und John. Es machte ihr richtig Spaß, mir bei der Wohnungssuche und beim Einrichten zu helfen. Auf den Haushalt verstanden wir uns beide großartig. Das haben wir immer getan: füreinander ein Heim gestalten. Es war, als würden wir die verlorene Zeit der Trennung nachholen. Gegen Ende ihres Lebens war es wieder so: Als Liz aus dem Krankenhaus nach Hause kam und ich ihr Zimmer zu Hause vorbereitete, da sagte sie, es sei, als würden wir wieder zusammen eine Wohnung einrichten.

Mit dreiundzwanzig heiratete Anna einen Kommilitonen, der gleichfalls Kunst studierte. Zwei Jahre später bekam sie ihr erstes Kind, Tess; es folgte ein Sohn. Diese Ehe ging in die Brüche, doch Anna heiratete wieder und lebt jetzt mit den beiden Kindern und ihrem Mann Charles zusammen.

Zu der Zeit, als ich meine Kinder bekam, war meine Beziehung zu meiner Mutter sehr eng. Ich wünschte mir sehnlichst ein Mädchen, ich glaube, mehr für Liz als für mich. Ich kann gar nicht genug betonen, wie wichtig es für unser Beziehung war, eine Tochter zu bekommen. Es war, als würde ich ihr mich selbst schenken, ihr die versäumten Jahre zurückgeben. Ich erinnere mich, wie stolz ich war, als ich ihr das kleine Mädchen in den Arm legen konnte. Es war ein paar Tage vor Weihnachten, es war ungeheuer aufregend. Ich weiß, daß es das Beste war, was ich je für Liz habe tun können, und Tess war immer ihr besonderer Liebling.

Als die Kinder klein waren, machten wir immer lange Urlaube in Lyme. Liz freute sich, wenn wir kamen. Sie konnte so gut mit Kindern umgehen; sie spielte mit ihnen, ging auf ihrer Ebene auf sie ein, ließ sich auf ihre Phantasiewelt ein. Die zweite große Tragödie im Leben meiner Mutter war, daß sie keine Kinder mehr bekommen konnte. Sie und John hätten gerne Kinder miteinander gehabt, doch wegen gynäkologischer Probleme war das nicht möglich. Das war wirklich ein doppelter Schlag für sie.

Während der achtziger Jahre reisten Anna und ihre Mutter mehrmals nach Griechenland, manchmal mit den Kindern, dann wieder mit John und später auch mit Charles. Diese billigen Pauschalreisen, die sie ein- oder manchmal zweimal im Jahr unternahmen, waren für beide äußerst heilsam – so als würde die Rückkehr an den Ort ihrer ersten Trennung vor dreißig Jahren eine seelische Wiedergutmachung ermöglichen. In diesem Fall hatte die Wiedergutmachung zwischen Mutter und Tochter glücklicherweise eine Tiefe, wie sie für Mütter und Söhne in diesem Maße vielleicht gar nicht möglich ist, da die gegenseitige Identifikation weniger intensiv und verwickelt ist.

Ich hatte mich immer danach gesehnt, nach Griechenland zurückzukehren, weil ich wußte, daß dieses Trauma dort seinen Anfang genommen

315

hatte und daß ich diesen Ort wirklich im tiefsten Innern erspüren mußte. Ich war vorher schon einmal mit meinem Vater dort gewesen, aber als Liz und ich gemeinsam zum erstenmal dorthin zurückkehrten, kamen wir uns wirklich näher. In den letzten paar Jahren ist vieles geheilt, und ich glaube, es hat angefangen, als wir nach Griechenland zurückkehrten. Wir fanden einen Ort, an dem es uns möglich war, manches wiedergutzumachen.

Eigentlich haben wir gar nicht viel darüber gesprochen, denn Liz zeigte nicht gerne ihre Gefühle, sie behielt sie lieber für sich und redete nicht viel. Nur manchmal, zum Beispiel als ich eingestand, ich hätte jung geheiratet, weil ich unsicher war, versuchte sie mir zu erklären, daß ich im Grunde gar nicht wüßte, wie es gewesen war, und wir hätten uns beinahe offen ausgesprochen. Aber ich hatte immer Verständnis für sie. Mein Vater war so schwierig, ich konnte ihr nie zum Vorwurf machen, daß sie gegangen war.

Anfang 1990 erfuhr Anna, daß ihre Mutter an Krebs litt, und sie fuhr nach Lyme Regis, um John bei der Pflege zu Hause zu helfen. Zwei Wochen später, im März 1990, starb Elizabeth Fowles. Anna denkt an die letzten gemeinsam verbrachten Tage mit liebevoller Wärme.

Ich hatte immer eine Vorahnung, daß meine Mutter jung sterben würde. Mir war klar, daß ihr Tod das vernichtendste Ereignis sein würde, das ich mir vorstellen konnte – ohne diese Frau leben zu müssen, die meine liebste Freundin war. Deshalb hatte ich mich schon jahrelang darauf vorbereitet. Ich wußte, daß sie krank war. Im Laufe der Jahre litt sie immer wieder an Depressionen, und in der letzten Zeit hatte sie weniger Energie, weniger Begeisterung fürs Leben gezeigt. Wenn sie depressiv war, ging ich mit ihr aus, kam mit den Kindern zu Besuch, kochte für sie. Es war, als hätte ich ihr gegenüber die Mutterrolle übernommen.

Sie ließ ihren Emotionen nie freien Lauf, so als wollte sie ihre tiefsten Gefühle nicht zugeben, und mit ihrem körperlichen Wohlbefinden war es dasselbe, sie ging nicht zur Vorsorgeuntersuchung. Aber sie rauchte viel und bekam Krebs. Als die Ärzte erkannten, was es war, hatte sie nur noch zwei Wochen zu leben. Sie durfte nach Hause, und ich verbrachte die letzten vierzehn Tage bei ihr in Lyme. Uns blieb so wenig Zeit; und für John war es ein gewaltiger Schock, er konnte sich kaum damit abfinden. Bis zum Schluß war er optimistisch: Er meinte, die Ärzte könnten ihr Leben noch um ein paar Monate verlängern. Aber Liz wußte, daß sie im Sterben lag. Ich glaube, sie brauchte mich damals einfach, sie vertraute mir, es war das, was sie wollte. Allerdings bestand die Gefahr, daß sie John ausschloß, ich mußte darauf achten, daß er in alles einbezogen wurde.

Ich weiß, daß sie im Lauf der Jahre immer wieder Alpträume hatte – sie träumte von mir, wie ich ein Baby war, und fühlte sich immer noch schuldig. Aber sie erzählte nie Näheres darüber. In jenen letzten Wochen versuchte sie zu schildern, wie schrecklich sie sich fühlte angesichts dessen, was in meinem Leben passiert war. Doch mir ging es nur darum, ihr zu versichern, daß dies der Vergangenheit angehörte und sie mich nur anzuschauen brauchte, um zu sehen, wie gut es mir ging. Ich wollte sie wissen lassen, daß es zwar eine schmerzliche Erfahrung gewesen war, ich das alles aber trotzdem nicht ungeschehen machen wollte. Ich hatte so viel daraus gelernt.

Und ähnlich war es auch mit ihrem Tod – obwohl es so weh tat, war ich unheimlich dankbar für die letzten vierzehn Tage mit ihr. Es bedeutete mir viel, daß ich damals mit ihr zusammensein konnte. Ich empfand es als großes Glück, zu der Zeit bei ihr zu sein, mich auf ihren Tod vorzubereiten und ihr körperlich so nah zu sein, sie zu stützen, mit ihr hinauszugehen. Am Tag bevor sie starb, hatte ich eine Vorahnung, das war eine außergewöhnliche Erfahrung – wir waren uns intuitiv so nah. Ich weiß noch, daß ich das Abendessen für John kochte und vorschlug, nach oben zu gehen und an dem Tisch am Fußende ihres Bettes zu essen, als wüßte ich, daß sie am nächsten Tag nicht mehr dasein würde. Es war wie ein letztes Abendmahl.

Liz hatte keine religiöse Überzeugung, sie und John waren beide Atheisten. Aber ich kann nicht glauben, daß sie wirklich fort ist; ich spüre immer noch ganz stark ihre Anwesenheit. Sie hatte soviel Humor und Geist, sie hatte soviel Zärtlichkeit und Wärme und Zuneigung zu geben.

Ich war gerührt, als John ihre Todesanzeige in die Times setzte und sie vor allem anderen die »Mutter Annas« bezeichnete. Es war, als wüßte er, daß sie es gerne so gesehen hätte.

John Fowles bestätigt die Darstellung, Elizabeth und Anna seien sich sehr nahegestanden, und sagt: »Ihre Beziehung war zuletzt mehr die von guten Freundinnen als eine normale Mutter-Tochter-Beziehung.« Außerdem betont er, daß die anfängliche Trennung Elizabeth sehr weh getan habe und die Erinnerung daran nie ganz ausgelöscht werden konnte: »Anna zu verlassen hinterließ eine schwere Verstümmelung bei Elizabeth, und das Thema tauchte in ihrem Leben und unserem gemeinsamen Leben immer wieder auf, obwohl es eine kleine Entschädigung war, daß sie nach den ersten schmerzlichen Jahren der Trennung wieder zusammenkamen ...«[6]

Einer von Elizabeths Briefen, der erhalten geblieben ist, macht klar, welch hohen Preis die Trennung von der Tochter ihr auf lange Sicht abverlangte. Sie schildert einen Besuch bei Anna in Putney zur Zeit von Roy Christys dritter Ehe, und sie bringt zum Ausdruck, wie gerührt sie darüber ist, daß ihre Tochter nun wieder ein Zuhause hat. Weiter sagt sie, Anna habe ihr »wie wild nachgewunken«, als sie mit dem Bus wegfuhr, und sie offenbart – ganz untypisch für sie – den schrecklichen Schmerz, den ihr diese (sich wiederholt abspielende) Trennung bereitete.

Und ich sitze in der oberen Etage im Bus und empfinde eine Verzweiflung, die mir den Atem nimmt, mich erstickt, eine Zeitlang habe ich das Gefühl, daß ich nie mehr in die Wirklichkeit zurückkomme. Ich bleibe in der Schwebe, beziehungslos.[7]

Zu guter Letzt kamen Elizabeth und Anna wieder zusammen, und offenbar ist die Wunde, unter der sie beide litten, vollkommen geheilt. Doch für lange Zeit mußte Elizabeth Fowles, ebenso wie Frieda Lawrence (deren Geschichte in vieler Hinsicht der von Elizabeth gleicht) und wie so viele andere Mütter, die kleine Kinder verlassen haben, mit dem Schmerz über die Trennung von der Tochter leben. Wie John Fowles sagt: »In jenen ersten Jahren sehnte sie sich unaufhörlich nach ihr.«

Ob nun das Kind oder die Mutter versucht, die Trennung zu bewältigen, dieser Prozeß ist nie leicht. Wie Ingmar Bergman in *Herbstsonate* zeigt, hat die Wiedergutmachung ihren Preis. Realistisch betrachtet, gibt es viele Fälle, in denen die Hindernisse, die einer Aussöhnung im Wege stehen, einfach unüberwindlich sind. Unter

Umständen ist es der Vater, der die Kinder ganz unverhohlen oder aber heimlich gegen die Mutter aufbringt, besonders wenn er auf ihre neu gewonnene Freiheit oder neue Partnerschaft eifersüchtig ist. Nur selten kann ein Mann ganz darauf verzichten, seinen Zorn oder seine Rachegelüste auf diese Weise zu äußern, und häufig werden die Kinder dabei unwissentlich als Schachfiguren benutzt. Wenn dies bis zum Äußersten getrieben wird, ist die Mutter oft so demoralisiert, daß sie das Gefühl hat, im Kampf gegen den Vater die Waffen strecken zu müssen.

Ein Beispiel für diesen Fall ist Paddys Geschichte, die in Kapitel 7 geschildert wird. All ihre Glückwunschkarten und Briefe an die Kinder verschwanden auf mysteriöse Weise, Geschenke wurden vernichtet, und ihr Exmann weigerte sich, ihr Neuigkeiten aus dem Leben der Söhne mitzuteilen. Sie versuchte zwar trotz des Widerstands der Kinder und der Manipulationen des Vaters Treffen herbeizuführen, mußte aber letzten Endes resignieren. Statt in einem Kampf, der nicht zu gewinnen war, Energie zu verschwenden, beschloß Paddy schließlich, aufzugeben und sich auf ihr eigenes Leben zu konzentrieren. Heute sieht sie ihre Kinder gar nicht mehr.

Ähnlichen Feindseligkeiten begegnet man auch in vielen anderen Fällen. Ernest Weekley gab Frieda Lawrence nicht die Adresse der Kinder, als er 1913 mit ihnen nach London zog, und verweigerte der Mutter jahrelang das Besuchsrecht. Geschenke und Karten, die Diana Dors ihren beiden Söhnen zu Weihnachten und zum Geburtstag nach Hollywood schickte, gelangten seltsamerweise nie ans Ziel, wahrscheinlich weil ein eifersüchtiges Kindermädchen dazwischenfunkte, so daß die Kinder dachten, sie seien der Mutter gleichgültig.[8] Der Vater von Merediths Kind weigert sich, ihr mitzuteilen, wo er mit dem Kind lebt. Andere Frauen haben ähnliche Geschichten zu berichten – von verschwundenen Geschenken, verlorengegangenen Briefen, Verabredungen, die in letzter Minute abgesagt werden, ständigen Ausweichmanövern im Zusammenhang mit der Besuchsregelung, so daß die Mütter das Gefühl bekommen, unerwünscht zu sein, und ihre Beziehung zum Kind oder den Kindern zu schwierig und quälend wird, um noch länger aufrechterhalten zu werden. Unter diesen Umständen ist es schwer, sich nicht geschlagen zu geben. Doch wenn eine Frau aufgibt, so liefert sie sich auch noch dem Vorwurf aus, gleichgültig zu sein, keinen Kontakt zu suchen, egoistisch nur das eigene Leben und die eigenen Ziele im Blick zu haben – wie sie es auch macht, immer ist es falsch.

Wenn sich Eltern trennen, sind die Gefühle der Kinder in jedem Fall komplex, ganz gleich, ob die Mutter oder der Vater geht, und der Bruch hat zwangsläufig Auswirkungen auf das Seelenleben. Das Kind wie auch die Mutter überstehen das am besten, wenn ein gewisser Kontakt – oder der Versuch, Kontakt zu halten – stattfindet und wenn man dem Kind ganz deutlich erklärt, was abläuft und daß es keine Schuld daran trägt. Besonders bei kleinen Kindern muß der Kontakt regelmäßig und vorhersehbar sein, und zwar sowohl um der Mutter wie um des Kindes willen. Doch angesichts einer feindseligen Haltung, sei es von seiten des Vaters, der Stiefmutter, der Angehörigen oder der Kinder selbst, kann das sehr schwierig werden. Und manchmal stehen auch praktische Hindernisse im Weg. Armut ist ein Problem, vor allem wenn räumliche Entfernungen zu überwinden sind und die Mutter sich die Fahrtkosten nicht leisten kann. Vielleicht hat sie auch, wie in Carolines Fall, keine geeignete Wohnung, in der die Kinder übernachten können.

Dennoch sollten Mütter gegen all diese Faktoren ankämpfen. Um ihrer selbst ebenso wie um ihrer Kinder willen muß die Mutter wissen, daß sie ihr Bestes tut, um die Verbindung und die Beziehung aufrechtzuerhalten. Selbst wenn gewaltige Entfernungen zwischen Mutter und Kind liegen, wie bei Charlotte, deren vier Töchter auf die andere Seite des Globus entführt wurden, oder wenn der Kontakt lange Zeit abgebrochen war, wie bei Frieda Lawrence und Elizabeth Fowles, hat der resolute Versuch, die Beziehung zu kitten, Früchte getragen. Besonders gut klappt das scheinbar zwischen Müttern und Töchtern. Söhne sind häufig eigensinniger, vielleicht wegen ihrer unbewußten Identifikation mit dem verlassenen Vater – so wie in *Hauptmann Sorrell und sein Sohn* oder *Väter* –, deshalb kann hier die Aussöhnung problematischer werden.

Mütter, die von ihren Kindern getrennt leben, kommen mit dieser Situation am besten zurecht, wenn eine äußere Aussöhnung stattgefunden hat – wenn der Kontakt weitergeht, wenn die Kinder die

Gründe für das Weggehen der Mutter verstehen – und wenn der Vater sie nicht gegen die Mutter aufhetzt. Ebenso wichtig wie die äußere Ebene ist jedoch die innere, auf der die Mutter allmählich lernt, die Situation zu akzeptieren. Denn wenn der Bruch erst einmal stattgefunden hat, kann es sein, daß die Art von Aussöhnung, die sie sich wünscht, ungeachtet all ihrer Anstrengungen, nicht stattfindet. Um damit umgehen zu können und um in ihrer eigenen Entwicklung nicht stehenzubleiben, ist die Bewältigung des Ereignisses auf der inneren Ebene ebenso wichtig wie äußere Versöhnungsversuche, denn das Ergebnis der letzteren hat die Frau nicht allein in der Hand.

Helen Franks weist zu Recht darauf hin, daß Mütter, die gehen, in erster Linie vor dem Problem stehen, sich selbst verzeihen zu müssen. Man könnte sogar noch einen Schritt weiter gehen und sagen, daß der Begriff des Akzeptierens noch hilfreicher ist als der des Sich-selbst-Verzeihens (der andeutet, daß es eine Sünde zu verzeihen gibt). Es geht darum zu akzeptieren, daß zur Zeit der Trennung der Mutter – in Anbetracht ihrer einzigartigen Lebensgeschichte, ihrer besonderen sozialen und wirtschaftlichen Situation und des speziellen Kontexts der Mutterschaft als Institution – kein anderer Ausweg offenstand, sie nicht anders handeln konnte. Es reicht nicht aus, diese Einsicht als abstrakte Idee zu begreifen, sie muß vielmehr zur seelischen Realität werden, in der die Mutter sich eingesteht, daß zu der Zeit, mit den Hilfsmitteln, die sie hatte (oder nicht hatte), ihr die Trennung von den Kindern als einzige Möglichkeit erschien, die ihr offenstand.

Nur die Mütter, die diese Deutung ihrer Trennungssituation tatsächlich akzeptiert haben, sind in der Lage gewesen, weiterzukommen und ihrem Leben eine positive Richtung zu geben. Frauen wie Charlotte, Maggie, Leonie und Ruth konnten ihre in der Psychotherapie gesammelten Erfahrungen (und ihre jeweilige spirituelle Philosophie) nutzen, um diesen Aspekt ihrer Lebensgeschichte als Reproduktion eines von ihren Müttern ererbten Modells zu erklären. Und dadurch wurden sie in die Lage versetzt, für sich selbst zu klären, wie sie ihre Verantwortung für sich selbst und für ihre Kinder verstehen. So wird es möglich, Schuldgefühle zu mildern und die eigene Freiheit schätzen zu lernen und kreativ zu nutzen. Paradoxerweise haben alle diese Frauen nach der Trennung eine bessere, tiefere, unbeschwertere Beziehung zu ihren Kindern entwickelt und flexiblere, vergnüglichere Formen der Interaktion mit ihnen gefunden.

Wenn eine solche Perspektive und Unterstützung fehlt, besteht die traurige Tendenz, daß die Mütter in einer negativen Haltung steckenbleiben. Viele der Frauen, mit denen ich gesprochen habe, waren emotional in einer Art Niemandsland gefangen und versanken in schrecklichen Gefühlen der Frustration, des Kummers, der Hoffnungslosigkeit und Verzweiflung. Oft empfinden sie Depressionen und Orientierungslosigkeit und dann wieder Haß und Wut – verärgert und verbittert geben sie anderen die Schuld, vor allem den Männern, den Vätern der Kinder und (natürlich) der eigenen Mutter, die zuallererst für einen Großteil der Schwierigkeiten verantwortlich gemacht wird.

Bis zu einem gewissen Grad ist jede Mutter, die von ihren Kindern getrennt lebt, mit solchen Gefühlen vertraut. Wir dürfen jedoch nicht zulassen, daß sie beständig an uns nagen und zu einer selbstzerstörerischen Haltung führen. Wir müssen diese Gefühle durcharbeiten und versuchen, sie – so gut wir es vermögen – aufzulösen. Der gerechte Zorn gegen die negative Definition – und gegen unsere eigene Geschichte – muß in kreative Bahnen gelenkt werden, oder es besteht die Gefahr, daß der Schuß nach hinten losgeht und nur hilfloser Groll und lähmende Verzweiflung zurückbleiben. Es ist nicht nur die Schuld, die wie Teer an uns klebt. Auch uneingestandener Ärger und Zorn können die ganze Seelenlandschaft mit düsterer Depression überziehen. Aber die Lage ist nicht hoffnungslos. Aus den Berichten in diesem Buch geht hervor, daß es durchaus möglich ist, diesen Schwierigkeiten beizukommen, und selbst wenn die äußere Aussöhnung verhindert wird, kann immer noch die innere Versöhnung stattfinden.

Wir sollten außerdem versuchen, den komplexen politischen wie auch den persönlichen Kontext zu verstehen, in dem es zu solch schwierigen Situationen kommt, und uns klarmachen, daß die Feindseligkeit gegen uns als »schlechte Mütter« kulturell bedingt ist. Wir müssen einsehen, daß viele Faktoren, die uns in destruktive Beziehungen oder Lebenssituationen gedrängt haben – Situationen, aus denen wir dann, mit oder ohne Kinder, fliehen mußten –, aus unserer Familiengeschichte herrühren. Schädigungen und Deprivation, ganz gleich auf welcher Ebene, neigen dazu, sich zu reproduzieren. Doch indem wir uns dieses negative Erbe bewußt machen – darauf achten, die Aufmerksamkeit darauf lenken, uns klarmachen, wie sehr es unsere Erwartungen und Reaktionen beeinflußt und viele unserer Handlungen geradezu erzwungen hat –, können wir den destruktiven Bann brechen und die schädlichen Auswirkungen in den Griff bekommen. Ob wir nun den Weg der Psychotherapie gehen oder andere Heilverfahren wählen, ob wir uns allein oder gemeinsam mit anderen diese Strukturen klarmachen, das Erbe, das wir unbewußt auf uns genommen haben – sowohl vom Vater als auch, insbesondere bei Frauen, von der Mutter –, kann bewußt aufgelöst werden. Es gibt keinen Zaubertrick, der dies herbeiführt. Die Bewältigung der eigenen Geschichte, der eigenen Herkunft, der Versuch, mit uns selbst ins reine zu kommen, ist ein langwieriger Prozeß. Und auf diesem Weg müssen wir uns bemühen zu verstehen, zu akzeptieren und zu verzeihen. Es ist ein Weg der Selbsterkenntnis.

Doch wenn wir als Mütter, die gegangen sind, akzeptieren sollen, daß wir zu der Zeit keine andere Wahl hatten oder zu haben glaubten, dann müssen wir uns auch damit abfinden, daß die Mängel in der Beziehung zu unserer eigenen Mutter auch nur Glieder in einer Kette von Ursache und Wirkung waren und kein Akt der Bosheit. Wenn wir uns von Schuldgefühlen freimachen wollen, müssen wir auch aufhören, anderen die Schuld zuzuschieben. Wir können uns nur dann weiterentwickeln, wenn wir uns zunächst der Vergangenheit zuwenden und den angerichteten Schaden wiedergutmachen, so daß er nicht ewig weiterwirken kann.

Für diese Arbeit an uns selbst ist es enorm hilfreich, wenn wir uns klarmachen, daß unsere jeweilige Lebensgeschichte zwar einzigartig ist, gleichzeitig aber auch die Geschichte vieler anderer Frauen spiegelt. In unserem Bemühen, das Geschehene zu akzeptieren und wiedergutzumachen, schöpfen wir Mut, wenn wir uns das Beispiel jener Frauen vor Augen halten, die es geschafft haben, jener Mütter, die – ungeachtet aller Projektionen und Hindernisse, die ihnen in den Weg gelegt wurden – darum gekämpft haben, Kontakt mit den Kindern zu halten, und letztlich kreative, liebevolle Beziehungen zu ihnen aufgebaut haben.

Doch paradoxerweise kann es sein, daß der Bruch mit den herkömmlichen Verhaltensmustern der Mutterschaft in vielen Fällen keineswegs gegen die Mutter wirkt, sondern die Bindung letztlich noch stärker macht. Es ist, als öffne die Trennung die Tür zu einer anderen Dimension, als würde die Aufmerksamkeit noch rigoroser auf die Bindung gelenkt und als müsse das Bewußtsein sich auf die (gebrochene) Dynamik zwischen Mutter und Kind konzentrieren – so merkwürdig, schmerzlich und beunruhigend das auch sein mag. Die Folge ist, daß die Aussöhnung, wenn beide wieder zusammenkommen, tiefer und bewußter ist, als wenn die Einheit zwischen Mutter und Kind selbstverständlich gelebt wird.

Fest steht, daß in der Lebensgeschichte von Frieda Lawrence, Ingrid Bergman, Elizabeth Fowles und einer Unmenge anderer, weniger bekannter Frauen, deren Mutterschaft eine dramatische Unterbrechung erfuhr, die Beziehung zwischen Mutter und Kind am Ende außerordentlich tief und stark wurde.

Epilog: Zurück in die Zukunft

… lautet die Frage, welche Bedeutung die Mutterschaft in einer Welt hat, in der Frauen nicht gleichberechtigt sind. Frauen haben keine wirtschaftliche und damit persönliche und soziale Unabhängigkeit; sie werden beurteilt nach dem patriarchalischen Recht. Die natürlichen Instinkte – selbst eine Auster kann Mutter sein, wie Charlotte Perkins Gilman es ausdrückt – reichen nicht aus. Wenn Frauen infantilisiert werden, indem man sie sowohl von Gesetz her abhängig als auch psychologisch passiv macht, wie kann man da von ihnen verlangen, eine verantwortungsbewußte Mutter zu sein?

Juliet Mitchell, *Frauen, die längste Revolution*

Ich habe bereits darauf hingewiesen, daß es kein Beitrag zur Befreiung der Frau ist, wenn eine Mutter ihre Kinder verläßt. Eine Frau, die sich zu diesem Schritt entschließt, ist keine feministische Heldin. Eine derartige Gleichsetzung würde jener frauenfeindlichen Karikatur Auftrieb geben, die die Feministinnen als unverantwortliche und lieblose Monster darstellt. Unbestritten ist aber auch, daß jede Frau, die ihre traditionelle Rolle – insbesondere die der Mutter – ablehnt, Neuland betritt.

Wir haben uns so daran gewöhnt, männliches und weibliches Verhalten unterschiedlich einzuschätzen, daß wir dieses zweierlei Maß inzwischen als selbstverständlich hinnehmen. So wie Männern schon immer eine größere Freiheit in der Erfüllung ihrer sexuellen Bedürfnisse eingeräumt wurde als Frauen, gilt auch ein Vater, der geht, als nichts Ungewöhnliches und wird relativ selten von der Öffentlichkeit verurteilt. Nach wie vor betrachtet man es als »natürlich«, wenn ein Mann seine (berufliche oder sexuelle) »Erfüllung«

außerhalb der Familie sucht, doch eine Frau, die das gleiche Recht beansprucht, wird im besten Fall als exzentrisch eingestuft und im schlimmsten als egoistisch. Eine »normale« Frau ist in den Augen der Gesellschaft immer noch ein Wesen, das primär durch seine Beziehung zu anderen lebt: Ihre Fähigkeit, für andere zu sorgen, wird höher bewertet als ihre Unabhängigkeit. Sie soll sich vor allem Mann und Kindern widmen und ihr eigenes Leben zurückstellen.

Von einer Frau wird erwartet, daß sie andere unterstützt, sie bemuttert, und erst recht gilt das für die eigenen Kinder. Durch Hingabe, ständiges Dasein für andere und Zurückstellung ihres Bedürfnisses nach Selbstverwirklichung ist die Mutter schon von ihrer Definition her eine Frau, die sich aufopfert, anpaßt und deren persönliche Wünsche in denen der anderen aufgehen. Mütter, die sich von dieser »natürlichen« Rolle als Stütze und Versorgerin lossagen, Mütter, die gehen, sind also ein Widerspruch in sich. Die anderen wissen nicht, wo sie sie einordnen sollen.

Ich habe bereits darauf hingewiesen, daß das Phänomen einer Mutter, die von ihren Kindern getrennt ist, seine Wurzeln in unserer Gesellschaft und Politik hat; es verweist also nicht auf ein persönliches Versagen, sondern ist ein Symptom dafür, daß unser Begriff, unser Verständnis und unsere Praxis der Mutterschaft mit groben Fehlern behaftet ist. So gesehen ist das Phänomen ein Hinweis auf einen kulturellen Konflikt, und die mittlerweile steigende Anzahl dieser Mütter läßt erkennen, daß die Gesellschaft und die Aufgabenverteilung zwischen den Eltern grundlegend falsch organisiert sind. Daß immer mehr Mütter gehen, darf nicht als Indiz für den Moralverfall der Frauen gewertet werden, sondern als Hinweis auf die gravierenden Fehler unseres Systems.

Dies heißt auch, daß wir das Problem der Mütter, die ihre Kinder verlassen, eher auf einer kollektiven denn auf einer persönlichen Ebene betrachten müssen. Wie wir in meiner Analyse der Mythen in der Unterhaltungsliteratur und -industrie gesehen haben, tritt das Thema der Mutter, die geht, erst mit Beginn der Moderne in Erscheinung. Seit Daniel Defoes *Roxana* und den Romanen der frühen industriellen Revolution sind Darstellungen solcher Mütter – manchmal einfühlsam, zumeist aber äußerst feindselig gestaltet –

immer häufiger zu finden. Doch wenn wir in der Kultur vor dieser Zeit nach ähnlich gearteten Hinweisen suchen, müssen wir feststellen, daß sie fehlen.

Im Altertum, im Mittelalter und in der Renaissance gibt es zwar Darstellungen der »schlechten« Mutter, wie Jung sie als Archetypus definierte – Frauen wie Medea, die ihre Kinder vernichten, oder das Klischee von der bösen Stiefmutter –, doch das Motiv der Mutter, die geht, ist eindeutig nicht vorhanden.

Diese Tatsache spricht für sich. Das Motiv und die soziale Realität, die es verkörpert – der kulturelle Ausdruck hat immer die Funktion, die Realität für ihre eigenen Zwecke widerzuspiegeln –, tritt genau in dem Augenblick in Erscheinung, in dem die moderne Version von der Mutterrolle geboren wird. In der Zeit davor, als das Familienleben noch nicht in Isolation, in einer abgeschlossenen bürgerlichen Einheit stattfand, hatte die Mutter keinen Anlaß zu gehen, um den unerträglichen gesellschaftlichen Zwängen zu entkommen, und die verschiedensten Arten von Ersatzmutterschaft gehörten zum Alltag. Erst mit zunehmendem Einfluß der industriellen Revolution und der daraus resultierenden Abschaffung der gemeinschaftlichen und gemeinsamen Verantwortung für die Kinder sowie der damit einhergehenden Zuweisung der Mutterrolle an eine isolierte Frau tritt das Thema einer Mutter, die geht, als soziales Phänomen in der westlichen Welt in Erscheinung.

Mütter, die gehen, tauchen also zu dem Zeitpunkt auf, zu dem die Großfamilie von der Kernfamilie abgelöst und die Mutterrolle mit den bekannten Definitionen und Aufgaben befrachtet wurde. Nach dieser Definition ist die Handlungsweise einer nichtmütterlichen Mutter ein Manko, das Zeichen für einen krankhaften Verfall. Diese Frauen sind, im Gegensatz zu anderen, nicht »ganz«; in ihrer psychischen Entwicklung ist etwas »falsch gelaufen«, und sie sind krankhaft veranlagt. (Bestimmte Aspekte in Kapitel 21 stützen diese Deutung.)

Doch wir können das Phänomen auch unter einem völlig anderen Blickwinkel sehen, einem, der die Aktionen dieser Frauen nicht als etwas Krankhaftes interpretiert, sondern als das Gegenteil. Frauen, die sich aus der starren Form der Kleinfamilie herausbewegen, symbolisieren nicht einfach die destruktive Schattenseite, das Gegenteil der guten Mutter. Vielmehr erinnern sie daran, was wir verloren haben, als die relativ junge Institution der Mutter, wie wir sie heute kennen, erfunden wurde.

Wir können außergewöhnliche körperliche Symptome entweder als etwas Krankhaftes sehen oder aber als den Versuch des Organismus, die Ganzheit und das Gleichgewicht wiederherzustellen. Das gleiche gilt für ungewohnte Verhaltensweisen von Müttern, die entweder ein Versagen symbolisieren, das behoben werden müßte, oder aber einen hoffnungsvollen Ausdruck des Lebendigen repräsentieren. So können wir das Phänomen der Mütter, die gehen, auf einer kollektiven Ebene durchaus als willkommenen Hinweis auf einen nicht zu unterdrückenden Impuls werten, als den Versuch des gesellschaftlichen Organismus, sich zu heilen.

Die Mängel, mit denen die Institution der Mutter behaftet ist, können nicht länger ignoriert werden, sondern suchen nach einem Ausdruck, wie sich an der stetig steigenden Anzahl von Müttern, die gehen, ablesen läßt. Dies ist kein Indiz dafür, daß die Probleme zugenommen oder daß sich die Frauen mit Hilfe des Feminismus endlich dazu durchgerungen haben, ihre Kittelschürzen zu verbrennen. Es bedeutet lediglich, daß wir nicht länger lügen und unsere Gefühle unterdrücken wollen. Während Generationen von Müttern vor uns dazu neigten zu bleiben, können sich die Frauen von heute immer weniger dazu durchringen – sie sind unfähig, die Realität und den Druck unbewußter Kräfte, die sich bemerkbar machen, weiter zu verdrängen.

Im Körper zeigen sich Symptome einer Krankheit solange, bis die Gesundheit wiederhergestellt ist (es sei denn, der Patient stirbt). Desgleichen treten die Symptome der kranken Gesellschaft immer häufiger auf und wiederholen sich, bis eine tiefgreifende Veränderung stattfindet. Kurzfristig mögen sie negative Auswirkungen haben oder destruktiv erscheinen (und natürlich ist eine Trennung für Mutter und Kind immer schmerzlich), doch dahinter verbirgt sich ein positiver Impuls – ein Impuls zur Heilung auf persönlicher wie auf gesellschaftlicher Ebene, als ob das kulturelle Unbewußte versuchen würde, die Schäden unserer Kultur zu beheben.

Daher wäre es falsch, sich lediglich auf die einzelne Frau und ihre »mangelnde Anpassung« zu konzentrieren. Eine Mutter, die geht, wendet sich nicht von ihren Kindern ab, sondern von der pervertierten institutionalisierten Form des Zusammenlebens in der Familie, die unsere Gesellschaft als natürlich hinstellt. Wenn die Frau am Ende ihrer Kraft ist, liegt das an dem hohen Tribut, den die Kleinfamilie in den letzten zwei Jahrhunderten von ihr gefordert hat, besonders in den finanziell weniger privilegierten Kreisen – ein Tribut, der von einer Generation an die nächste weitergegeben wurde und somit die Kinder (insbesondere die Töchter) belastet. Eine gestörte Form der Mutterschaft entsteht nicht im Vakuum.

Wenn ich meine persönliche Geschichte unter diesem Aspekt betrachte, wird deutlich, daß sowohl die Beziehung zu meiner Mutter als auch die zu meinem Kind unter den Formen der Mutterschaft, die unsere moderne Gesellschaft für uns bereithält (besonders für bestimmte wirtschaftliche Gruppen), schwer zu leiden hatte. Das unerfüllte Leben meiner Mutter, ihre Armut und Hilflosigkeit und auch die wirtschaftliche und gefühlsmäßige Deprivation, die sie als Kind erlebt hatte, drückten sich in der angespannten Beziehung zu ihren Kindern aus. Ich sehe sie als eine Frau, die all ihre Gefühle und Bedürfnisse unterdrückte, um dem Mythos von der guten Mutter gerecht zu werden, und die sich so zur Märtyrerin machte. Tragischer- und ironischerweise konnte sie uns durch dieses Opfer nicht die Mutter sein, die sie eigentlich sein wollte.

Aus anderen, aber verwandten Gründen war auch die Beziehung zu meinem Sohn gestört. Sie war geprägt von den Vorurteilen und den starren Vorstellungen, die die Stellung einer Mutter definieren (was durch äußere Umstände wie Mangel an Geld für Kindermädchen oder Reisen, die vergebliche Suche nach einem Krippenplatz noch verstärkt wurde). Nur unserer Entschlossenheit und Hartnäckigkeit ist es zu verdanken, daß unsere Beziehung bis heute überlebt hat und relativ gut ist – zumindest nicht besser oder schlechter als die der meisten Frauen aus meinem Bekanntenkreis zu ihren Söhnen im gleichen Alter, aus ähnlichen gesellschaftlichen Kreisen und bei getrennt lebenden Eltern. Zwar bedeutet dies einen entscheidenen Schritt nach vorn, zumal die Zukunft auch immer noch positive

Möglichkeiten birgt, doch wäre es Heuchelei zu behaupten, daß wir beide nicht unter den Wunden leiden, die die Jahre der Trennung hinterlassen haben.

Maggie Mountford, deren einfühlsame Gedichte den Rahmen dieses Buches bilden, hat diesen Kampf auch ausgetragen. Sie hat mit ihren beiden Söhnen ähnliche Erfahrungen gemacht wie ich. In ihrem Gedicht *The Unearthing*, dessen erste Zeilen Kapitel 7 einleiten, spricht sie einige dieser Spannungen und Schwierigkeiten an. Zwar kann sie von Aussöhnung und Heilung berichten, die im Laufe der Zeit stattfanden, muß aber in der Folge eingestehen, daß die Genesung immer labil und gefährdet bleiben wird.

> besser jetzt. Ja, besser!
> gewachsen Jahr für Jahr
>
> außer in einer Art von
> Winter
> im Herzen, mit den Gewitterstürmen
> die zu jeder Tageszeit und Stunde über uns hereinbrechen.

Eine Mutter, die gegangen ist, bleibt immer verletzlich.

Wenn sich in diesem Phänomen jedoch ein – und sei es noch so unbewußter oder unbeholfener – Versuch des kollektiven Unbewußten ausdrückt, die Grenzen der sozialen Institution der Mutterschaft aufzuzeigen und auf neue Formen und Ausprägungen der Eltern-Kind-Beziehung hinzuarbeiten, dann müssen wir das respektieren. Dann ist es weder ein Syndrom, über das wir klagen, noch ein Symptom, das wir kurieren müssen, sondern vielmehr eine Bewegung, die für die Zukunft von großer Bedeutung ist. Wenn Frauen und Männer in immer größerer Zahl aus der isolierten Kleinfamilie ausbrechen, ist die Ursache nicht darin zu suchen, daß sie »keine Verantwortung übernehmen wollen«, sondern daß sie ein erfüllteres und sinnvolleres Leben anstreben.

Unter einem breiteren gesellschaftlichen Blickwinkel betrachtet, ist das Verhalten von Müttern, die gehen, weder verantwortungslos noch schädigend. Vielmehr repräsentieren sie ein Symptom, einen unbewußten Trieb, der aus unserem sozialen Gefüge selbst erwächst und der darauf abzielt, eine weniger starre und individualistische Form des Zusammenlebens zu entwickeln, als es die Kleinfamilie ermöglicht. Es handelt sich also um eine verzweifelte Geste, die darauf abzielt, zu anderen Formen des Zusammenlebens und der Elternschaft zurückzukehren.

Das Zeitalter, das mit dem industriellen Kapitalismus seinen Anfang nahm, ist geprägt von Konsum und Besitzdenken, von Privateigentum, Individualismus und Narzißmus. In diesem Umfeld werden nicht nur Güter, sondern auch Kinder (und Frauen) als Erweiterung des Ichs angesehen, als etwas, was man besitzt, dem man seinen Stempel aufdrückt und es dann als sein Eigentum zur Schau stellt. Frauen, die gehen, verdeutlichen jedoch auf dramatische Weise, daß es eine Alternative gibt.

Sie zeigen, daß die Beziehungen zu unseren Kindern nicht zwangsläufig narzistisch sein und daß wir in ihnen nicht unbedingt eine Erweiterung von uns selbst sehen müssen. Diese Beziehungen brauchen nicht so von Besitzdenken bestimmt zu sein, daß lediglich unsere leiblichen Kinder Anspruch auf unsere Zuwendung haben. Außerdem führen sie uns vor Augen, daß Kinder nicht allein den Eltern »gehören« (eine Ansicht, die die individualistischen Vorstellungen von der Kleinfamilie grundlegend in Frage stellt). Sie zeigen auf, daß es andere Formen der Verantwortung gibt und daß die Beziehungen zwischen Eltern und Kindern, wie auch zwischen Erwachsenen, offener und freier gestaltet werden können.

Allerdings stoßen wir nur selten auf diese eher optimistische Interpretation des Phänomens der Mütter, die gehen. Die Handlungen dieser Frauen kommen oft in verzerrter Form zum Vorschein; sie sind verworren, durchsetzt von Schuldgefühlen, geprägt eher von Schmerz als von Befreiung. Das ändert aber nichts daran, das sich in ihrem Tun – auf einer tieferen Ebene als der bewußten sozialen – eine wichtige Botschaft Geltung verschafft. Eine Botschaft, die offenbar aus dem kollektiven Unbewußten stammt und die im Alltagsleben immer wieder aufs neue ausgesprochen wird: durch Mütter, die gehen, Familien, die auseinanderbrechen, Kleinfamilien, die sich auflösen. Seht euch nur dieses Leid an, lautet sie, das unsere Gesellschaftsstruktur verursacht. Seht nur, wie unhaltbar und schädlich sie ist. Seht nur, wie sie sich trennend zwischen Männer und Frauen schiebt, wie sie Eltern in die Verzweiflung treibt, Frauen verkrüppelt, Mütter und Kinder einengt.

Fast entsteht der Eindruck, als würden wir unabhängig von dem Preis, den wir als Individuen dafür zahlen müssen – und es kostet viel, sich aus dem Schutz der Kleinfamilie herauszubewegen –, an den Punkt gelangen, wo wir unserem Handeln eine größere Bedeutung beimessen und es unter einer langfristigen Perspektive sehen. Wir sollten uns klarmachen, daß unser Ausbrechen aus der traditionellen Rolle nicht einfach nur eine neurotische Reaktion darstellt, sondern Ausdruck eines immer drängenderen sozialen Bedürfnisses ist – des Bedürfnisses, eine Alternative zur Kleinfamilie mit ihrem Besitzdenken, Individualismus und dem patriarchalischen Gedankengut aufzuzeigen. Eine implizite Botschaft unseres Handelns lautet also: Solange wir uns nicht auf weniger individualistische Lebensformen (rück-)besinnen, werden wir nicht in der Lage sein, eine erfülltere, freie Zukunft zu gestalten, ja vielleicht gibt es dann überhaupt keine Zukunft mehr.

Ein Hindernis auf dem Weg zu flexibleren Vorstellungen von der Mutterschaft sind die moralischen Urteile über gute und schlechte Mütter, die aus der in Kapitel 20 vorgestellten unbewußten Polarisierung hervorgehen. Eine Frau ist entweder eine gute oder eine schlechte Mutter; bei der Beurteilung gibt es nur schwarz und weiß. Eine der Thesen in Helen Franks' Buch *Mummy Does't Live Here Any More* lautet, es gebe »Frauen, die die Mutterrolle nicht übernehmen können oder wollen«. Doch im Gegensatz dazu sind Frauen durchaus in der Lage, sich in verschiedene Stufen der Mutterrolle hinein- und wieder herauszubewegen: Die »Nichtmutter« ist ebensowenig eine fest umrissene Identität wie die Mutter. Viele Mütter, die gehen, bekommen später weitere Kinder, die sie nicht verlassen. Es geht hier nicht um entweder/oder. Eine Frau kann ihre Kinder verlassen und sie weiterhin lieben, eine Frau kann verantwortungsbewußt handeln und trotzdem fortgehen, eine Frau kann auch ohne ständige Anwesenheit eine liebevolle Mutter sein, eine Frau kann anwesend sein und gleichzeitig darum kämpfen, jenen Teil ihrer

Persönlichkeit zu verwirklichen, der nicht zur Mutterrolle gehört. Unser Leben ist im Fluß; dessen Verlauf und die Rolle, die wir darin ausfüllen, können sich jederzeit ändern.

Die Mutterschaft ist nur ein Aspekt unter vielen im Erfahrungsspektrum einer Frau und nicht etwa ihre bestimmende, prägende Identität. Sie ist eine vorübergehende Phase ihres Daseins, eine Rolle, in die sie hinein- und aus der sie wieder herauswächst, also nichts, was sie ständig ausfüllt.

Doch die Mythen, die sich um die vollkommene Mutter ranken, lassen sich nur schwer aus dem Bewußtsein löschen. In unserer heutigen modernen Welt erleben sie geradezu eine Renaissance (und die aktuelle Faszination an der Figur der Göttin kann als pervertierte Version der Sehnsucht nach der vollkommenen weltlichen Mutter interpretiert werden). Das ist nicht weiter überraschend. In Zeiten raschen gesellschaftlichen Wandels wie der unseren besteht fast immer die Tendenz, sich an die tröstlichen überlieferten Sitten und Gewohnheiten zu klammern. Von daher auch die verzweifelte Reaktion der Konservativen und ihr Versuch, die Familie als Lebensform wieder fest zu etablieren.

Erneut wird die »normale« Familie definiert als »Ehemann und Ehefrau mit den eigenen Kindern, wobei der Mann der Hauptverdiener ist und die Eheleute versuchen und beabsichtigen zusammenzubleiben«.[1] Der Widerstand gegen die Unabhängigkeit der Frau oder gegenüber Lebensformen, die von der heterosexuellen Zweierbeziehung abweichen, ist ebenso stark wie jeher. Man geht wieder davon aus, daß eine Frau ihre größte Befriedigung in der Erfahrung der Mutterschaft findet und am stärksten leidet, wenn sie nicht in der Lage ist, ein Kind zu gebären. Symptomatisch für diese Tendenz schließt selbst Helen Franks ihr *Mummy Does't Live Here Any More* mit einem Plädoyer für die Mutterliebe.[2]

Angesichts der üblichen Angst vor Veränderungen ist dieser reaktionäre Trend verständlich, denn schließlich ist die idealisierte »Mutter« eine der tröstlichsten Phantasien überhaupt. Wie die Psychoanalyse gezeigt hat, repräsentiert die im Unbewußten verankerte Vorstellung von der ersehnten Mutter all das, was wir bei unserem Eintritt in die menschliche Gesellschaft verloren haben. Die Mutter ist die Ganzheit, aus der wir uns lösen müssen, um zu einem eigenständigen Wesen heranzuwachsen. Deshalb verkörpert die Mutter in unserer Phantasie das Bild einer Existenz, die vor der Menschwerdung und vor dem gesellschaftlichen Leben angesiedelt ist; die Mutter ist das Symbol für das Ganze und die Einheit, vor aller Sprache, Ablösung und Individuation.

Wenn wir unsere Entwicklung zu einem eigenständigen Wesen, das sprechen lernt und sich in die Gesellschaft eingliedert, als eine Art von Vertreibung aus dem Paradies ansehen, wird unsere Beziehung zur Mutter zum einzigen Freiraum, in dem wir (zumindest in einer säkularen Gesellschaft) unsere Phantasien von einem prägesellschaftlichen, vorsprachlichen und nicht entfremdeten Dasein ansiedeln können. Auf der unbewußten Vorstellungsebene schenkt uns die Beziehung zur Mutter die imaginäre verlorene Einheit – also all das, was uns die individualistische, entfremdete und isolationistische menschliche Gesellschaft nicht geben kann. Der (imaginierte) Körper der Mutter ist der verlorene Garten Eden. Mutter bedeutet Vollkommenheit, das Paradies, aus dem wir Menschen für immer vertrieben sind.

Die wirkliche Frau als Mutter von dieser Phantasie der Mutter abzugrenzen ist nicht leicht. Wie uns die Arbeit von Julia Kristeva zeigt, haben auch viele andere Kulturen die weibliche Energie, die ansonsten subversiv sein könnte, in den Kontext des Mütterlichen gelenkt. Doch in unserer westlichen Welt gründet sich die Zivilisation in besonderem Maße auf die Verherrlichung der Mutterrolle. Die Ikonographie und die Stilisierung der Mutterrolle haben das Weibliche überhaupt erst respektabel gemacht. Kristeva schreibt: »Die verklärende Darstellung des Weiblichen (sowohl im religiösen als auch säkularen Bereich), wird ausschließlich von der Mutterschaft vereinnahmt.« Und im europäischen Christentum ist dieser Prozeß durch den Kult um die Jungfrau Maria auf die Spitze getrieben.[3]

Aber warum lassen wir Frauen zu, daß dies geschieht? Kristeva vermutet, Frauen würden – ebenso wie Männer – die Verherrlichung des Mütterlichen akzeptieren, weil diese Phantasie den Frauen, die ihr anhängen, eine Macht verleiht, die sie sonst nicht hätten. Mit dem Versprechen, daß sie als Mütter zu einem höhergestellten, privilegierten Kreis gehören, werden Frauen in einer (männlich orientierten) Gesellschaftsordnung über den Verlust der wahren Macht hinweggetröstet.

> Sie müssen es so empfunden haben, als sei ihnen diese weibliche (mütterliche) Macht versagt; um so erfreulicher war es, wenn sie sie ergreifen konnten, war sie doch sowohl archaisch als auch sekundär, eine Art Ersatz für die reale Macht in Familie und Gemeinwesen ... der unterschwellige Gegenpart zur expliziten Macht des Phallus.[4]

Von daher ist die Verschwörung zwischen den Frauen und dem Patriarchat längst noch nicht aufgelöst. Mit der tröstlichen Phantasie, in den »privilegierten« Kreis der Mütter eintreten zu dürfen, und der Vorstellung, als Mutter etwas Besonderes darzustellen, retten die Frauen ihren Masochismus unangetastet von einer Generation in die nächste hinüber. Trotz aller Angriffe durch den Feminismus und voller Angst vor dessen Folgen propagieren und praktizieren Frauen wie Männer erneut den Rückzug in diese »besondere« Rolle, wobei erstere auch weiterhin mit einer Ersatzbefriedigung anstelle von wirklicher Macht vorlieb nehmen.

In *The Rocking of the Cradle and the Ruling of the World* verurteilt Dorothy Dinnerstein diese Art der Verschwörung aufs schärfste, da sie den Frauen keine andere Möglichkeit läßt, als sich unbewußt mit der Mutterrolle zu arrangieren. Auch sie als Psychoanalytikerin kommt zu dem Ergebnis, daß die Erfahrungen von Frauen – und insbesondere die Erfahrungen mit der Mutterrolle – von Projektionen und unbewußten Vorstellungen beeinflußt sind. Dorothy Dinnerstein glaubt sogar, daß diese Phantasien und Konstrukte im wesentlichen dafür verantwortlich sind, daß Frauen in unserer Gesellschaft eine untergeordnete Rolle spielen.

Daß unsere gesellschaftliche Definition der Rolle der Frau und unsere Erwartungen an sie so geformt sind, wie sie sich heute darstellen, beruht auf der Tatsache, daß wir die Mutter als Phantasiegestalt wahrnehmen und unsere Erfahrungen mit ihr fälschlicherweise dem

Lebensbereich vor der Loslösung und Individuation zuordnen – vor unserer »Vertreibung aus dem Paradies«. Dinnerstein zufolge wird eine Frau ständig nur als Phantasiemutter wahrgenommen und nicht als Einzelwesen mit eigenen Rechten. »Sie (eine Frau) ist zunächst diese globale, allumfassende Wesenheit am Anfang und erst dann eine Person und ein einzelnes, umgrenztes, menschliches Individuum mit einer eigenen Subjektivität.«[5]

Daß Männer »die Welt regieren« und Frauen »die Babys wiegen«, ist also durch den weitverbreiteten Wunsch nach Rückkehr zur frühkindlichen Abhängigkeit von der Mutter begründet – der Regression auf eine infantile Stufe der Vereinigung. Für Dinnerstein ist dies die alles erklärende Antwort auf die Frage, warum sich Frauen auch weiterhin in einer untergeordneten Position halten lassen. Sie weist auch auf unser hartnäckiges Widerstreben hin, die Phantasie von der Realität zu unterscheiden, die Mutter als Individuum zu sehen und nicht nur als das (imaginierte) Ideal von der Mutter, die eine Erweiterung unseres Ichs darstellt.

Für Dinnerstein stammt diese Tendenz nicht aus einer diffusen angeborenen und unveränderbaren Anlage des Unbewußten, sondern aus konkreten gesellschaftlichen Verhaltensweisen im Zusammenhang mit der Säuglings- und Kinderbetreuung. Ihrer Meinung nach konnte dieser Prozeß der Phantasiebildung überhaupt nur eingeleitet werden, weil die erste und bedeutendste Bezugsperson des Kindes eine Frau ist. »Daß die Kindererziehung von Frauen dominiert wird, hat zur Folge … daß ein Kind die magische Elternfigur seiner frühesten Kindheit nur mit großen Schwierigkeiten auch als menschlich wahrnehmen kann, als eine Persönlichkeit: Nur allzu leicht kann man eine Frau auch als halbe Persönlichkeit definieren, als quasimenschlich …« Des weiteren bezeichnet Dinnerstein auch die Kleinfamilie als regressives Modell, da sie sich auf die gleiche Sehnsucht nach dem Einssein der frühen Kindheit stützt, »auf den Wunsch, die Illusion der Einheit zu verwirklichen«.[6]

Um diese tief verwurzelten Verhaltensmuster zu überwinden, die uns so selbstverständlich geworden sind, fordert Dinnerstein die Frauen auf, sich bewußt gegen diese Phantasie zu entscheiden. Wir müssen versuchen, die psychischen Prozesse aufzulösen, die uns veranlassen, nur zu gern immer wieder in die Rolle der Mutter und Beschützerin zu schlüpfen. Wir (Frauen wie Männer) müssen aufhören, Frauen an die Rolle der Mutter (sei es für Kinder oder für Erwachsene) zu fesseln, und wir dürfen uns nicht länger der Phantasie des allumfassenden Mütterlichen ausliefern, obwohl wir als Frauen dazu geschaffen sind, sie zu erfüllen.

Einleiten können wir diese grundlegende Umwälzung nur, indem wir eine flexiblere Theorie und Praxis der Elternrolle entwickeln. Nur eine gleichmäßige Verteilung der Verantwortung für das psychische und physische Wohlergehen des Kindes kann dazu beitragen, daß die Ungerechtigkeit aufgehoben und daß der unbewußten Gleichsetzung ein Ende gemacht wird, die Frau sei die einzige Person, die die Mutterrolle ausfüllen kann.

Ob die Vorstellungen von Dorothy Dinnerstein nun, wie sie es wünscht, auf einer globalen Ebene verwirklicht werden können oder nicht – und ob eine Veränderung im Alltag der Kinderbetreuung tatsächlich zur Auflösung der zutiefst unbewußten Phantasien von der Mutter führt, die wir offensichtlich alle in uns tragen –, wenn wir die Beziehungen zwischen den Geschlechtern und zwischen Eltern und Kindern verbessern wollen, kommen wir um eine grundlegende und umfassende Neuorientierung nicht herum.

Denn schließlich beruht die Tatsache, daß sich männliche Erwachsene so wenig an der Kindererziehung beteiligen, nicht auf biologischen Gegebenheiten. Sie ist lediglich ein kulturelles Phänomen unter vielen. Mütter sind ganz normale Menschen so wie andere Frauen auch, und durch nichts ist bewiesen, daß Frauen bessere Mütter sind als Männer. Die »Mutterrolle« kann genausogut von einem Mann ausgefüllt werden – ohne daß er gleich zu einem Superhelden hochstilisiert werden muß wie in *Hauptmann Sorrell und sein Sohn*, *Kramer gegen Kramer* oder *Väter*.

Es ist nicht der einzige Lebenszweck einer Frau, für ihr Kind dazusein. Sie hat ihre eigenen, gleichermaßen berechtigten Bedürfnisse. Und es muß nicht unbedingt die leibliche Mutter für das Kind verantwortlich sein. Der kontinuierlich anwesende Erwachsene, den das Kind für seine emotionale Stabilität braucht, muß nicht zwangsläufig eine Frau sein. Auch ein Mann kann dem Kind Mutter sein. Doch

337

um dies zu verwirklichen, müssen sich auch die Frauen von der machtvollen Phantasie allumfassender Mütterlichkeit lösen.

Wir dürfen nicht vergessen, daß die Vorstellung der idealen Mutter keineswegs ein unschuldiger, romantischer Archetyp ist; sie ist vielmehr ein Konstrukt, das durch gesellschaftliche und kulturelle Neudefinitionen der »richtigen« Rolle der Frau am Leben gehalten wird. Statt einem Ideal des Nährens und Versorgens zu weichen, dem Männer und Frauen gleichermaßen nacheifern können, hat sich die Mutterfigur zu einem starren monolithischen Bild verfestigt, das sich ausschließlich auf Frauen beschränkt.

Das soll nicht heißen, daß der Archetyp der guten Mutter zerstört werden müßte; es geht nur darum, zu einer neuen Einschätzung seiner Bedeutung zu gelangen. Der Wert jedes einzelnen Archetyps besteht darin, Aspekte im Unbewußten eines jeden Menschen zu verkörpern, unabhängig vom Geschlecht, und wir alle, Männer und Frauen, brauchen einen Zugang zu dem nährenden Archetyp in uns. Nur weil Männer den Kontakt mit diesem Aspekt ihrer Person verloren haben, ist den Frauen die nährende und versorgende Rolle voll und ganz zugefallen und lastet unerbittlich auf ihnen; und an den Müttern, die ihre Kinder verlassen, wird sichtbar, wie schwer und ungerecht verteilt diese Last ist.

Wir alle tragen die Verantwortung, dieses Ungleichgewicht ins Lot zu bringen. Denn solange der Archetyp des Bemutterns nicht den ihm angemessenen Platz einnimmt – als Bild eines Potentials im Seelenleben eines jeden Menschen – und solange er mit der Frau schlechthin gleichgesetzt wird, nur weil Frauen Mütter werden können, solange ist es unwahrscheinlich, daß sich unsere gegenwärtig wenig »mütterliche« Gesellschaft zum Positiven wandelt.

Wenn ich jetzt darüber spreche,
sehe ich Novembernebel.
Jenen klammen Nachmittag meines Lebens.

Aufregung und Angst:
Da ist meine Körperwahrheit.
Ich öffne meine Freiheit

wie eine Briefbombe,
sehe, wie alles
explodiert.

Als Überlebende höre ich:
Alles in Ordnung?
Wo tut's weh?

Mit welchem Maß mißt du
Seelenschmerzen?
Wie erzählst du von

Amputationen, unsichtbaren?
Schau her, ich lächle, ich rede,
ich gehe …

Ich spreche jetzt sogar darüber,
ohne daß meine Stimme zittert,
wenn ich ihre Namen nennen muß.
Und auch die Gründe sind verblaßt.
Wie ein alter Druck in der Sonne.
Es bleibt ein Rest von etwas,

nicht eigentlich von Schuld,
nur die Farbe ist genauso trist,
und um zwei rüttelt es mich wach,

dann muß ich mich entscheiden
und entscheiden immer wieder,
doch es scheint

unmöglich,
und das wird auch
so bleiben.

Maggie Mountford, *When I Speak*

Anmerkungen

Einführung

1. Lesser, »One of the last great crimes: Women who leave children«, Vortrag; 44th Annual AAMFT Family Therapy Conference, Orlando, Florida, Oktober 1986.
2. Zu den amerikanischen Zahlen siehe *New York Times*, 9. Mai 1987; 16. Juni 1988; *Newsweek*, 4. Juni 1990.

Deutschland:
Alleinerziehende insgesamt 2.540.000
davon Frauen 2.146.000
Männer 394.000

Österreich:
Alleinerziehende insgesamt 299.000
davon Frauen 253.000
Männer 46.000

Schweiz:
Alleinerziehende insgesamt 135.000
davon Frauen 118.000
Männer 11.000
Kinder, die weder bei Vater noch Mutter leben 6.000

3. Zahlen aus dem Bericht über die neue *Child Support Agency* der britischen Regierung, *Guardian*, 5. April 1993. In der Bundesrepublik erhalten etwa 10 Prozent der Männer und 90 Prozent der Frauen das Sorgerecht nach einer Trennung/Scheidung. In Österreich erhalten es etwa 92 Prozent der Frauen und 8 Prozent der Männer, in der Schweiz etwa 85–90 Prozent der Frauen und 7–8 Prozent der Männer. Diskrepanzen ergeben sich daraus, daß manchmal auch Dritten das Sorgerecht zugesprochen wird. Alle befragten Stellen gaben zu, daß die Zahlen zum Sorgerecht nicht unbedingt mit denen des tatsächlichen Verbleibs der Kinder übereinstimmen, da es durchaus familieninterne Regelungen gebe.

4. Brandt, *Five hundred and seventy-four deserters and their families*. Zu diesem Aspekt gibt es im deutschsprachigen Bereich keine übergreifende Untersuchung.

5. Kaplan, *Motherhood and Representation: The Mother in Popular Culture and Melodrama*, liefert eine umfassende theoretische Darstellung der verschiedenen Lehrmeinungen zum Thema Mutterschaft. Ich möchte diese Untersuchung allen Leserinnen und Lesern, die sich von Kulturtheorie nicht abschrecken lassen, wärmstens empfehlen.

6. Edwards, *How Could You?: Mothers Without Custody of Their Children*, S. 12. Harriet Edwards verdanke ich zahlreiche Beispiele, die in der vorliegenden Einführung zitiert werden.

7. Brabazor, *Dorothy L. Sayers: A Biography*, S. 103 f. Dorothy Sayers ist allerdings nicht völlig aus dem Leben ihres Sohnes verschwunden. Sie besuchte ihn und schrieb ihm regelmäßig, bezahlte für seinen Unterhalt und seine Ausbildung, und als sie 1957 starb, erbte er sämtliche Rechte an ihrem literarischen Werk.

8. Greer, *Der weibliche Eunuch*, S. 309.

9. Weldon in: *The Sunday Times*, 5. August 1990.

Kapitel 1:

1. Morton, *Diana: Her True Story*, S. 9.

2. Morton, S. 9 ff., 38, 53 f., 120, 151.

3. Morton, S. 17 f. Auf Seite 137 äußert er die Vermutung, das negative Bild von Frances Shand Kydd sei von der Königinmutter beeinflußt und bestärkt worden, die Diana und ihre Mutter nach wie vor »ablehne«.

4. Greif und Pabst, *Mothers Without Custody*, S. 2.

5. Franks, *Mummy Doesn't Live Here Any More: Why Women Leave Their Children*, S. 28.

6. Ingrid Bergman u. Alan Burgess, *Mein Leben*, S. 283.

7. Dors, *Dors by Diana*, S. 288 ff.

8. Trudeau, *Beyond Reason*, S. 228, 249.

9. Raske, *The Killing of Karen Silkwood*. In Edwards, *How Could You?*, S. 10, finden wir einen Nachtrag zu der Geschichte: »Fünf Jahre später befand ein Bundesgericht Kerr-McGee für schuldig und sprach den Erben der Silkwood mehr als 10 Millionen Dollar Schadensersatz zu. Karen Gay Silkwood war also alles andere als schwach und verantwortungslos. Im Gegenteil, ihr hartnäckiges Eintreten für das, was sie für fair und gerecht hielt, bewies einen bemerkenswerten Mut. So mag es sich wohl auch bei der Neuordnung ihres Lebens verhalten haben.«

10. Fildes, »Maternal feelings reassessed: child abandonment and neglect in

London and Westminster 1550–1800«, in: Fildes (Hg.), *Women as Mothers in Pre-Industrial England*, S. 157.

11. Rechtsanwalt Leonard Kerpelman in: *Time*, 2. April 1980.
12. Greif und Pabst, *Mothers Without Custody*, S. 5.
13. Interview von David Sheff, »John Lennon and Yoko Ono«, in: *Playboy*, Januar 1981, S. 99 ff.
14. Franks, *Mummy Doesn't Live Here Any More*, S. 28f.
15. Zum Thema der Darstellung aus männlicher Sicht siehe auch Mitchell, *Psychoanalyse und Feminismus*; Mulvey, »Visual pleasure and narrative cinema«, in: *Screen* 16, 3 (1975), S. 6–18; Kuhn, *Women's Pictures: Feminism and Cinema*; Kaplan, *Women and Film: Both Sides of the Camera* und »Is the Gaze Male«, in: Snitow (Hg.), *Desire: The Politics of Sexuality*, S. 321ff; Suleiman (Hg.), *The Female Body in Western Culture: Contemporary Perspectives*.
16. Orbach und Eichenbaum, »Verschmelzung«, in: *Bitter und süß*, S. 53.
17. Wynd, *The Ginger Tree*, S. 182.
18. Faludi, *Die Männer schlagen zurück*, S. 48.
19. Kaplan, *Motherhood and Representation*, S. 182.

Kapitel 2:

1. Housman, *Pains and Penalties*. Ich danke Katharine Cockin für den Hinweis.
2. Showalter, *A Literature of Their Own: British Women Novelists from Brontë to Lessing*, S. 171.
3. Mrs. Henry Wood, *East Lynne* (dt.), IV, S. 169, 171 f. (die deutsche Ausgabe ist offensichtlich gekürzt, A. d. Ü.).
4. Mitchell, »Introduction«, *East Lynne*, S.xii.
5. Wood, *East Lynne* (dt.), II, S. 197 f.
6. Als erste Frau, die wiederkehrt und wie ein Gespenst in die zweite Ehe eindringt, ruft Isabella andere Geschichten über Doppelgängerinnen in Erinnerung: in Charlotte Brontës *Jane Eyre* die verrückte, sexuell attraktive erste Frau, die im Feuer den Tod findet; der namenlose Schatten in Gilmans *Die gelbe Tapete*; die geisterhafte, sexuell anziehende erste Frau in Daphne du Mauriers *Rebecca*; die subversive Ehefrau, die in der neuen Beziehung des Mannes herumspukt, in Fay Weldons *Die Teufelin*. Wie diese Gestalten repräsentiert Isabella den Teil der weiblichen Psyche, der sich nicht anpaßt, der sich der Identität als »Ehefrau« oder »Mutter« entzieht und eine weibliche Begierde und Kraft verrät, die sich nie ganz austreiben lassen.

Kapitel 3:

1. Auf nahezu jeder Seite von *Hauptmann Sorrell und sein Sohn* schimmert Angst durch vor einer Mutter, die auch ein sexuelles Wesen ist. Aus psychoanalytischer Sicht wäre dies als klares Indiz für den Ödipuskonflikt zu werten und die zwanghafte Vater-Sohn-Beziehung als eine narzistische Abwehr von genitaler Sexualität.

   Bezeichnenderweise nutzt Deeping seinen Roman sogar dazu, Sigmund Freud anzugreifen; er weist jede psychoanalytische Deutung und Theorie zurück. So schreibt er: »Es war das Geschlechtliche, was Christoph in Unruhe versetzte, und alles, was mit dem Geschlechtlichen zusammenhing – seine Mutter, die Mütter seiner Kameraden. Sorrell hatte sich einst in Freud vertieft und fühlte sich geneigt, über Freud zu lachen … Was den sogenannten ›Ödipuskomplex‹ betraf, schien der in Christoph nicht vorhanden. Noch war er einst bei Sorrell zu finden.« Dies ist ein plastisches Beispiel für Verdrängung, vor allem in einem Roman, in dem jede heikle Szene ödipale Anklänge hat – der Horror vor dem weiblichen Körper, die symbolhafte Gleichsetzung einer sexuell aktiven Frau mit einem Vampir, die immer wiederkehrende Angst vor einer verführerischen Mutter – und der Rückzug von Vater und Sohn in eine ausschließlich männliche Gemeinschaft –, dies alles ist reine Abwehr.

   (Zudem weist Rosie Jackson darauf hin, daß Freuds Name in der englischen Ausgabe von *Hauptmann Sorrell und sein Sohn* durchweg falsch geschrieben wurde – Frued –, ein Fehler, der in der deutschen Ausgabe des Buches behoben ist. A. d. Ü.)

2. Dors, *Dors by Diana*, S. 289.
3. Brecht, »Der Augsburger Kreidekreis«, in: *Kalendergeschichten*, S. 7.
4. Faludi, *Die Männer schlagen zurück*, S. 64.

Kapitel 4:

1. Kaplan, *Motherhood*, S.100 ff.: »… anders als der britische Roman des neunzehnten Jahrhunderts, der von Frauen vor allem für ein weibliches Publikum geschrieben wurde, entwerfen amerikanische Filme des zwanzigsten Jahrhunderts, die innerhalb des Hollywood-Systems gemacht und bearbeitet werden, einen sauber versiegelten phallozentrischen Diskurs … die Hollywood-Versionen von *East Lynne* glätten auch noch die leicht subversiven Aspekte von Ellen Woods Roman.«
2. Dazu gehören die Hollywood–Verfilmungen von *Anna Karenina* mit Greta Garbo (1935) und mit Vivien Leigh (1947) sowie ein sowjetischer Film von Alexandr Sarchi aus dem Jahr 1967.

3. Einige Filme der siebziger Jahre zeichneten ein positives Bild von Frauen, die zeitweise oder für immer ihr Heim verlassen, zum Beispiel *Diary of a Mad Housewife* (1970), *A Woman Under the Influence* (1974), *An Unmarried Woman* (1978), *Alice Doesn't Live Here Any More* (1974) und *The Turning Point* (1977). Als Reaktion gegen den potentiellen Feminismus, der darin zum Ausdruck kam, entstanden Filme wie *Kramer gegen Kramer* und *Eine verhängnisvolle Affäre*. Siehe Faludi, »Fatale und fötale Visionen: Der Gegenschlag im Film« in: *Die Männer schlagen zurück*.

4. Kaplan, *Motherhood*, S. 184. »*Kramer gegen Kramer* war der Archetyp für dieses imaginäre Paradigma, insbesondere in der negativen Darstellung der abreisenden Mutter, die ihre Entscheidung später scheinbar bereut, und in der unübersehbaren Aufforderung an die Zuschauer, sich mit dem Vater zu identifizieren. Diese Phantasie wiederholte sich in vielen anderen Filmen.«

5. Die einzige Ausnahme war Sherry Lansing, die damals Vizepräsidentin bei Columbia war, aber sie stand praktisch auf der Seite der Männer. Sie arbeitete am Schnitt mit und ordnete Szenen neu an, so daß die Sympathie für Ted Kramer gesteigert wurde. Mass meint in »The Mirror Cracked«, S. 28–36, daß trotz Lansings Behauptung, sie sei »überzeugte Feministin«, die Filme, bei denen ihr Einfluß am deutlichsten spürbar war, nämlich *Kramer gegen Kramer, The Verdict* (1982) und *Eine verhängnisvolle Affäre* (1987), das Gegenteil beweisen. Hier wird der Anschein erweckt, daß jeder Schritt, der von der Kernfamilie wegführt – das Zurücklassen von Kindern, beruflicher Erfolg oder Ehebruch –, eine schwere Strafe nach sich zieht.

6. Silverman liefert in »Life Without Mother«, S. 50 ff., Einzelheiten über Jaffe, Benton und die Produktion des Films. Columbia kaufte die Filmrechte für 200.000 Dollar – ein hoher Preis für ein Buch, von dem im Hardcover nur 12.000 Stück verkauft wurden. Die Produktionskosten beliefen sich auf 6,5 Millionen Dollar. Die Dreharbeiten am Schauplatz New York dauerten nur 64 Tage, es handelte sich also um einen Low-Budget-Film, der sich zum Kassenschlager entwickelte. Vorher hatte Jaffe unter anderem *Love Story* und *Der Pate* produziert.

7. Leider war der französische Regisseur François Truffaut, der Interesse an einer Verfilmung des Romans gezeigt hatte, zu beschäftigt, um sich der Sache anzunehmen: das Ergebnis hätte wahrscheinlich anders ausgesehen.

8. Malloy, »Kramer vs Kramer: A Fraudulent View«, S. 5 ff.: »Der Aufbau hat Ähnlichkeit mit der Geschichte vom Superhelden, von dessen Kräften man nichts ahnt, bis eine extreme Notlage eine Metamorphose aus-

löst. Dustin Hoffman als ›Mighty Mouse‹. Und das macht aus Streep Sue Storm, ›The Invisible Girl‹.«

9. Formulierung Silvermans.

10. Corman, *Kramer versus Kramer*, S. 230 ff.

11. George Sand, alias Amandine Dupin, heiratete 1822 den Baron Dudevant und hatte mit ihm zwei Kinder. Sie verließ die Familie 1831, um frei und unabhängig in Paris zu leben, wo sie Romane schrieb und Liebesbeziehungen einging – zum Beispiel mit Alfred de Musset und Frédéric Chopin.

12. Zitiert in Paskowicz, *Absentee Mothers*, S. 23. Vielleicht ist es kein Zufall, daß Shirley MacLaine häufig exzentrische Rollen angeboten wurden, zum Beispiel die alkoholabhängige, »schlechte« Mutter in dem Film *Postcards from the Edge*.

13. Bailin, »Kramer vs Kramer vs Mother-Right«, in: *Jump Cut* 23, Oktober 1980, S. 4 f.

14. (In der BRD, Österreich und der Schweiz ist gleicher Lohn für gleiche Arbeit zwar gesetzlich vorgeschrieben, nicht aber Realität. A. d. Ü.). Silverman zitiert in »Life Without Mother« Jaffes Äußerung, die um sich greifende Zerrüttung von Familien werde durch die persönliche Verantwortungslosigkeit von Frauen verursacht: »Ich wollte, diese Geschichte wäre Science-fiction, aber das ist sie nicht. Die siebziger Jahre sind eine ziemlich neurotische Zeit, und Familien müssen große Belastungen aushalten. Für mich ist das, was mit Ted und Joanna Kramer in diesem Film passiert, genau das, was dem Paar in *The Graduate* nach zehn Jahren widerfährt. Diese Generation hat überstürzt geheiratet, vielleicht ein, zwei Kinder bekommen und sich dann getrennt, statt sich mit der Situation auseinanderzusetzen. Das ist inzwischen so üblich, die Norm.«

15. Malloy, »Kramer vs Kramer: A Fraudulent View«, S. 6: »Phallozentrische Aufbauten drängen Streep aus den Räumen, in denen sich ein Großteil der Handlung des Films abspielt, und verhindern, daß sich die Zuschauer mit ihr identifizieren. Eine männlich dominierte Sphäre wird geschaffen … die Handlung spielt sich in den obersten Etagen dieser phallischen Monsterbauten ab (das Wohnhaus der Kramers und die beiden Bürobauten Hoffmans) … (Deshalb) erscheint Hoffmans maßlos übertriebenes männliches Vorrecht auf Besitz und Stellung angemessen und gerechtfertigt.«

16. Malloy, S. 5: »Sie kommen nicht nur ohne Frau aus, sondern sie können jetzt gemeinsam Dinge tun, die besonders männlich sind und bei denen die Anwesenheit einer Frau stören könnte … Die gezeigten häuslichen Szenen vermitteln eine Männer-Club-Atmosphäre. Die beiden ›Männer‹ vollziehen ein schweigsames Morgenritual. Sie pinkeln in gleicher

Weise und lesen gemeinsam am Frühstückstisch. Am Ende des Films wird eine Frühstücksszene gezeigt, die witzige Parallelen zu dieser ersten Frühstücksszene aufweist; alles läuft gleich ab, nur daß die Zusammenarbeit zwischen dem Jungen und Hoffman nun wie geschmiert läuft. Billy hat es Hoffman leicht gemacht, die häusliche Sphäre unter Kontrolle zu bekommen; die Tätigkeit der Männer in der Küche geht jetzt so glatt und reibungslos voran, als wäre die Mutter nie dagewesen.«

17. In ihrem Buch *Liebe, Sexualität und Tod* stellt Leslie Fiedler fest, daß diese Tradition von *Huckleberry Finn* und *Moby Dick* bis hin zu *Einer flog übers Kuckucksnest* im Genre verwurzelt ist. Ob man es nun als ödipal interpretiert oder nicht, es handelt sich auf jeden Fall um ein ausgesprochen frauenfeindliches Bündnis zwischen Söhnen und Vätern oder Vaterfiguren. Ähnliche Männerpaare finden sich in *Easy Rider, Butch Cassidy, Rain Man* und *Midnight Cowboy* sowie in den späteren *Backlash*-Filmen *18 Again, Like Father, Like Son* und *Daddy*. Sie alle glorifizieren ein Männerbündnis oder eine Vater-Sohn-Beziehung, aus der die Mutter eindeutig ausgeschlossen ist.

18. O'Brien zieht in »Love and Death in the American Movie« Parallelen zwischen der Frauenfeindlichkeit von *Kramer gegen Kramer* und *Ordinary People*, während Keeler in »The Shining: Ted Kramer Has a Nightmare« zeigt, daß unter der liberalen Oberfläche von *Kramer* derselbe Sadismus und Horror lauern wie in *The Shining*.

19. Faludi, *Die Männer schlagen zurück*, S. 357.

20. Zitiert bei Faludi, S. 359. Das Magazin *New York* bezeichnete den Film als »tragische und ironische Zusammenfassung des Jahrzehnts der Selbstverwirklichung und der Frauenbewegung«.

21. Malloy, »Kramer vs Kramer: A Fraudulent View«, S. 6.

22. Einige unabhängige Filmschaffende haben jedoch die Mutterrolle sowohl thematisch als auch formal aus der Sicht der Mutter dargestellt – insbesondere *Riddles of the Sphinx* (1976) von Laura Mulvey und Peter Faludi. Siehe Kaplan, *Women and Film*, S. 171 ff.

23. Faludi, *Die Männer schlagen zurück*, S. 198.

24. Kaplan, *Motherhood*, S. 198.

25. *Observer*, 23. März 1980. Vincent zitiert auch einen Kollegen aus der Fleet Street, der zu *Kramer* bemerkt: »Durch den Film lernt man Leute schätzen, die um der Kinder willen zusammenbleiben.«

Kapitel 5:

1. Atkinson stellt in »Female Sanctity in the Late Middle Ages«, in: *Mystic and Pilgrim: The Book and the World of Margery Kempe* zahlreiche Frauen

des Mittelalters vor, die ihre Familie zurückließen, um eigene Interessen zu verfolgen – Margery Kempe beispielsweise dreizehn Kinder, Birgitta von Schweden acht, Dorothea von Montau neun. Shorter kommt zu der Feststellung, daß Kinder unter zwei Jahren in der traditionellen Gesellschaft mit einer gewissen Gleichgültigkeit behandelt wurden: *The Making of the Modern Family*, S. 168.

2. Franks, *Mummy Doesn't Live Here Any More*, S. 31. Kaplan, *Motherhood and Representation*, S. 17 ff.

3. Greer, *Der weibliche Eunuch*, S. 214.

4. John C. Abbott, zitiert in Rich, *Von Frauen geboren*, S. 37.

5. McIntosh, *Woman in America: Her Work and Her Reward*, zitiert in Rich, S. 38.

6. Crawford, »The construction and experience of maternity in seventeenth-century England«, in: Fildes (Hg.), *Women as Mothers*, S. 6.

7. Rich, *Von Frauen geboren*, S. 45 f.

8. Mitchell, *Women: The Longest Revolution*, S. 122. Das Kapitel »Feminism and the Question of Feminity« (Feminismus und die Frage der Weiblichkeit) S. 115ff befaßt sich ausschließlich mit Neufassungen und Reaktion zu *Nora oder Ein Puppenheim*. (In der deutschen Ausgabe nicht enthalten A. d. Ü.)

9. Kaplan, *Motherhood and Representation*, S. 192. Sie zitiert außerdem P. Caplans Studie *Don't Blame Mother: Mending Mother-Daughter-Relations*, die feststellt, daß Mütter für nahezu 70 Prozent der Probleme ihrer Kinder verantwortlich gemacht werden, Väter für fast keine.

10. Levine, *Who Will Raise the Children?*, S. 25.

11. Schaffer, *Mothering*, S. 110.

12. Zur Kinderbetreuung im Apartheidsystem, siehe Cook, *Maids and Madams*; zu Sklavinnen, die von ihren Kindern getrennt wurden, siehe Chesler, *Mothers on Trial*.

13. Kaplan, *Motherhood and Representation*, S. 200: »Es scheint, das Ende der 80er markiert, was Frauen betrifft, eine Rückkehr zu einer rigiden Polarisierung in der gesellschaftlichen Vorstellung von Sex, Arbeit und Mutterschaft ... In der Elternrolle stehlen uns die Väter die Schau (sie sind die neuen Helden in dieser Rolle), und die Babys stehlen sowohl den Vätern als auch den Müttern die Schau.«

14. Faludi, *Die Männer schlagen zurück*, S. 90, 358.

15. Faludi, S. 80.

16. David »Putting on an Act for Children?«, in: Maclean und Groves (Hg.), *Women's Issues in Social Policy*, S. 95 ff.

17. Rich, *Von Frauen geboren*, S. 46, 8.

18. Rutter, *Maternal Deprivation Reassessed*, S. 207 f. »Kulturübergreifende

Untersuchungen scheinen darauf hinzuweisen, daß Mütter, die den ganzen Tag mit ihren Kindern allein zu Hause verbringen, ohne einen anderen Erwachsenen, der die Aufgabe der Kinderbetreuung mit ihnen teilt, eher zu abweisendem, ablehnenden Verhalten neigen.«

19. Oakley, *Telling the Truth about Jerusalem*; Rich, *Von Frauen geboren*, S. 7.
20. Kaplan, *Motherhood*, S. 42.

Kapitel 6:

1. Stones Behauptung in *The Family, Sex and Marriage in England 1500–1800*, Mütter hätten es »vorgezogen«, ihre Kinder brutal zu behandeln oder sogar zu töten, wurde von feministischen Historikerinnen angegriffen. Siehe Crawford, »Maternity in seventeenth-century England«, in: Fildes (Hg.), *Women as Mothers*, S. 3 ff.
2. Fildes, »Maternal feelings reassessed«, in: Fildes (Hg.), S.139.
3. Fildes, S. 155.
4. Fildes, S. 153.
5. Franks, *Mummy Doesn't Live Here Any More*, S. 100. »In ländlichen Gebieten brachten ledige Mütter in der Regel ihre neugeborenen Kinder in Findlingsheime in der Stadt, um der Schande und der gesellschaftlichen Ächtung zu entgehen. Hausangestellte liefen Gefahr, den Arbeitsplatz zu verlieren, wenn sie Kinder bekamen.«
6. Franks, S. 206 ff.
7. Faludi, *Die Männer schlagen zurück*, S. 16.
8. Siehe Hammer und Maynard (Hg.), *Women, Violence and Social Control*.
9. Paskowicz, *Absentee Mothers*, S. 70.
10. Rutter, *Maternal Deprivation Reassessed*, S. 139.
11. Rutter, S. 206, vertritt den Standpunkt, daß das Verhalten der Mutter vom Geschlecht des Kindes beeinflußt wird: »... die unterschiedliche Behandlung männlicher und weiblicher Nachkommen wurde auch bei den Primaten beobachtet. So zeigen sich sozial isolierte Affen im allgemeinen als Mütter ablehnend und gleichgültig, und sie neigen eher dazu, ihre männlichen Jungen körperlich zu mißhandeln.«
12. Fischer und Cardea, »Mother-child relationships of mothers living apart from their children«, in: *Alternative Lifestyles*, Fall 1982, S.45, 49: »In der Gruppe der Mütter ohne Sorgerecht lebten alle männlichen Kinder beim Vater, oder der Vater hatte das Sorgerecht für sie.«
13. Franks, *Mummy Doesn't Live Here Any More*, S. 37.
14. Paskowicz, *Absentee Mothers*, S. 84.
15. Golombok, Susan, »Children in Lesbian and Single Parent Households: Psychosexual and Psychiatric Appraisal«.

16. Richardson, »Lesbian Mothers«, zitiert bei M. Steel, *Lesbian Mothers, Custody Disputes and Court Welfare Reports*, S. 3.

17. Steel, S. 7. (In der BRD, Österreich und der Schweiz ist Homosexualität entkriminalisiert, auf das Sorgerecht hat sie nur unterschwellig Einfluß. A. d. Ü.)

18. Franks, *Mummy Doesn't Live Here Any More*, S. 221, 227.

19. Paskowicz, *Absentee Mothers*, S. 93. Individuelle Fallgeschichten in den Rundschreiben von MATCH bestätigen diese Ergebnisse: Es wird über die »Dysfunktion des familiären Hintergrunds« berichtet, die frühe Kindheit ist von Gewalt und destruktivem Streit der Eltern geprägt, die eigene Ehe verläuft ebenso unbefriedigend, die Familie kämpft ständig ums materielle Überleben, das Seelenleben der Frau ist bereits gefährdet, bevor sie selbst ihre Erfahrungen als Mutter macht.

20. Franks, *Mummy Doesn't Live Here Any More*, S. 6. »Die Forschungsarbeit von Dr. Eva Frommer aus dem Jahr 1973 zeigte, daß Frauen, die vor dem elften Lebensjahr von einem Elternteil getrennt wurden, Schwierigkeiten hatten, mit dem eigenen Baby zurechtzukommen. Neuere Forschungen von Tirril Harris, George Brown und Antonia Bifulco erwiesen, daß bei Frauen, die vor ihrem siebzehnten Lebensjahr ihre Mutter verloren hatten, sei es durch Adoption, Tod oder eine länger als ein Jahr währende Trennung, im Erwachsenenalter Depressionen auftraten.«

21. Zur Auswirkung postnataler Depression und anderer Probleme auf die Mutter-Kind-Bindung siehe Franks, S. 151 ff.

22. Cooksons kurze autobiographische Broschüre »For the Sake of the Children« (1989), in der sie diese und andere unheilvolle Ereignisse schildert, kann über MATCH (Adresse siehe Anhang) direkt bei ihr bestellt werden.

23. Herrerias, C., »Noncustodial mothers: Loving is leaving« (1984), Vortrag auf der Jahresversammlung der Society for Study of Social Problems, San Antonio; zitiert in Greif und Pabst, *Mothers Without Custody*, S. 71–72.

24. Greif und Pabst, S. 255.

Kapitel 7

1. Das Schuldprinzip wurde in der BRD 1976 abgeschafft. In Österreich und in der Schweiz ist es noch gültig; das Gesetz soll aber reformiert werden.

2. David, »Putting on an Act for Children?«, in: Maclean und Groves (Hg.), S. 95ff: »Die Reformen ... unterstützen die Vorstellung, daß die Familie Privatangelegenheit ist, indem sie das Konzept von der elter-

lichen Verantwortlichkeit stärker herausheben. Sie vermindern die Verantwortlichkeit des Staates für die Kinder, außer in den Fällen, in denen eine unmittelbare Gefährdung oder der Bedarf an Unterstützung festgestellt werden muß ... Für unsere Kinder, die unsere Zukunft sind, werden keine zusätzlichen Mittel zur Verfügung gestellt. Dabei sollten doch gerade die Mittel für die Kinderbetreuung, die die Eltern in ihrer Verantwortlichkeit unterstützen könnten, eines der zentralen Anliegen des *Children's Act* ausmachen – oder die Kinder werden selbst den Preis zahlen müssen.«

3. *Guardian*, 5. April 1993.

4. Ibsen, *Ein Puppenheim*, Frankfurt 1978, S. 141 f.

5. Hardwick, *Seduction and Betrayal: Women and Literature*, S. 46, kritisiert Noras Weggehen ähnlich: »... die Trennung erfolgt eher beiläufig, und dies wirft einen Schatten auf unsere Bewunderung für Nora. Ibsen hat das Verlassen der Kinder auf die gleiche moralische und emotionale Ebene gestellt wie das Verlassen des Ehemanns, und dem können wir innerlich nicht zustimmen. Es ist nicht nur das Verlassen, sondern die Tatsache, daß in dem Schauspiel kein Raum für den Schmerz gelassen wird, für die Wandlung der Gefühle. Ibsen war letztlich doch zu sehr Mann. Er richtet sich nach der Handlungsweise der Männer, wenn nicht sogar nach seinem Standpunkt; wenn es um die Selbstverwirklichung geht, sollten Kinder kein Hindernis darstellen.«

6. Mitchell, *Women: The Longest Revolution*, S. 124, bezweifelt die Vorstellung, Ibsen habe für den Schluß keine Sensibilität besessen. »Weder möchte ich dafür eintreten, der Selbstverwirklichung komme ein größerer Stellenwert zu als Kindern, noch dafür, Frauen, und, genau genommen, Männer, sollten ihre Kinder verlassen, aber ich neige auch nicht dogmatisch dem Gegenteil zu. Das ist nicht der entscheidende Punkt ... Meiner Meinung nach geht es nicht um die Frage, ob Ibsens maskuline Sensibilität am Ende dominieren konnte, vielmehr geht es um die Frage, welche Bedeutung die Mutterschaft in einer Welt hat, in der Frauen nicht gleichberechtigt sind« (siehe Kapitel 5, Fußnote 8; A. d. Ü.).

7. Ian Lyness, *Daily Express*, 5. April 1990, in einer Besprechung der BBC-Fernsehdokumentation *How Could She?*

8. Dors, *Dors by Diana*, S. 214 ff., 275f., 288 ff.

9. Franks, *Mummy Doesn't Live Here Any More*, S. 7.

10. Greif und Pabst, *Mothers Without Custody*, S. 16.

11. Rutter, *Maternal Deprivation Reassessed*, S. 124 f.

12. Schaffer, *Mothering*, S. 112.

13. Rutter, *Maternal Deprivation Reassessed*, S. 126.

14. Rutter, S. 27.

15. Paskowicz, *Absentee Mothers*, S. 118f: »Es scheint, daß eine auffallend große Anzahl von Müttern ohne Sorgerecht in ihrer Kindheit selbstmordgefährdet war. Wenn eine Person Schwierigkeiten hat, ihre eigene Existenz zu sichern, besteht die Wahrscheinlichkeit, daß sie auch die einer anderen nur mit Schwierigkeiten sichern kann.«

16. Fischer und Cardea, »Mother-child relationships of mothers living apart from their children«, S. 52.

Kapitel 8:

1. Gilman, *The Living of Charlotte Perkins Gilman: An Autobiography*, S. 91 f.

2. Gilman, *Living*, S. 163.

3. Kaplan, *Motherhood*, S. 130: »Gilman war eine der ersten, die davon ausging, daß eine andere Gesellschaftsordnung für humanere zwischenmenschliche Beziehungen unabdingbar sei, und eine neue, insbesondere auf mütterlichen Qualitäten beruhende Ethik entwarf. In *Herland* konzipiert sie eine durch und durch weibliche Gesellschaft, die auf einer fürsorglichen Ethik beruht, die ihrerseits das Bemuttern zur Voraussetzung hat. Die liebevolle Mutter-Tochter-Beziehung liefert das Modell für jede Bindung in der Gemeinschaft ... die Frauen sind alle sanft, fürsorglich und trotzdem nicht langweilig.«

4. Brief von Ingrid Bergman an ihren ersten Mann, Dr. Petter Lindstrom, vom 6. Oktober 1950. Bergman, *Mein Leben*, S. 297.

5. Bergman, *Mein Leben*, S. 381.

6. Thorpe, *Doris Lessing*, S. 6.

7. Siehe zum Beispiel Nini Hermans Besprechung von Doris Lessing in *Too Long a Child: The Mother-Daughter Dyad*, S. 276 ff.

8. Allem Anschein nach könnte ein solches Projekt bald Realität werden. Als ich Doris Lessing bat, einen Beitrag für dieses Buch zu schreiben, lehnte sie mit der Begründung ab, sie arbeite gerade selbst über das Thema. Persönliche Korrespondenz vom 20. Juni 1992. (Das Ergebnis ist nachzulesen in Lessings Autobiographie *Under My Skin/Unter der Haut*, engl. u. dt. 1994, A. d. Ü.)

9. Lessing, *Eine richtige Ehe*, S. 320 f., 324.

10. Rich, *Von Frauen geboren*, S. 45.

11. Für die Erörterung von *Eine Hütte für mich allein* bin ich Jan Relf zu Dank verpflichtet. In ihrer unveröffentlichten Doktorarbeit über feministische Utopien schreibt sie: »... ungeachtet der in leisen Tönen gehaltenen Erzählweise und des realistischen Diskurses [ist *Eine Hütte für mich allein*] ein radikaler, subversiver und kompromißloser Text ... Hier wird ein radikaler Bruch mit den konventionellen Möglichkeiten vorgeschlagen,

die weiblichen Protagonisten offenstehen, und ein alternatives, lebbares Modell weiblicher Autonomie angeboten.« (University of Exeter, 1992)
12. Rogers, *The Ice Is Singing*, S. 152 f.

Kapitel 9:

1. Alle zitierten Briefe stammen aus *Frieda Lawrence: The Memoirs and Correspondence* (Hg. D. W. Tedlock). Hier sind es: S. 342 – Brief von Frieda Lawrence an John Middleton Murry, 1954; S. 339 f. – Brief von Frieda an ihren Sohn Monty, 1954; S. 294 – in einem Brief aus dem Jahre 1950 gibt sie zu: »Ich konnte nicht bei ihrem Vater bleiben (er wußte nicht, was in mir vorging).«
2. Friedas unvollendete Autobiographie in Romanform »And the Fullness Thereof ...«, veröffentlicht in: Tedlock, S. 88 f.
3. Brief von Lawrence vom 14. Mai 1912, zitiert von Frieda Lawrence in *Nur der Wind* ..., S. 52.
4. Lawrence, *Nur der Wind* ..., S. 26. In: Moore, *The Intelligent Heart: The Story of D. H. Lawrence*, S. 162, heißt es, die Reise mit Lawrence begann »in Hoffnung und unter Qualen«.
5. Friedas Brief an Edward Garnett, Januar 1913, in: Tedlock, S. 189 f. Später, in den 50ern, erinnert sie sich: »Damals, als ich fortging und sie mich nicht mehr sehen durften, war Monty krank und konnte sechs Monate lang nichts essen. Ich bin froh, daß ich das damals nicht wußte. L. und ich gingen ohnehin schon durch die Hölle! Ihr Vater war schrecklich mit ihnen. Wenn er mich grausam behandelte, nun gut, aber die Kinder, nein. Ich konnte nicht nach England fahren, ich konnte es nicht. Selbst um ihretwillen, ich wäre für sie nur ein sonderbares Geschöpf. Aber ich war froh, daß sie mich um sich haben wollten ...« S. 294. Ihre Sehnsucht drückt sich auch in einer Notiz an Henry Savage vom Dezember 1913 aus: »Ihr Junge, freuen Sie sich an ihm, wenn ich an all die Freude denke, die die meinen mir gaben, und nun habe ich sie nicht bei mir.« S. 201.
6. Briefe an Edward Garnett, April, Mai und Juni 1913. Tedlock, S. 194 f., 197.
7. Lucas, *Frieda von Richthofen: Ihr Leben mit D. H. Lawrence*, S. 117.
8. Tedlock, *Frieda Lawrence*, S. 432. Barbara Barrs (geb. Weekley) Erinnerungen an ihre Mutter, »I Look Back«, wurden ursprünglich im März 1959 in *The Twentieth Century* veröffentlicht.
9. Lawrence, *Nur der Wind* ..., S. 110.
10. Tedlock, *Frieda Lawrence*, S. 359 f. Eine ähnliche Bemerkung befand sich 1953 in einem Brief an ihren Sohn Monty, S. 318f: »Manchmal

wünschte ich, ich hätte freundlichere Gefühle für euren Vater. Ich wünsche ihm alles Gute, doch ich kann nicht vergessen, daß er sich von mir ein Bild gemacht hatte und von meinem wahren Ich nichts wußte.«

11. Lawrence, *Nur der Wind* …, S. 97.

12. Lawrence, *Nur der Wind* …, S. 70 f. Sie zitiert außerdem (S. 99 f.) einen Brief von Lawrence vom 14. Dezember 1912, in dem er rechtfertigt, warum er mit einer Rückkehr Friedas zu Weekley nicht einverstanden wäre. Dies würde die Kinder unter Druck setzen, weil sie Frieda für ihr Opfer entschädigen müßten: »Gäbe Frieda dagegen alles auf, um zu ihnen zurückzugehen, so würde das ihre Kraft untergraben, weil sie als Erwachsene das Leben ihrer Mutter auszufüllen hätten. Sie wären nicht frei, aus sich heraus zu leben – sie müßten zuerst für sie leben, ihr vergelten … Also müssen wir vorwärts! Nie die Kinder loslassen, sondern wollen, wollen, wollen, daß wir sie bekommen, und selber haben, was wir für gut halten.«

13. Tedlock, *Frieda Lawrence*, S. 360. Ein Hinweis auf Lawrences innere Distanz befindet sich in einem Brief von Frieda an Lady Cynthia Asquith vom Dezember 1913 (S. 201): »Sie haben mir einen schrecklich netten Brief geschickt, doch ich warne Sie, zeigen Sie nicht zu viel Mitgefühl, sonst komme ich und weine mich bei Ihnen aus, wenn wir in England sind. Wir sollten Ihnen nicht zu leid tun, denn schließlich sind wir auch sehr glücklich, und außerdem glaube ich an ein Wunder; es ist nur schwer, sie fehlen mir so sehr, so wie einem ein Bein fehlen würde.« An dieser Stelle des Briefes hatte Lawrence eine Bemerkung an den Rand gekritzelt, in der es halb im Scherz heißt: »Daran hat man sich doch nach vierzehn Tagen gewöhnt.«

14. Tedlock, Brief an Edward Garnett, S. 202.

15. In der deutschen Ausgabe nicht enthalten (A. d. Ü.). Frieda Lawrence, *Not I, But the Wind*, S. 133.

16. Feinstein, *Lawrence's Women: The Intimate Life of D. H. Lawrence*, S. 131, 194.

17. John Bayley, »Lawrence's comedy, and the war of superiorities«, in: *Rethinking Lawrence*, Hg. Keith Brown, S. 1 ff., regt zum ersten Mal an, *Die Frau, die davonritt* als Ausdruck der Rache gegen Friedas Muttergefühle zu deuten.

18. Tedlock, S. 220 ff., 233, 236, 238, 243, 342, 360. Frieda Lawrence, *Not I, but the Wind*, S. 167 ff. (siehe Nr. 15).

19. Feinstein, *Lawrence's Women*, S. 10, 97.

20. Feinstein, S. 81, 205, 215.

21. Feinstein, S. 88, 12.

22. Tedlock, S. 269.

Kapitel 10:

1. Ich habe mir die Freiheit genommen, das Wort »Mensch« durch »Frau« und die männlichen Pronomen durch weibliche zu ersetzen, R. J.

Kapitel 11:

1. Fischer und Cardea stellten in »Mother-Child-Relationships of Mothers Living Apart from their Children«, S. 47 f. und S. 50, fest: »Mütter ohne Sorgerecht sagten, die Väter würden die Kinder bestechen, nötigen und zu sich nehmen ... durch den materiellen Vorteil, den die Väter boten, waren die Kinder anfällig für Bestechung.«

Kapitel 12:

1. Fay Weldons Roman erschien in den Vereinigten Staaten unter dem Titel ... And the Wife Ran Away, in Großbritannien unter dem Titel The Fat Woman's Joke, beide 1967. Deutsch: Die Frau im Speck, 1991.

Kapitel 14:

1. Die Institution Mutterschaft ist nach meiner [Shirley Glubkas] Definition ein System von Bräuchen, Gesetzen, Idealen und Bildern, das erstens festlegt, wie die Arbeit des Bemutterns in einer Gesellschaft allgemein definiert, organisiert und durchgeführt wird, und das zweitens gewaltigen Einfluß auf die Form und Qualität der Mutter-Kind-Beziehung in dieser Gesellschaft ausübt. Wie diese Institution funktioniert, erklärt Adrienne Rich in ihrem Buch Von Frauen geboren.
2. Weitere Literatur von Frauen, die ihre Kinder aufgegeben haben, siehe zum Beispiel: Billotte, Louise, »Mothers Don't Have to Lie«, in: Mother Jones, Mai 1976, S. 22 ff.; The Living of Charlotte Perkins Gilman: An Autobiography (ohne Erscheinungsort, Katharine Beecher Stetson Chamberlain, 1935; Neuauflage New York 1963); Martha Jane Cannary Hickok, Calamity Jane's Letter to Her Daughter (San Lorenzo, CA, 1976); Preston, Patricia, »Parenting in Absentia«, in: Branching Out, Mai/Juni 1977, 8 ff.; Sullivan, Judy, Mama Doesn't Live Here Anymore (New York 1974); Valeska, Lucia, »If All Else Fails, I'm Still a Mother«, in: Quest 1 (Winter 1975), S. 52 ff.

Kapitel 18:

1. Marion Woodman ist Psychoanalytikerin nach C. G. Jung und hat vier Bücher über die Psychologie der Frau veröffentlicht: *The Owl Was a Baker's Daughter: Obesity, Anorexia Nervosa and the Repressed Feminine* (Toronto 1980); *Heilung und Erfüllung durch die Große Mutter: Eine psychologische Studie über den Zwang zur Perfektion und andere Suchtprobleme als Folgen ungelebter Weiblichkeit* (Interlaken 1987); *Leben aus der Kraft der Göttin: Eine psychologische Studie über die Neugeburt des Weiblichen* (Interlaken 1988); *Leaving My Father's House: A Journey to Conscious Femininity* (Boston 1993).

Kapitel 20:

1. Beauvoir, *Das andere Geschlecht*, S. 497.
2. Paskowicz, *Absentee Mothers*, S. 168, nennt einige Fälle von Gewalt, die auf die gesellschaftliche Forderung zurückzuführen sind, »daß eine Mutter unter allen Umständen bei ihren Kindern bleibt«. Sie berichtet von Müttern, die damit gedroht haben, ihre Kinder zu töten, zu verbrennen oder zu erschlagen. Wie auch Rich (*Von Frauen geboren*) schildert sie den schrecklichen Fall der Joanne Michulski, 38, Mutter von acht Kindern zwischen 18 Jahren und 2 Monaten, die am 11. Juli 1974 ein Schlachtermesser nahm, ihre beiden Jüngsten enthauptete und in Stücke schnitt. Die Szene spielte sich auf dem gepflegten Rasen des Vorstadthauses am Rande Chicagos ab, in dem die Familie lebte (Rich, S. 248). Die Autorin analysiert auch den Hintergrund des Falles Michulski: eine traurige Geschichte jahrelanger Isolation, Depression und fehlender Verhütung. »Der Pfarrer, der nebenan wohnte, sagte, sie habe von dem Augenblick an, als die Familie im Jahr 1959 in das neue Haus einzog, still verzweifelt gewirkt« (Rich, S. 249). In den fünfzehn Jahren hatte niemand Hilfe angeboten.
3. Rich, S. 270.
4. Zitiert bei Mullan, *Are Mothers Really Necessary?*, S.141.
5. Winnicott, »Haß in der Gegenübertragung« in: *Von der Kinderheilkunde zur Psychoanalyse*, S. 85.
6. Winnicott, »Haß in der Gegenübertragung«, S. 87: »Sentimentalität können die Eltern nicht gebrauchen, da sie eine Verleugnung des Hasses enthält, und Sentimentalität der Mutter ist vom Standpunkt des Säuglings zu nichts gut.«
7. Winnicott, »Primäre Mütterlichkeit« in: *Von der Kinderheilkunde zur Psychoanalyse*, S. 153 ff.

8. Jung, »Die psychologischen Aspekte des Mutterarchetypus«, S. 96, 97.
9. In ihrem Essay »Stabat Mater« in *Liebesgeschichten* untersucht Julia Kristeva einige der komplexen unbewußten Hintergründe dieser Idealisierung des Mütterlichen. Sie meint, es sei nicht nur eine idealisierte archaische Mutter, die beschworen wird, sondern eine Idealisierung der Beziehung, die uns (Männer und Frauen) an die Mutter bindet – eine Idealisierung des primären Narzißmus.

Kapitel 21:

1. Herman, *My Kleinian Home*, S. 19.
2. Karnosh und Hope, »Puerperal Psychoses«, in: *American Journal of Psychiatry* 94 (1937), S. 208. Melges, »Postpartum Psychiatric Reactions«, in: *International Encyclopaedia of Psychiatry, Psychology, Psychoanalysis and Neurology*, Ausg. 1977, Bd. 8, erörtert das Phänomen der postnatalen Depression bei Frauen, die selbst unter einer gestörten Mutterbeziehung gelitten hatten.
3. Rutter, *Maternal Deprivation Reassessed*, S. 198 ff.
4. Mullan, *Are Mothers Really Necessary?*, S. 43.
5. Arcana, *Our Mothers' Daughters*, S. 192 f.
6. Orbach und Eichenbaum, *Bitter und süß*, S. 65.
7. Hall, *The Moon and the Virgin*, S. 134.
8. Rich, *Von Frauen geboren*, S. 217 f.
9. Klein, »Love, Guilt and Reparation«, in: *Love, Guilt and Reparation*, S. 306 ff. Die englische Ausgabe dieses Titels ist nicht mit der deutschen identisch (A. d. Ü.).
10. Klein, S. 320.
11. Chodorow, *The Reproduction of Mothering*, S. 33. »Der Erwerb der angemessenen Geschlechterrolle hängt sicherlich mit Rollentraining, Identifikation und positivem Feedback zusammen. Doch das traditionelle feministische Erklärungsmodell ..., das die weibliche Entwicklung als explizite ideologische Unterweisung oder auf formalem Druck beruhend versteht, kann im Falle der Mutterrolle nicht ausreichen.«
12. Jung, Der Mutterarchetypus, S. 105 f.

Kapitel 22:

1. Ingmar Bergman, *Herbstsonate*, zitiert bei Paskowicz, *Absentee Mothers*, S. 31.
2. Ingrid Bergman, *Mein Leben*, S. 447, 449. Auf S. 451 geht sie genauer auf ihre Meinungsverschiedenheiten mit Ingmar Bergman ein, die sich er-

gaben, weil die Mutter im Film ihre Kinder über eine Zeitspanne von sieben Jahren nicht gesehen hatte: »Ich diskutierte mit ihm … Um seine Ruhe zu haben, machte Ingmar aus den sieben Jahren fünf – im fertigen Film waren es dann doch wieder sieben –, aber sonst blieb er hart. Es gebe Frauen, die ihre Kinder so lange allein ließen, sie mieden die Konfrontation, sie wollten ihre Probleme nicht kennen. Sie seien mit ihren eigenen Angelegenheiten beschäftigt, ihrer Karriere, ihrem Leben. Alles andere würden sie abblocken.«

3. Ich bin Jan Relf zu großem Dank verpflichtet, die mir das Material für diesen Abschnitt zur Verfügung gestellt hat. Sie hat mich großzügig in Fakten und Überlegungen zu der John-Fowles-Biographie eingeweiht, an der sie arbeitet, und mich freundlicherweise sowohl mit John als auch mit seiner Stieftochter Anna Christy bekanntgemacht. Das gesamte Material wurde von Jan, Anna und John durchgesehen und mit ihrer Zustimmung abgedruckt.

4. In *Der Magus* zum Beispiel ist der imaginäre Ort der Handlung durch die Insel Spetsai inspiriert, und die Beziehung Alisons zum Protagonisten zeigt deutliche Analogien zu der zwischen Elizabeth und John. John Fowles hat mich jedoch darüber aufgeklärt, daß sich das eigentliche Drama, auf dem *Der Magus* basiert, nach der Rückkehr der beiden im Jahr 1953 in England ereignete. Er schreibt: »Ich habe mich dort in ein Mädchen aus Südafrika verliebt, was meiner Liebe zu Eliz keinen Abbruch tat. Das Dilemma, in das ich durch meinen typisch männlichen Egoismus geriet, habe ich in *Der Magus* verarbeitet. Jeder glaubt, das hätte sich in Griechenland abgespielt, doch in Wirklichkeit geschah es in England.«

5. Hier folgt in Auszügen die Niederschrift eines persönlichen Gesprächs mit Anna Christy vom 24. Mai 1993.

6. Brief von John Fowles an die Autorin vom 1. Juni 1993.

7. Brief von Elizabeth Fowles an Monica Sharrocks vom 1. September 1959.

8. Dors, *Dors by Diana*, S. 301 f.

Kapitel 23:

1. Digby Anderson vom Institute of Social Affairs, »Ripe for a British Majority«, *The Times*, 15. Oktober 1985.

2. Franks, *Mummy Doesn't Live Here Any More*, S. 224: »Unsere Kinder sind unser größtest Gut in dieser Welt. Sie ermöglichen uns, altruistische Liebe zu empfinden. Sie bereichern uns; wir bereichern jene, die selbst keine Kinder haben … es wäre tragisch, wenn … sich die Frauen dafür

entscheiden, sich von der Mutterrolle abzuwenden, während Männer, manchmal nur widerstrebend, die Lückenbüßer spielen.«

3. Kristeva, »Stabat Mater«, in: *Tales of Love*, S. 234.
4. Kristeva, S. 245.
5. Dinnerstein, *The Rocking of the Cradle and the Ruling of the World*, S. 93.
6. Vivien Bars Einleitung zu Dinnerstein, S. XIII.

Bibliographie

Autobiographien, Biographien und Romane

Adams, Jane, *Good Intentions* (New York 1985)

Alpert, Harriet, *We Are Everywhere: Writings By And About Lesbian Parents* (Freedom, CA, 1987)

Arms, Suzanne, *To Love and Let Go* (New York 1983)

Barfoot, Joan, *Eine Hütte für mich allein* (Reinbek bei Hamburg 1982)

Bergman, Ingrid, u. Burgess, Alan, *Ingrid Bergman: Mein Leben* (Berlin 1980)

Bergman, Ingmar, *Herbstsonate* (Hamburg 1978)

Billotte, Louise, »Mothers Don't Have to Lie«, *Mother Jones*, Mai 1976, S. 22 ff.

Brabazor, James, *Dorothy L. Sayers: A Biography* (New York 1981)

Brecht, Bertolt, »Der Augsburger Kreidekreis« in: *Kalendergeschichten* (Frankfurt a. Main 1973)

Cate, Curtis, *George Sand: A Biography* (New York 1975)

Chopin, Kate, »Das Erwachen«, in: *Geschichte einer Stunde*, hg. u. übers. v. Barbara Becker (Frankfurt a. Main 1978)

Corman, Avery, *Kramer gegen Kramer*, (Reinbek bei Hamburg 1980)

Deeping, Warwick, *Hauptmann Sorrell und sein Sohn* (Stuttgart 1955)

Defoe, Daniel, »Roxana« in: *Romane*, Bd. 2 (München 1968)

Dors, Diana, *Dors by Diana* (London 1981)

Feinstein, Elaine, *Lawrence's Women: The Intimate Life of D. H. Lawrence* (London 1993)

Gilman, Charlotte Perkins, *The Living of Charlotte Perkins Gilman: An Autobiography* (1935, Neuauflage: New York 1963)

Dies., *Die gelbe Tapete* (München 1978)

Hickok, Martha Jane Cannary, *Calamity Jane's Letters to Her Daughter* (San Lorenzo 1976)

Holligon, Sheila, *House of Gingerbread* (London 1990)

Housman, Laurence, *Pains and Penalties* (1911, Neuauflage: London 1937)

Ibsen, Henrik, *Ein Puppenheim. Stück, Vorarbeiten, Materialien.* Hg. u. übers. v. Angelika Grundlach (Frankfurt am Main 1979)

Lawrence, D. H., *Die Frau, die davonritt* (Leipzig 1931)

Lawrence, Frieda, *Not I, But the Wind* (London 1936), *Nur der Wind …* (Berlin 1936)

Lessing, Doris, *Eine richtige Ehe* (Stuttgart 1982)

Lucas, Robert, *Frieda von Richthofen. Ihr Leben mit D. H. Lawrence* (München 1972)

MacLaine, Shirley, *Tanz im Licht* (München 1985)

Miller, Sue, *The Good Mother* (New York 1981)

Moore, Harry T., *The Intelligent Heart: The Story of D. H. Lawrence* (Harmondsworth 1960)

Morton, Andrew, *Diana: Her True Story* (London 1993)

Prouty, Oliver Higgins, *Stella Dallas* (Boston 1923)

Raske, Richard, *The Killing of Karen Silkwood* (Boston 1981)

Rogers, Jane, *The Ice is Singing* (London 1987)

Sklar, Anna, *Runaway Wives* (New York 1976)

Steel, Danielle, *Väter* (München 1991)

Sullivan, Judy, *Mama Doesn't Live Here Anymore* (New York 1974)

Tedlock, E. W. (Hg.), *Frieda Lawrence: The Memoirs and Correspondence* (London 1961)

Thorpe, Michael, *Doris Lessing* (London 1973)

Tolstoi, Leo, *Anna Karenina* (1873/76, dt. Neuaufl. München 1964)

Trudeau, Margaret, *Beyond Reason* (New York, London 1979)

Dies., *Consequences* (Toronto 1982)

Weldon, Fay, *Die Frau im Speck* (München 1991)

Wood, Mrs. Henry (Ellen Price), *East Lynne* (Leipzig 1861)

Wynd, Oswald, *The Ginger Tree* (1977, Neuauflage: London 1988)

Sachbücher

Arcana, Judith, *Our Mothers' Daughters* (1979; Neuauflage London 1981)

Aries, Philippe, Geschichte der Kindheit (München 1976)

Arney, W. R., »Maternal Infant Bonding: The Politics of Falling in Love with Your Child«, *Feminist Studies* 6 (3), 1980, 547–82

Atkinson, Clarissa, »Female Sanctity in the Late Middle Ages« in: *Mystic and Pilgrim: The Book and the World of Margery Kempe* (Ithaca, NY und London 1983)

Badinter, Elizabeth, *Die Mutterliebe: Geschichte eines Gefühls vom 17. Jahrhundert bis heute* (München 1984)

Bailin, Rebecca A., »Kramer vs Kramer vs Mother-Right«, *Jump Cut* 23, Okt. 1980, 4–5

Balint, Michael, »Liebe zur Mutter und Mutterliebe« in: *Die Urformen der Liebe und die Technik der Psychoanalyse* (Stuttgart 1966)

Beauvoir, Šimone de, *Das andere Geschlecht: Sitte und Sexus der Frau* (Stuttgart 1983)

Berke, P.; Black, M.; Byrne, M.; Fields, F.; Gallagher, B. und Paley, N., »A study of natural mothers who terminated the primary parental role«, unveröffentlichte Master's Thesis, University of Southern California School of Social Work, Los Angeles 1979

Bernard, Jessie, *The Future of Motherhood* (New York 1974)

Dies., *Women, Wives, Mothers* (Chicago 1975)

Billotte, Louise, »Mothers Don't Have to Lie«, *Mother Jones* Mai 1976, 22–5

Birns, B., »The Mother-Infant Tie: Fifty Years of Theory, Science and Science Fiction« in: B. Birns und D.F. Hay (Hg.), *The Different Faces of Motherhood* (New York 1988)

Bowlby, John, *Mutterliebe und kindliche Entwicklung* (München 1972)

Ders., *Mutterliebe, Zuwendung und geistige Gesundheit* (München 1973)

Ders., *Bindung: Eine Analyse der Mutter-Kind-Beziehung* (München 1975)

Brandt, Lilian, *Five hundred and seventy four deserters and their families* (1904; Neuauflage New York 1972)

Brown, Keith (Hg.), *Rethinking Lawrence* (Buckingham 1990)

Campbell, Bebe Moore, »Mothering long-distance«, *Essence*, Okt. 1981, 92

Caplan, P., *So viel Liebe, so viel Haß: Zur Verbesserung der Mutter-Tochter Beziehung* (Köln 1990)

Cassady, Margie, »Runaway Wives«, *Psychology Today* 8, Mai 1978, 42

Ceplair, Larry (Hg.), *Charlotte Perkins Gilman: A Nonfiction Reader* (New York 1992)

Chesler, Phyllis, *Mothers on Trial* (New York 1986)

Dies., *Sacred Bond: Motherhood Under Siege* (1988, Neuauflage London 1990)

Chodorow, Nancy, *Das Erbe der Mütter. Psychoanalyse und Soziologie der Mütterlichkeit* (München 1985)

Cook, Jacklyn, *Maids and Madams* (Johannesburg 1984)

Crawford, Patricia, »The construction and experience of maternity in seventeenth-century England« in: Fildes, V. (Hg.), *Women as Mothers in Pre-Industrial England* (London 1990)

Dally, Ann, *Inventing Motherhood: The Consequences of an Ideal* (London 1982)

David, Miriam, »Putting on an Act for children?« in: M. Maclean und D. Groves (Hg.), *Women's Issues in Social Policy* (London 1991)

Deckert, Robert A., »Mothers minus their children«, *Working Woman*, Okt. 1983, 180–184

Dinnerstein, Dorothy, *The Rocking of the Cradle and the Ruling of the World* (London 1987)

Doudna, C., »The weekend mother«, *New York Times Magazine* 3, Okt. 1982, 72–75, 84–88

Eckersley Jill, »Could you walk out on *your* children?«, *Living*, Okt. 1989

Edwards, Harriet, *How Could You? Mothers Without Custody of Their Children* (Freedom, CA, 1989)

Faludi, Susan, *Die Männer schlagen zurück* (Reinbek bei Hamburg 1993)

Fiedler, Leslie, *Liebe, Sexualität und Tod* (gekürzte Ausgabe, Berlin 1974)

Fildes, Valerie (Hg.), *Women as Mothers in Pre-Industrial England* (London 1990)

Firestone, Shulamith, *Frauenbefreiung und sexuelle Revolution* (Frankfurt 1975)

Fischer, Judith, »Mothers living apart from their children«, *Family Relations* 32, 1983, 351–57

Fischer, Judith, und Cardea, Jane, »Mother-child relationships of mothers living apart from their children«, *Alternative Lifestyles*, Herbst 1982, 42–53

Dies., »Mothers living apart form their children: a study in stress and coping«, *Alternative Lifestyles*, Frühj. 1981, 218–27

Franks, Helen, *Mummy Doesn't Live Here Any More: Why Women Leave Their Children* (London 1990)

Friday, Nancy, *Wie meine Mutter* (Frankfurt am Main 1980)

Friedan, Betty, *Der Weiblichkeitswahn oder die Mystifizierung der Frau* (Reinbek bei Hamburg 1966)

Genevie, Louis und Margolies, Eva, *The Motherhood Report: How Women Feel about Being Mothers* (New York 1987)

George, Victor und Wilding, P., *Motherless Families* (London 1972)

Gillis, J. R., *For Better, For Worse: British Marriages 1600 to the Present* (Oxford 1985)

Gladstone, Valerie, »The Bad Mother«, *New York Woman*, Feb. 1989, 87–89

Glubka, Shirley, »Out of the stream: An essay on unconventional motherhood«, *Feminist*, Sommer 1983, 223–34

Goldstein, Sol, *Divorced Parenting: How to Make it Work* (London 1987)

Golombok, Susan, »Children in Lesbian and Single Parent Households: Psychosexual and Psychiatric Appraisal«, *Journal of Child Psychology and Psychiatry* 24 (4), 1983

Greenwood, Lynne, »Mothers who pay the price for another man«, *Sunday Express*, 21. Okt. 1990

Greer, Germaine, *Der weibliche Eunuch* (Frankfurt a.M. 1970)

Greif, Geoffrey, »Mothers Without Custody«, *Social Work* 1, 32, 1987, 11–16

Greif, Geoffrey und Pabst, Mary S., »Weekend Mothers«, *Single Parent* 24, 4, 1986, 14–17

Dies., *Mothers Without Custody* (Lexington 1988)

Hall, Nor, *The Moon and the Virgin* (London 1980)

Hanmer, Jalna und Maynard Mary (Hg.), *Women, Violence and Social Control* (London 1987)

Hardwick, Elizabeth, *Seduction and Betrayal: Women in Literature* (New York 1974)

Heffner, Elaine, *Die grundlegende Freiheit der Frau: Eine neue Basis für die Beziehung zwischen Mutter und Kind* (München 1980)

Herman, Nini, *My Kleinian Home* (London 1988)

Dies., *Too Long a Child: The Mother-Daughter Dyad* (London 1989)

Herrerias, C., »Noncustodial mothers: A study of self-concept and social interaction«, (unveröffentlichte Dissertation, University of Texas, Austin 1984)

HMSO, *An Introduction to the Children Act 1989* (London 1989)

Holdsworth, Angela, *Out of the Doll's House: The Story of Women in the Twentieth Century* (London 1988)

Hutter, Bridget und Williams, Gillian (Hg.), *Controlling Women* (London 1981)

James, Adrienne, »What happens to mother when father takes custody of the child?« *Vogue*, Sept. 1978, 122

Jung, C.G., »Die psychologischen Aspekte des Mutterarchetypus« in: *Gesammelte Werke* 9/I (Düsseldorf 1985)

Kaplan, E. Anne, *Women and Film: Both Sides of the Camera* (London 1983)

Dies., »Is the Gaze Male?« in: A. Snitow (Hg.), *Desire: The Politics of Sexuality* (London 1984)

Dies., *Motherhood and Representation: The Mother in Popular Culture and Melodrama* (London 1992)

Kaplan, M., *Images of the Mother* (New York 1991)

Karpf, Anne, »How Could She?«, *Guardian*, 3. April 1990, 17

Kean, Noel und Breo, Dennis, *The Surrogate Mother* (New York 1981)

Keeler, Greg, »The Shining: Ted Kramer has a Nightmare«, *Journal of Popular Film and Television* viii, 4, Winter 1981, 2–8

Klaus, Marshall und Kennell, John H., *Maternal-Infant Bonding* (St. Louis 1976)

Klein, Melanie und Riviere, Joan, *Seelische Urkonflikte. Liebe, Haß und Schuldgefühle* (München 1974)

Koehler, J. M., »Mothers without Custody«, *Children Today* 2, xi, 1982, 12–15

Kristeva, Julia, »Stabat Mater«, in: *Liebesgeschichten* (Frankfurt 1988)

Kuhn, Annette, *Women's Pictures: Feminism and Cinema* (London 1982)

Lazarre, Jane, *Der Mutterschaftswahn* (München 1991)

Levine, James, *Who Will Raise the Children?* (Philadelphia 1976)

Malloy, Eileen, »Kramer vs Kramer: A Fraudulent View«, *Jump Cut* 26, Dez. 1981, 5–7

Margolis, M., *Mothers and Such* (Berkeley, CA, 1984)

Markey, Judy, »When *he* gets custody«, *Cosmopolitan*, April 1984, 164

Mass, Roslyn, »The Mirror Cracked: The Career Woman in a Trio of Lansing Films«, *Film Criticism* xii, 2, Winter 1987–8, 28–36

Meher, Baba, *Darlegungen über das Leben in Liebe und Weisheit* (Weilheim 1991)

Miller, Alice, *Das Drama des begabten Kindes* (Frankfurt a.M. 1979)

Dies., *Am Anfang war Erziehung* (Frankfurt a.M. 1981)

Dies., *Das verbannte Wissen* (Frankfurt a.M. 1988)

Millett, Kate, *Sexus und Herrschaft: Die Tyrannei des Mannes in unserer Gesellschaft* (München 1971)

Mitchell, Ann, *Coping with Separation and Divorce* (London 1986)

Mitchell, Juliet, *Frauen, die längste Revolution: Feminismus, Literatur, Psychoanalyse* (Frankfurt a.M. 1987)

Dies., *Psychoanalyse und Feminismus: Freud, Reich, Laing und die Frauenbewegung* (Frankfurt a. M.1976)

Mullan, Bob, *Are Mothers Really Necessary?* (London 1987)

Mulvey, Laura, »Visual pleasure and narrative cinema«, *Screen* 16, 3 (1975), 6–18

Mungen, Donna, »Forgotten women: Noncustodial mothers«, *Ms*, Feb. 1986, 70

Murray, Linda, »The runaway wife phenomenon«, *Practical Psychology for Physicians*, Juni 1975, 40–45

New, Caroline und David, Miriam, *For the Children's Sake: Making Child Care More than Women's Business* (Harmondsworth 1985)

Oakley, Ann, *From Here to Maternity* (Harmondsworth 1986)

Dies., *Subject Women* (Oxford 1981)

Dies., *Telling the Truth About Jerusalem* (Oxford 1986)

O'Brien, Thomas W., »Perspectives: Love and Death in the American Movie«, *Journal of Popular Film and Television* ix, 2, Sommer 1981, 91–93

Orbach, Susie und Eichenbaum, Luise, *What do Women Want?* (London 1983)

Dies., *Bitter und süß: Frauenfeindschaft, Frauenfreundschaft* (Düsseldorf 1987)

Paskin, Sylvia, »She's leaving home«, *New Statesman and Society* 6, April 1990, 12–14

Paskowicz, Patricia, *Absentee Mothers* (New York 1982)

Petley, Sylvia, »Women who close the door on their children«, *She*, Feb. 1988

Preston, Patricia, »Parenting in Absentia«, *Branching Out*, Mai/Juni 1977, 8–10

Reichers, M., »Mothers Without Custody: Reversing Society's Old Stereotypes«, *Single Parent*, Okt. 1981, 13–15

Rich, Adrienne, *Von Frauen geboren: Mutterschaft als Erfahrung und Institution* (München 1979)

Rogak, Lisa, »When Mommy moves out«, *New York*, 5. Jan. 1987, 36–41

Rosenblum, Karen, »The route to voluntary non-custody: How mothers decide to relinquish custody«, *Journal of Alternative Lifestyles*, Frühj. 1984, 175–185

Dies., »Leaving as a wife, leaving as a mother«, *Journal of Family Issues* 2, vii, Juni 1986, 197–213

Rowbotham, Sheila, »To be or not to be: the dilemmas of mothering«, *Feminist Review* 31 (1989), 82–93

Rutter, Michael, *Maternal Deprivation Reassessed* (Harmondsworth 1972)

Schaffer, Rudolph, *Mothering* (London 1977)

Scott, Gail, »Singles: the mother's case for non-custody«, *Washington Post*, 6. Mai 1981, 5

Segal, Hannah, *Klein* (London 1979)

Shahar, Shulamith, *Die Frau im Mittelalter* (Königstein 1981)

Dies., *Kindheit im Mittelalter* (München 1991)

Shorter, Edward, *The Making of the Modern Family* (London 1976)

Showalter, Elaine, *A Literature of Their Own: British Women Novelists from Brontë to Lessing* (Princeton 1977)

Dies., *The Female Malady: Women, Madness and English Culture, 1830–1980* (New York 1985)

Silverman, Stephen, »Life Without Mother«, *American Film* 9, 4, 50–53

Silverzweig, Mary Zenorini, *The Other Mother* (New York 1982)

Steel, Moira, *Lesbian Mothers, Custody Disputes and Court Welfare Reports* (Norwich 1990)

Stern, Daniel, *Mutter und Kind: Die erste Beziehung* (Stuttgart 1979)

Stone, Lawrence, *The Family, Sex and Marriage in England 1500–1800* (New York 1977)

Suleiman, S.R. (Hg.), *The Female Body in Western Culture: Contemporary Perspectives* (Cambridge, MA, 1985)

Sullivan, Judy, *Mama Doesn't Live Here Anymore* (New York 1974)

Tudor, Andrew, Besprechung von »Kramer vs Kramer«, *New Society*, 24. April 1980

Valeska, Lucia, »If all else fails, I'm still a mother«, *Quest* 1 (Winter 1975), 52–63

Warner, Marina, *Alone of All Her Sex: The Myth and Cult of the Virgin Mary* (New York 1976)

Westhoefer, Janet, »Mothers under stress: the psychological correlates of re-linquishing custody«, *Dissertation Abstracts International 8b*, 45, Feb. 1985, 2675

Wilber, Ken, *The Atman Project: A Transpersonal View of Human Development* (London 1980)

Winkler, Elisabeth, »Abandoned«, *Options*, September 1993, 64–65.

Winnicott, Donald, *Kind, Familie und Umwelt* (München 1969)

Ders., *Reifungsprozesse und fördernde Umwelt* (München (1974)

Ders., *Von der Kinderheilkunde zur Psychoanalyse* (München 1976)

Woodman, Marion, *The Owl was a Baker's Daughter: Obesity, Anorexia Nervosa and the Repressed Feminine* (Toronto 1980)

Dies., *Heilung und Erfüllung durch die Große Mutter: Eine psychologische Studie über den Zwang zur Perfektion und andere Suchtprobleme als Folgen ungelebter Weiblichkeit* (Interlaken 1987)

Dies., *Leben aus der Kraft der Göttin: Eine psychologische Studie über die Neugeburt des Weiblichen* (Interlaken 1988)

Dies., *Leaving My Father's House: A Journey to Conscious Femininity* (Boston 1993)

Woolger, Roger, *Die vielen Leben der Seele: Wiederinnerungen in der therapeutischen Arbeit* (München 1992)

Worth, Jill, »Where's Mummy Gone?«, *Under Fives*, Sept./Okt. 1990, 25–6

Adressen

MATCH – Mothers Apart From Their Children
c/o BM Problems
London WCI N3XX, Großbritannien

Bundesrepublik Deutschland

Bundesarbeitsgemeinschaft für Beratung bei Familienkrisen, Trennung und Scheidung
Germersheimer Str. 26
D-81541 München
Tel. 089/496411

Die Gemeinschaft gibt Auskunft über die jeweils nächstgelegene Beratungs- und Informationsstelle. Kostenlose und anonyme Beratung erhält man auch bei allen örtlichen Erziehungs- und Familienberatungsstellen.

Österreich:

Aktion Recht des Kindes auf beide Eltern
Postfach 324
A-1061 Wien
Tel. 0222/5975224

Ministerium für Jugend und Familie
»Familienservice«
Franz-Josefs-Kai 51
A-1010 Wien
Tel. 0660/5201 landesweit zum Ortstarif

Schweiz:

Schweizerischer Verband alleinerziehender Mütter und Väter
Zentralsekretariat
Kuttelgasse 8
Postfach 42 13
CH-8022 Zürich
Tel. 01 / 212 25 11
Fax 01 / 212 24 45

Trotz seines Namens bestätigt der Verein, daß er auch Frauen berät, die kein Sorgerecht bekommen oder sich mit dem Gedanken tragen, darauf zu verzichten.

Alle angesprochenen Institutionen stimmen darin überein, daß die Dunkelziffer der »Mütter, die gehen« höher ist, als angenommen wird, und daß es den Frauen sehr schwer fällt, über die Problematik zu sprechen. Und alle Institutionen betonen, daß sie für Beratung und Unterstützung zur Verfügung stehen.

Die Autorin dankt für die Erlaubnis, aus folgenden Werken Auszüge verwenden zu dürfen:

Andrew Morton, *Diana, Her True Story*; © 1992 Andrew Morton, mit freundlicher Genehmigung von Michael O'Mara Books Ltd.

Ingrid Bergman, *My Story*; © 1980 Ingrid Bergman und Alan Burgess, mit freundlicher Genehmigung der Nachlaßverwalter.

Susan Faludi, *Backlash*; © 1992 Susan Faludi, mit freundlicher Genehmigung von Chatto & Windus.

Fay Weldon, *The Fat Woman's Joke*; © 1967 Fay Weldon, mit freundlicher Genehmigung von Hodder & Stoughton Ltd. und Sheil Land Ass.

Playboy-Interview: John Lennon und Yoko Ono, Playboy Magazine, Januar 1981; © 1980 Playboy, mit freundlicher Genehmigung von Playboy Enterprises Inc.

Alta, *The Shameless Hussy*; © Alta Gerrey, und Auszüge aus *How Could You?* von Harriet Edwards, © 1989 Harriet Edwards; beide Texte mit freundlicher Genehmigung von The Crossing Press.

Robin Morgan, The Network of the Imaginary Mother. 4 The Child, in: *Upstairs in the Garden: Poems Selected and New 1968–1988*; © Robin Morgan, mit freundlicher Genehmigung der Edite Kroll Literary Agency.

Frieda Lawrence, *Frieda Lawrence: The Memoirs and Correspondence*; hg. von E. W. Tedlock, Jr.; © 1961, 1964 Nachlaß Frieda Lawrence mit freundlicher Genehmigung von Alfred A. Knopf Inc. und Laurence Pollinger Ltd. für die Erben von Frieda Lawrence Ravagli.

Frieda Lawrence, *Not I, But the Wind*; © 1934 Frieda Lawrence, mit freundlicher Genehmigung der Southern Illinois University Press und Laurence Pollinger Ltd. für die Erben von Frieda Lawrence Ravagli.

Robert Lucas, *Frieda Lawrence: The Story of Frieda van Richthofen and D. H. Lawrence*, erste engl. Ausgabe Secker & Warburg 1973, © 1972 Kindler Verlag, © 1973 Robert Lucas. Abgedruckt mit freundlicher Genehmigung von Laurence Pollinger Ltd. für die Erben von Frieda Lawrence Ravagli.

Judith Arcana, *Our Mothers' Daughters*; veröff. von The Women's Press Ltd. 1981, 34 Great Sutton Street, London EC1V 0DX, mit freundlicher Genehmigung von The Women's Press.

E. Ann Kaplan, *Motherhood and Representation*; © 1992 E. Ann Kaplan; Valerie Fildes (Hg.), *Women as Mothers in Pre-Industrial England* (1990); und Mavis MacLean und Dulcie Groves (Hg.), *Women's Issues in Social Policy* (1991), mit freundlicher Genehmigung von Free Association Books.

Nini Herman, *My Kleinian Home*; © Nini Herman, Erstveröffentlichung Quartet Books (1985), mit freundlicher Genehmigung von Free Association Books.

Index

Was Frauen bewegt und was sie bewegen

Herausgegeben von Ingeborg Mues

Band 13946

Seit 20 Jahren setzt sich die Reihe ›*Die Frau in der Gesellschaft*‹ für eine offene Diskussion innerhalb der Frauenbewegung ein. Sie bietet engagierten Autorinnen hierfür ein Forum, von dem Impulse ausgegangen sind. Die Beiträge dieser Anthologie erzählen davon, wie alles begann, was erreicht wurde und was es – trotz allem – noch immer zu tun gibt. Wohin geht die Frauenbewegung? Vom Weiberrat bis zur Frauenpartei, vom Marsch durch die Institutionen bis zur ersten Kanzlerin im Jahr 2002? Eine spannende Bestandsaufnahme und ein aufschlußreicher Ausblick in die Zukunft.

Fischer Taschenbuch Verlag

fi 706 / 7

Die Frau in der Gesellschaft

Eine Buchreihe
Herausgegeben von Ingeborg Mues

Bonnie S.
Anderson/
Judith P. Zinsser
**Eine eigene
Geschichte**
Frauen in Europa
**Band 1: Ver-
schüttete Spuren**
Frühgeschichte bis
18. Jahrhundert
Band 12049
Band 2: Aufbruch
Vom Absolutismus
zur Gegenwart
Band 12050

Bernard Asbell
Die Pille
und wie sie die
Welt veränderte
Band 13662

Jessica Benjamin
**Die Fesseln
der Liebe**
Psychoanalyse,
Feminismus und das
Problem der Macht
Band 11087
**Phantasie
und Geschlecht**
Psychoanalytische
Studien über Ideali-
sierung, Anerken-
nung und Differenz
Band 12858

Marianne Brentzel
**Nesthäkchen
kommt ins KZ**
Eine Annäherung
an Else Ury
1877–1943
Band 13114

Susan Brownmiller
**Gegen unseren
Willen**
Vergewaltigung und
Männerherrschaft
Band 3712
Weiblichkeit
Band 4703

Denise Caignon/
Gail Groves (Hg.)
**Schlagfertige
Frauen**
Erfolgreich
wider die alltäg-
liche Gewalt
Band 13876

Margret Drees
**Im Krieg gibt's
keinen Sonntag**
Eine Kindheit
Band 13521

Fischer Taschenbuch Verlag

Die Frau in der Gesellschaft

Eine Buchreihe

Herausgegeben von Ingeborg Mues

**Geschichte
der Frauen**
Mit zahlreichen
Abbildungen
Großformat
Herausgegeben von
Georges Duby und
Michelle Perrot
5 Bände: 14030

A. Ebbinghaus (Hg.)
**Opfer und
Täterinnen**
Frauenbiographien
des National-
sozialismus
Band 13094

Constanze Elsner
**Mit mir
nicht mehr!**
Gewalt in der
Partnerschaft
Band 13570

Fatiah
**Eine Frau in
Algerien**
Chronik des täg-
lichen Terrors
Band 13882

Sylvia Fraser
Meines Vaters Haus
Geschichte
eines Inzests
Band 4751

Nancy Friday
**Wie meine Mutter
My Mother my self**
Band 3726

Agnes-Marie
Grisebach
Frauen im Korsett
Zwei ledige
Bürgertöchter im
19. Jahrhundert
Band 13450

Chaika Grossman
**Die Unter-
grundarmee**
Der jüdische
Widerstand in
Bialystok
Ein autobiographi-
scher Bericht
Band 11598

Signe Hammer
**Töchter
und Mütter**
Über die
Schwierigkeiten
einer Beziehung
Band 3705

Claudia Heyne
Tatort Couch
Sexueller Miß-
brauch in der
Therapie
Band 12543

Fischer Taschenbuch Verlag

Die Frau in der Gesellschaft

Eine Buchreihe
Herausgegeben von Ingeborg Mues

I. Hülsemann
Ihm zuliebe?
Abschied vom weiblichen Gehorsam
Band 10407
Mit Lust und Eigensinn
Die weibliche Eroberung des Glücks
Band 11857

Gisela Kramer
Wer ist die Beste im ganzen Land?
Konkurrenz unter Frauen
Band 11292

Karin Kraus/
Gudrun Reinke
Von der Pubertät bis zu den Wechseljahren
Band 12536

Ilse Lenz/
Ute Luig (Hg.)
Frauenmacht ohne Herrschaft
Geschlechterverhältnisse in nicht patriarchalischen Gesellschaften
Band 12827

Harriet G. Lerner
Das mißdeutete Geschlecht
Falsche Bilder der Weiblichkeit in Psychoanalyse und Therapie
Band 11842
Was Frauen verschweigen
Warum wir täuschen, heucheln, lügen müssen
Band 12030

Harriet G. Lerner
Wohin mit meiner Wut?
Neue Beziehungsmuster für Frauen
Band 4735

Linda Leonard
Töchter und Väter
Heilung einer verletzten Beziehung
Band 4745

Harriet G. Lerner
Zärtliches Tempo
Band 10115

H. Lightfoot-Klein
Odyssee einer Frau in Afrika
Eine Lebensgeschichte
Band 12324

Fischer Taschenbuch Verlag

fi 14 / 12 c

Die Frau in der Gesellschaft

Eine Buchreihe
Herausgegeben von Ingeborg Mues

H. Lightfoot-Klein
**Das grausame
Ritual**
Sexuelle Verstüm-
melung afrika-
nischer Frauen
Band 10993

Karen Lison/
Carol Poston
**Weiterleben
nach dem Inzest**
Traumabewältigung
und Selbstheilung
Band 10422

C. Meier-Seethaler
**Ursprünge
und Befreiungen**
Die sexistischen
Wurzeln der Kultur
Band 11038

Fatema Mernissi
**Die vergessene
Macht**
Frauen im
Wandel der
islamischen Welt
Band 12828

Silke Mertins
Zwischentöne
Jüdische Frauen-
stimmen aus Israel
Band 12829

M. Mitscherlich
**Die fried-
fertige Frau**
Eine psychoanaliti-
sche Untersuchung
zur Aggression
der Geschlechter
Band 4702
**Über die Mühsal
der Emanzipation**
Band 12473

Toril Moi
**Simone
de Beauvoir**
Die Psychographie
einer Intellektuellen
Band 12823

Maya Nadig
**Die verborgene
Kultur der Frau**
Band 13422

Ingeborg Nahm
**Wovon hast du
geträumt, Alifa?**
Begegnungen mit
Frauen aus aller
Welt. Band 13070

Sybil Oldfield
**Frauen gegen
den Krieg**
Alternative zum
Militarismus
1900-1990
Band 12529

Fischer Taschenbuch Verlag

Colette Dowling

Befreite Gefühle

Neue Wege aus Depression,
Angst und Abhängigkeit

Aus dem Amerikanischen von Heidemarie Fehlhaber

Band 13167

Colette Dowling beschäftigt sich vor dem Hintergrund persönlicher Erfahrungen mit einem der gravierendsten Krankheitsbilder unserer Zeit – mit der Depression und verwandten seelischen und anderen Störungen. In ihrem gründlich recherchierten, aber auch menschlich bewegenden Buch geht Colette Dowling mit landläufigen Vorstellungen über die Ursachen seelischer Störungen scharf ins Gericht und zeigt anhand jüngster Fortschritte in der Therapie psychischer Erkrankungen die Wirksamkeit psychopharmakologischer Behandlungsmethoden. Ein wissenschaftlich fundiertes, erschütterndes und zugleich Hoffnung vermittelndes Buch.

»Ein wirklich exzellentes Buch! Es beschäftigt
sich auf einfühlsame und offene Weise mit den kulturell
vermittelten Ängsten vor biologisch fundierten
Therapien emotionaler Störungen.«
Professor Dr. Donald F. Klein

Fischer Taschenbuch Verlag